经济发展中的收入分配与贫困系列丛书

基于共同富裕视角的
中国农民工群体可行能力多维发展研究

Research on Multi-dimensional Development of the Feasible Capability of Chinese Migrant Workers from the Perspective of Common Prosperity

贺 坤 ◎ 著

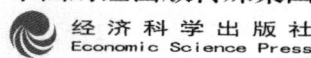

中国财经出版传媒集团
经济科学出版社
Economic Science Press

图书在版编目（CIP）数据

基于共同富裕视角的中国农民工群体可行能力多维发展研究/贺坤著．－－北京：经济科学出版社，2023.4
（经济发展中的收入分配与贫困系列丛书）
ISBN 978-7-5218-3006-4

Ⅰ.①基… Ⅱ.①贺… Ⅲ.①民工－贫困－研究－中国 Ⅳ.①F323.8

中国版本图书馆 CIP 数据核字（2021）第 220412 号

责任编辑：于　源　李　林
责任校对：隗立娜
责任印制：范　艳

基于共同富裕视角的中国农民工群体可行能力多维发展研究

Research on Multi-dimensional Development of the Feasible Capability of Chinese Migrant Workers from the Perspective of Common Prosperity

贺　坤　著

经济科学出版社出版、发行　新华书店经销
社址：北京市海淀区阜成路甲 28 号　邮编：100142
总编部电话：010-88191217　发行部电话：010-88191522
网址：www.esp.com.cn
电子邮箱：esp@esp.com.cn
天猫网店：经济科学出版社旗舰店
网址：http://jjkxcbs.tmall.com
北京季蜂印刷有限公司印装
710×1000　16 开　17.75 印张　348000 字
2023 年 4 月第 1 版　2023 年 4 月第 1 次印刷
ISBN 978-7-5218-3006-4　定价：72.00 元
(图书出现印装问题，本社负责调换。电话：010-88191510)
(版权所有　侵权必究　打击盗版　举报热线：010-88191661
QQ：2242791300　营销中心电话：010-88191537
电子邮箱：dbts@esp.com.cn)

丛 书 总 序

经济发展中收入分配和贫困历来是经济学研究的重点和热点，也是政府和社会公众关注的焦点。经济发展涉及的是如何把蛋糕做大，收入分配研究的是如何适当地分配蛋糕，贫困则更多地关注社会弱势群体。

改革开放四十多年来，中国在经济发展方面取得了举世瞩目的成就，同时在收入分配与贫困领域也存在一些值得关注的现象：一方面收入分配差距近年来已经越过最高点，出现了下降的趋势，但总体上差别程度仍然较大，中国目前依然是世界上收入差距较大国家之一；另一方面中国在减贫方面取得了令世界瞩目的成就，是世界上减贫最成功的国家。但是，如果按国际通行的更高标准，中国仍然存在大量相对贫困人口。因此，未来如何在经济发展中改善收入分配，减少贫困人口，保持经济持续增长是摆在社会各界面前的重大课题。

国内外学术界近年来就经济发展中的收入分配与贫困问题，进行了大量富有成效的研究。南开大学经济学科也做出了积极的探索和贡献。南开经济学科自20世纪初创立后，就形成了利用现代经济理论分析解决中国现实问题的特色和传统。改革开放以后，南开经济学科持续开展对中国经济理论与现实问题的深入研究，取得了一系列产生重大影响的学术成果，其中关于公有主体混合经济理论、商品经济价值规律理论、按要素贡献分配理论、公有经济收入分配倒"U"理论、经济体制市场化程度测度等等，对中国改革开放实践的推进发挥了重要指导作用，提出的很多建议写入了中央文件变成了指导我国经济发展与体制改革的政策方针。

我们编辑这套《经济发展中的收入分配与贫困系列丛书》，主要目的就是要汇集国内外学者关于经济发展中的收入分配及贫困治理方面的重要研究成果，包括最新的理论和研究方法等，呈现给国内同行，以供研究借鉴和参考。

陈宗胜
周云波
2020 年 12 月 22 日

前 言 / Preface

共同富裕是社会主义的本质要求,是中国式现代化的重要特征。习近平总书记在《扎实推动共同富裕》一文中明确指出,未来应"在高质量发展中促进共同富裕",其中,"着力扩大中等收入群体规模"是关键性举措之一,并强调了"进城农民工是中等收入群体的重要来源"。作为与我国改革开放进程相伴相生的农民工群体,随着其规模的日益壮大和影响的日益突出,已经成为中国产业工人不可或缺的重要部分,既为城镇化和工业化的快速发展做出了巨大贡献,也为农村居民实现增收致富提供了重要动力。

2020年,中国脱贫攻坚战胜利收官,成功实现近1亿农村贫困人口脱贫,完成了消除绝对贫困的艰巨任务,创造了彪炳史册的人间奇迹!在取得消除绝对贫困的历史性成就之后,中国迈入加速推动共同富裕实现的新阶段。在这一过程中,以农民工身份从事非农务工与经营实现工资性收入和经营性收入的增加,成为农村贫困人口摆脱贫困和增收致富的主要途径,是我国实现扶贫开发巨大成就和未来迈向共同富裕的关键动力。然而,我国发展不平衡不充分的问题依然突出。受制于我国特殊的城乡二元体制,农民工虽然生活工作在城镇,但是身份仍是农民,与城镇的户籍人口相比,农民工在就业、住房、教育、医疗、养老等方面存在着巨大的差距,因此,农民工群体始终处于城镇经济和社会生活的边缘,特别是在部分超大、特大和大型城市中,农民工在就业、住房、教育、医疗、养老和主观感受等多个维度面临较为严重的现实困境,可行能力发展受到限制,已成为城镇相对贫困人群的重要组成部分。这不仅极大地影响着我国2020年后脱贫攻坚成果的拓展巩固及其与乡村振兴战略的衔接,而且带来一系列负面效应,如加大就业压力、阻碍内需增长以及加大城镇内部和城乡之间收入差距等,是中国实现共同富裕道路上无法忽略的重要环节。

从推进共同富裕的角度来看,作为新型城镇化背景下城镇新市民的后备军和高质量发展条件下中国制造业发展的主力军，农民工群体是未来推进共同富裕目标实现的关键力量。充分关注和解决农民工的可行能力状况，改善农民工的务工经营、生活安居与个人发展境况，能够进一步提升该群体的劳动生产率，在"刘易斯拐点"到来和人口老龄化进程加速的情况下，从存量人口中挖掘出新的"人口红利"，构建起农民工可行能力发展与驱动经济增长之间的互动机制，充分释放劳动力城乡转移驱动经济增长的巨大潜力。这就可以实现在推动经济发展的过程中改善收入分配格局，在做大做强"蛋糕"的同时切好分好"蛋糕"，缩小贫富差距，迈向共同富裕。因此，关注和推动农民工可行能力发展具有十分重要的理论和现实意义。

阿玛蒂亚·森（Amartya Sen）的可行能力理论和不断发展的相关测度方法共同构成了人类认识自身发展问题的一次革命性飞跃，为我们有效辨识农民工问题的本质并从提升可行能力角度推进共同富裕提供了重要理论基础和现实途径。本书充分运用可行能力理论及其相关测度工具，结合政治经济学、发展经济学、计量经济学和统计学等多个学科的分析方法，基于现有数据约束，构建适用于中国农民工群体特点（分散性、流动性和边缘性）的可行能力测度指标体系，对农民工群体发展问题进行深入分析，以期进一步丰富发展中国特色社会主义经济理论体系。首先，本书基于城乡二元经济社会结构的变迁，对农民工群体可行能力与现实境况的演变历程、城乡迁移的动力机制和现实特点进行了系统梳理与分析；其次，根据农民工群体的特点构建了适用于农民工群体的可行能力多维测度指标体系，对农民工在各个维度下的可行能力状况进行了识别，并与城镇户籍流动人口以及城镇户籍居民进行了比较，多角度辨识了农民工群体的发展问题；再次，从挖掘新人口红利和驱动经济增长的角度，对多维度推进农民工群体可行能力发展的必要性进行了实证分析；然后，从宏观层面和微观层面对农民工群体可行能力发展的关键维度和影响因素进行了定量分析，深入探究现实困境表象下的内在机理；最后，对本书的主要结论进行总结，提出推进农民工可行能力多维发展的对策建议，并对未来研究方向进行了分析展望。

本书凝聚着作者的大量工作，更得到陈宗胜教授和周云波教授的倾心指导及其科研团队成员宗振利、吴婷、陈岑、平萍、侯亚景、田柳和黄云等多位博士的大力支持，刘林、孙正和成前三位教授也为本书的撰写提供了很多帮助，在此一并表示衷心的感谢。同时，非常感谢经济科学出版社于源和李林两位编辑，感谢他们为这本专著出版所做的努力。本书是国家自然科学基金面上项目"我国城乡居民多维贫困的测量及精准扶贫绩效的评估"（项目批准号：71874089）和国家社会科学基金重大项目"基于多维视角的 2020 年以后我国相对贫困问题研究"（项目批准号：19ZDA052）资助的阶段性成果。感谢全国哲学社会科学规划办公室和国家自然科学基金委的支持以及中国特色社会主义经济建设协同创新中心对本书出版的资助。书中的部分内容已经以论文的形式发表在学术期刊上，当然本书的内容更加充实，也包括了已发表论文中因篇幅所限而没有呈现的一些结果。希望本书的出版可以为我国共同富裕推进、相对贫困治理和农民工群体发展等领域的研究贡献一份力量，同时也为从事该领域研究的其他学者提供可参考的资料。

贺　坤

2022 年 7 月 7 日

目录 / Contents

第一章　导论 ··· 1
　第一节　研究背景和意义 ··· 1
　第二节　研究思路和基本框架 ··· 9
　第三节　本书的创新与不足 ··· 12

第二章　理论基础与文献综述 ·· 15
　第一节　发展的内涵及其演变 ······································· 15
　第二节　可行能力发展：概念源起与理论演进 ························· 20
　第三节　中国农民工可行能力发展的相关研究 ························· 33

第三章　二元结构变迁中农民工现实境况的演进与特征 ················· 40
　第一节　农村劳动力乡城迁移与现实境况的动态演进 ··················· 40
　第二节　城乡劳动力转移的动因分析 ································· 55
　第三节　农民工群体的现状与基本特征 ······························· 74
　第四节　本章小结 ··· 84

第四章　农民工可行能力研究框架与测度指标体系的构建 ··············· 87
　第一节　可行能力测度的分析框架与基本步骤 ························· 87
　第二节　数据来源与可行能力多维测度指标体系的构建 ················· 94
　第三节　可行能力多维测度指标体系的瞄准性检验 ···················· 102
　第四节　本章小结 ·· 113

第五章　农民工群体可行能力状况的测度与比较分析 ·················· 116
　第一节　农民工的可行能力多维测度与区域分解 ······················ 116
　第二节　农民工与城镇户籍流动人口的可行能力比较分析 ·············· 135

第三节　农民工与城镇户籍居民可行能力的跨期比较静态分析 ………… 146
　　第四节　本章小结 ……………………………………………………………… 158

第六章　基于经济增长的农民工可行能力多维发展研究 …………… 161
　　第一节　部门劳动生产率差距的实证分析 …………………………………… 161
　　第二节　异质性劳动生产率条件下农民工对经济增长贡献的测度 ………… 176
　　第三节　农民工对经济增长贡献的分解与反事实模拟分析 ………………… 180
　　第四节　本章小结 ……………………………………………………………… 185

第七章　基于宏观层面数据的关键维度与影响因素分析 …………… 187
　　第一节　基于经济贡献的农民工收入维度分析 ……………………………… 187
　　第二节　农民工除收入外的其他维度现实状况分析 ………………………… 193
　　第三节　本章小结 ……………………………………………………………… 211

第八章　基于微观层面数据的关键维度与影响因素分析 …………… 214
　　第一节　农民工可行能力的维度分解与比较 ………………………………… 214
　　第二节　农民工可行能力的区域、维度交叉分解与比较 …………………… 217
　　第三节　基于 Logit 模型的农民工可行能力影响因素实证分析 …………… 221
　　第四节　本章小结 ……………………………………………………………… 230

第九章　结论、对策与未来研究展望 ……………………………………… 233
　　第一节　主要结论 ……………………………………………………………… 233
　　第二节　对策建议 ……………………………………………………………… 240
　　第三节　未来研究展望 ………………………………………………………… 245

附录 ……………………………………………………………………………………… 247
　　附录 A：农民工多维可行能力不足强度的省级行政区域测度结果 ………… 247
　　附录 B：农民工可行能力多维发展指数各维度和指标的分解情况 ………… 249
　　附录 C：城镇户籍流动人口不同临界值水平下的多维可行能力情况 ……… 251
　　附录 D：中国三次产业部门资本存量折旧的计算过程 ……………………… 253

参考文献 ……………………………………………………………………………… 255

第一章 导　　论

作为与中国城乡二元结构和改革开放相伴相生的农民工群体，随着其规模的日益壮大和影响的日益突出，已经成为中国产业工人不可或缺的重要部分，既为城镇化和工业化的快速发展做出了巨大贡献，也为农村家庭实现增收致富提供了重要动力，是未来推进共同富裕目标实现过程中的关键力量。然而，相比城镇户籍居民，农民工对城镇经济社会发展成果的分享明显偏少，已成为新的城镇相对贫困人群的重要来源，不仅影响着城镇内部的收入分配状况，也极大地影响着农村地区脱贫攻坚成果的巩固与乡村振兴战略的推进，并带来一系列负面效应，是中国实现共同富裕目标过程中无法忽略的重要环节。本书深入研究我国农民工群体形成、可行能力现实状况及其影响因素。在导论部分，我们首先简要回顾和介绍开展这一研究的历史与现实背景，从理论和实践两个方面对该研究的意义和学术价值进行挖掘与阐释，并在此基础上系统梳理归纳本书研究所遵循的研究思路和基本框架，以便为后续章节的相关深入研究奠定基础。

第一节　研究背景和意义

一、研究背景

（一）中国扶贫开发的巨大成就与推进共同富裕的新挑战

共同富裕是社会主义的本质要求，是中国式现代化的重要特征。而贫困，则一直以来都是制约各个国家经济与社会发展的重要难题，成为限制家庭和个人追求幸福与自由的关键原因。中国作为世界上最大的发展中国家，历来重视贫困问题，中国政府在不同历史发展阶段，采取针对性的扶贫减贫措施，极大地推动了扶贫减贫工作进程，为促进共同富裕创造了良好条件。

改革开放 40 多年以来，在推动国民经济快速发展的同时，中国在减贫方面也取得了巨大成就。我国以政府为主导的有计划有组织的扶贫开发，尤其是党的十八大以来精准脱贫方略的实施，为全球减贫提供了中国方案和中国经验。联合国秘书长古特雷斯在"2017 减贫与发展高层论坛"时发贺信盛赞中国减贫方略，称"精准减贫方略是帮助最贫困人口、实现 2030 年可持续发展议程宏伟目标的唯一途径。中国已实现数亿人脱贫，中国的经验可以为其他发展中国家提供有益借鉴"。根据世界银行发布的数据，以世界银行人均每天生活费 1.25 美元的标准计算，1990~2015 年，全球极端贫困人口由 19.2 亿人下降至 10.1 亿人，减贫数量为 9.1 亿人，其中，中国贫困人口数量由 1990 年的 6.89 亿下降至 2011 年的 8410 万人，20 年间实现贫困发生率下降 54.4%，减贫人数达 6.05 亿，占到全球减贫人口数量的 2/3，超额完成 2015 年"极端贫困人口减半"的联合国千年发展目标，取得举世瞩目的减贫成就，为人类减贫事业做出了巨大贡献。2015 年，联合国开发计划署（UNDP）在其发布的《联合国千年发展目标报告》中指出"中国在全球减贫中发挥了核心作用"[①]。世界银行 2018 年发布的《中国系统性国别诊断》报告称"中国在快速经济增长和减少贫困方面取得了'史无前例的成就'"。根据现行贫困标准计算，1978~2020 年中国共计减少农村贫困人口约 77046 万人，绝对贫困发生率由 97.5% 下降至 0，年均减贫 1800 余万人（见表 1-1）。

特别是党的十八大以来，中国将扶贫减贫工作纳入国家顶层战略体系，摆在更加突出的位置，扶贫事业进一步实现快速发展。2020 年，中国脱贫攻坚胜利收官，9899 万农村贫困人口全部脱贫，832 个贫困县全部摘帽，12.8 万个贫困村全部出列，区域性整体贫困得到解决，完成了消除绝对贫困的艰巨任务，创造了彪炳史册的人间奇迹，困扰中华民族几千年的绝对贫困问题得到历史性解决，为实现共同富裕奠定了坚实基础（见图 1-1 和表 1-1）。

表 1-1　　　　　　　按现行农村贫困标准衡量的农村贫困状况

年份	当年价贫困标准（元/年·人）	贫困发生率（%）	贫困人口规模（万人）
1978	366	97.5	77039
1980	403	96.2	76542
1985	482	78.3	66101
1990	807	73.5	65849
1995	1511	60.5	55463

---

① 国家统计局农村社会经济调查司.2017 年中国农村贫困监测报告［M］.北京：经济科学出版社，2017.

续表

年份	当年价贫困标准（元/年·人）	贫困发生率（%）	贫困人口规模（万人）
2000	1528	49.8	46224
2005	1742	30.2	28662
2010	2300	17.2	16567
2011	2536	12.7	12238
2012	2625	10.2	9899
2013	2736	8.5	8249
2014	2800	7.2	7017
2015	2855	5.7	5575
2016	2952	4.5	4335
2017	2952	3.1	3046
2018	2995	1.7	1660
2019	3218	0.47	551

资料来源：根据国家统计局农村住户调查和居民收支与生活状况调查数据整理而得。其中，2010年以前数据是根据历年全国农村住户调查数据、农村物价和人口变化，按现行贫困标准测算取得。

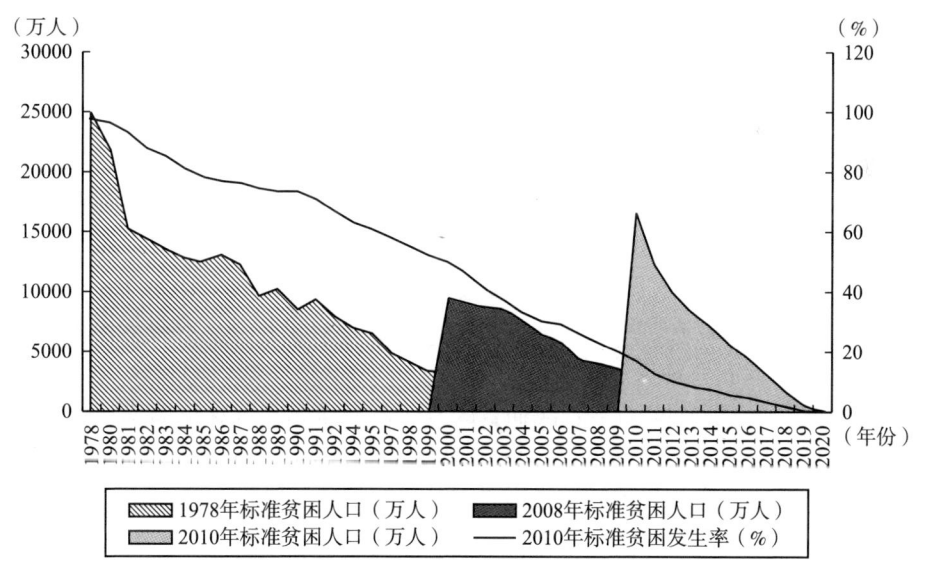

图1-1 各个贫困标准下历年全国农村贫困状况

资料来源：根据历年《中国统计年鉴》和《中国农村贫困监测报告》相关数据整理而得。

实现全体人民共同富裕是我国在战胜绝对贫困、全面建成小康社会后，开启全面建设社会主义现代化国家新征程要完成的重要战略任务。党的十九届六中全会明确提出，要推动人的全面发展、全体人民共同富裕取得更为明显的实质性进展。随着我国经济发展进入新常态，在国内外政治经济环境的影响下，经济下行压力增加。在推进共同富裕的新阶段，应"在高质量发展中促进共同富裕"①，其中，"着力扩大中等收入群体规模"② 是关键性举措之一。在这一过程中，"要抓住重点、精准施策，推动更多低收入人群迈入中等收入行列"③，而"进城农民工是中等收入群体的重要来源"④。在未来的中国经济社会发展中，推动农民工群体可行能力发展，帮助更多农民工实现增收致富，进一步缩小城乡之间和城镇内部的贫富差距，形成解决相对贫困的长效机制，并进一步提升中等收入群体规模，不断提高发展的平衡性、协调性、包容性，将为我国经济持续高质量增长与最终迈向共同富裕注入强大动力。因此，从多维视角深入研究和提升农民工群体可行能力，增强其自我发展内生动力，并将这一成效通过农民工群体作为链接城乡的纽带作用同时辐射广大乡村和城镇具有重要意义。这既是巩固拓展脱贫攻坚成果和实现全体人民共同富裕远景目标的客观要求，也是提升农民工群体劳动生产率和推进新型城镇化建设，在我国的"刘易斯拐点"到来之际实现从人口存量中挖掘新人口红利、激发农民工群体驱动经济增长潜能的客观需要。

（二）农民工群体的巨大影响与多维困境

改革开放以后，随着我国工业化和城镇化的推进，传统的城乡二元管理体制逐渐松动，使原本滞留在农村的剩余劳动力实现了对原有资源配置的退出权、按照效率原则重新配置的流动权，以及高生产率非农部门的进入权，大量的农村劳动力以农民工的形式进入城镇从事非农生产和经营，加速了物质资本和人力资本的积累（蔡昉，2017）。截至 2019 年底，全国农民工总数为 29077 万人，近 7 年平均每年增加 402 万人，年均增速为 1.47%，群体总量相当于农村居民总人数的 56%。2020 年受新冠肺炎疫情冲击的影响，农民工整体规模的持续上升势头被中断，总量缩减为 28560 万人。然而，随着我国对新冠肺炎疫情的成功控制以及我国工业化和城镇化的持续推进，这部分群体在总人口中的比重还将不断提高，对整个经济社会的影响也将日益增加（见表 1-2）。

---

①②③④ 习近平．扎实推动共同富裕 [J]．求是，2021（20）：4-8．

表1-2　　　　　　　　　2013~2020年农民工规模　　　　　　　单位：万人

类型	2013年	2014年	2015年	2016年	2017年	2018年	2019年	2020年
农村居民总人口	62224	60908	59024	57308	55668	54108	52582	50979
农民工总人口	26894	27395	27747	28171	28652	28836	29077	28560
外出农民工	16610	16821	16884	16934	17185	17266	17425	16959
本地农民工	10284	10574	10863	11237	11467	11570	11652	11601

资料来源：根据国家统计局2010~2020年农民工监测调查报告和历年国家统计年鉴相关数据整理而得。

在农村劳动力以农民工的形式向城镇和非农部门转移的过程中，一方面，农民以农民工身份从事非农务工与经营的收入成为农民收入中最为活跃且增长最快的部分，实现了农村居民工资性收入和经营性收入的快速增加（严于龙，2007），成为农村家庭增收致富的主要途径，是我国实现脱贫攻坚历史性成就和未来迈向共同富裕的关键动力；另一方面，农民工群体的壮大与发展，推动了我国的城镇化进程，为非农产业发展提供了丰富的劳动力资源，为实现中国经济持续快速增长，创造"中国奇迹"做出了巨大的贡献（陈宗胜、黎德福，2004），客观上增强了我国推进共同富裕的核心动力与整体实力。

然而，在中国的经济社会发展中，仍存在诸多约束限制着中国农村劳动力向非农部门和城镇区域的流动。由于我国特殊的城乡二元体制，受城乡二元户籍制度为代表的"显性户籍墙"和以城乡二元社保制度、就业制度、教育制度、住房制度等为内核的"隐形户籍墙"的影响，农民工虽然生活工作在城镇，但是身份仍是农民，与城镇的户籍人口相比，农民工在就业、住房、教育、医疗、养老等等方面存在着巨大的差距。虽然很多城市已大幅降低甚至取消落户门槛，但是面对城市的高房价、高物价，很多以农民工身份进入城镇务工的农村劳动力不愿或者无法彻底放弃农村户籍以及农地、宅基地等权益，落户城镇的主动性十分有限，实际上采取的是在城镇务工增收，但保留农村户籍和原有农村户籍的权益，在城乡以及不同城市间流动迁徙的状态（邹一南，2021）。因此，农民工实际上依然难以融入城市并享受到均等的基本公共服务，特别是在就业机会较丰富但落户门槛依然较高的超大、特大和大型城市，农民工获取市民身份和融入城市的难度更大。在这种情况下，农民工实际上成为农村家庭向城市的延伸，在就业、住房、教育、医疗、养老和主观感受等多个方面处于较为严重的现实困境，各个方面的可行能力发展均受到严重阻碍。不仅极大地影响着脱贫攻坚成果的巩固和乡村振兴战略的推进，也加剧了城镇内部收入差距和相对贫困问题，是共同富裕推进过程中亟需关注的重点群体。

经济中质性相同的要素边际报酬应当一致，如果不一致，要素就会通过流动来缩小边际收益差距以实现经济均衡。农业劳动力大规模向非农部门和城镇区域流动是中国经济社会发展的重要特征之一，也是推动中国经济实现持续快速增长的重要驱动力。中国经济持续发展意味着农业劳动力的大规模流动仍将继续，相当数量的农业劳动力需要转移至非农部门。在不考虑农村人口自然增长以及人口向农村回流的情况下，以2016年的数据作为分析基础，如果按照发达国家农业劳动力占比10%的平均水平，中国至少还将有1.37亿的农业劳动力需要从农业部门转向非农部门；如果按照《国家人口发展规划（2016~2030年）》中确定的70%的常住人口城镇化率目标计算，中国至少还将有1.75亿的农村人口需要流向城镇，如果要实现常住人口城镇化率和户籍人口城镇化率基本一致，那么还要有近4亿农村人口真正落户城镇。因此，农民工群体是中国经济社会实现高质量发展过程中无法忽略的重要方面，其影响也将越来越大，从多维视角下关注和解决农民工群体的可行能力发展问题应当是推动中国经济增长、社会进步并最终实现共同富裕的题中要义。

（三）新时期推进共同富裕的战略要求与农民工可行能力多维发展

长期来看，扎实推进共同富裕必须坚持以高质量发展为前提，既要不断解放和发展社会生产力，不断创造和积累社会财富，又要防止两极分化。首先，要以经济建设为中心，鼓励创新致富、勤劳致富，推动形成更富活力、创新力、竞争力的经济高质量发展路径和模式，实现量的合理增长，解决发展不充分的问题，通过全国人民共同奋斗先把"蛋糕"做大做好；然后，在推动国民经济总量持续快速增长的同时，将社会公平正义作为实现全体人民共同富裕的目标要求，进一步优化收入分配格局，通过合理的制度安排把"蛋糕"切好分好，让更多老百姓的"钱袋子"鼓起来，解决发展不平衡的问题，构建起效率与公平兼具、发展与贡献并举的高质量发展图景，实现质的稳步提升。

在"做大蛋糕"和"分好蛋糕"的过程中，农村劳动力自发开展的以谋求生活改善与自身发展为目标的外出务工经营活动理应得到重点关注和鼓励。一方面，农民以农民工身份进入城镇从事非农务工与经营，通过"干中学"实现了自身的技能增长、知识积累和财富增加，既成为农村家庭增收致富的主要动能，也为城镇经济发展提供了丰富的劳动力资源（蔡昉，2010），是未来我国经济社会发展"做大蛋糕"的重要力量；另一方面，农民工群体相比城镇户籍居民，对城镇经济社会发展成果的分享明显偏少，在养老、医疗、健康、教育等多个维度下游离于城镇基本公共服务体系之外，可行能力发展受到多方面制约，增收致富的瓶颈显著，已成为城镇相对贫困人群的重要组成部分，是"分好蛋糕"应重点关注的群体。

从"做大蛋糕"与"分好蛋糕"的战略要求来看，农民工群体面临的可行能力发展受限问题不仅阻碍着农业劳动力向非农部门和城镇区域的转移，使过多的劳动力拥挤在人均狭小的农地上，制约着农业部门生产效率的提升与农民增收，也导致农民工群体的物质资本和人力资本积累缓慢，影响着非农部门的劳动力供给，扼制了农民工群体在推动国民经济增长方面的巨大潜力，制约着城镇经济与农民工群体自身的发展，消减着农民工依靠自身努力实现个人与家庭发展的成效。如果要素的自由流动受到限制和阻碍，要素无法配置在其发挥最高效率的地方，就会存在要素配置的扭曲，整个经济将会面临效率损失，无法实现帕累托最优（Jones，2011）。中国农村劳动力受当前制度性因素束缚而导致劳动力的错配对改革开放以来 TFP 的拉低作用在 2%～18%，并逐渐扩大，最终必将对宏观经济发展和产业结构升级形成严重制约（袁志刚和解栋栋，2011）。因此，推动农民工的可行能力发展不仅只是解决农民工问题本身，还是实现共同富裕目标的重要战略举措。充分关注和解决农民工的可行能力发展问题，改善农民工的务工经营、生活安居与个人发展境况，能够进一步提升农业转移劳动力的劳动生产率，释放劳动力城乡转移驱动经济增长的巨大潜力，在"刘易斯拐点"到来和人口老龄化进程加速的情况下，在存量人口中挖掘出新的"人口红利"，同时不断提升农民工群体及其背后数以亿计的农村家庭的收入水平和生活质量，解决城乡差距、区域差距和群体差距等问题，在经济增长中不断提升我国迈向共同富裕的核心实力。

二、研究意义

（一）理论意义

长期以来，学术界一直以收入、消费、城镇化、工业化等标准作为衡量发展的主要指标。但是，经济增长不等同于经济发展，更不等同于人的发展。经济是否实现增长实际上是发展的表象或者驱动力之一而不是发展本身，由不平等导致的现实境况恶化难以通过经济增长来实现根本改善，单纯用经济增长指标测度发展无法反映不同群体生活质量、收入差距或者可行能力的改善或恶化。若要从本质上探究发展的本质，必须从多个角度辨识人的发展问题。阿玛蒂亚·森（Amartya Sen）的可行能力理念和不断发展的测度方法共同构成了人类认识自身发展历史上的一次革命性飞跃，为我们认清人的发展本质并从多个维度提升人的可行能力提供了重要理论基础和方法工具。

特别是对于本书的研究对象——农民工这一特殊群体，长期处于城镇经济社会的边缘地带，既脱离了农村发展的政策视线，又未能全面纳入城镇社会保障的范畴，呈现的可行能力状态十分复杂和脆弱，表现为明显的多维可行能力不足的特点。而且，农民工群体既作为农村家庭的主要和优质劳动力，又作为我国城镇化和工业化发展的主力劳动大军，拥有较为强大的生产力，其发展意愿和增收致富能力均较强，但是由于受到当前我国城乡二元经济社会结构的限制，多方面的可行能力存在不足，群体发展状况呈现复杂性和多元性。

可行能力理论及其方法的要义在于重视人的可行能力建设和全面发展，认为发展是解决问题的关键，更是消除发展不充分不平衡问题的根本。这与农民工群体面临的多方面现实困境以及突破二元结构束缚、谋求个体发展的现实需要十分契合。农民工群体的可行能力发展是一个新兴的研究领域，该群体的特殊性决定了其发展问题与应对举措必然有别于其他群体。很多学者逐渐注意到农民工可行能力发展的多维性和复杂性，从多维可行能力角度看待中国农民工的发展问题已经成为一种趋势。

农民工群体的特殊性决定了对该群体发展问题的研究应当显著区别于其他群体，充分运用可行能力理论以及多维可行能力测度方法，借鉴国内外优秀研究成果，构建适应于中国农民工特点的多维可行能力发展研究框架与指标体系，能够更加全面和深入地辨识农民工群体发展问题，推进这一问题的解决；反过来，对农民工——这一产生于中国二元经济社会结构变迁中的特殊群体多维可行能力发展问题的研究，将进一步丰富可行能力理论体系及其测度方法，对拓展完善中国特色社会主义政治经济学和中国特色社会主义发展理论体系，有十分重要的理论意义。

（二）现实意义

农民工，既是我国特定历史时期和制度条件下产生的弱势群体，又是推动我国工业化和城镇化进程的主力军。因而，深入研究和推动农民工可行能力发展，不仅是优化收入分配格局和扩大中等收入群体的客观要求，也是提升农民工群体劳动生产率，在我国的"刘易斯拐点"到来之际实现从人口存量中挖掘新人口红利，激发该群体驱动经济增长潜能的客观需要。

首先，推动农民工可行能力发展是实现国家长治久安和未来发展的客观要求。农民工由于自身的户籍身份问题，虽然长期在城镇工作生活，但实际上是农村家庭向城镇的延伸，因而，农民工作为农村家庭的主要劳动力，这个群体的现实境况如何，既深刻影响着农村家庭的生活水平，又严重影响着城镇内部的收入分配。同时，该群体的规模持续增长，对我国社会稳定和经济发展产生着越来越大的影响，已经成为新发展阶段推动中国特色社会主义建设不可或缺的重要力量，其面临的多维可行能力不足的状况亟需我们关注。

其次，农民工可行能力发展研究具有政策前瞻性。我国已进入扎实推动共同富裕的历史新阶段。因此，研究农民工群体的可行能力发展问题，构建可持续发展的多维可行能力测度指标体系，使政策制定者更好地瞄准援助对象和工作短板，开展高质量农民工问题治理行动，既有利于进一步推进经济社会变革，消除各类结构性和制度性的积弊，更有利于我们进一步缩小城乡差距和收入差距，最终迈向共同富裕。

第二节 研究思路和基本框架

一、研究思路

本书遵循"是什么—为什么—怎么样"的逻辑路线，按照"现状分析与可行能力多维测度—原因探究与可行能力多维发展的必要性分析—对策建议"的脉络展开研究。第一，本书基于城乡二元经济社会结构的变迁，对农民工群体现实境况的演变历程、迁移的动力机制和现实特点进行了系统梳理与分析；第二，根据农民工群体的特点构建了适用于农民工群体的可行能力多维测度指标体系，对农民工的可行能力现状进行了识别，并与城镇户籍流动人口以及城镇户籍居民的可行能力状况从多维视角进行了比较，多角度辨识了农民工群体的可行能力问题；第三，从挖掘新人口红利和驱动经济高质量增长的角度，对推动农民工可行能力多维发展的必要性进行了实证分析；第四，从宏观层面和微观层面对影响农民工可行能力发展的关键维度和主要因素进行了定量分析，深入探究农民工群体多维可行能力不足表象下的作用机理；第五，对本书的主要结论进行总结，提出从多个维度推进农民工可行能力发展的对策建议，并对未来研究方向进行了分析展望。

本书的技术路线见图1-2。

二、研究框架

基于前述研究思路和技术路线，除第一章导论外，其余八章的主要内容和结构如下：

第二章，对人的发展内涵、可行能力理论以及可行能力多维测度方法的历史演进进行了系统阐释，在此基础上进一步梳理了当前对农民工群体发展以及可行能力研究的主要成果和观点，为后文的深入研究奠定了基础。

```
┌─────────────────────┐  ┌─────────────────────┐
│ 农民工可行能力研究的 │  │ 可行能力理论发展    │
│    背景与意义        │  │ 与农民工可行能力    │
│                      │  │    研究综述          │
└──────────┬──────────┘  └──────────┬──────────┘
           └──────────────┬──────────┘
                          ▼
┌──────┐        ┌─────────────────────────────────┐
│ 质性 │────┐   │  二元经济社会结构变迁过程中      │
│ 分析 │    │   │  农民工群体状况的历史演进与现实特征│
└──────┘    │   └─────────────────┬───────────────┘
            │                     ▼
┌──────┐    │   ┌─────────────────────────────────┐
│ 统计 │────┤   │ 农民工可行能力多维测度指标体系的构建│
│ 分析 │    │   └─────────────────┬───────────────┘
└──────┘    │                     ▼
  研究      │   ┌─────────────────────────────────┐
  方法      ├──▶│ 农民工群体可行能力发展状况的测度 │
            │   │      以及不同群体间比较          │
┌──────┐    │   └─────────────────┬───────────────┘
│ 计量 │────┤                     ▼
│ 回归 │    │   ┌─────────────────────────────────┐
└──────┘    │   │    基于经济高质量增长的          │
            │   │ 推动农民工可行能力发展的必要性分析│
┌──────┐    │   └─────────────────┬───────────────┘
│ 模拟 │────┘                     ▼
│ 估计 │        ┌─────────────────────────────────┐
└──────┘        │ 宏观和微观层面下影响农民工可行能力│
                │   发展的关键维度与主要因素分析    │
                └─────────────────┬───────────────┘
                                  ▼
                       ┌──────────────────┐
                       │   结论与对策建议  │
                       └──────────────────┘
```

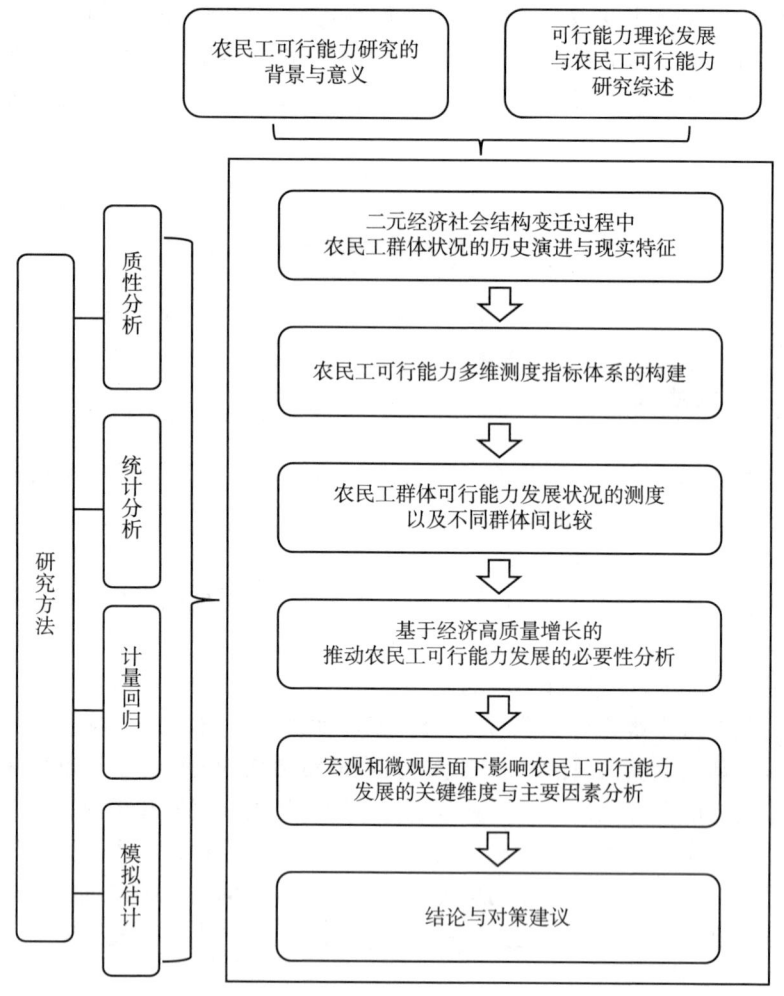

图 1-2　技术路线

资料来源：作者绘制。

第三章，对我国城乡二元经济社会结构变迁中农民工群体状况的演进与现实特征进行了梳理和定量分析。首先，结合二元反差指数和二元对比系数对我国二元结构强度的反映，将农村劳动力在乡城迁移过程中的群体状况演进划分为五个阶段，对农民工群体发展变化的历史脉络进行了梳理和分析；其次，对面临诸多发展瓶颈和阻力的情况下，依然存在的推动农村劳动力乡城迁移的动力机制进行了分析；最后，对当前农民工群体的规模、年龄结构、区域分布和流动方式等基本特征进行了分析，以便为进一步构建适应农民工群体特点的可行能力多维测度指标体系做好准备。

第四章，系统构建农民工可行能力多维测度的指标体系和研究框架。首先，对可行能力多维测度的分析框架、统计特性和基本步骤等进行了阐释；其次，介绍了本书开展农民工可行能力多维测度主要使用的数据来源，在此基础上，结合农民工群体特点和数据结构约束，构建了适用于农民工的可行能力多维测度指标体系；最后，对本书构建的农民工可行能力多维测度指标体系同单一的收入标准进行了比较，对二者的瞄准性进行了检验。

第五章，基于国家卫计委（现国家卫健委）全国流动人口动态监测数据和北京师范大学中国收入分配研究院的 CHIP 数据，运用 Alkire – Foster 测度与分解方法，利用本书构建的农民工可行能力多维测度指标体系，从全国层面对农民工的可行能力状况进行了测度，并按照经济发展区域和省份进行了可行能力多维发展指数的区域分解和对比分析。在此基础上，进一步将农民工群体的可行能力状况与同属城镇常住人口的城镇户籍流动人口、城镇户籍居民进行比较，以更加全面和深入地探究中国农民工的可行能力状况。

第六章，从挖掘新人口红利和驱动经济高质量发展的角度，对研究和推动农民工群体可行能力多维发展的必要性进行了实证分析。首先运用计量分析方法，对不同部门间的劳动生产率差距进行了估计和实证分析；其次，通过运用塞尔奎因部门结构分析方法构建理论模型，对农民工在不同时期对经济增长和总劳动生产率增长的贡献进行了测度，并联系经济社会发展现实对测度结果进行了系统分析；最后，采用反事实的模拟分析方法，对不同劳动生产率水平下的农民工经济贡献进行了分解和阐释。综合上述三个方面，从推动农民工劳动生产率提升，进而挖掘"新人口红利"与培育新经济动能的视角阐释了推进农民工可行能力多维发展的必要性。

第七章，基于宏观层面数据，从收入、就业、社会保障、教育培训、居住、代际发展等多个维度入手，对影响农民工可行能力发展的关键维度和主要因素从宏观视角下进行了系统分析，探究了农民工多维可行能力不足现象之下的深层次原因。

第八章，基于微观层面数据，一方面，对测度得到的农民工可行能力多维发展指数按照维度和指标进行分解，以考察各个维度和指标对农民工最终可行能力状况的贡献率，从而从中找出关键维度；另一方面，以 Logit 计量模型为工具，从微观视角出发研究年龄、性别、家庭构成、流动方式、务工区域等各类相关因素对农民工可行能力发展的影响机制，以进一步精确识别和分析农民工多维可行能力不足问题的关键影响因素和制约短板。

第九章，对本书的研究结论进行总结，提出推进农民工群体可行能力多维发展的对策建议，并指出农民工群体可行能力领域未来的研究方向。

第三节 本书的创新与不足

根据上述研究框架，本书在实地调研、文献阅读、数据整理、统计分析和计量实证的基础上进行深入分析，一些结论符合研究预期，也有部分研究受数据约束和个人能力等方面的限制，未能达成令人满意的结果，但这些结论共同构成了本书的创新和贡献之处，部分研究和分析的不足之处将是未来的探索和研究方向，期待将来能弥补这些遗憾。

一、创新之处

第一，基于现有数据约束，构建适用于中国农民工群体特点（分散性、流动性和边缘性）的可行能力多维测度指标体系，运用可行能力理论对农民工群体的可行能力发展问题进行深入分析。运用时效性和权威性较强的国家卫计委（现国家卫健委）2016年全国流动人口动态监测数据，根据可行能力理论（Sen, 1976）中以人的发展能力提升为核心的目标，参照农民工受身份限制所面临的权能差异，同时融入客观指标和主观指标，并兼顾收入的影响，构建了更为丰富全面的中国农民工可行能力多维测度指标体系，以期在共同富裕视域下更加深入和全面地探究农民工群体的发展问题。

第二，开展农民工同城镇户籍流动人口、城镇户籍居民三个群体间可行能力状况的比较研究，更加全面辨识和深入分析了农民工群体所面临的诸多现实问题。虽然农民工与城镇户籍流动人口、城镇户籍居民同属于城镇常住人口的组成部分，共同长期工作生活在城镇，但是农民工显然处于更加边缘的位置，其面临的多维可行能力不足问题也更加严重和复杂。通过将农民工的可行能力状态同城镇户籍流动人口和城镇户籍居民的可行能力状态进行比较分析，能够更加清楚地刻画长期处于城镇边缘地带的农民工画像，找准农民工与其他群体在同维度标准下的不足，瞄准推动农民工群体可行能力多维发展的现实短板。

第三，探索从驱动经济增长的角度阐释推进农民工群体可行能力发展的必要性，并对农民工对经济增长的贡献进行了定量测度、分解和时序分析。农民工不仅仅是我国特定历史时期和制度条件下产生的特殊弱势群体，而且是我国工业化和城镇化发展的主要劳动力大军，推进农民工群体的可行能力发展，可有效提升这支劳动力大军的劳动生产率，为我国经济社会发展挖掘新动能，在高质量发展中促进共同富裕。本书从探究农民工的经济贡献构成和动态变化，以及同城镇户籍劳动力、农村劳动力之间劳动生产率的现实差距等方面，阐释了在新时期通过推进农民工群体可行能力发展来挖掘新人口红利的必要性，为进一步丰富可行能力理论进行了有益探索，将有效拓展可行能力研究的理论空间与现实意义，并进一步完善和发展中国特色社会主义政治经济学和发展经济学理论。

第四，从农民工流动方式的多样性和迁移的分批次性等实际情况出发，将可行能力分析研究重点定位于农民工微观个体。由于受制于当前的城乡二元经济社会结构，农民工作为家庭主要的和优质的劳动力，一般由其首先向城镇地区流动，通过努力奋斗，在就业、居住等方面的条件成熟后，其他家庭成员再依照自身能力和现实需要分批次进行迁移，谋求家庭团聚。因此，将推动可行能力发展的重点放在能够实现迁移的农民工微观个体上，能够使有限资源发挥最大效用，尽快实现农民工的发展目标，改善农民工及其背后家庭的整体状况。本书从这一定位入手，同时在收入维度兼顾微观个体的实际供养人口，主要从强化农民工个人的可行能力进行研究，并从宏观和微观两个数据层面深入研究了就业、住房、教育、健康等内生因素以及年龄、性别、流动方式、家庭规模等外生因素对农民工可行能力的影响，拓宽了可行能力理论与测度方法的应用范围。

二、不足之处

可行能力作为人的发展研究领域的新热点，尽管已经有很多学者做出了极富价值的探索，但可行能力研究在理论分析框架和测度指标体系、参数选择、指标权重等方面依然不够完善。本书的研究也遇到了参数设置、指标选择、权重确定等问题，大部分问题得到了妥善解决，但依然有部分难点由于客观条件和个人研究能力等方面的限制，有待于进一步深入研究。

第一，可行能力多维测度指标体系的构建和测度以及分解基本上是以微观家庭或个体为基础，因而可行能力研究要求使用微观调查数据。但是，由于农民工群体的流动性、边缘性和不稳定性，相关数据的调查和统计十分困难，追踪数据更是不可得，因此农民工的数据相对其他群体而言是较为稀缺的，且更新较为缓慢。一方面，本书受样本数据调查期限、问卷结构、维度覆盖等方面的限制，难以建立面板数据进行农民工可行能力的长期动态测量，微观层面的代际问题也难以涉及，主观感受方面的指标尚有待丰富；另一方面，中国政府近年来采取多项有力举措，着力推动解决农民工的后顾之忧，如《保障农民工工资支付条例》等一系列制度和政策的出台实施，有效改善了农民工群体的现实境况。但由于农民工相关的微观调查数据更新较为缓慢，本书采用的国家卫计委（现国家卫健委）2016 年中国流动人口动态监测调查数据（CMDS）尽管已是目前公布的较新权威数据①，但依然滞后于实际情况的发展，可能在全面反映农民工现实境况改进方面仍存在一定不足。这些研究缺憾有待于相关数据未来的更新和完善，再进行进一步的深入研究。

第二，对于可行能力多维测度指标权重的讨论没有进一步深入。在可行能力理论及其具体测度方法的发展过程中，指标权重的设定始终是争论的焦点，学界经过多年的争论，依然没有达成共识，所以本书参照现有的诸多研究，依然采用等权重的设定方式。未来将随着可行能力基础理论的进一步发展以及数据完备来实现该方面研究的丰富和升级。

第三，部分环境和政策因素对农民工可行能力影响的机制没有得到有效解释。这一方面是因为数据可得性的限制，另一方面可能是因为现有数据是针对整个社会的，对农民工的可行能力产生了我们没有观测到的传导机理。这一方面期待数据和方法更丰富之后予以解决。

第四，在农民工群体可行能力发展与驱动经济增长之间，本书进行了初步的探索性研究，但受限于数据、篇幅和作者研究能力，农民工群体可行能力发展与经济增长协同发展的理论框架依然有待完善，从实证角度进一步探究二者之间的作用与传导机理将是未来重要的研究方向。

---

① 注：2018年，根据第十三届全国人民代表大会第一次会议批准的《国务院机构改革方案》，国家卫生和计划生育委员会不再保留，将国家卫生和计划生育委员会、国务院深化医药卫生体制改革领导小组办公室、全国老龄工作委员会办公室的职责，工业和信息化部牵头的《烟草控制框架公约》履约工作职责，国家安全生产监督管理总局的职业安全健康监督管理职责整合，组建国家卫生健康委员会。在这次改革中，原国家卫生和计划生育委员会流动人口计划生育服务管理司撤销。因此，自2018年起，由原国家卫计委流动人口计划生育服务管理司分管的全国流动人口动态监测数据（CMDS）平台就未继续开放数据申请，新的流动人口数据监测调查也停止。目前，对社会开放使用的最新的全国流动人口动态监测数据（CMDS）数据为2016年和2017年数据。通过对比这两年的数据，2016年数据的样本、调查维度和指标与本文研究中涉及的构建可行能力多维测度指标体系等目标更加契合，数据整理后的样本代表性也较好，因此本书选用2016年全国流动人口动态监测调查数据开展农民工微观层面的数据分析。

第二章 理论基础与文献综述

人的发展，一直是经济学家研究的重要问题之一。自我国改革开放以来，随着工业化和城镇化的快速推进，数以亿计的农村居民为追求生活改善和自身发展，以农民工的身份踏上了乡城迁移的征程，成为推动中国经济长期高速增长的关键原动力之一。与其他国家的人口迁移相比，中国农民工的乡城迁移与群体发展走出了独特的"中国路径"，既有符合一般发展理论一面，又有极具中国特色的一面。系统总结中国农民工群体发展规律，基于高质量发展要求进行理论建构并提出有效的治理对策，将是推动我国迈向共同富裕所面临的重要课题。本章将对发展理论和可行能力理论以及国内外的相关研究进行综述，并系统阐释本书的创新点和研究难点。

第一节 发展的内涵及其演变

一、古典发展理论

在18~19世纪的资本主义快速成长时期，推进全球扩张、扩大财富总量和推动经济增长成为资本主义国家的首要发展目标。以亚当·斯密（Adam Smith）为代表的一批古典经济学家的经济增长理论构成了古典发展理论的主要来源。亚当·斯密以完全竞争的市场结构为基础，构筑了古典政治经济学发展的基本框架，并系统地阐述了财富的来源，指出发展的核心内涵在于增加国民财富，促进经济增长。在亚当·斯密之后，推动古典政治经济学发展的主要代表人物是大卫·李嘉图（David Ricardo）。大卫·李嘉图在继承亚当·斯密部分观点的同时，也把发展的内涵由生产领域延展至分配领域，对人口增长、粮食生产与经济增长的相互关系进行了分析，并以此来解释不发达现象，拓展了古典发展理论的空间。其他的代表性人物，如托马斯·罗伯特·马尔萨斯（Thomas Robert Malthus）聚焦于人口增长和经济发展之间的关系，提出了关于经济增长的人口理论，强调了从人口增长约束的角度来考虑发展的平衡问题；约翰·斯图尔特·穆勒（John Stuart Mill）则从生产要素入手，分析了人口增长、资本积累、技术进步、自然资源等生产要素在发展中的重要作用。

古典经济学的发展理论在资本主义谋求增长的关键时期，从不同角度和层面拓展了发展的内涵与外延，以及发展与其他因素的相互关系问题。这些古典经济学发展理论的共同观点在于：以经济增长为中心和增加国民财富为目标。古典发展理论为驱动全球经济快速增长奠定了理论基础，为以经济为中心的发展观提供了理论来源。但是，古典发展理论把全部重心都集中在经济增长方面，将增长等同于发展，对社会发展和人自身的发展没有涉及，忽视了发展的持续性和分配的公平性，存在明显的局限性。

二、马克思主义发展理论

马克思主义发展理论对古典经济学的发展理论进行了改造，在理论方法上进行了革新，实现了理论术语的系统性革命，对古典经济学的发展理论进行了总结、批判、吸收和超越。马克思主义发展理论的基础是马克思主义政治经济学和唯物史观，认为物质资料生产方式是人类社会存在与发展的决定力量，在人类的整个经济社会发展中居于支配性地位，指出物质资料的生产方式不仅从整体上和根本上决定着人类社会的性质与面貌以及未来发展的方向，而且决定着经济社会发展的基本特征、形态与趋势。物质资料生产方式的内在矛盾运动以及物质资料生产方式与一定生产关系之间的矛盾运动是推动人类经济社会发展的根本动力。

马克思、恩格斯创立的马克思主义发展理论的最大贡献在于首次站在辩证唯物论和历史唯物主义的立场上，从政治经济学视角提出人全面而自由的发展是人类社会发展的最终目标之一，指出在未来的共产主义社会"每个人的自由发展是一切人的自由发展的条件"[1]，是一个"以每个人的全面而自由的发展为基本原则的社会"[2]，并且系统阐释了资本主义生产方式和与之相适应的资本主义生产关系的内在联系、主要特征与矛盾运动，揭示了资本主义的运动规律，指出榨取工人剩余价值是资本主义发展与利益分配的核心。在此基础上，马克思主义发展理论明确指出工业革命以来扼制劳动者发展、掠夺资源、破坏生态等发展无序现象的根源在于无限追求剩余价值利益驱动下的资本主义生产方式，其导致了人类社会发展的不可持续与多数人不全面、不自由的发展。因此，要从根本上解决发展问题，就必须变革资本主义生产方式，建立社会主义生产方式。只有在社会主

---

[1] 马克思，恩格斯. 共产党宣言 [M]. 人民出版社，2009：53.
[2] 马克思. 资本论（第一卷）[M]. 人民出版社，1975：649.

义生产方式下，才能实现生产的社会化组织，杜绝少数人剥削多数人，实现经济发展与社会发展的相协调以及人与人之间、人与自然之间的和谐统一。人才能真正成为自然界和人类社会的主人，劳动才能成为人的自由和自觉的活动，在尊重自然规律和社会规律的前提下，实现人类社会发展的可持续与每个人全面而自由的发展。

三、现代发展理论

第二次世界大战以后，从资本主义殖民统治下独立的新兴民族国家意识到自身的落后，产生了追求经济快速增长、追赶发达国家的强烈愿景。从20世纪60年代开始，许多发展中国家的经济实现了快速增长，全面缩短和消除与发达资本主义国家的差距成了它们的更高发展目标。同时，社会主义国家的快速发展也为很多发展中国家提供了发展模式和具体措施上的启示与借鉴。因此，广大发展中国家纷纷寻求一种更加适合的发展模式，一方面能够从基础设施、公民安全、生活保障等方面推动整个社会的现代化，另一方面为经济持续增长注入长久动力。

1961年，联合国通过了关于"发展问题"的第一个决议，将缩小不平等状况、促进贫国与富国间的合作、改善所有人的生活作为目标，开展第一个"联合国发展十年"行动。但是，由于发展中国家在国际经济秩序和政治关系中的普遍弱势地位，联合国倡导的"第一个发展10年"行动以失败告终。由于在国际贸易体系、全球货币金融体系中的不利地位，很多发展中国家虽然在以国民生产总值为代表的经济增长方面进步明显，但国际贸易条件恶化、债务负担高企，如发达国家制成品向发展中国家出口的增长额等于发展中国家制成品向发达国家出口增长额的3倍。经过10年的发展，发展中国家反而处于更加落后的地位。

许多发展经济学家开始对"联合国发展十年"所倡导的"发展＝工业化＝经济增长"的发展观进行反思，开始将增长和发展区分开来，认为发展不仅在于经济增长，还应包括社会变革。现代发展理论认为，发展中国家实现现代化的过程，应该是经济增长和社会变革的统一，整个国际和国内的经济社会体制应当实现经济、文化、政治和个人的和谐平衡发展。由此，在发展问题上，现代发展理论逐步取代古典发展理论，发展中国家逐步开始以多重目标代替以往的经济增长单一目标，并注意众多发展目标之间的关系和顺序，以最大化实现合理平衡的安排。

四、后现代发展理论

20世纪80年代，围绕未达到预期效果的联合国"两个发展十年"实践进行的反思，针对发展与落后、增长与贫穷并存的二元困境，经济学、社会学、政治学等多个领域的学者开始探寻新的发展理论。法国经济学家弗朗索瓦·佩鲁（Francois Perroux，1983）提出"新发展观"，构成后现代发展理论的主要内容。后现代发展理论摒弃了以增长为中心的发展，提出了整体的、综合的、内生的新发展观。

整体发展指不是只重视 GDP 的单纯的、片面的经济发展，而是应该全面考虑到社会和人各方面需求的发展。以佩鲁为代表的后现代发展理论家对高消耗、掠夺性开发的西方工业化模式进行了否定，指出发展的真正阻力来自经济增长和科技进步过程中政治规范和社会规范的缺失。整体发展要求科技进步必须为人类的整体利益服务，摆脱唯科学主义以及盲目相信市场力量的影响，应在推动经济增长过程中充分考虑道德和伦理的价值。

综合发展指发展的战略目标应兼顾区域、社会、群体以及代际之间的差异，强调应构建发展主体内在不同结构间的有机联系，并形成可持续的稳定性和协调性。综合发展的后现代发展理论认为推动经济发展的力量不仅仅来自市场，还包括各类"超市场的活动"，应充分发挥国家作为提高全体社会成员共同利益权力系统的组织动员作用，约束市场行为，消除市场负外部性，同时重构发展中国家与发达资本主义国家间的国际政治经济秩序，摆脱发展中国家面临的各类限制，防止"无发展的增长"。

内生发展是指充分依托自身力量的发展，强调了人的能动性因素。后现代发展理论认为发展停滞的关键诱因在于许多发展中国家在外部强制下能够建立以市场和资本为基础的经济体系，但是忽视了内生动能的激发和自力更生的需要，导致经济增长与人的发展不足并存，发展缺乏后劲和不可持续，最终走向停滞。内生发展的后现代发展理论认为发展不仅仅是经济发展和社会发展，而且要求调动每一个社会个体的积极性，充分鉴别和开发潜在的人力资源，充分挖掘人的潜力，不是仅依赖于自然资源、经济体系、资本投入等外生因素。

五、新发展主义理论

传统发展理论关注的焦点集中在增长以及发展中国家与发达国家的贫富差距上，却忽视了对发展中的人——这一主体的关注。随着全球经济的增长，发展中国家的经济规模快速提升，但是收入分配不平等、城乡二元结构、贫困、失业等应该在发展过程中得到缓解或解决的问题反而不断加剧。经济增长和社会发展成果大多被富裕阶层占有，而改革和发展的代价却大多由低收入阶层承担，传统的发展内涵开始受到质疑。

新发展主义理论认为欧美资本主义国家倡导的西方现代化发展模式已经走向

末路，以西方工业文明为模板的发展标准无法满足各个发展中国家的多样化发展需求，西方工业文明阶段不是发展的必经之路，更不是发展中国家的必选样本。

新发展主义理论建立在对"完整人"的理解之上，强调以人的发展为中心定义发展内涵，将是否能够推进人的发展看作发展的根本问题和终极目标。世界银行经济学家托马斯（Thomas，2000）认为，发展就是人民生活质量的改善，就是人民构建自己未来的能力的提高。从横向维度来看，新发展理论突出了人的自由、平等和全面的发展，认为人的基本需求得到满足、人的能力实现全面发展、人的自由得到全面实现是发展的核心内涵，强调经济社会发展和人的发展之间的协同关系。从纵向维度来看，新发展理论重视发展的代际传递，强调了发展应当是可持续的发展，人、经济、社会和自然之间应通过协调共进使发展同时惠及当代人和后代人。

新发展理论有三个主要的战略发展方向：就业主导、再次分配和基本生存需求。就业主导的新发展理论认为，单一的物质援助无法真正改善贫困人口的生存状况，只有贫困人口获得必需的生存技能、社会尊严和自我认同，才能根本上解决贫困和不平等问题；再次分配的新发展理论认为单纯的增长，无法惠及低收入人群和边缘群体，应通过机制建设对增长过程中出现的物质和资金增量进行再分配，使底层人群从增长中获得收益以支持自身的发展；基本生存需求的新发展理论强调直接为低收入人群和边缘群体提供教育、健康和安全饮用水等满足基本需求的服务，同时增加低收入人群和边缘群体在发展进程和政治决策中发表意见的渠道和机会。

六、中国特色社会主义发展理论

20世纪以来，发展成为中国特色社会主义革命、建设和改革的重要主题。中国共产党结合我国不同时代的具体实际，对我国的发展问题进行了不懈探索。新中国成立特别是改革开放以来，中国共产党领导中国人民在继承发展马克思主义发展理论，总结中国和世界经济发展实践经验，吸收国外有益的发展理论成果的基础上，形成了中国特色社会主义发展理论。从毛泽东同志著名的《论十大关系》到邓小平同志关于"社会主义的根本任务是发展生产力""发展才是硬道理"等重要论断，以及"三个代表"重要思想、科学发展观和习近平新时代中国特色社会主义思想，都体现了中国共产党人与时俱进的马克思主义发展观。[①] 中国特色社会主义发展理论对经济发展的动力、方式、目的等问题进行了广泛探讨和创新，比如，通过经济体制改革使生产关系适应生产力发展要求；将西方经

---

① 孙少华. 马克思主义发展理论的新发展 [N]. 学习时报，2018-04-30.

济增长理论中重视物质资本、人力资本积累和技术进步等思想纳入社会主义经济发展理论；分析中国经济发展中的独特因素，探讨中华文化、大国优势、地区竞争等在经济发展中的作用等。① 这些理论深刻回答了什么是发展，中国需要怎样的发展，怎样实现发展等问题，为经济社会的全面协调可持续发展提供了科学的理论指导。

党的十八大以来，以习近平同志为核心的党中央，紧密结合新发展阶段的时代条件和实践要求，以全新的视野深化对共产党执政规律、社会主义建设规律、人类社会发展规律的认识，提出以人民为中心的新发展理念，以创新、协调、绿色、开放、共享为核心，进一步强调要努力促进全体人民实现共同富裕，不再简单以国内生产总值增长率论英雄，不能不顾客观条件、违背规律盲目追求高速度，要立足提高质量和效益来推动经济社会的持续健康发展。党的十九届六中全会通过的《决议》中明确提到"推动人的全面发展、全体人民共同富裕取得更为明显的实质性进展"，"人的全面发展"和"共同富裕"联系在一起，已经成为相辅相成和不可分割的两个方面。因此，"新发展理念是一个系统的理论体系，回答了关于发展的目的、动力、方式、路径等一系列理论和实践问题，阐明了我们党关于发展的政治立场、价值导向、发展模式、发展道路等重大政治问题"②。新发展理念以一脉相承的继承性和与时俱进的开拓性，深刻回答了当今中国的时代之问，在理论上不断拓展新视野、作出新概括，丰富发展了中国特色社会主义发展理论体系，是马克思主义同中国实际相结合的又一次历史性飞跃。③

第二节　可行能力发展：概念源起与理论演进

一、可行能力的概念与理论建构

可行能力（Capability）概念最初由诺贝尔经济学奖获得者阿玛蒂亚·森（Amartya Sen）提出。他在批评功利主义等传统发展观的基础上，将人的发展作为研究核心，提出人类的发展应当是一个多维的概念，强调推进人的全面发展，并将人的全面发展进一步聚焦到各类可行能力自由而公平的获取上，与追求人全面而自由发展的马克思主义发展理论和以人民为中心的新发展理念等中国特色社会主义发展理论在本质上一致。可行能力理论认为财富增加、技术进步、收入增

---

① 胡家勇. 我国经济理论创新发展的40年 [N]. 人民日报, 2019 – 01 – 21.
② 习近平. 把握新发展阶段，贯彻新发展理念，构建新发展格局 [J]. 求是, 2021 (9): 4 – 8.
③ 孙少华. 马克思主义发展理论的新发展 [N]. 学习时报, 2018 – 04 – 30.

长可以作为人类追求的目标，但它们只是人类谋求发展的工具或者中介，是为支持人的发展服务的，而并不是发展的核心。阿玛蒂亚·森认为，除财富积累和经济增长之外，发展还应囊括其他客观维度和主观维度下的境况改善，如饮水、交通、尊重和社会融入感等。

阿玛蒂亚·森将人能够实现对某种期望状态的自由度和选择机会定义为可行能力，指出物质匮乏或者贫困只是发展迟滞的表象，人的各类可行能力的匮乏是导致贫困等一系列发展问题的根源。这些可行能力既包括基本的温饱、营养和医疗，也包括基本的教育、居住和卫生，还包括充分的社会融入、人格尊重和政治自由等（Amartya Sen，1992，1997，1999，2006）。阿玛蒂亚·森指出，发展的本质就是人类实质自由的扩展，实质自由体现为人所能进行的各类功能性活动，功能性活动反映了个人认为值得去做或达到的多种多样的事情和状态（Amartya Sen，2002），人的发展实际上是一系列功能性活动（functionings）的集合，比如拥有健康的身体、安全舒适的住房、融洽的社会交往和工作关系等。人的现实境况由贫困到富裕的改善就在于所能进行的功能性活动的维度数量，生产生活质量的提升最终表现为人的功能性活动维度的扩展和自由度的提升，而可行能力决定了人能够在哪些维度上采取何种功能性活动。因此，人的发展取决于可行能力状况，可行能力的不足将导致和表现为多维贫困，即多个维度下的可行能力匮乏（Amartya Sen，1979，1985，1987，1993，1999）。

阿玛蒂亚·森于1985年在《商品与能力》一书中对可行能力理论进行了理论模型的构建，并进行了数学化总结与表述。

将个人 i 能够进行的各类功能性活动 b_i 可表示为：

$$b_i = f_i(c_i(x_i|z_i, z_r, z_l)) \quad \forall f_i \in F_i, \quad \forall x_i \in X_i$$

X 表示个人所有可能获得的商品和服务的向量集，其中 x_i 为个人 i 所拥有的商品和服务的向量。

定义 $c = c(x)$ 为商品和服务的特征向量，$c_i(x_i)$ 表示把个人 i 的商品和服务转换成商品和服务的特征向量的函数。

$b_i = f_i(c_i(x_i|z_i, z_r, z_l))$，其中 b_i 表示功能性活动向量，F 是所有可能的转换函数集，$f \in F$，其中 $f_i(c_i(x_i|z_i, z_r, z_l))$ 为第 i 个人把商品和服务向量转化成功能性活动向量 b_i 的转换函数，z_i, z_r, z_l 表示在个人、社会和自然环境下的转换因子。

Q_i 表示个人 i 能够实现的全部潜在功能性活动的可行能力集合，根据转换函数集 F 以及商品和服务的向量集 X，当商品和服务向量为 x_i 时，个人 i 的可行能力集合 Q_i 即为：

$$Q_i(X_i) = \{b_i | b_i = f_i(c_i(x_i|z_i, z_r, z_l)) \forall f_i \in F_i, \quad \forall x_i \in X_i\}$$

转换函数 F 以及商品和服务的向量集合 X，代表了个人在可行能力集合约束下可以实现的所有功能性活动的选择性自由。

设 W_i 为个人 i 的效用函数，那么传统的效用函数可以表示为：

$$W_i = f_i(c_i(x_i))$$

纳入可行能力后，则个人的效用函数演变为：

$$W_i = \{W_i | W_i = W_i(b_i), b_i \in Q_i\}。$$

可行能力理念是关于人类发展研究的一次历史性飞跃，深入刻画了人类发展的本质，有效拓展了人类发展的内涵，提供了一种新的评价手段和方法来纠正功利主义等传统经济学的不足，建立一个更为广泛的评价框架来评价社会安排（杨兴华和张格儿，2014），为政治经济学和发展经济学研究打开了新的大门。英国学者伯纳德·威廉姆斯（Bernard Williams, 1987）在评价可行能力理论时指出"对于这些基本的人类利益问题的思考来说，可行能力的概念事实上是一种非常重要的贡献，它使得我们远远地超越了比较狭隘的经济利益概念以及更为约定俗成的生活水准概念"。

二、可行能力理论的发展

（一）人类发展的可行能力分类与清单

作为可行能力理论的重要发展者，玛莎·努斯鲍姆（Martha C. Nussbaum）基于可行能力的多维性，将可行能力分为基本可行能力、内在可行能力和混合可行能力，并构建了一个适用于全球范围的人类发展可行能力清单（如表2-1所示）。

表2-1　　　　　　　　　　人类发展的可行能力清单

维度名称	具体内容
生命（Life）	拥有正常寿命，不会过早夭折或因为不值得活着而提前放弃生命
健康（Bodily Health）	健康状况良好，包括正常的繁衍能力、充足的营养和较好的住所
机体健全（Bodily Integrity）	行动自由，能够免受包括性侵和家暴等在内的暴力袭击，能够满足繁衍后代的需要
理智、想象和思考能力（Senses, Imagination and Thought）	能够理智地想象、思考和以"真正的人"的方式做事。拥有充足的教育，包括但不限于读写、基本的数学和科学训练。能够进行与工作有关的想象和思考，能够自主选择宗教、文学和音乐。具有政治和艺术领域的表达自由。能够有愉快的经历并避免无益的痛苦

续表

维度名称	具体内容
正常情感（Emotions）	与外界的事物和人们有情感上的依附关系，爱那些爱和照顾我们的人们，为他们的不幸而感到悲伤。一般来说，可以正常表达包括爱、悲伤、期望、感恩和正当的愤怒等情感
基于实践的理性（Practical Reason）	能够进行美好的构想，并且针对自己的人生计划进行批判性反思
融洽的社会关系（Affiliation）	能够与他人共同生存、生活，意识到并关心他人的存在，能够进行大量的社会互动，理解他人的处境。有自我尊重的社会基础，没有种族、性别、性取向、民族、种姓、宗教等歧视。
和谐的自然关系（Other Species）	能够与动物、植物和整个自然界共生
休闲（Play）	能够享受娱乐活动
自我掌控能力（Control over One's Environment）	一是政治方面，能够参与政治活动，具有政治自由。二是物质方面，能够拥有财产（土地和动产），有公平的就业权利；有不受到无根据的搜查和夺取的自由；能作为正常的个体进行工作，并与其他人建立有意义而相互认可的关系

资料来源：根据 Martha C. Nussbaum. Women and Human Development：The Capabilities Approach [M]. Cambridge University Press，2000. 书中图表整理而得。

一是基本可行能力。基本可行能力是指一个人先天具有的能力，如视听、行走、感知等，这些基本可行能力是发展高等可行能力的必要基础，但是这些可行能力不能直接转化为功能性活动，需要在后天加以发展才能转化为实际的功能性活动。

二是内在可行能力。内在可行能力是为开展必要的功能性活动而逐渐成熟起来的能力，需要一定程度的时间累积和机体成熟，但与基本可行能力不同，通常这种可行能力的发展不是先天具备的，而是有赖于外部环境的支持，如一个人通过学习能够知道如何与人交往、组建家庭以及参与政治活动等，但这些可行能力的发挥通常需要具备既定的物质和社会环境，否则最终这些功能性活动的实现会受到阻碍。

三是混合可行能力。混合可行能力是由内在可行能力与适当的外部环境共同作用而构成的，如19世纪的美国部分地区存在黑奴制，身份为奴隶的黑人虽然有健全的言谈等内在可行能力，但在这些地区实际上受制度环境的压迫，无法实现言论自由，更无法参与政治决策，不具有思想和言论的混合可行能力。

（二）人类发展指数

1990年，联合国开发计划署（UNDP）基于可行能力首次提出了"人类发展"的概念，将人类发展定义为"一个有关个人福祉、社会安排以及政策设计和评估的规范性框架"（UNDP，1990），同时推出了涵盖健康（H_1）、教育（H_2）和收入（H_3）三个维度的人类发展指数（Human Development Index，HDI）（见表2-2）。

$$HDI = \frac{1}{3}(H_1 + H_2 + H_3)$$

人类发展指数的编制原则包括以下几个方面：一是能够体现人类发展的基本内涵；二是由便于计算和管理的有限变量构成；三是以一个综合指数呈现最终结果，不存在过多的繁杂的独立指标；四是基于充分的可信数据来源；五是覆盖经济和社会两个方面的发展需求；六是依据的理论基础和最终得出的综合指数兼有科学性和灵活性。其中，预期寿命用出生时的预期寿命来衡量；成人识字率用成人识字率（2/3权重）和小学、中学、大学综合入学率（1/3权重）来共同衡量。按照联合国开发计划署对人类发展指数的定义：人类发展指数小于0.55的国家为低人类发展指数国家，人类发展指数在0.55~0.699的为中等人类发展指数国家，人类发展指数在0.7~0.799的为高人类发展指数国家，人类发展指数大于等于0.8的为极高人类发展指数国家。

表2-2　　　　　　人类发展指数（HDI）的维度构成与计算

维度	指标	计算方法
健康（H_1）	人均预期寿命（L）	$H_1 = \dfrac{L - 25}{85 - 25}$
教育（H_2）	成人识字率（E_1） 毛入学率（E_2）	$H_2 = \dfrac{2}{3}\left(\dfrac{E_1}{100}\right) + \dfrac{1}{3}\left(\dfrac{E_2}{100}\right)$
收入（H_3）	人均GDP（G，基于美元购买力平价）	$H_3 = \dfrac{\ln G - \ln 100}{\ln 40000 - \ln 100}$

资料来源：根据UNDP. Human Development Report 1990 [M]. Oxford University Press，1990. 书中图表整理而得。

自人类发展指数问世以来，很多学者就人类发展指数的编制提出了修改完善的建议，如斯里尼瓦桑（Srinivasan，1994）、卡卢奇和皮萨尼（Carlucci & Pisani，1995）是较早提出人类发展指数存在覆盖维度不全面问题的学者，认为对人类发展的衡量应该在更加广泛的维度进行。后来，塞格尔和纳吉姆（Sagar & Najam，1998）进一步提出人类发展指数仅考虑了绝对收入水平，缺乏对一个国家或地区内部收入分配差距问题的考虑。皮内达（Pineda，2012）经过研究对人类发展指数进行了完善，将可持续因素纳入当前对人类发展的评价体系中，提出了经过可持续调整的人类发展指数。比赫里和莫拉（Biggeri and Maura，2018）提出了基于多维指标（MSI）的可持续人类发展指数（SHDI），探索了对环境和自由等指标在指数体系中进行聚合的方法。张美云（2016）梳理了已有人类发展指数研究指标的相关缺陷及其测算方法的改进，提出了未来对人类发展指数开展进一步完善的研究展望。任栋、曹改改和龙思瑞（2021）通过新增民生和可持续发展两个维度，对人类发展指数框架的改进进行了探索，测算了 2000～2017 年的中国各地经济社会协调发展情况。虽然很多学者就人类发展指数的编制方式提出质疑，但基于可行能力理论的指数编制总体框架一直以来并未发生改变，该指数已在指导发展中国家制定相应发展战略方面发挥了极其重要的作用（UNDP，2018）。

三、可行能力测度方法的发展

随着可行能力理论的提出、丰富和发展，其面临的最大挑战是如何从多维的角度对可行能力进行测度，很多学者在这方面做出了卓有成效的探索。国际上从多维视角测算可行能力的方法集中于多维贫困测算领域。

（一）多维视角测算可行能力

多维贫困概念中的"贫困"即为匮乏的意思，而不仅是指收入低下。多维贫困的核心内涵即为检视目标个体是否存在多个维度下的可行能力匮乏，其最终目标是关注人类的全面发展。因此，多维贫困的测度本质上就是可行能力的测度。这方面的研究始于哈斯纳什（Hagenaars），他创新选取了可行能力测算的维度和指标，从收入和闲暇两个维度构建了第一个综合性指数（Hagenaars，1987），为后续研究奠定了基础。随着统计技术和测量工具的创新，可行能力的测度方法也在不断发展。如果按照计算特点进行大类划分，那么可行能力的测度方法主要包括边际计算方法和联合分布方法。

边际计算方法包括仪表盘法（Dashboard approach）和综合指数法（Composite indices approach）。仪表盘方法是指由一系列维度（指标）构成一个集合，每个维度均用一维的方法来测算目标个体在该维度下的可行能力状况（Alkire，2011），可以表示如下：

$$DI = [P_1(x^1; z_1), \cdots, P_d(x^d; z_d)]$$

其中，DI 代表仪表盘法得到的指标数据，是一个 d 维向量，涵盖了全部 d 维向量的临界值，x^d 代表指标选择向量，z_d 代表每个指标的临界值。仪表盘法最为成功的应用是作为联合国制定千年发展目标的依据[①]。仪表盘法的优点是扩大

---

① 详情请参见 http://www.un.org/zh/millenniumgoals/。

了可行能力测度涉及的维度范围,能够提供更加丰富的信息量,并且可以根据每一个具体指标来评价具体政策的影响。然而,斯蒂格利茨等学者认为该方法的缺陷在于:一是不能反映群体间可行能力剥夺的联合分布,二是由于涵盖维度的异质性过大,难以解释和对比不同时间和区域的可行能力状况(Stiglitz et al.,2009)。

综合指数法是在测度目标群体实际生活水平过程中产生的单一综合性指标,一定程度上克服了仪表盘法的异质性和不可对比性。根据这一指标,我们能够判断目标群体的可行能力状况(Stiglitz et al.,2009)。综合指数法可以表示为:

$$CI = f[P_1(x^1; z_1), \cdots, P_d(x^d; z_d)]$$

其中,CI 代表根据一定规则计算得到的综合指数,$P_d(x^d; z_d)$ 为一个 d 维可行能力被剥夺指标。根据综合指数法得到的权威指数包括:人类发展指数(HDI)、性别禀赋指数(GEM)、人类贫困指数(HPI)等。但是,综合指数法的缺陷同仪表盘法一样,无法反映可行能力剥夺的联合分布。

因此,边际计算方法中的仪表盘法和综合指数法是理解可行能力理论并进行可行能力测度的重要工具,可以通过使用数据考察不同群体的可行能力状况。然而,这种方法不能进行多维联合分布分析,不能识别部分维度下可行能力不足的人口比例,从而在可行能力测度中存在较大的局限性[①]。

联合分布方法包括韦恩图表法、随机占优方法、模糊集方法以及公理化方法。韦恩图表法是将有限的维度用图表选项的方式来表示,并将其组合的所有的可能性在同一图表中显示出来(Venn,1880)。其二维和三维韦恩图的表示方法分别如图 2-1 和图 2-2 所示。

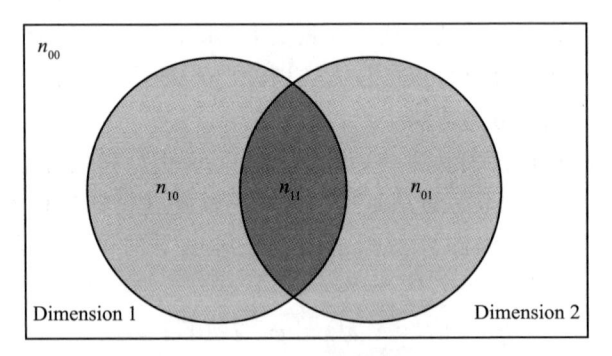

图 2-1 二维韦恩图

资料来源:根据 Sabina Alkire, James Foster et al. Multidimensional Poverty Measurement and Analysis [M]. Oxford Press, 2015. 书中图表整理而得。

---

① 塞斯(Seth,2010)指出综合指数和多维指数主要的区别在于综合指数不能刻画福利的联合分布。

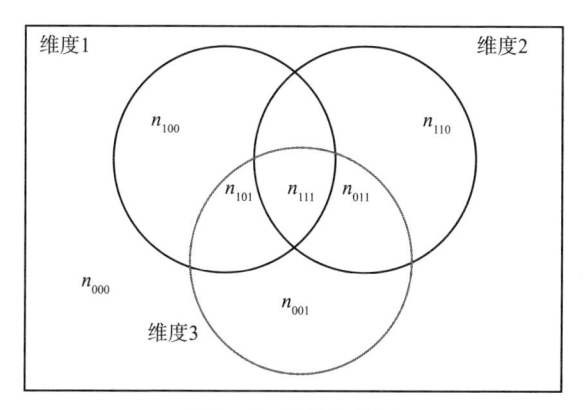

图 2-2　三维韦恩图

资料来源：根据 Sabina Alkire, James Foster et al. Multidimensional Poverty Measurement and Analysis [M]. Oxford Press, 2015. 书中图表整理而得。

其中，n_{ij} 代表被剥夺的可行能力维度，i，j 为 1 时表示该维度被剥夺，i，j 为 0 时表示该维度不被剥夺。韦恩图常被用于研究不同维度被剥夺的重叠部分的发生率（Decancq K, 2014；Alkire, 2013），这种方法的优点在于可视性强，非常便于探索有限维度下目标群体被剥夺的重叠情况，对于 2~4 维的目标群体被剥夺情况可以有很直观的认识。但是，该方法的缺陷在于无法获取信息的深度，当维度超过 5 个时，该方法的结果很难得到清晰的解读。

占优方法是指无论参数和测算条件如何变化，均不影响两个群体之间可行能力状况比较结果的方法。在一维情况下，一个群体"占优"于其他群体是指，当涉及具体的测度方法时，对于所有的临界值，前者的可行能力不优于其他群体，且对于一些临界值，前者的可行能力严格优于后者。相反，如果一个群体的可行能力在一些临界值上优于其他群体，而在另一些贫困线上劣于其他群体，那么，我们不能得出哪个群体的可行能力占优于另一个群体的结论。占优方法已被广泛用于一维框架中的不平等的测度和分析（Atkinson, 1970, 1987；Foster & Shorrocks, 1988；Jenkins & Lambert, 1998）。一阶占优方法可以表示如图 2-3 所示。

其中，F_y 分布无论在何种条件下均占优于 F_x 分布，这种方法的优势在于当占优结果成立时，两两之间的对比将会很清晰，其他任何因素的改变都不能改变对比的结果，避免了因参数不同而导致的可能自相矛盾的收入分配等应对社会不平等的治理政策。但是，占优方法的劣势在于对基数数据是不起作用的，占优分析的质量水平也依赖于取值之间关系的假设（通常为替代关系），而且除了一阶占优，其他阶数的占优无法进行直观的解释。

图 2-3 一阶占优方法

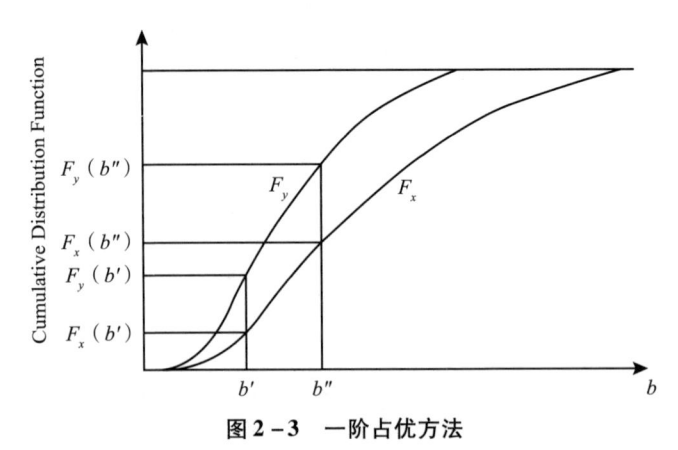

资料来源：根据 Sabina Alkire, James Foster et al. Multidimensional Poverty Measurement and Analysis [M]. Oxford Press, 2015. 书中图表整理而得。

模糊集方法是一种广泛应用于计算机科学和数学文献中的技术，由切里奥利和扎尼（Cerioli & Zani, 1990）极富开创性的工作开始，模糊集方法开始被用于以可行能力为基础的多维贫困等领域的分析中[①]。在可行能力方法研究的快速发展时期，继基亚佩罗－马丁内蒂（Chiappero - Martinetti, 1994, 1996, 2000）、切利和尼米（Cheli & Lemmi, 1995）之后，这种技术在具体的测算分析中被大量地应用[②]。辨识可行能力状态的工作在目标群体非常富裕或者绝对困窘的情况下是非常直观且简单的，但是，现实中存在着很多无法完全辨识人们可行能力正常与否的中间情况[③]，这就是典型的模糊推断[④]。模糊集方法应用于可行能力测度的一个重要创新在于这种方法不再将一个人定义为可行能力正常或者不正常、贫困或者不贫困（以一种脆弱的方法识别），而是考虑了一个人属于可行能力被剥夺或者贫困的程度。模糊集理论者相信可行能力被剥夺从概念上讲是一种模糊推断，模糊集方法系统地对模糊性和复杂性进行处理（Chiappero - Martinetti, 2008; Qizilbash, 2006），实际上是在可行能力被剥夺与未被剥夺之间建立起一个区间，这一区间相当于一个坡度，在这一坡度间的人群处于剥夺与被剥夺的模糊

---

① 请参阅拉金（Ragin, 2000）和史密森和维库伊能（Smithson & Verkuilen, 2006）在相关方面的具体应用以及具体解释。

② 基亚佩罗－马丁内蒂和罗奇（Chiappero - Martinetti & Roche, 2009）分别在 1990 年代晚期和 2000 年底早期对实证工作进行了回顾。

③ 基亚佩罗－马丁内蒂（Chiappero - Martinetti, 2008）区分了内在的模糊性和测量中的模糊性。前者是一个理论概念；后者是一个方法论。

④ 基齐勒巴什（Qizilbash, 2006）识别了三个模糊推断的内在相关特性：(1) 如果一个人是可行能力不足的，那么存在完全确定推断的不可能界限；(2) 这里没有一个关于不可否认推断结论是正确的精确限制；(3) 推断易受连锁悖论的影响。

地带。模糊集方法主要适用于用来识别目标群体的剥夺临界值和整体临界值。模糊集方法在概念上的创新贡献存在于可行能力测度的识别阶段，这种方法可以反映被剥夺的联合分布并且可以有意义地应用于序数数据，但该方法无法进行稳健性检验，不满足焦点性（focus）、弱转移性（weak transfer）和子群可分解性（subgroup decomposability）等一些关键属性。

公理化方法是一种在给定数学结构，并在满足特定原则或者公理的条件下，实现可行能力测度与识别的方法（Sen，1976；Tsui，2002）。大多数公理化方法均使用计数方法对可行能力进行识别。在这些方法中，大部分使用联合准则，即任何人在任何一个维度或者更多维度中被剥夺，则被认为是可行能力不足。公理化方法的类型非常多，既有适用于基数变量的测度指标，也有适用于序数变量的测度指标，其优点在于能够在识别和加总信息的过程中形成独立的判断指标，能够反映福利的联合分布，并清晰地展现整个测度的内在步骤和结构。

公理化方法的缺点在于没有任何一个公理化方法的测度指数能够同时满足所有必需的数学属性，在测度结果的解读方面也存在一定难度。但是，我们依然能够看到，相比其他测度方法，公理化测度指数提供了一个测度可行能力的强大工具，它的优势超过了其潜在的缺点。

以上各种测度方法的概览如表2－3所示。

表2－3　　　　　　　　　　　可行能力测度方法概览

方法	能否抓住剥夺的联合分布	能否辨识可行能力正常与否	能否提供单独用于评估的综合性指数
仪表盘法	不能	不能	不能
综合指数法	不能	不能	能
维恩图	能	可能	不能
占优法	能	能	不能
模糊集法	能	能	能
公理化方法	能	能	能

资料来源：根据Sabina Alkire, James Foster et al. Multidimensional Poverty Measurement and Analysis [M]. Oxford Press, 2015. 书中图表整理而得。

（二）Alkire－Foster测度方法的提出及应用

综合对比各类可行能力测度方法，公理化方法明显存在优势，从近年来关于可行能力测度研究的发展来看，公理化测度指数的发展构成了可行能力测度方法的主要部分。萨比娜·阿尔及尔（Sabina Alkire, 2002）为克服既有可行能力测量方法中维度幅度较小、覆盖面较窄的缺陷,在考察了139个关系到人类发展和福利水平指标的基础上,创新提出了新的测度方法,从而使在微观经济层面上进行可行能力的多维测度成为现实。布吉尼翁和查卡瓦提(Bourguignon & Chakravarty,2003)和崔(Tsui,2002)基于公理方法提出Ch-M和F-M指数,道埃驰和兹巴(Deutsch & Silber,2005)利用这两种指数测算了以色列1995年的多维贫困,指出家庭户主的教育水平、年龄、家庭规模、婚姻状况和种族均有显著影响。同期,查卡瓦提、道埃驰和兹巴(Chakravarty,Deutsch & Silber,2008)将瓦茨(Watts)指数扩展为Watts多维指数,指出Watts多维指数可以表示为瓦茨(Watts)贫困距比例、泰尔-布吉尼翁(Theil-Bourguignon)指数、总体人数比、各维度权重和维度相关性五个决定因素的函数,并通过夏普利(Shapley)方法对基于世界各国1993~2002年的人均国内生产总值、预期寿命和识字率等数据测算的瓦茨(Watts)多维指数进行了分解,对指数的扩展性进行了论证。法罗、佛罗凯卡和韦伯(Ferro,Fluckiger & Weber,2006)以及贝蒂、查理、勒密和沃玛(Betti,Cheli,Lemmi & Verma,2005)分别运用聚类分析(the cluster analysis)方法及模糊方法(the fuzzy approach)对瑞士和意大利的可行能力状况进行了描述和测算,指出收入之外的获得公共物品的能力、健康、教育等方面的缺失会损害个人发展。

2008年,阿尔及尔和福斯特(Alkire & Foster)基于阿玛蒂亚·森的可行能力理论,在公理化测度方法框架下和计数方法基础上,提出了新的识别和分解方法,即为Alkire-Foster测度方法,简称AF方法。AF方法克服了其他测度方法在可行能力研究中的缺陷,能够精准和清晰地展现可行能力不足的根源,为精准辨识可行能力不足的目标人口提供了强有力的工具,其独特的技术和实用性优势使其成为制定政策时非常有吸引力的方法,该方法也成为迄今为止国内外学者开展可行能力测算的主要方法。在AF方法的框架下,阿尔及尔和桑托斯(Alkire & Santos,2010)对占世界人口78%的国家开展多维贫困测量,提出了涵盖104个国家的综合性指数——MPI。在上述研究的基础上,UNDP进一步纳入三大维度、十项指标,于2010年对这一综合性指数(MPI)进行了更新完善,MPI目前已经成为衡量发展中国家发展情况的主要指数之一(UNDP,2010)。

从AF测度方法在国外的研究与应用情况来看,桑托斯(Santos,2008)使用AF方法,设置收入、健康、教育、居住、用电、用水6个维度对不丹2007年的城镇和乡村居民的可行能力状况进行了测度(乡村增设了道路交通和土地所有两个维度)和比较,结果显示不丹农村居民可行能力不足的情况明显更为严重,存在明显的多维贫困状况。博塔纳(Batana,2013)在AF框架下设置资产、健康、教育和权利4个维度,测度了14个撒哈拉以南地区的非洲国家女性群体的可行能力情况，结果显示女性在教育维度的剥夺对其现实困境的贡献最大，其次是权利维度的可行能力剥夺。罗什等（Roche et al.，2013）对发展中国家儿童的可行能力状况进行了研究，使用 1997～2007 年 4 轮孟加拉国的 DHS 数据，根据联合国儿童基金会构建的儿童不平等维度指标体系测算了 M^0，并对结果进行了夏普利（Shapley）分解，解释了人口变化、贫困发生率、贫困强度、个体指标等方面的变化和影响。特拉尼特等（Trani et al.，2013）则以阿富汗儿童为对象，设置了健康、物质剥夺、食品安全、关爱、社会包容、接受教育、免受经济剥削、住房、人身自由、流动性等维度，对儿童的可行能力状况进行了测度，结果显示全部目标儿童个体在至少有 1 个维度是被剥夺的，农村的可行能力被剥夺程度高于城镇，女孩的可行能力剥夺比男孩更严重，残疾儿童的可行能力剥夺比非残疾儿童更严重，而教育和健康政策等维度的可行能力改进有助于儿童贫困的减少。巴蒂斯内特等（Battiston et al.，2013）将 AF 和布吉尼翁和查卡瓦提的方法结合起来，对 1992～2006 年 14 年间阿根廷、巴西、智利、萨尔瓦多、墨西哥和乌拉圭 6 个拉美国家的城乡可行能力状况进行了测算。阿尔及尔和赛斯（Alkire & Seth，2013）运用印度 NFHS（全国家庭和健康调查）的第二轮和第三轮数据，测度和分析了 1999～2006 年的 MPI 指数，并根据城乡、种姓、宗教、性别、户主教育程度、家庭人口规模等标准进行了子群分解，研究发现生活条件（用电、住房条件、清洁用水和改进的卫生设施）的改善带来了可行能力的提升，多维贫困水平因此而降低。尼古拉斯、雷和辛哈（Nicholas、Ray & Sinha，2013）创新性地提出了基于 AF 方法的动态分析框架，指出通过研究各个维度指标对 MPI 指数的相对贡献，有助于相关治理政策的完善，同时指出现有的静态分析框架与动态子群比较是不匹配的。巴德尔等（Bader et al.，2015）使用 AF 方法，构建了健康、教育和生活条件 3 个维度，运用老挝国家收入和支出调查数据测度了 2003～2004 年以及 2007～2008 年的 MPI 指数，并进行了维度分解，结果显示老挝居民可行能力状况的改善可以归因于除燃料和营养之外其他指标下实际状况的改善，但是城乡之间可行能力状况差距显著，农村贫困人口的多维贫困程度为城镇的 2 倍以上。

从 AF 测度方法在国内的研究与应用情况来看，王小林和阿尔及尔（2009）根据 2006 年"中国健康与营养调查"（CHNS）数据对中国城乡的可行能力状况进行了测度，研究结果显示，中国在城镇和乡村都普遍存在收入之外的可行能力不足，城乡多维贫困现象显著，其中，区域分解显示贵州的状况最为严重，维度分解显示卫生设施、健康保险和教育的贡献最大，指出中国未来应通过多维减贫提升城乡贫困人口的可行能力水平。邹薇、方迎风（2011）利用 CHNS 数据，构建了包括收入、教育和生活质量 3 个维度 8 个指标的测度指标体系，使用等权重的赋权方法对 1989～2009 年的中国城乡多维贫困状况进行了测度和分解，并通过固定效应模型开展分析，结果表明，农村居民可行能力不足状况相比城镇居民更加严重，城乡之间的差距在不断扩大，其中家庭所处的外部环境是关键影响因素。王小林（2012）利用"中国儿童福利示范区入户调查"的2010年数据，对中国5个省市和自治区的儿童可行能力从健康、生存、发展、保护、参与5个维度进行了测度分析，维度分解结果显示健康和生存维度的贡献显著，子群分解结果显示不同儿童群体之间的可行能力水平存在差异，如残疾儿童的可行能力与正常儿童相比更为匮乏，从而多维贫困现象更为严重。郭建宇和吴国宝（2012）从健康、教育和生活水平3个维度对山西省贫困县的多维贫困状况进行测度，结果表明山西省贫困地区居民的可行能力状况低于全国平均水平，且维度差异和区域差异均较大。张全红（2015）利用"中国健康与营养调查"（CHNS）调查数据，通过设置不同的临界值测度和分析了1991~2011年的中国居民可行能力状况，研究结果表明中国经济社会发展在2000~2011年表现出较强的易贫性特征，整体多维贫困状况下降显著，极端贫困人口的减贫作用十分明显，指出应重点关注中西部和农村地区极端贫困人口的可行能力发展。廖娟（2015）重点关注了残疾人的可行能力问题，运用"中国健康与营养调查"（CHNS），使用AF测度方法，从医疗、年收入、资产、教育、就业和生活6个维度考察了残疾人的多维贫困状况，并对残疾人可行能力的诸多影响因素采用Logit模型进行了分析，指出就业和教育是主要影响因素。张庆红等（2016）从可行能力的视角出发，针对南疆三地州（新疆地区天山以南的和田、喀什、阿克苏三个地区）的少数民族连片特困地区，分析农村少数民族农户的可行能力状况，研究结果表明除收入外，南疆农村少数民族农户在教育、健康、生活条件等多个方面均呈现可行能力不足的状况，表现为较为严重的多维贫困状态。张志国和聂荣（2016）基于2004~2011年的"中国健康与营养调查"（CHNS）数据，创新增加了资产维度，从资产、健康、教育和生活条件4个维度出发，运用相关系数对维度和指标权重进行设定，测度了中国农村居民的可行能力状况，并在此基础上将其划分为暂时性多维贫困和慢性多维贫困，开展了子群和维度分解，研究结果表明，当前的中国农村多维贫困主要是暂时性多维贫困。张昭和杨澄宇（2020）利用中国家庭追踪调查（CFPS）2010、2012、2014和2016四次调查数据，基于AF方法测算了农村老年人的可行能力状况，并进一步通过分解的方式考察了人口老龄化对农村人群可行能力的影响，研究结果显示，农村地区老年人口可行能力状况不足而导致的多维贫困状况要比农村总体情况更为严重，并且老年人整体可行能力测算结果的改善主要源自贫困人口数量的下降，而非可行能力状况的改善，其中教育和就业2个维度的剥夺的贡献率最高。

第三节 中国农民工可行能力发展的相关研究

关于中国农民工问题的研究开始于20世纪80年代初,一方面由于我国特殊的国情和历史发展特点,特别是受到城乡二元经济社会结构性因素的影响,中国农村劳动力向城镇和非农部门的转移具有区别于其他国家和地区的鲜明特点;另一方面随着经济社会体制特别是人口管理体制改革的加速,大量的农村劳动力流向城镇地区和非农部门,"民工潮"不断涌现,农民工群体成为影响我国经济社会发展的重要力量,国内学界关于中国农民工问题的研究蓬勃发展。因此,关于中国农民工问题的研究具有特色鲜明和发展较快的特点,在研究内容上主要包括农民工群体的形成原因、城乡转移动因、群体及其转移特点、路径、模式、障碍以及农民工群体对经济增长的影响等多个方面。但是,关于农民工可行能力发展问题的研究较少,直至近年来,随着我国人口结构的变化、经济发展方式的转变以及整个社会对收入分配过程中公平正义的呼唤,政界和学界对城乡流动人口及其发展问题开始愈发重视。目前,农民工已成为城镇常住人口的重要组成部分,并且处于城乡保障和救助体系衔接的"夹心地带",该群体的可行能力发展问题已经成为收入分配结构优化和推进共同富裕道路上不可忽视的重要部分,关于农民工的研究文献逐渐增多,研究内容不断丰富。

一、农民工的概念

"农民工"这一概念由张雨林教授在中国社会科学院的《社会学通讯》中的一篇文章中首次提出,指拥有农业户口但从事非农劳动的农村人口[①],之后在学界得到了广泛应用。1999年8月30日,《中华人民共和国招标投标法》颁布,第一次在法律文件中正式使用和确认了"农民工"这一概念,并逐渐成为对该群体的正式称呼。在此之后,我国政府有关农民工问题的正式文件中开始广泛使用"农民工"这个概念(如2004年6月,劳动和社会保障部《关于农民工参加工伤保险有关问题的通知》;2004年11月,司法部和建设部《关于为解决建设领域拖欠工程款和农民工工资问题提供法律服务和法律援助的通知》等)。2004年,中央"一号文件"明确指出"进城就业的农民工已经成为产业工人的重要组成部分",进一步明确了农民工的定位和本质是"产业工人"。党的十八大报告中指出要"加快改革户籍制度,有序推进农业转移人口市民化",一方面将农

---

① 陆学艺. 当代中国社会流动 [M]. 北京:社会科学文献出版社,2004:306-307.

民工群体未来的发展定位为与城镇户籍居民具有相同可行能力和权利的"市民",另一方面将关注的重点从"农民工"进一步扩展为"农业转移人口",即不仅包括以农民工形式从事非农产业劳动的农村劳动力,还包括了跟随农民工迁移来城镇但没有从事非农劳动的随迁儿童、老人和家属,表明了国家对推动农民工群体全面发展的决心。

目前,国家统计局将农民工群体分为本地农民工和外地农民工,其中,本地农民工是指在户籍所在乡镇地域以内从业的农民工,外出农民工是指在户籍所在乡镇地域外从业的农民工。由于流动性和不稳定性是农民工的显著特征,本地农民工与外出农民工实质上并无严格的界限,农民工 A 上半年可能在家附近从事非农务工,下半年就有可能远赴外地进入城镇打工,反之也是如此。而且,城镇明显具有更广阔的就业市场和更高的收入机会,在收入预期升至一定程度时,任何一名农村劳动力本质上均是非农产业工人和城镇新市民的后备军。

综上所述,农民工作为介于农民和市民之间的一种过渡形态,流动性和不稳定性是其基本特点。农民工做出是否进城务工的决策也具有非常大的偶然性和不确定性,有可能今年在家附近的乡镇企业务工贴补家用,也有可能明年决定去某个大城市闯一闯。因此,讨论农民工的可行能力问题是无法与整个农民工群体的动态演进和群体特点割裂开来的。随着我国经济社会体制改革的推进,二元经济社会结构会逐渐转变为城乡融合的一元经济社会结构,新型工业化和新型城镇化发展也客观上要求农民工融入城镇主流社会,农民工一方面大都从事非农产业,受到现代工业文明和生活方式的熏陶;另一方面仍然保留着农民身份,一定意义上可以说,无论是进城的农民工,还是未进城的农民工,都是新型城镇化推进过程中的市民后备军,只是进城的农民工更加接近向市民转换的阶段。因此,本书的农民工是指户籍身份仍然为农村户籍,但是主要从事非农劳动,主要以工资或非农经营性收入作为主要收入来源的劳动者,边缘性、脆弱性、流动性和不稳定性是该群体的显著特点,也决定了该群体的可行能力研究与治理策略具有不同于其他群体的复杂性和特殊性。

二、农民工的可行能力

现有研究中对农民工的可行能力呈现多样化的阐释与分析。由于农民工作为城镇常住人口中的边缘群体和弱势群体,可行能力发展存在先天不足。现有研究基本是就农民工在各个方面的可行能力不足开展测度和分析。按照类型分类主要集中在物质支配、个体发展、公共权利、精神心理和福利保障等领域。

物质支配方面的可行能力不足主要表现在农民工的收入和消费方面,同时也表现在与收入和消费相关的其他生活指标方面的水平低下与不足(叶普万,

2013；孙咏梅、傅成昱，2016；何宗樾，宋旭光，2018）。农民工在向城镇区域和非农部门转移的约 20 年内，其劳动报酬能够持续提高，这意味他们具有很强的生产力，但是农民工整体来看在城镇的时间平均仅有 9 年，这意味着农民工群体的生产力未能充分有效地开发利用，存在很大的人力资源浪费（蔡昉，2014）。而且，虽然农民工的收入水平一直在提升，但是由于在住房、医疗、子女教育方面缺乏相应的保障，额外的支出水平较高，导致农民工的实际物质支配水平远低于其收入水平（侯为民，2015；贺坤、刘林，2017）。

个体发展方面的可行能力不足主要表现为就业能力、信息获取、社会交往、社会融入、身体健康等方面的水平低下。农民工群体受限于可行能力不足，因而绝大多数分布于劳动密集型就业市场，从事工作普遍存在劳动强度大、薪酬待遇低、工作环境艰苦、职业成长有限等特点，工作内容以简单重复的体力劳动为主，技术含量偏低，超时加班严重，不仅难以通过学习进修和"干中学"等方式实现自身人力资本积累，而且加速了健康、体能、精力等方面的人力资本折旧，从而进一步加剧了其可行能力不足的程度，形成恶性循环，导致农民工群体长期滞留于边缘社会，难以实现自身发展和社会融入，游离于务工地的公共社会体系之外。高帅（2015）通过研究指出可行能力的匮乏是导致农民工群体多维贫困的根源，解决农民工群体发展问题不能靠临时救济或提供简单工作，应强化其可行能力，提升个体发展能力；蒋南平和郑万军（2017）通过在 AF 方法的基础上构建多维返贫指数开展研究，结果显示健康、生活质量和融入城市维度是农民工可行能力重新恶化并导致多维返贫的重要原因，收入和医疗维度的影响较小，健康、生活质量维度的贡献率较高，城市融入维度的贡献率处于上升趋势。王晓东（2013）认为农民工参加城市社保的条件受限和可行能力不足已是一个客观事实，该群体整体上处于收入贫困、能力贫困、脆弱性贫困和社会排斥等不利境地，应当通过"赋权增能"改善农民工群体的现实境况。

公共权利方面的可行能力不足集中表现为农民工群体在政治、经济、社会和文化等公共事务决策中缺少话语权。李实（2010）指出，公民平等权利缺失是农民工群体发展问题的核心。其中，选举权与被选举权、公共职务平等竞争权、组织参与权等方面的权利缺乏是政治权利维度可行能力不足的主要表现；就业权、休息权、劳动保护权等方面的权利缺乏是经济权利维度可行能力不足的主要表现；社会保障权、居住权等方面的权利缺乏是社会权利维度可行能力不足的主要表现；受教育权等方面的权利缺乏是文化权利维度可行能力不足的主要表现（张志胜、樊成，2007；孟庆涛，2015）。

精神心理方面的可行能力不足集中表现为焦虑抑郁等心理问题多发、思维封闭、观念落后、角色定位不清、信任感缺乏、排斥感强烈等。杨文健和康红梅（2012）通过对从事环卫工作的农民工调查发现，从事环卫工作的农民工由于工作环境恶劣、劳动强度大、工作时间长以及得不到市民尊重等因素的影响，普遍在精神状态和心理健康方面存在问题，表现为焦虑、强迫、恐怖、躯体化等症状，对日常工作和生活产生了严重影响。孙咏梅（2016）通过对建筑业农民工的精神贫困状况进行调查，指出从事建筑业的农民工普遍存在精神贫困，且精神贫困对农民工的贫困状况贡献度较大，已达到中等程度，显著高于其他维度的影响。

福利保障方面的可行能力不足也受到部分学者关注。福利保障方面的可行能力不足主要指在就医、就学、住房、劳动保护等方面的福利水平低下的情况。袁方、史清华和卓建伟（2012）以2009年和2012年上海市农民工数据为基础，通过因子分析模型、FGT指数和Shaply方法的结合，对农民工的福利保障水平低下的情况按照功能性进行分解，得出上海市农民工面临严重的福利贫困状况，其中贡献最为显著的维度是可支配收入、社会歧视和保险，指出提升农民工的自由发展和各方面的可行能力水平是解决福利贫困问题的关键。孙咏梅（2016）通过对建筑业农民工福利保障状况的研究，指出农民工在医疗和养老维度下可行能力不足的状况十分严重。郭君平、谭清香和曲颂（2018）基于国家统计局2015年城镇住户抽样调查中8个省份的数据，指出教育维度和健康维度的可行能力不足是导致农民工多维贫困的主要因素。

三、农民工可行能力的测度

现有研究中对农民工可行能力的测度，经历了由定性描述向定量测度，进而由单维定量测度向多维定量测度的发展，选用的测度指标主要包括收入、消费、住房、健康、社会保障、教育、就业、主观感受等多个方面，使用的数据主要来自个人调研数据、官方调查数据、科研机构调查数据等，测度方法主要是模糊数学方法、PSM、有序Probit模型以及AF方法等。

一方面，现有研究为从可行能力不足导致多维贫困的角度开展的农民工可行能力状况测度。总体来看，现有关于农民工可行能力不足导致的多维贫困研究大多基于AF方法进行测度，但是在测度指标体系构建与临界值的设定方面各异，数据来源、样本特征以及研究目的等也各有特点，从而使得测度结果存在差异。王春超和叶琴（2014）利用CHNS数据，从收入、教育、健康和医保4个维度测度了不同省份农民工和城镇户籍居民的可行能力状况，针对农民工和城市劳动者开展了对比分析，并实证分析了一系列外生影响因素，结果显示收入和教育维度的可行能力不足贡献较高。张晓颖、冯贺霞和王小林（2016）从收入、教育、健康、生活水平和社会融入5个维度测算了在北京市家政服务业就业的451名流动妇女的可行能力状况，结果显示流动妇女在收入上都已脱贫，但在生活水平维度和社会融入维度依然存在多维可行能力不足，具有农村户籍的流动妇女的多维可行能力不足导致的多维贫困较具备城镇户籍的流动妇女更为严重，其中社会融入方面的主观感受维度贡献最大，指出在城乡一体化发展战略推进过程中需大力解决流动妇女的社会融入问题。侯为民（2015）通过对建筑业农民工开展问卷调查并对建筑业农民工的可行能力不足导致的多维贫困进行了识别和分解，研究结果表明农民工因可行能力匮乏而导致的多维贫困较为严重，指出应通过进一步推进城镇化来解决农民工问题。朱晓、段成荣（2016）通过对 CHIP 2008 的流动人口数据进行测算后认为，"离土又离乡"的农民工相比于城镇户籍居民，农民工难以分享到城市经济社会发展成果，不仅收入增长受限，而且极易因社会保障缺乏遭受外部风险冲击。

另一方面，现有研究为从可行能力角度出发，针对农民工群体的福利水平进行测度和分析。费菊瑛和王裕华（2010）运用阿玛蒂亚·森的可行能力方法，采用 Logit 模型，利用国家统计局"城市农民工生活质量状况调查"浙江省数据进行实证分析，考察了人力资本存量对农民工生活满意度的影响效应。结果显示农民工的健康状况、收入、住房等因素对各层次满意度都有显著正向关系，而教育的影响不明显，且进入较高职业层次对农民工的生活满意度更有显著的负影响。叶静怡和王琼（2014）基于森的可行能力理论，在北京市进城务工人员调查数据的基础上，综合使用模糊集理论和因子分析方法对农民工的福利水平进行了较为全面的评价，指出农民工在经济资源和健康状况方面的情况较好，但是其他可行能力引致的功能性活动均处于中低水平阶段，其中防护性保障和社会资本的边际改善影响最大。孙咏梅（2016）利用 AF 方法测度了建筑业农民工在福利保障维度下的可行能力状况，研究发现我国新农合和新农保的福利保障程度仍然较低，社会保险和看病问题成为农民工可行能力发展的主要影响因素。叶俊焘（2017）通过构建一个可行能力和工具性自由的框架，利用浙江省 3604 名农民工的调查数据，基于可行能力视角对农民工留城意愿进行了再审视，结果显示农民工可行能力对留城意愿存在正向影响。祝仲坤等（2020）以可行能力指标衡量农民工的福利水平，系统考察公共卫生服务对农民工福利水平的影响，研究表明从防护性保障、社会条件、经济条件、精神感受及政治参与五个层面测度农民工可行能力，结果表明当前农民工可行能力处于较低水平，通过建立健康档案、提供健康教育等城市公共卫生服务能够显著提升农民工的可行能力。

四、农民工可行能力发展的关键影响因素与治理策略

通过对农民工可行能力状况的测度和分析找到关键影响因素，从而提出和实施相应的治理策略，推动农民工群体的发展，这是我们开展农民工可行能力发展

问题研究的根本目标。现有研究主要从以下几个方面对农民工的致贫因素进行了阐释：一是人力资本因素，即文化水平、就业技能、健康状况和发展能力等方面是影响农民工可行能力状况的重要因素（叶普万，2013；王美艳，2014；朱晓、段成荣，2016；杨菊华，2016）；二是制度性因素，包括现有经济社会的制度性缺陷或障碍，以及约定俗成的非正式规则等衍生出的城乡户籍分割、劳动力市场分割、就业歧视、教育资源分配不公、社会保障体制不健全等影响因素是导致农民工可行能力不足的主要根源（叶普万、周明，2008；黄锟，2011；王晓东，2013；何宗樾、宋旭光，2018）；三是社会性因素，主要是指城镇主流社会对农民工群体的排斥致使其长期处于边缘地带，无法获得公平的个人发展环境和权利，主要表现为居住条件恶劣、公共事务参与不足、社会融入受限等，是导致农民工可行能力发展受阻的重要影响因素（叶普万，2013；张晓颖、冯贺霞和王小林，2016）；四是代际因素，是指农民工通过在城镇务工经营实现的自身物质和人力资本积累受到教育资源分配不公以及对子女随迁入学等方面的限制，无法有效的助力于下一代的发展，新生代农民工依然面对着与父辈相同的困境，从而形成可行能力发展的恶性代际循环，这是导致新生代农民工依然面临诸多现实困境的关键因素（周旭霞，2011；李怀玉，2014；林竹，2016）；五是多维因素，即从多维视角下，将诸多关键因素内生化，综合性地分析不同维度对农民工可行能力发展的影响（王春超、叶琴，2014；侯为民，2015；张晓颖、冯贺霞和王小林，2016）。

根据现有研究成果，关键制约因素分析是开展农民工可行能力发展研究的关键，多样化的实证方法和模型设计均从不同逻辑起点和侧面对农民工可行能力发展的关键原因进行挖掘和阐释，为政策制定者提供了越来越丰富的解释体系和依据。针对农民工可行能力发展受阻的原因，不同学者从自身学科背景和关注角度出发，提出了多样化的应对策略，如提升内在发展能力、增强社会保障力度、减轻社会排斥、大力推进人的城镇化与农民工市民化、发挥民间组织和社会力量的作用等（叶普万，2013；王美艳，2014；王春超、叶琴，2014；侯为民，2015；张晓颖、冯贺霞和王小林，2016 朱晓、段成荣，2016；杨菊华，2016）。

综上所述，可行能力理论和测度方法的发展为我们研究农民工群体的可行能力发展问题提供了有力工具，国内学者在这一领域的研究也日趋丰富，但现有研究成果在多个方面尚存在一定的局限和不足：一是目前国内充分利用可行能力理论和测量工具对农民工群体开展可行能力多维发展的研究还较少，更缺少与同维度下与其他群体（如城镇户籍流动人口和城镇户籍居民）的比较，多数研究没有考虑农民工分批次迁移、多种流动方式等特点，存在一定的研究空白；二是由于农民工群体流动性强、不稳定性强、组织松散等特点，针对该群体的监测调查数据较少，受限于数据可得性等方面的原因，现有研究在指标体系设计或者考察行业方面存在局限，存在考察维度较少或考察行业单一等问题，难以全面反映农民工整体的可行能力真实状况；三是现有研究缺少对农民工作为中国经济社会发展关键动力和助力实现共同富裕的角度来开展该群体可行能力治理的思考，需要充分融入以人民为中心的新发展理念，从挖掘新人口红利和激发驱动经济增长潜能方面扩展以推动人的全面发展为核心的可行能力理论。在后面章节的具体研究中，本书将从以上几个方面开展进一步的深入研究。

第三章　二元结构变迁中农民工现实境况的演进与特征

中华人民共和国建立以来，由于受经济社会发展特殊性和阶段性因素的影响，农村劳动力在城乡迁徙过程中的现实境况在不同的经济社会发展阶段呈现不同的特点，对流向城镇区域和非农部门的农村劳动力群体规模及其面临的现实境况产生着深刻影响。本章立足于对我国农民工现实境况的历史演进、迁移动因与群体现状的阐释，首先初步解决"是什么"的问题，系统描述和展示中国农民工群体状况变迁的历史脉络，对该群体的迁移动因和群体现状进行了深入分析。较之以往研究更完备的是，本章采用定性和定量分析相结合的方法，将实证数据的变动与经济社会的变迁结合起来进行分析阐释，用数据论证现实，以现实验证数据，力求更加全面地展示现行二元结构体制下农民工群体所面临境况的历史源头与当前特征，为进一步开展农民工群体可行能力状况的测度与影响因素研究奠定基础。

第一节　农村劳动力乡城迁移与现实境况的动态演进

农民工作为介于农民和市民之间的一种过渡形态，受到二元经济社会结构的深刻影响，该群体的基本特点与现实境况有其独特的历史脉络，是伴随着以户籍制度为核心的城乡二元体制的构建、形成与改革而不断演化的。对这一动态演进过程的阐释是进一步开展农民工群体可行能力多维发展研究的基础。

一、第一阶段：从全面自由走向全面管制（1949~1977年）

中华人民共和国成立初期，国民经济虽然得到了一定的恢复和发展，但短期内城镇的基础设施条件和整体经济社会承载力极为有限，同时由于经济发展路线和政策的失误，国民经济发展出现滑坡和调整，在1958年农民进城达到高峰的同时，城市经济和社会的负荷也达到极限，基本的口粮供应都出现困难，其他方面的情况更是严峻。为了避免整个社会秩序出现混乱,减轻城市社会管理和生产生活压力,国家被迫退返过量的农村进城人口,并通过各种制度设计在城乡之间构建起一道城乡二元分割的高墙,农民被固定在农村土地上,无法向城镇自由迁移和在城镇开展务工经营。

(一) 全面自由阶段 (1949~1952年)

在中华人民共和国刚刚成立的经济恢复发展阶段,实施的是"公私兼顾、劳资两立、城乡互助、发展生产、繁荣经济"的政策,允许城乡私营经济发展,农民可以自由进入城镇务工和从事商业经营,并且随着国民经济的恢复,工业化水平提升,城市经济发展迅速,农民进城务工的人数日益增多,城乡劳动力自由流动,城乡联系加强。1949年《中华人民共和国政治协商会议共同纲领》规定人民有"居住、迁徙的自由权",1951年公安部发布的《城市户口管理暂行条例》明确规定"保障人民之安全及居住,迁徙自由",政府对人民的迁移行为只登记、不审批。在这个时期,农村劳动力拥有完全的自由迁徙权,在城镇务工和生活的各方面都享有较为平等的权利,基本上如果是通过招工进入城镇全民所有制企业,就能够自然获得市民身份,享受到城镇市民的各项福利待遇,城镇化率提升较快。

(二) 逐步管制阶段 (1953~1957年)

从这一发展阶段的二元反差指数和二元对比系数①的测算结果可以看出,从1952~1957年二元反差指数由0.3055上升至0.4109(见表3-1),二元对比系数由0.2047下降至0.1578,均说明我国的城乡二元经济结构在逐渐强化。

表3-1　　　　　1952~1957年二元反差指数和二元对比系数

项目	1952年	1953年	1954年	1955年	1956年	1957年
二元反差指数	0.3055	0.3722	0.3755	0.3709	0.3750	0.4109
二元对比系数	0.2047	0.1755	0.1729	0.1756	0.1860	0.1578

资料来源:根据历年《中国统计年鉴》相关数据整理而得。

1953年,我国进入第一个五年计划建设时期,基本建设大规模展开,工业迅速发展,城市工作和生活条件的改善吸引大批农村年轻劳动力涌入城市,为了

---

① 二元反差指数和二元对比系数是测度二元经济结构的主要指标。二元反差指数指产业产值比重与产业劳动力比重之差的绝对值,指数越大,二元性越明显,指数越小,二元性越弱化;二元对比系数指农业产业比较劳动生产率与非农产业比较劳动生产率的比率,比率越大,二元性越弱化,比率越小,二元性越明显。

缓解城市失业和食品供应紧张的局面，解决农民向城市的过多迁徙导致的"盲流"问题对城市社会稳定和生产秩序造成的冲击，中央开始逐步要求各地政府限制农民盲目向城市流动，1955 年《内务部、公安部关于办理户口迁移的注意事项联合通知》明确要求限制农民进入城市就业，同时随着粮食统购统销制度的建立以及城市户口与城市食品、日用品供应挂钩，城乡逐渐转向二元分割的状态。虽然这一时期各类限制流动的政策未充分落实，农民进城务工依然比较自由，但整个城乡二元经济社会体制的框架逐渐形成，随着各类政策的落地实施，农村劳动力越来越难以在政策框架以外实现在城镇的正常工作生活，预示着整个城镇市民化进程的停滞。

（三）全面管制阶段（1958~1977 年）

由 1958~1977 年的二元反差指数和二元对比系数可以看出（见表 3-2），二元反差指数由 0.2425 上升至 0.4552，二元对比系数由 0.3760 下降至 0.1432，说明我国的城乡二元经济结构在快速走向全面强化。对比表 3-1 和表 3-2 可以发现，1958 年的二元反差指数和二元对比系数有一个突然的跳跃性变化，这是因为"大跃进"运动的开展和招收新工人权限的下放，使得很多单位为完成大跃进的任务大量从农村招工，加上《中华人民共和国户口登记条例》未能实际落实，农民持城市某单位招工证明就可以拿到户口迁移证迁入城市，导致大跃进期间城镇人口和非农部门就业人数激增，因而使 1958 年的二元反差指数和二元对比系数出现一个脱离常规的突然变化。

表 3-2　　　　　1958~1977 年二元反差指数和二元对比系数

年份	二元反差指数	二元对比系数	年份	二元反差指数	二元对比系数
1958	0.2425	0.3760	1968	0.4002	0.1650
1959	0.3565	0.2238	1969	0.4410	0.1391
1960	0.4257	0.1608	1970	0.4597	0.1304
1961	0.4137	0.1697	1971	0.4609	0.1324
1962	0.4313	0.1435	1972	0.4647	0.1318
1963	0.4260	0.1454	1973	0.4581	0.1361
1964	0.4418	0.1369	1974	0.4476	0.1438
1965	0.4406	0.1397	1975	0.4522	0.1425
1966	0.4434	0.1379	1976	0.4346	0.1567
1967	0.4186	0.1526	1977	0.4552	0.1432

资料来源：根据历年《中国统计年鉴》相关数据整理而得。

"大跃进"引发的城镇人口和非农就业人员数量激增，不仅严重影响农业生产，而且超过了城镇经济社会承载能力。为了解决大量涌入城市的农村劳动力给城市粮食供应和生产生活带来的极大压力，《中华人民共和国户口登记条例》于1958年1月正式颁布，在法定户籍上实现了城镇人口和农村人口的分割。1959年为了扼制粮食供应紧张情况下农村人口向城市的大量流入，中共中央发布了《关于制止农村劳动力流动的指示》和中共中央、国务院《关于制止农村劳动力盲目外流的紧急通知》，农村劳动力向城市的流动被完全禁止。

因此，从1959年开始，二元反差指数快速上升，二元对比系数快速回落，在发展变化上重新走向趋于强化的演进轨道，反映了多种政策的作用下城乡二元经济结构快速走向强化。

1964年，国务院批转的《公安部关于处理户口迁移的规定（草案）》对农村人口向城市的流动进行了严格限制，农村劳动力事实上已经被挡在城镇之外。1961～1965年，政府对国民经济实施"调整、巩固、充实、提高"，大量农民在职工精简运动中返回农村。1968年开始的知识青年上山下乡运动使大约1700万城市青年由城市流向农村，[①] 1972年国家出台规定，对于满足下乡时间两年以上要求的知识青年可以通过招工返回城市，大批满足条件的知青集中返城，由农村进入城市的人口回升，但这主要是作为城镇居民的知识青年回城，而不是农村劳动力的乡城迁移。1975年《中华人民共和国宪法》修正后，删除了"中华人民共和国居民有居住和迁徙的自由"这一条款，1977年《公安部关于处理户口迁移的规定》明确了从农村到城市以及从小城市到大城市的户口迁移均严格禁止（见表3-3）。在这一时期，农民无法从事非农务工经营，难以在城镇务工经营以及生活居留，农民进城在整个20世纪六七十年代处于停顿，市民化进程基本停滞（见表3-4）。

表3-3　　　1949～1977年对农民进城务工逐步收紧的主要政策

颁布时间	制度名称	政策影响
1951年7月	《城市户口管理暂行条例》	保障人民之安全及居住，迁徙自由
1953年4月	《政务院关于劝阻农民盲目流入城市的指示》	改变农民向城市的盲目流动
1955年3月	《内务部、公安部关于办理户口迁移的注意事项联合通知》	运用户口、粮食供应等手段阻止农民进入城市务工经营或居留
1957年12月	《国务院关于各单位从农村中招用临时工的暂行规定》	一切用人单位不得私自招用农民临时工，临时工招用实行城市居民优先，如必须招用农民工的，合同期满后送回原籍

---

① 胡焕庸，张善余.中国人口地理［M］.上海：华东师范大学出版社，1984.

续表

颁布时间	制度名称	政策影响
1958年1月	《中华人民共和国户口登记条例》	农村居民和城镇居民在户籍上实现法定分割,农村人口难以迁入城市
1959年1月	《中共中央关于立即停止招收新职工和固定临时工的通知》	明令禁止城市用人单位在农村招收工人
1959年2月	《中共中央关于制止农村劳动力流动的指示》	明令禁止农村人口流入城市
1964年8月	《公安部关于处理户口迁移的规定(草案)》	明令禁止农村和集镇人口流入城市
1975年1月	《中华人民共和国宪法》(七五宪法)	取消"中华人民共和国居民有居住和迁徙的自由"的条款
1977年11月	《公安部关于处理户口迁移的规定》	明令禁止农村人口向城市的迁移以及小城市人口向大城市的迁移

资料来源:作者整理。

表3-4　　　　　　　　　1952~1979年的农业劳动力转移　　　　　　　单位:万人

年份	农业劳动力计算数	农业劳动力统计数	农业劳动力转移数	年份	农业劳动力计算数	农业劳动力统计数	农业劳动力转移数
1952	—	17317	—	1966	24322	24297	25
1953	17847	17747	100	1967	25120	25165	-45
1954	18136	18151	-15	1968	26064	26063	1
1955	18563	18592	-29	1969	27133	27117	16
1956	19167	18544	623	1970	28102	27811	291
1957	19151	19309	-158	1971	28771	28397	374
1958	21607	15490	6117	1972	28584	28283	301
1959	15241	16271	-1030	1973	28912	28857	55
1960	16089	17016	-927	1974	29422	29218	204
1961	16825	19747	-2922	1975	29843	29456	387
1962	19994	21276	-1282	1976	29970	29443	527
1963	21875	21966	-91	1977	29855	29340	515
1964	22870	22801	69	1978	29917	28318	1599
1965	23569	23396	173	1979	28933	28634	299

资料来源:李周. 农民流动:70年历史变迁与未来30年展望 [J]. 中国农村观察,2019 (5):4-5。

二、第二阶段：初步放松阶段（1978～1988 年）

1978 年改革开放之后，随着中国经济体制改革的开端和深入，限制农村劳动力乡城流动的政策开始松动，二元反差指数进入下降通道，由 1978 年的 0.4284 下降至 1988 年的 0.3412；与此同时，二元对比系数则迅速上升，由 1978 年的 0.16 上升至 1988 年的 0.2312（见表 3-5）。无论从哪一个指标来看，中国的城乡二元经济社会结构都开始发生松动，二元性出现明显扭转，意味着对农民从事非农务工经营各项可行能力的管制开始逐步放松。

表 3-5　　1978～1988 年二元反差指数和二元对比系数

年份	二元反差指数	二元对比系数
1978	0.4284	0.1600
1979	0.3909	0.1917
1980	0.3911	0.1915
1981	0.3678	0.2136
1982	0.3534	0.2282
1983	0.3452	0.2370
1984	0.3251	0.2586
1985	0.3448	0.2334
1986	0.3431	0.2327
1987	0.3366	0.2383
1988	0.3412	0.2312

资料来源：根据历年《中国统计年鉴》相关数据整理而得。

从 1978 年至 20 世纪 80 年代初期，农村家庭联产承包责任制的实施充分激发了农业生产活力，农村劳动生产率大幅提高，粮食产量大幅提升，人民公社制度废除，农产品统购统销政策出现动摇，一方面使大量的农村劳动力从农业生产中解放出来，获得了自由的劳动支配权，另一方面使蓬勃发展的城镇经济吸纳农村剩余劳动力成为可能。在这种情况下，城乡流动管理体制开始松动。1984 年，国家开始对城镇经济社会体制进行改革，放松了个体经济发展限制，并在城镇商业和服务业中实施承包制改革。与此同时，国家关于农民进城务工的政策开始出现重大变化，1984 年 1 月 1 日，中共中央发布《关于一九八四年农村工作的通知》（1984 年"一号文件"），开始允许农民自理口粮进入城镇进行务工经营。

1984年10月，国务院发出《关于农民进入集镇落户问题的通知》，规定对于到集镇（指县级以下的集镇，不含城关镇）经商、务工、办服务业的农民及其家属，在集镇有固定住所和经营能力，或在乡镇企事业单位长期务工的，可以申请获得自理口粮户口，纳入街道居民小组管理，视同集镇居民，享有同等权利，履行相同义务，但统计上依然为"非农业户口"。这标志着几十年来以城乡二元户籍制度为基础的城乡劳动力流动管理体制的首次突破，农民取得了进入集镇务工经营的权利，对其可行能力的限制初步放松。据统计，1984～1986年，全国自理口粮户口共1633828户，总计4542988人。① 1985年1月1日，中共中央和国务院联合发布《关于进一步活跃农村经济的十项政策》（1985年"一号文件"），提出要"进一步扩大城乡经济交往"，"允许农民进城开店设坊，兴办服务业，提供各种劳务，城市要在用地和服务设施方面提供便利条件"，进一步鼓励了农村劳动力向城镇的流动。1986年7月，国务院发布《关于国营企业招用工人的暂行规定》，明确指出"企业招用工人，应当公布招工简章，符合报考条件的城镇从业人员和国家允许从农村招用的人员，均可报考"，打破了体制内国营企业的用工惯例，为国营企业吸纳农村进城务工人员开辟了通道，拓宽了农民工的就业渠道。1988年7月，国家劳动部和国务院贫困地区经济开发领导小组联合发布《关于加强贫困地区劳动力资源开发工作的通知》，要求沿海经济发达地区和大、中城市劳动部门要有计划地从贫困地区吸收劳动力，国有企业应动员和组织招用部分来自贫困地区的劳动力；鼓励和支持大中型企业与贫困地区共同建立劳务基地，开展长期劳务合作；要发挥国营、集体组织的作用，搞活劳动力流动。这样，国营企业、合资企业、外资企业和民营企业都向农民工敞开了大门，一系列政策的实施改善了农民工的就业环境，提供了更多的城镇非农就业机会，市民化进程提速，农民工的可行能力提升加快。根据国家统计局1987年全国1%人口抽样调查数据推算，1982～1987年全国约有1300万农村劳动力流入各级城镇；② 另据农业部的不完全统计，农村外出务工劳动力1982年仅有约200万人，80年代末增至3000万人，③ 城镇化率由1978年的17.92%上升到1988年的25.81%，中国迎来了改革开放以来的第一次"民工潮"。这一时期选择进城务工经营的农民面临改革开放之初非常优越的发展机遇，其中的多数人能够通过在城市的奋斗实现自身及其家庭境况的彻底改善，不仅实现了脱离贫困，而且实现了发展，成为最早抓住发展机遇、依靠自身能力实现市民化的农民。对农民开展非农务工经营各项可行能力限制的初步解冻，焕发了农民通过非农务工经营改善自身境况的热情，推动了中国城乡经济社会发展进程，为整个国民经济的快速发展注入了动

---

① 黄锟. 中国农民工市民化制度分析 [M]. 北京：中国人民大学出版社，2011：149-150.
② 沈益民. 中国人口迁移 [M]. 北京：中国统计出版社，1992.
③ 王德文，蔡昉. 中国农村劳动力流动与消除贫困 [J]. 北京：中国劳动经济学，2006（3）.

力,有力支撑了中国改革开放后的经济体制改革。

三、第三阶段:重新收紧阶段(1989~1991年)

随着我国国民经济的快速发展,从1984年开始,我国经济形势开始出现过热的迹象,至1988年,我国经济过热已十分严重,1988年全国零售总物价水平比1987年增长了18.5%,全国范围出现抢购风潮。

针对经济过热的形势,1988年9月,中共十三届三中全会决定从1989年开始至1991年实施三年治理整顿。抑制经济过热带来的通货膨胀问题,整个国民经济政策进入紧缩时期,经济过热逐渐转变为经济疲软,国营大中型企业普遍面临负债率高、经济效益差等问题,导致工业出现负增长,城镇失业人数增加。同时,1989年出现的政治风波以及东欧剧变的发生,国内思想界关于姓"社"姓"资"的问题不断发酵,影响了非公有制经济的发展,国家开始垄断经营部分重要生产资料,对部分非公有制企业实施了关停并转的产业政策,实施了税收和财务整顿,各类非公企业整体增长速度下滑,经济效率降低,吸纳就业能力和企业职工人数下降。政府为控制人口盲目流动,开始实施清理"盲流"的政策。在这一阶段,二元反差指数重新开始上升,由1988年的0.3412上升至1991年的0.3567,二元对比系数重新开始下降,由1988年的0.2312下降至1991年的0.2136(见表3-6),但是两者的变化幅度均不大,反映出中国城乡二元经济结构受国民经济三年治理整顿的影响,又呈现出略微强化的态势。与此相对应,国家对农民工各方面的可行能力限制又重新收紧,大批农民工离开城镇返回农村。1989~1991年我国出现了首次农民工"回流潮"。

表3-6 1988~1991年二元反差指数和二元对比系数

项目	1988年	1989年	1990年	1991年
二元反差指数	0.3412	0.3544	0.3352	0.3567
二元对比系数	0.2312	0.2172	0.2404	0.2136

资料来源:根据历年《中国统计年鉴》相关数据整理而得。

四、第四阶段:逐步放松阶段(1992~2002年)

这一阶段根据经济形势的变化大致可以分为两个时期,总体上处于快速发展并呈现不断波动的时期。其中,第一个时期是1992~1996年,三年国民经济治理整顿的完成和社会主义市场经济建设目标的确立扫清了经济社会改革的障碍,我国经济社会改革深入推进,经济迅速发展,二元反差指数由1992年的0.3717

下降至 1996 年的 0.3117，二元对比系数由 0.1923 上升至 0.2348（见表 3-7），两项指标均反映出我国经济社会二元结构在趋于弱化；但是从 1997 年开始，受国有企业改革和 1998 年亚洲金融危机的影响，受各类稳定经济和城镇社会管理政策的影响，我国的二元经济社会结构又重新走向强化，二元反差指数由 1997 年的 0.32 上升至 2002 年的 0.367，二元对比系数由 0.2118 下降至 2002 年的 0.1534（见表 3-7），两项指标均反映出我国经济社会二元结构在趋于强化。

表 3-7　　　　　　　1992~2002 年二元反差指数和二元对比系数

年份	二元反差指数	二元对比系数
1992	0.3717	0.1923
1993	0.3709	0.1850
1994	0.3483	0.2035
1995	0.3260	0.2232
1996	0.3117	0.2348
1997	0.3200	0.2188
1998	0.3264	0.2088
1999	0.3404	0.1906
2000	0.3532	0.1720
2001	0.3602	0.1626
2002	0.3670	0.1534

资料来源：根据历年《中国统计年鉴》相关数据整理而得。

受国际国内经济形势以及城乡二元经济社会结构变动的影响，国家对于农村劳动力开展非农务工经营的限制一直在不断调整中逐步放开。1992 年初，南方谈话解决了姓"社"姓"资"的问题，明确了"三资"企业是社会主义经济的有益补充，指出计划和市场都是经济手段，不是社会主义与资本主义的本质区别。1992 年 10 月召开的中共十四大进一步明确了将建立和发展社会主义市场经济作为经济体制改革的目标。经过 1989~1991 年三年的治理整顿，在市场化改革的推动下，国有企业重新焕发了活力，掀起了新一轮国企改革浪潮，盈利增值能力和就业吸纳能力进一步提升，发展逐渐步入正轨；乡镇企业在经济发展政策上被视为中国特色社会主义经济的独特优势，发展乡镇企业成为一项战略任务，乡镇企业发展逐渐步入历史上的黄金发展时期；我国其他的中外合资企业、中外合作经营企业和外商独资企业等非公有制经济也获得了飞速发展，为满足各类企业的用工需求和发展需要，同时也为了增加农民收入，消化农村剩余劳动力，国家逐步放开农村劳动力乡城迁移的条件，农民工管理政策也逐渐由"控制盲目流动"调整为"鼓励、引导和实行宏观调控下的有序流动"，开始实行以外出务工就业登记卡或者就业登记证管理为中心的农村劳动力城乡流动管理制度，部分小城镇户籍放开，大中城市户籍改革也开始了探索过程，越来越多的农民受到各类非农就业机会的吸引进入城镇务工。1993年11月，中共中央发布《关于建立社会主义市场经济体制若干问题的决定》，明确提出鼓励和引导农村剩余劳动力向非农产业和城乡区域间有序流动。同年12月，劳动部发布《关于建立社会主义市场经济体制时期劳动体制改革总体设想》，提出要发挥市场机制在劳动力资源配置中的基础性作用，积极培育和发展劳动力市场体系，打破城乡之间、地区之间劳动力流动的界限，建立农村就业服务网络，合理调节城乡劳动力流动，逐步实现城乡劳动力流动的有序化。1994年8月，劳动部在《关于促进劳动力市场发展，完善就业服务体系建设的实施计划》中，进一步明确要促进劳动力市场发展，完善就业服务体系建设，引导农村劳动力合理转移和有序流动，大力开展农村职业技术培训，进一步提高城乡劳动力市场结合度，把"农村劳动力跨地区流动有序化工程""农村劳动力开发就业试点"纳入重点工作体系。农民工在城镇区域的务工就业环境得到明显改善。1997年6月，国务院批转公安部《关于小城镇户籍管理制度改革的试点方案》，允许已在小城镇就业、居住并符合一定条件的农村人口办理所在小城镇的常住户口，以吸引农村剩余劳动力在就近和有序的原则下向小城镇转移。1998年8月，国务院批转公安部《关于当前户籍管理中几个突出问题的意见》，允许在城市投资、兴办实业、购买商品房的公民及其共同居住的直系亲属，在符合一定条件的前提下可以落户。此外，许多地方政府从吸引劳动力和发展地方经济的角度出发，通过制定地方性法规，放宽户籍管理政策，允许外来人口通过投资经商、购房等方式落户或享受当地城镇市民待遇。如上海、天津、广州、深圳等城市实行"蓝印户口"制，① 持蓝印户口的居民在子女入学、就医就业等方面与当地城镇市民享有同等权益；海南省规定在海口市连续居住3年并有固定工作和住房者，可视同当地市民，可享受市民待遇等。2001年，全国人大九届四次会议通过《国民经济和社会发展第十个五年计划纲要》，明确提出"要打破城乡分割体制，逐步建立市场经济体制下的新型城乡关系，改革城镇户籍制度，形成城乡人口有序流动的机制，取消对农村劳动力进入城镇就业的不合理限制，引导农村富余劳动力在城乡、地区间有序流动"，进一步推进"城乡劳动力市场一体化"。当年年底，中国成功加入世界贸易组织

---

① 蓝印户口，是一种介于正式户口与暂住户口之间的户籍，因公安机关加盖的蓝色印章，而称为蓝印户口。

(WTO），通过吸收外商直接投资和发展对外开放型经济，创造了大量就业机会，对劳动力的需求激增，倒逼国家进一步放松关于农村劳动力流动的各类限制，并且各个地方为吸引外来务工劳动力的进入，逐步开始关注农民工就业与生活环境的改善问题。图3-1中可见我国进城农民工数量经历了1997年的短暂下降，但是从1998年又开始快速攀升，并在我国2001年成功"入世"的推动下出现增速的进一步提升，户籍制度的松动也为这一提升提供了巨大动力。

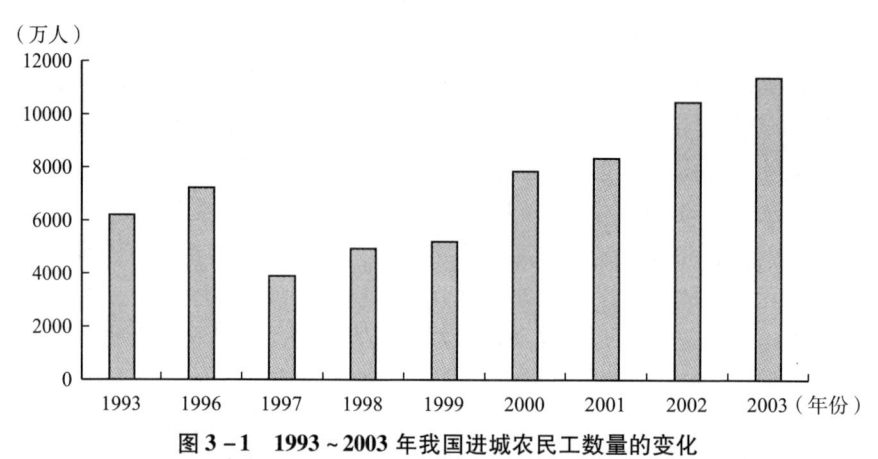

图 3-1 1993~2003 年我国进城农民工数量的变化

资料来源：韩俊. 中国农民工战略问题研究 [M]. 上海：上海远东出版社，2009：5.

户籍制度的松动进一步改善了农民工在城镇区域务工经营的工作环境、生活环境和制度环境。但是，由于城乡分割的二元社会结构刚性，劳动力流动的城乡分割没有根本的改变，农民工的在住房、医疗、养老、教育等各方面依然存在限制，可行能力发展受到制约。一旦受到经济风险和波动的影响，农民工群体将会首当其冲受到冲击。1996~1997年，国有企业改制，实施减员增效，大量下岗职工从体制内走向体制外，城镇失业人口激增，加上随之而来的1998年金融危机的影响，就业机会减少，很多城市为缓解就业压力，通过出台一系列政策限制农民工的进入，造成了我国又一次农民工"回乡潮"的出现。

五、第五阶段：稳步发展阶段（2003~2020 年）

随着我国国民经济的快速增长，对劳动力的需求量逐年增大，农民工由最初的"供过于求"演变为"供不应求"，民工荒的出现标志着我国经济发展已逐步到达"刘易斯拐点"，农村剩余劳动力无限供给的局面被打破，农村青壮年劳动力开始变为一种稀缺资源。农民工的就业、住房、教育培训、医疗、劳动保护等权益等方面的现实困境开始得到政府和企业的关注，农民工群体的可行能力发展研究也开始走向广泛和深入。在新型城镇化和乡村振兴战略推进的大背景下,农民工面临的严峻现实境况成为关注焦点和研究热点,客观上加快了农民工在城镇社会的融入,享受与城镇居民相同的权益成为问题解决的发展方向。

为适应新形势的发展,从2003年开始,国家取消了很多限制农村劳动力城乡流动的政策限制,并要求各级地方政府要切实改善农民工的务工环境。2004年中共中央和国务院联合发布《关于促进农民增加收入若干政策的意见》的(2004年"中央一号")文件,明确提出要"改善农民进城就业环境,增加外出务工收入","保障进城就业农民的合法权益","推进大中城市户籍制度改革,放宽农民进城就业和定居的条件",并指出"进城就业的农民工已经成为产业工人的重要组成部分,为城市创造了财富、提供了税收",明确肯定了农民工群体在我国经济社会发展中做出的重大贡献。2006年,国务院发布《关于解决农民工问题的若干意见》政策文件,明确了要充分做好农民工工作的整体指导思想,指出"解决农民工问题是建设中国特色社会主义的战略任务",要求解决农民工资偏低和拖欠问题,保护农民工劳动权益,做好"农民工就业服务和培训,积极稳妥地解决农民工社会保障问题,切实为农民工提供相关公共服务,健全维护农民工权益的保障机制",这标志着在政策上实现了对农民工各类可行能力由限制转向放松进而走向全面恢复的转变。

党的十八大明确提出要做好农村转移劳动力的就业工作,加快户籍制度改革,有序推进农业转移人口市民化,将符合条件的农业转移人口转为城镇居民,纳入城镇住房和社会保障体系,保障同工同酬,实现城镇基本公共服务的全覆盖。2013年11月,《中共中央关于全面深化改革若干重大问题的决定》明确提出"创新人口管理,加快户籍改革",要实现城镇基本公共服务覆盖全部常住人口,把进城落户农民完全纳入城镇住房和社会保障体系,在农村参加的养老保险和医疗保险规范接入城镇社保体系。2014年,国务院发布《关于进一步推进户籍制度改革的意见》,进一步要求"稳步推进义务教育、就业服务、基本养老、基本医疗卫生、住房保障等城镇基本公用服务覆盖全部常住人口","到2020年基本建立新型户籍制度,实现1亿左右农业转移人口和其他常住人口在城镇落户"。同年,国务院发布《关于进一步做好为农民工服务工作的意见》,明确给出了推动农民工群体发展、解决农民工现有问题的路线图,大致可以概括为"一个目标、四个着力"。其中,"一个目标"是指到2020年,农业转移劳动力总量继续增加,每年开展农民工职业技能培训2000万人次,农民工综合素质显著提高、劳动条件明显改善、工资基本无拖欠并稳定增长、参加社会保险全覆盖,农民工社会融合程度显著提升,为实现农民工市民化打下坚实基础。"四个着力"主要包括:一是着力稳定和扩大农民工就业创业，实施农民工职业技能提升计划；二是着力维护农民工的劳动保障权益，努力实现农民工工资基本无拖欠；三是着力推动农民工逐步实现平等享受城镇基本公共服务和在城镇落户；四是着力促进农民工社会融合（杨志明，2017）。2016年，国务院发布《推动1亿非户籍人口在城市落户方案》，明确提出要促进有稳定就业的农业转移人口举家进城落户，全面提升户籍城镇化率，缩小户籍城镇化率和常住人口城镇化率之间的差距，加强进城农民工的权益保障，推进新型城镇化。2017年党的十九大更是明确指出要"加快农业转移人口市民化"，要求动员政府、企业、社会等各方面力量，强化城镇公共基础设施和公共服务能力建设，提升转移人口综合素质和发展能力，适应新型城镇化建设需要，增强转移人口归属感、价值感和获得感。2019年12月4日，国务院第73次常务会议通过《保障农民工工资支付条例》，自2020年5月1日起施行，该条例旨在规范农民工工资支付行为，保障农民工按时足额获得工资，明确要求任何单位和个人不得拖欠农民工工资，并明确了人力资源社会保障等部门在保障农民工按时足额获得工资方面的工作职责和协调机制。2020年4月3日，国家发改委印发《2020年新型城镇化建设和城乡融合发展重点任务》，明确提出要提高农业转移人口市民化质量，以深化改革户籍制度和基本公共服务提供机制为路径，打破阻碍劳动力自由流动的不合理壁垒，促进人力资源优化配置。2021年10月，习近平总书记在《扎实推进共同富裕》一文中明确指出"进城农民工是中等收入群体的重要来源，要深化户籍制度改革，解决好农业转移人口随迁子女教育等问题，让他们安心进城，稳定就业"①。这一重要论断为新时期的农民工群体可行能力发展与推进共同富裕工作指明了方向。

随着一系列打破城乡二元经济社会体制政策的出台和实施，针对农民工的政策重点已逐步由20世纪八九十年代着力解决农民进城务工的问题转向解决农民工群体发展的问题，在这个过程中，农民工各方面的可行能力限制逐步减弱，在城镇务工和生活的各项权益保障也越来越完善，市民化进程加快，城镇化率迅速提升。从1978年起，中国的城镇化步入快车道，虽经过1989~1991年的略微停滞，但整体一直保持较快增长速度，城镇化率由1978年的17.92%增长至2020年的63.89%，年均增长1.09个百分点，特别是2001年之后，随着城乡二元体制的松动以及对农民工群体可行能力的发展，城镇化率快速增长，年均增长达到1.3个百分点（见表3-8）。

---

① 习近平. 扎实推动共同富裕[J]. 求是，2021（20）：4-8.

表 3-8　　1978~2020 年中国城镇化率的变动

年份	总人口（万人）	城镇人口（万人）	城镇化率（%）	年份	总人口（万人）	城镇人口（万人）	城镇化率（%）
1978	96259	17245	17.92	2000	126743	45906	36.22
1979	97542	18495	18.96	2001	127627	48064	37.66
1980	98705	19140	19.39	2002	128453	50212	39.09
1981	100072	20171	20.16	2003	129227	52376	40.53
1982	101654	21480	21.13	2004	129988	54283	41.76
1983	103008	22274	21.62	2005	130756	56212	42.99
1984	104357	24017	23.01	2006	131448	58288	44.34
1985	105851	25094	23.71	2007	132129	60633	45.89
1986	107507	26366	24.52	2008	132802	62403	46.99
1987	109300	27674	25.32	2009	133450	64512	48.34
1988	111026	28661	25.81	2010	134091	66978	49.95
1989	112704	29540	26.21	2011	134735	69079	51.27
1990	114333	30195	26.41	2012	135404	71182	52.57
1991	115823	31203	26.94	2013	136072	73111	53.73
1992	117171	32175	27.46	2014	136782	74916	54.77
1993	118517	33173	27.99	2015	137462	77116	56.10
1994	119850	34169	28.51	2016	138271	79298	57.35
1995	121121	35174	29.04	2017	139008	81347	58.52
1996	122389	37304	30.48	2018	139538	83137	59.58
1997	123626	39449	31.91	2019	140005	84843	60.60
1998	124761	41608	33.35	2020	141178	90199	63.89
1999	125786	43748	34.78	—	—	—	—

资料来源：根据历年《中国统计年鉴》相关数据整理而得。

在这一阶段，二元反差指数稳步下降，由 2003 年的 0.3675 下降至 2020 年的 0.1595，降幅为 56.60%；二元对比系数稳步上升，由 2003 年的 0.1461 上升至 2020 年的 0.2683（见表 3-9），增幅为 83.64%。两项指标的显著变化说明随着 2003 年之后我国经济社会改革的深入推进，传统的经济社会二元结构呈现逐步弱化的趋势。

表 3-9　　2003~2020 年二元反差指数和二元对比系数

年份	二元反差指数	二元对比系数
2003	0.3675	0.1461
2004	0.3398	0.1679
2005	0.3316	0.1623
2006	0.3197	0.1602
2007	0.3052	0.1663
2008	0.2935	0.1742
2009	0.2831	0.1762
2010	0.2717	0.1817
2011	0.2537	0.1952
2012	0.2418	0.2055
2013	0.2211	0.2239
2014	0.2044	0.2381
2015	0.1947	0.2455
2016	0.1914	0.2442
2017	0.1906	0.2327
2018	0.1907	0.2144
2019	0.1799	0.2285
2020	0.1595	0.2683

资料来源：根据历年《中国统计年鉴》相关数据整理而得。

然而，从属地管理的角度出发来看，一方面农民工作为我国非农产业的重要劳动力资源，对于地方经济发展有着显著的推动作用；另一方面农民工的流入对城市本身的社会管理、社会成本和财政支出都构成了较大压力，因此作为直接管理者的地方政府在对待农民工群体的态度以及相关政策实施上，存在着十分矛盾的态度，既想充分利用农民工提供的优质而廉价的劳动力资源，又想避免在社会管理和财政支出等方面增加额外成本，因此形成了一种"经济接纳，社会排斥"的地方政策格局，具体表现为农民虽然能够突破各类"显性户籍墙"的制约，自由进入城镇务工经营，但是在就业、教育、生育、医疗等很多方面难以获得同城镇居民一样的可行能力发展机会，无法突破"隐性户籍墙"的制约，难以使自己的劳动付出完全体现在实际生活的改善当中，从而在诸多维度下均处于可行能力不足的状态。

第二节 城乡劳动力转移的动因分析

尽管当前农民工在城镇和非农部门的工作生活需要面对诸多的不公平因素，难以获取市民身份，与城镇居民相比受到多个方面的可行能力发展限制，但是在中国国民经济快速发展过程中依然存在着推动农村劳动力向城镇区域转移的动力，而且随着中国经济社会体制改革的深入，这种动力日趋强化，推动着农村劳动力乡城转移的快速发展。

一、农业现代化的发展

中国是一个农业大国，农村地区地域广阔，人口众多，但是由于我国大部分地区被山地、高原、丘陵、草原、荒漠等地形覆盖，耕地数量十分有限，后备耕地资源不足，"人多地少"一直是我国农业发展的基本特点，人均耕地面积一直远远低于世界平均水平，属于世界人均耕地面积较为狭小的国家之一（见图3-2和表3-10）。同时，受我国城乡分割二元经济社会结构长期存在以及改革开放前重工业优先发展战略等因素的影响，大量的农村劳动力被束缚在狭小的农地上，使得我国农村地区积聚了大量剩余劳动力。

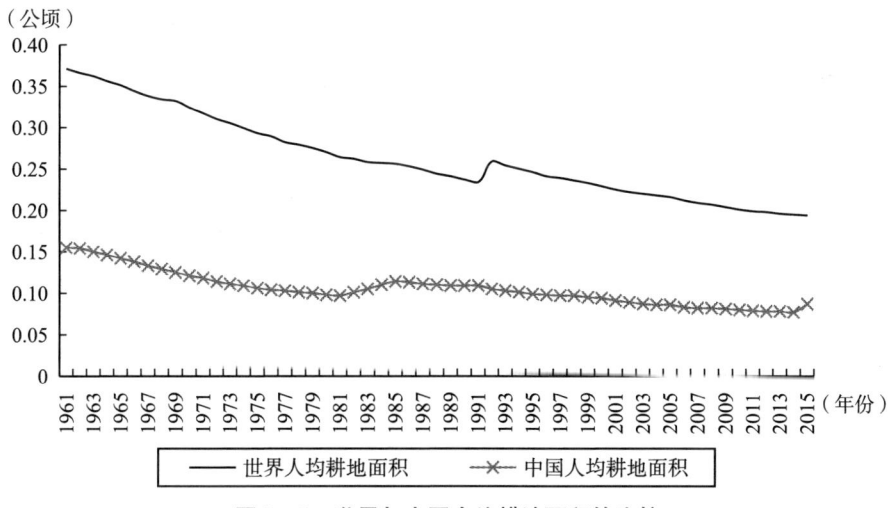

图3-2 世界与中国人均耕地面积的比较

资料来源：根据世界银行数据库（https://data.worldbank.org.cn/）相关数据整理而得。

表 3-10　　　　　　　　各个国家人均耕地面积的比较　　　　　　　单位：公顷

国家	1961 年	1980 年	1990 年	2000 年	2009 年	2015 年
中国	0.16	0.10	0.11	0.09	0.08	0.09
巴西	0.30	0.37	0.34	0.33	0.36	0.39
澳大利亚	2.88	3.00	2.81	2.47	2.10	1.94
法国	0.41	0.32	0.30	0.30	0.28	0.28
阿富汗	0.83	0.60	0.65	0.38	0.28	0.23
美国	0.98	0.83	0.74	0.62	0.53	—
南非	0.67	0.45	0.38	0.34	0.29	—
日本	0.06	0.04	0.04	0.04	0.03	—
沙特阿拉伯	0.27	0.19	0.21	0.18	0.12	—
加拿大	2.24	1.82	1.64	1.49	1.30	1.22

资料来源：根据世界银行数据库（https：//data.worldbank.org.cn/）相关数据整理而得。

改革开放以后，以机械化为代表的农业现代化得到快速发展，全国农业机械总动力由1978年的11750万千瓦增长至2020年的105550万千瓦，年均增长率达到19%，劳均机械总动力和单位耕地面积机械总动力分别从0.41千瓦/人和1.18千瓦/公顷增长至2020年的5.96千瓦/人和2019年的8.04千瓦/公顷，40年间分别增长了14.54倍和6.81倍（见表3-11），带来农业部门生产效率的快速上升（见图3-3）。

表 3-11　　　　　　　　1978~2020年农业机械化水平发展情况

年份	农业机械总动力（万千瓦）	劳均机械总动力（千瓦/人）	单位耕地面积机械总动力（千瓦/公顷）	年份	农业机械总动力（万千瓦）	劳均机械总动力（千瓦/人）	单位耕地面积机械总动力（千瓦/公顷）
1978	11750	0.41	1.18	1986	22950	0.73	2.38
1979	13380	0.47	1.34	1987	24836	0.78	2.59
1980	14746	0.51	1.48	1988	26575	0.82	2.78
1981	15680	0.53	1.58	1989	28067	0.84	2.93
1982	16614	0.54	1.68	1990	28708	0.74	3.00
1983	18022	0.58	1.83	1991	29389	0.75	3.07
1984	19497	0.63	1.99	1992	30308	0.78	3.18
1985	20913	0.67	2.16	1993	31817	0.84	3.35

续表

年份	农业机械总动力（万千瓦）	劳均机械总动力（千瓦/人）	单位耕地面积机械总动力（千瓦/公顷）	年份	农业机械总动力（万千瓦）	劳均机械总动力（千瓦/人）	单位耕地面积机械总动力（千瓦/公顷）
1994	33803	0.92	3.56	2008	82190	2.75	6.75
1995	36118	1.02	3.80	2009	87496	3.03	6.46
1996	38547	1.11	2.96	2010	92780	3.32	6.86
1997	42016	1.21	3.23	2011	97735	3.68	7.23
1998	45208	1.29	3.48	2012	102559	3.98	7.59
1999	48996	1.37	3.77	2013	103907	4.30	7.69
2000	52574	1.46	4.04	2014	108057	4.74	8.00
2001	55172	1.52	4.24	2015	111728	5.10	8.28
2002	57930	1.58	4.45	2016	97246	4.52	7.21
2003	60387	1.67	4.64	2017	99017	4.73	—
2004	64028	1.84	4.92	2018	100372	4.95	—
2005	68398	2.05	5.26	2019	102758	5.28	8.04
2006	72522	2.27	5.96	2020	105550	5.96	—
2007	76590	2.49	6.29	—	—	—	—

资料来源：根据历年《国土资源公报》《中国统计年鉴》和《新中国农业60年统计资料》相关数据整理而得。

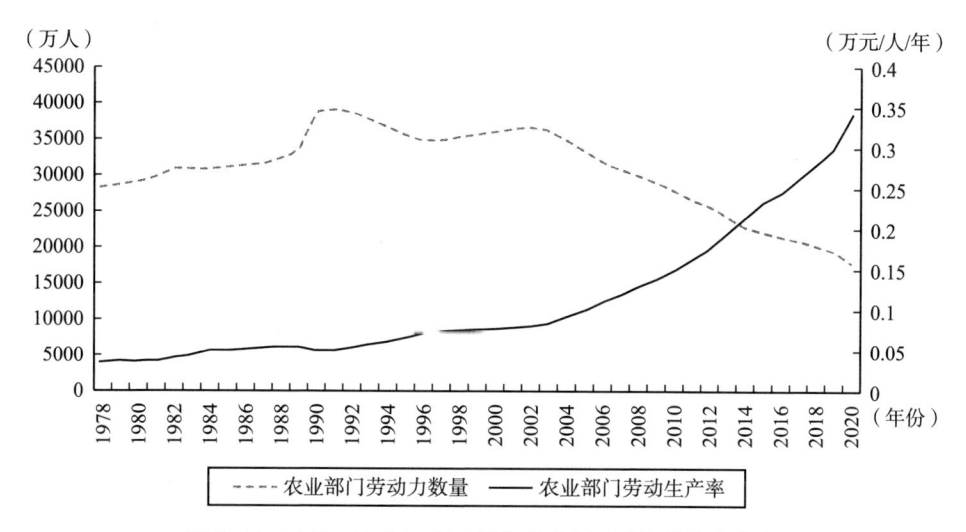

图 3-3　1978~2020 年农业部门劳动力数量和劳动生产率

资料来源：根据历年《中国统计年鉴》和《新中国农业60年统计资料》相关数据整理而得。

农业机械化水平和农业劳动生产率的快速提升，一方面使越来越多的农村劳动力从农业生产中解放出来，使农村剩余劳动力流向劳动力需求量更大的非农部门成为可能；但是另一方面，农业机械化水平和农业生产效率的快速提升减少了农业部门的劳动力需求，形成对农业劳动力的替代效应和挤出效应，进一步客观上增大了农村剩余劳动力规模。

农村剩余劳动力的规模与影响是学术界研究的一个重要问题。20世纪80年代中期，随着农村经济体制改革和生产效率的提升，多数学者和政策制定者都认为中国农村剩余劳动力占比大约在30%至40%，具体数量大约为1亿~1.5亿（Taylor，1993）。根据部分学者的研究，20世纪90年代与80年代相比，中国农村剩余劳动力的比例和绝对数量都在上升。罗尔斯德和米德（Rawsld & Mead，1998）、巴塔查里克和帕克（Bhattacharyya & Parker，1999）对于20世纪90年代中国农村剩余劳动力的研究得到了十分近似的测算结果，认为中国农村剩余劳动力在1991年的占比分别为38.98%和38.90%，具体数量分别为1.33亿人和1.32亿人。卡特等（Carter et al.，1996）对90年代中后期中国农村剩余劳动力规模的估算结果约为1.72亿人，占比约为31.5%。进入21世纪，对于农村剩余劳动力占比和绝对数量的估算开始出现分化，大致可以分为三种观点：

一是部分学者认为农村剩余劳动力的规模没有发生大的变化，如李瑞芬等（2006）估算得出中国农村剩余劳动力的占比在2004年约为34.79%。二是部分学者认为农村剩余劳动力的规模在持续增加，例如根据刘建进（2002）的估算，中国农村剩余劳动力的占比在2000年高达46.6%，绝对数量超过1.7亿人，张海波（2016）通过测算也得出农村剩余劳动力的规模在不断增加，2012年我国农村剩余劳动力大约为2亿人。三是部分学者认为中国农村剩余劳动力的比例和数量在减少，如蔡昉和王美艳（2007）通过测算得出中国农村剩余劳动力在2005年的数量约为0.25亿~1.06亿人，占比约为5%~22.5%，马晓河和马建蕾（2007）认为中国农村剩余劳动力在2006年的占比约为23.7%，具体测算结果见表3-12。

表3-12　　　　部分学者对农村剩余劳动力的测算结果　　　　单位：万人

年份	农村剩余劳动力测算结果（1）	农村剩余劳动力测算结果（2）	农村剩余劳动力测算结果（3）	农村剩余劳动力测算结果（4）	农村剩余劳动力测算结果（5）
1985	—	5452	11896	—	9444.49
1990	—	11581	15785	—	14016.79
1995	—	16667	19263	—	16742.96
1996	—	15365	19205	—	16611.01

续表

年份	农村剩余劳动力测算结果（1）	农村剩余劳动力测算结果（2）	农村剩余劳动力测算结果（3）	农村剩余劳动力测算结果（4）	农村剩余劳动力测算结果（5）
1997	15207	15509	19873	—	17155.80
1998	15180	15903	20375	—	18023.13
1999	16884	17249	21117	—	18655.19
2000	17032	22324	21512	—	19338.92
2001	—	—	22170	—	19894.70
2002	—	—	22880	—	20015.33
2003	—	—	23467	—	20206.26
2004	—	—	24491	—	20029.96
2005	—	—	—	—	19888.36
2006	10700	—	—	11423.16	19888.90
2007	—	—	—	—	19688.32
2008	—	—	—	—	19896.75
2009	—	—	—	—	19999.68
2010	—	—	—	—	20003.70
2011	—	—	—	—	20190.95
2012	—	—	—	—	20037.79

资料来源：（1）为蔡昉的测算结果，1997~2000年的测算结果见蔡昉.2002：中国人口与劳动问题报告——城乡就业问题与对策［M］.北京：社会科学文献出版社，2002：72；2006年的测算结果见蔡昉和王美艳.农村劳动力剩余及其相关事实的重新考察——一个反设事实法的应用［J］.北京：中国农村经济，2007（10）。（2）为韩纪江的测算结果，参见韩纪江.中国农村劳动力的剩余分析［J］.北京：中国农村经济，2003（5）。（3）为李瑞芬等的测算结果，参见李瑞芬等.农村劳动力转移：形势与对策［M］.北京：中国农业出版社，2006：40。（4）为马晓河和马建蕾的测算结果，参见马晓河和马建蕾.中国农村劳动力到底剩多少？［J］.北京：中国农村经济，2007（12）。（5）为张海波的测算结果，参见张海波.农村剩余劳动力转移对全要素生产率的影响研究［J］.北京：统计与决策，2016（22）。

虽然不同学者对于农村剩余劳动力规模的估算存在一定的差异，但是在中国经济发展过程中，农业部门存在大量剩余劳动力沉淀是一个不争的事实。因此，以机械化为代表和以生产率快速提升为特征的农业现代化的发展，在农业部门内部形成了农村劳动力向劳动力需求量更大、工资水平更高、发展空间更大的城镇地区与非农部门转移的推力。

二、工业化和城镇化发展的推动

中国作为世界上最大的发展中国家，工业化和城镇化始终是国民经济发展的主旋律（辜胜阻，2006），并且不可避免的同其他发展中国家一样，具有较为明显的二元经济社会结构特征，即落后的农业部门与现代的工业部门并存（W. A. 刘易斯，1984）。中国在工业化和城镇化发展过程中逐步破解二元经济社会结构，带来城乡劳动力迁移规模的逐渐扩大，也决定了中国城乡劳动力迁移的基本特点。

中华人民共和国成立以后，受制于当时的国际和国内政治经济环境，中国确立了优先发展重工业的赶超战略。[①] 由于重工业的资本密集型特点，对于就业人口的吸纳能力有限，为减轻人口流入对城市就业、食品供应、医疗卫生等方面的压力，中国通过实施严格的城乡二元户籍管理制度限制农村劳动力的城乡流动，城镇化基本停滞。城镇化率1949年为10.64%，1978年为17.92%，30年间城镇化率仅提高了7个百分点，年均增长率仅有0.27个百分点；非农化率1952年为16.46%，1978年为29.48%，26年间非农化率仅提升了13个百分点，年均增长率仅有0.5个百分点（见图3-4）。通过计算1952~2020年的二元反差指数，我们可以发现1978年之前的二元反差指数一直在波动中不断上升（见表3-13），这从另一方面验证了中国的城乡二元结构在改革开放前不仅没有随着国民经济的增长而弱化，反而在不断加强，成为阻碍城乡劳动力流动最主要的障碍。在这种刚性的二元结构下，改革开放之前的中国产业结构和就业结构存在严重不对称，

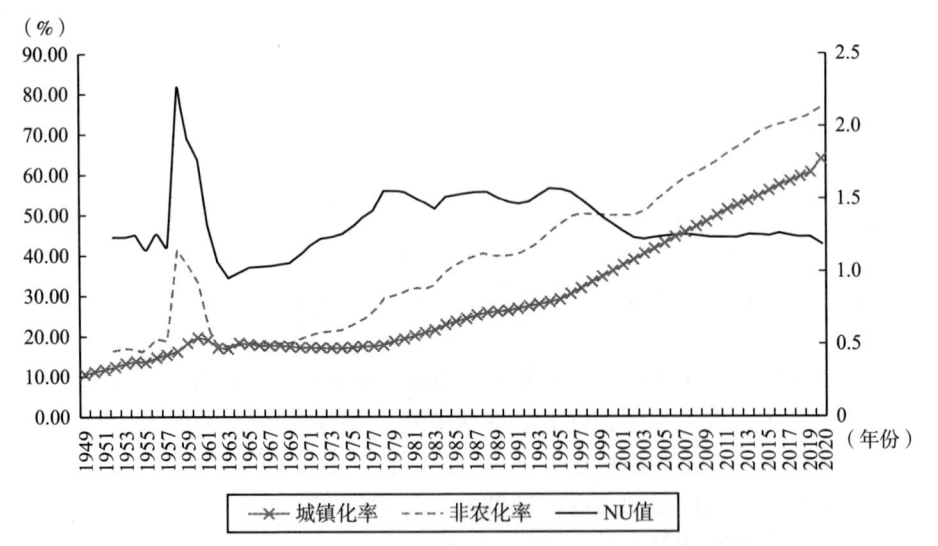

图3-4　1949~2020年城镇化率和非农化率

资料来源：根据历年《中国统计年鉴》《新中国农业60年统计资料》相关数据整理而得。

---

① 林毅夫，蔡昉，李周. 中国的奇迹 [M]. 上海：上海人民出版社，2014：22-25.

表 3-13　　　　　　　　　历年二元反差指数情况表

项目	1952 年	1960 年	1965 年	1970 年	1978 年	1980 年	1985 年
二元反差指数	0.33	0.43	0.44	0.46	0.43	0.39	0.34
项目	1990 年	1995 年	2000 年	2005 年	2010 年	2015 年	2020 年
二元反差指数	0.34	0.33	0.35	0.33	0.27	0.19	0.16

资料来源：根据历年《中国统计年鉴》相关数据整理而得。

工业部门的国民收入份额快速上升，但劳动力规模却基本趋于稳定，与之相对应的是农业部门的国民收入份额逐渐下降，劳动力规模占比却始终处于高位，城镇工业部门没有多余的劳动力吸纳能力，导致在农村区域滞留了大量的农村剩余劳动力（见表 3-14）。

表 3-14　　　改革开放前各部门就业结构和国民收入份额变动情况

年份	劳动力规模占比					国民收入份额		
	农业	工业			其他产业	农业	工业	其他产业
		重工业	轻工业	合计				
1952	83.5	1.8	4.2	6.0	10.5	57.7	19.5	22.8
1957	81.2	2.3	3.6	5.9	12.9	46.8	28.3	24.5
1965	81.6	3.4	3.0	6.4	12.0	46.2	36.4	17.4
1978	73.3	7.9	4.6	12.5	14.2	32.8	49.4	17.8

资料来源：马洪，孙尚清．中国经济结构问题研究 [M]．北京：人民出版社，1981：104；林毅夫，蔡昉，李周．中国的奇迹 [M]．上海：上海人民出版社，2014：53-54。

　　工业化与城镇化是国民经济发展和社会文明进步的根本推动力量，劳动力由乡村走向城市是工业化和城镇化过程中资源优化配置的必然结果。世界各国经济社会发展的历史经验表明，工业化是农村劳动力脱离农村的推进器，工业化水平的提升能够直接带来农村人口向城镇的集中，工业化与城乡人口的迁移基本是同步的。[1] 1978 年改革开放以后，伴随着经济体制改革的推进，中国的工业化和城镇化进程同时加速，1978~2020 年的 40 余年间，中国非农化率由 29.48% 提升至 76.4%，年均增长 1.18 个百分点；城镇化率由 17.92% 提升至 63.89%，年均增长 1.08 个百分点。在工业化和城镇化快速发展的过程中，一方面随着人民公

---

[1] 辜胜阻，易善策，郑凌云．基于农民工特征的工业化与城镇化协调发展研究 [J]．人口研究，2006，30（5）：1-8．

社的废除和家庭联产承包责任制的实施，农业生产效率迅速提升，大量的农村劳动力从农业生产中解放出来，形成农村劳动力迁移的"推力"；另一方面经济体制改革带来产业结构的逐步调整，催生了以"三来一补"为主要形式的大量劳动密集型企业，加上乡镇企业的异军突起，城镇工业部门和商业部门产生了大量的劳动力需求，而这正与农村剩余劳动力的流出需求不谋而合，形成农村劳动力迁移的"拉力"。在"推－拉"两方面力量的共同作用下，大批农村剩余劳动力被城镇工业吸纳，以"离土不离乡、就地进工厂"和"离土又离乡、进城进工厂"等多种形式参与到城镇化和工业化进程中。进入21世纪后，以成功加入世界贸易组织（WTO）为标志，中国逐渐成为"世界制造业中心"，工业化的快速发展和结构升级引致第三产业的兴起，进一步产生了大量的劳动力需求，城镇化水平的提升步入快车道，城镇地区和非农部门的劳动力吸纳能力迅速提升。特别是党的十八大以来，中国政府进一步明确提出要建设新型城镇化，尤其强调要实现新型工业化、农业现代化与新型城镇化的协调发展，最终目标是真正实现人的城镇化。因此，强调权益、人本和和谐的城镇化发展模式有效改善着农民工群体在城镇以及非农部门的生活工作环境，进一步形成吸引农村劳动力向城镇区域加速迁移的动力。

然而，受制于传统的城乡二元经济社会体制，中国的工业化和城镇化发展难以实现真正协调，农民工虽然进入城市工作生活，但是很难获取市民身份，这一问题突出表现为中国的城镇化，特别是人的城镇化长期滞后于工业化的发展。美国经济学家霍里斯·钱纳里（H. Chenery）通过分析世界一百多个国家或地区经济发展情况，得出在正常发展状况下，一个国家或地区在不同经济发展阶段的工业化与城镇化协调发展水平，称为"钱纳里发展模型"（H. Chenery et al., 1988）（见表3-15）。将中国近年的发展情况与"钱纳里发展模型"中的工业化与城镇化水平相比较，可以对比观察中国工业化与城镇化协调发展的实际情况。根据世界银行2017年公布的数据，2016年中国人均GDP为8123美元，[①] 依照钱纳里发展模型，在这一发展阶段，按制造业核算的工业化率应该在34.7%～37.9%，按非农产业核算的工业化率应该在86.2%～87.3%，城镇化率应该在63.4%～65.8%，与之对应，如果将第二产业视为制造业，中国2016年按制造业核算的工业化率为39.81%，超出钱纳里发展模型中工业化水平5.11～1.91个百分点；按非农产业核算的工业化率为91.44%，超出钱纳里发展模型中工业化水平5.24～4.14个百分点；按常住人口核算的城镇化率为57.35%，低于钱纳里发展模型中城镇化水平6.05～8.45个百分点。如果进一步从户籍城镇化的角度来看，由于我国城乡二元经济社会结构的刚性，大量的农民工在落户城镇方面存

---

① 搜狐财经，http://www.sohu.com/a/155835661_826258。

在各类主观和客观障碍，在就业、住房、医疗、教育、养老等多个方面与城镇户籍居民在享受公共服务和获得权益福利上存在很大差距，并未成为真正的市民。所以，按照户籍人口核算城镇化水平，2016年我国城镇化率仅为41.2%，低于钱纳里发展模型中城镇化水平22.2~24.6个百分点。另外根据劳动力产业分布的国际比较情况，我国的第三产业占比还比较低，产业结构还有待进一步升级，需要城镇化的进一步发展作为动力（见表3-16）。

表3-15　钱纳里发展模型中工业化与城镇化的协调发展关系

人均GDP		工业化率（%）		城镇化率（%）
1964年美元	2014年美元	制造业	非农产业	
70	489	12.5	47.8	12.8
100	698	14.9	54.8	22.0
200	1396	21.5	67.3	36.2
300	2094	25.1	73.4	43.9
400	2792	27.6	77.2	49.0
500	3490	29.4	79.8	52.7
800	5584	33.1	84.4	60.1
1000	6980	34.7	86.2	63.4
1500	10470	37.9	87.3	65.8

注：1964年为基期的2014年美国GDP平减指数换算比率为6.98。
资料来源：根据钱纳里等.发展的格局[M].北京：中国财政经济出版社，1989，相关数据整理而得。

表3-16　劳动力产业分布的国际比较

国家类型	第一产业	第二产业	第三产业
中国	27.7	28.8	43.5
世界平均	26.5	23.9	51.1
东亚平均	16.7	27.2	56.9
金砖国家	25.2	26.5	49.6
低收入国家和地区	68.9	11.3	21.2
中低收入国家和地区	38.8	23.1	39.4
中高收入国家和地区	16.3	27.0	58.0
高收入国家和地区	3.1	24.4	74.2

资料来源：根据2017年中国统计年鉴和国际劳动组织数据库相关数据整理而得。

因此，我国的城镇化较为严重地滞后于工业化发展，这意味着随着我国经济社会体制改革的推进，城镇化还有相当大的发展空间。在新型工业化和城镇化的作用下，城镇基础设施建设和公共服务将会获得更大的提升，对人口的容纳和承载能力也会进一步增强，更多的就业机会、更高的教育水平、更完善的社会保障服务、更宜居的城市公共环境将对有迁移意愿和迁移能力的农村劳动力产生更大的拉力，将进一步推动农村劳动力的乡城迁移。

三、城乡收入的显著差距

从中华人民共和国成立至1978年改革开放之前，中国尽管存在一定的城乡差别，但差距不大，而且一直比较稳定。1978年以后，随着改革开放的逐步深入，城乡收入差距逐步扩大。改革开放以来，城乡居民收入均获得显著提升，①从名义收入来看，农村居民家庭人均纯收入1985年为397.6元，2020年按新口径计算的农村居民家庭人均可支配收入为17131元，30年的时间增长了约43倍；城镇居民家庭人均可支配收入1985年为739.1元，2020年按新口径计算的城镇居民家庭人均可支配收入为43834元，30年的时间增长了59倍。从实际收入来看，农村居民人均实际收入从1985年的397.6元增长至2019年的3174.93元，增长了7.99倍；城镇居民家庭人均可支配收入从1985年的739.1元增长至2019年的7867.53元，增长了10.64倍（见表3-17）。

表3-17　　　　1985~2020年我国城乡居民收入差距状况

年份	城乡居民名义收入（元）		城乡名义收入差距	城乡居民实际收入（元）		城乡实际收入差距	实际收入增速（％）		
	城镇居民	农村居民		城镇居民	农村居民		城镇居民	农村居民	增速差距
1985	739.1	397.6	341.5	739.10	397.60	341.50	—	—	—
1986	899.6	423.8	475.8	840.75	399.43	441.31	13.75	0.46	13.29
1987	1002.2	462.6	539.6	860.88	410.47	450.41	2.39	2.76	-0.37
1988	1181.4	544.9	636.5	840.77	411.56	429.21	-2.34	0.26	-2.60
1989	1375.7	601.5	774.2	841.83	380.94	460.89	0.13	-7.44	7.57
1990	1510.2	686.3	823.9	912.27	415.69	496.59	8.37	9.12	-0.75
1991	1700.6	708.6	992.0	977.44	419.54	557.90	7.14	0.93	6.22
1992	2026.6	784.0	1242.6	1072.57	443.44	629.13	9.73	5.70	4.04

---

① 从2016年起国家统计局变换统计口径，不再对农村居民家庭人均纯收入进行统计，转而统计为农村居民家庭人均可支配收入。

续表

年份	城乡居民名义收入（元）		城乡名义收入差距	城乡居民实际收入（元）		城乡实际收入差距	实际收入增速（%）		
	城镇居民	农村居民		城镇居民	农村居民		城镇居民	农村居民	增速差距
1993	2577.4	921.6	1655.8	1174.92	458.51	716.41	9.54	3.40	6.14
1994	3496.2	1221.0	2275.2	1275.01	492.34	782.67	8.52	7.38	1.14
1995	4283.0	1577.7	2705.3	1337.28	541.42	795.86	4.88	9.97	-5.09
1996	4838.9	1926.1	2912.8	1388.64	612.63	776.02	3.84	13.15	-9.31
1997	5160.3	2090.1	3070.2	1436.35	648.50	787.86	3.44	5.85	-2.42
1998	5425.1	2162.0	3263.1	1519.17	677.53	841.64	5.77	4.48	1.29
1999	5854.0	2210.3	3643.7	1660.87	703.25	957.63	9.33	3.80	5.53
2000	6280.0	2253.4	4026.6	1767.59	717.64	1049.95	6.43	2.05	4.38
2001	6859.6	2366.4	4493.2	1917.30	747.68	1169.63	8.47	4.19	4.28
2002	7702.8	2475.6	5227.2	2174.73	785.41	1389.33	13.43	5.05	8.38
2003	8472.2	2622.2	5850.0	2370.62	818.93	1551.69	9.01	4.27	4.74
2004	9421.6	2936.4	6485.2	2552.06	874.97	1677.09	7.65	6.84	0.81
2005	10493.0	3254.9	7238.1	2797.51	948.95	1848.56	9.62	8.46	1.16
2006	11759.5	3587.0	8172.5	3088.83	1030.45	2058.38	10.41	8.59	1.83
2007	13785.8	4140.4	9645.4	3465.15	1128.48	2336.66	12.18	9.51	2.67
2008	15780.8	4760.6	11020.1	3756.24	1218.48	2537.76	8.40	7.98	0.43
2009	17174.7	5153.2	12021.5	4125.16	1323.03	2802.13	9.82	8.58	1.24
2010	19109.4	5919.0	13190.4	4447.53	1466.91	2980.62	7.81	10.88	-3.06
2011	21809.8	6977.3	14832.5	4820.54	1634.41	3186.13	8.39	11.42	-3.03
2012	24564.7	7916.6	16648.1	5286.70	1809.10	3477.61	9.67	10.69	-1.02
2013	26955.1	8895.9	18059.2	5654.15	1977.31	3676.84	6.95	9.30	-2.35
2014	29381.0	9892.0	19489.0	6036.24	2159.83	3876.42	6.76	9.23	-2.47
2015	31790.3	10772.0	21018.3	6434.71	2321.55	4113.16	6.60	7.49	-0.89
2016	33616.0	12363.4	21252.6	6664.30	2614.93	4049.37	3.57	12.64	-9.07
2017	36396.0	13432.4	22963.6	7094.82	2804.58	4290.24	6.46	7.25	-0.79
2018	39250.8	14617.0	24633.8	7493.16	2989.16	4504.31	5.62	6.58	-0.96
2019	42358.8	16020.7	26338.1	7867.53	3174.93	4692.60	4.99	6.21	-1.22
2020	43834.0	17131.0	26703.0	—	—	—	—	—	—

注：2016~2020年为国家统计局采用新口径计算的农村居民家庭人均可支配收入和城镇居民家庭可支配收入。

资料来源：根据历年《中国统计年鉴》以及《新中国农业60年统计资料》相关数据整理计算得到。

然而，在城乡居民收入均获得显著提升的同时，二者的差距也在不断拉大（见图3-5）。从城乡居民实际收入的增速来看，1985~2019年城镇居民实际收入的平均增速为 7.26%，农村居民实际收入的平均增速为 6.38%，城镇居民实际收入的平均增速高出农村居民实际收入的平均增速近 1 个百分点，30 多年间仅有 1987 年、1988 年、1990 年、1995~1997 年以及 2010~2019 年这几个时间段城镇居民的实际收入的增速慢于农村居民，其余年份城镇居民实际收入的增速均高于农村居民（见图 3-6）。城乡居民名义收入差距由 1985 年的 341.5 元扩大至 2019 年的 26703 元，30 多年间扩大了 78.19 倍；剔除价格因素，城乡居民实际收入差距由 1985 年的 341.5 元扩大至 2019 年的 4692.6 元，30 多年间扩大了 13.74 倍。

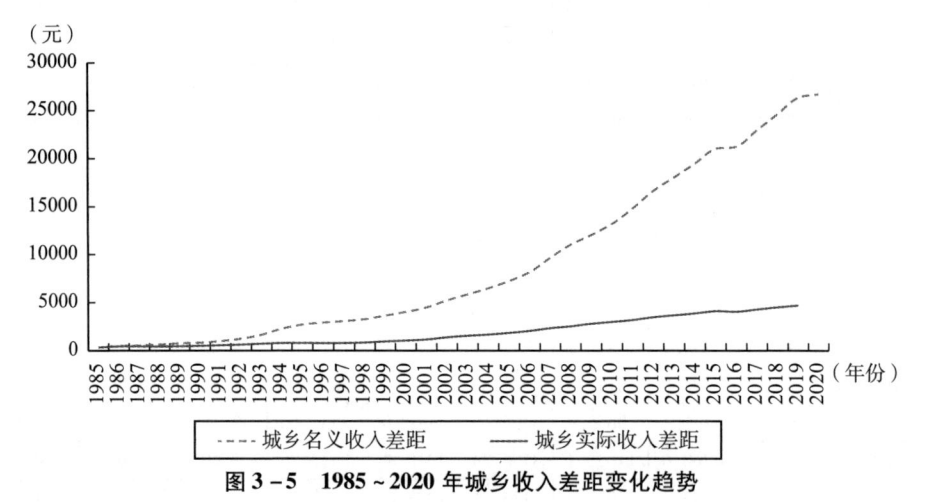

图 3-5　1985~2020 年城乡收入差距变化趋势

资料来源：根据历年《中国统计年鉴》相关数据整理而得。

图 3-6　1985~2019 年城乡实际收入增速差距

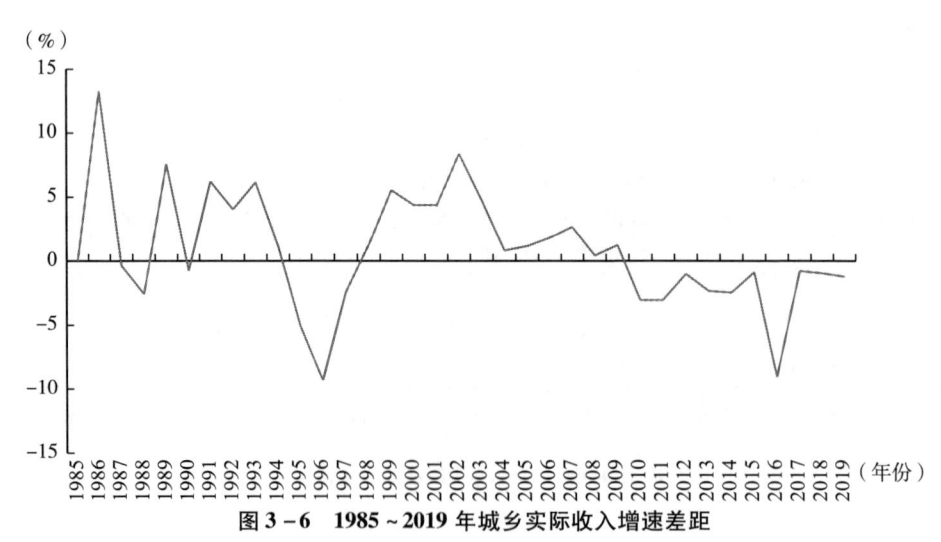

注：图中曲线表示的是城镇居民实际收入增速与农村居民实际收入增速之差。
资料来源：根据历年《中国统计年鉴》相关数据整理而得。

下面，我们应用基尼系数和城乡收入比这两个指标进一步对城乡居民的收入情况进行测算和分析，这两个指标的具体测算本书借鉴的是陈宗胜和周云波在其著作《再论改革与发展中的收入分配》中介绍的方法（陈宗胜、周云波，2002）。

城乡收入基尼系数的计算公式：

$$G_D = I_u - P_u = P_r - I_r \quad (3.1)$$

式（3.1）中，G_D 为城乡收入基尼系数，I_u 和 P_u 为城镇居民收入在全国总收入中的占比和城镇居民人口在全国总人口中的占比，I_r 和 P_r 分别表示农村居民的收入占比和人口占比。当 $G_D = 1$ 时，意味着城乡居民收入绝对不平等；$G_D = 0$ 时，意味着城乡居民收入绝对平等。

城乡收入比的计算公式：

$$R = Y_U / Y_R \quad (3.2)$$

式（3.2）中，R 表示城乡居民收入比，Y_U 和 Y_R 为城镇居民人均可支配收入和农村居民人均纯收入。

根据表3-18显示的城乡居民收入比的变化情况，我们可以发现城乡居民收入差距在1985~1994年处于快速上升阶段，名义收入比和实际收入比从1.86分别增长到2.86和2.59，增长比率分别为53.76%和39.25%；经历了1995~1998年短暂几年的略微下降后，1999~2009年又进入快速上升阶段，名义收入比和实际收入比分别从2.65和2.36增长到3.33和3.12，增长比率分别为25.66%和32.2%；城乡居民名义收入比和实际收入比在2009年分别达到最高点之后又进入下降通道，2019年和2020年的城乡居民名义收入比分别为2.64和2.56，2019年实际收入比分别为2.48，1985~2019年城乡居民名义收入比和实际收入比的增长比率分别为41.94%和33.33%，平均的城乡居民名义收入比和实际收入比分别为2.78和2.58。

表3-18　　　　　　　　1985~2020我国城乡居民收入比变化情况

年份	名义城乡收入比	实际城乡收入比	年份	名义城乡收入比	实际城乡收入比
1985	1.86	1.86	1991	2.40	2.33
1986	2.12	2.10	1992	2.58	2.42
1987	2.17	2.10	1993	2.80	2.56
1988	2.17	2.04	1994	2.86	2.59
1989	2.29	2.21	1995	2.71	2.47
1990	2.20	2.19	1996	2.51	2.27

续表

年份	名义城乡收入比	实际城乡收入比	年份	名义城乡收入比	实际城乡收入比
1997	2.47	2.21	2009	3.33	3.12
1998	2.51	2.24	2010	3.23	3.03
1999	2.65	2.36	2011	3.13	2.95
2000	2.79	2.46	2012	3.10	2.92
2001	2.90	2.56	2013	3.03	2.86
2002	3.11	2.77	2014	2.97	2.79
2003	3.23	2.89	2015	2.95	2.77
2004	3.21	2.92	2016	2.72	2.55
2005	3.22	2.95	2017	2.71	2.53
2006	3.28	3.00	2018	2.69	2.51
2007	3.33	3.07	2019	2.64	2.48
2008	3.31	3.08	2020	2.56	—

资料来源：根据历年《中国统计年鉴》以及《新中国农业60年统计资料》相关数据整理计算得到。

根据表3-19显示的城乡居民收入基尼系数的变化情况，我们可以发现城乡居民收入差距同表3-17中城乡收入比显示的大体一致的变动趋势。城乡居民收入基尼系数在1985~1994年处于快速上升阶段，名义收入基尼系数和实际收入基尼系数从0.129分别增长到0.248和0.223，增长比率分别为92.25%和72.87%；经历了1995年至1997年短暂几年的略微下降后，1998~2007年进入波动上升阶段，名义收入基尼系数和实际收入基尼系数分别从0.223和0.195增长到0.282和0.265，增长比率分别为26.46%和35.9%；城乡居民名义收入基尼系数和实际收入基尼系数在2007年分别达到最高点之后又进入下降通道，至2019年城乡居民名义收入基尼系数和实际收入基尼系数分别为0.204和0.194。

表3-19　　　　1985~2020我国城乡居民收入基尼系数变化情况

年份	名义城乡收入基尼系数	实际城乡收入基尼系数	年份	名义城乡收入基尼系数	实际城乡收入基尼系数
1985	0.129	0.129	1988	0.172	0.157
1986	0.163	0.161	1989	0.186	0.178
1987	0.17	0.162	1990	0.177	0.176

续表

年份	名义城乡收入基尼系数	实际城乡收入基尼系数	年份	名义城乡收入基尼系数	实际城乡收入基尼系数
1991	0.200	0.193	2006	0.281	0.262
1992	0.220	0.203	2007	0.282	0.265
1993	0.241	0.219	2008	0.279	0.265
1994	0.248	0.223	2009	0.274	0.261
1995	0.236	0.212	2010	0.264	0.252
1996	0.219	0.194	2011	0.254	0.244
1997	0.217	0.190	2012	0.249	0.238
1998	0.223	0.195	2013	0.228	0.231
1999	0.238	0.210	2014	0.221	0.224
2000	0.251	0.221	2015	0.216	0.219
2001	0.260	0.231	2016	0.212	0.201
2002	0.275	0.249	2017	0.207	0.196
2003	0.282	0.258	2018	0.212	0.201
2004	0.279	0.259	2019	0.204	0.194
2005	0.279	0.260	2020	0.180	—

资料来源：根据历年《中国统计年鉴》以及《新中国农业60年统计资料》相关数据整理计算得到。

通过对1985~2020年的城乡居民名义收入差距、实际收入差距、城乡收入比和收入基尼系数的分析，我们可以看到城乡居民收入差距在波动中逐渐拉大。虽然由于中央持续加大对农村的转移支付、全力推进农村扶贫开发并得益于农民经营性收入和工资性收入的增长（陈宗胜，2017），城乡居民收入差距就目前看已经呈现逐渐缩小的趋势，但整体差距依然较大。而且，我们注意到，现有城乡收入差距的测算数据中未包含房产等资产价值变动的影响。如果加上近十年中国城镇区域房地产等资产升值的影响，城乡之间的收入差距将会更大，且将在未来一段时间内长期存在。刘易斯指出农业和工业两部门之间的工资差异是导致城乡之间劳动力流动的决定性因素（Lewis，1954）。托达罗在其城乡迁移的预期收入模型中论证指出农村劳动力向城市进行迁移的决策依据的是预期城乡收入差距（Todaro，1969）。斯塔克的新劳动力迁移理论也认为农村劳动力的城乡迁移是由于在城市中可以获得更高的收入（Stark，1991）。唐纳德·博格的"推-拉"理论将人口迁出地的经济收入水平低看作重要的推力因素之一，将迁入地的较高的工资收入看作是主要的拉力因素之一（D. J. Bogue，1969）。因此，中国农村的较低收入水平和城镇的较高收入水平构成了农村劳动力向城镇迁移的"推力"和"拉力",这种收入差距形成了一种推动人口迁移的客观势能,在这种势能的作用下,农村居民为获得更高的收入和改善现实境况必然会向城镇迁移。

四、现代交通运输体系的发展

劳动力作为经济系统中较为活跃的要素,在实现资源优化配置过程的首要特征就是对地理区位的跨越。改革开放以来,我国大力推进交通基础设施建设,交通科学技术水平快速提升,铁路、公路和民航等交通运输体系建设获得了快速发展,通达性和便捷性实现了显著改善,居民出行方式发生了革命性变化,极大地降低了劳动力的迁徙成本,提升了劳动力要素在区域和生产部门间的优化配置效率,成为城乡劳动力转移的重要推动力量。1978~2019年全国铁路、公路和航空旅客周转量情况见表3-20。在各类交通运输方式中,对于在乡城以及城城之间频繁流动的农村劳动力来说,最常用的应该是铁路和公路这两种交通方式。

表3-20　　1978~2019年全国铁路、公路和民航旅客周转量情况　　单位:亿人公里

年份	铁路	公路	航空	年份	铁路	公路	航空
1978	1093.2	521.3	27.9	1993	3483.3	3700.7	477.6
1979	1216.2	603.3	35.0	1994	3636.1	4220.3	551.6
1980	1383.0	729.5	39.6	1995	3545.7	4603.1	681.3
1981	1472.6	839.0	50.2	1996	3347.6	4908.8	747.8
1982	1574.8	963.9	59.5	1997	3584.9	5541.4	773.5
1983	1776.5	1105.6	59.0	1998	3773.4	5942.8	800.2
1984	2046.4	1336.9	83.5	1999	4135.9	6199.2	857.3
1985	2416.1	1724.9	116.7	2000	4532.6	6657.4	970.5
1986	2586.7	1981.7	146.3	2001	4766.8	7207.1	1091.4
1987	2843.1	2190.4	188.8	2002	4969.4	7805.8	1268.7
1988	3260.3	2528.2	216.4	2003	4788.6	7695.6	1263.2
1989	3037.4	2662.1	186.8	2004	5712.2	8748.4	1782.3
1990	2612.6	2620.3	230.5	2005	6062.0	9292.1	2044.9
1991	2828.1	2871.7	301.3	2006	6622.1	10130.8	2370.7
1992	3152.2	3192.6	406.1	2007	7216.3	11506.8	2791.7

续表

年份	铁路	公路	航空	年份	铁路	公路	航空
2008	7778.6	12476.1	2882.8	2014	11241.9	10996.8	6334.2
2009	7878.9	13511.4	3375.2	2015	11960.6	10742.7	7282.6
2010	8762.2	15020.8	4039	2016	12579.0	10228.7	8378.13
2011	9612.3	16760.2	4537	2017	13456.9	9765.2	9513.0
2012	9812.3	18467.5	5025.7	2018	14146.6	9279.7	10712.3
2013	10595.6	11250.9	5656.8	2019	14706.6	8857.1	11705.3

资料来源：根据历年《中国统计年鉴》相关数据整理而得。

（一）铁路

改革开放以前，中国居民的铁路出行时常会在部分线路或者特殊时段面临一票难求的窘境，更加谈不上环境、就餐等乘车体验。改革开放至今的40多年间，中国铁路快速发展，已成长为国际同行中的先行者，客运量由1978年的81491万人增加至2019年的366002.26万人（2020年受新冠肺炎疫情冲击，全国各地实施不同程度的限制出行政策，客运量非正常下降至220349.9万人），年均增速达到3.93%，营运总里程由1978年的5.17万公里增加至2020年的14.63万公里，年均增速达到2.53%，居世界第二位（见图3-7）。

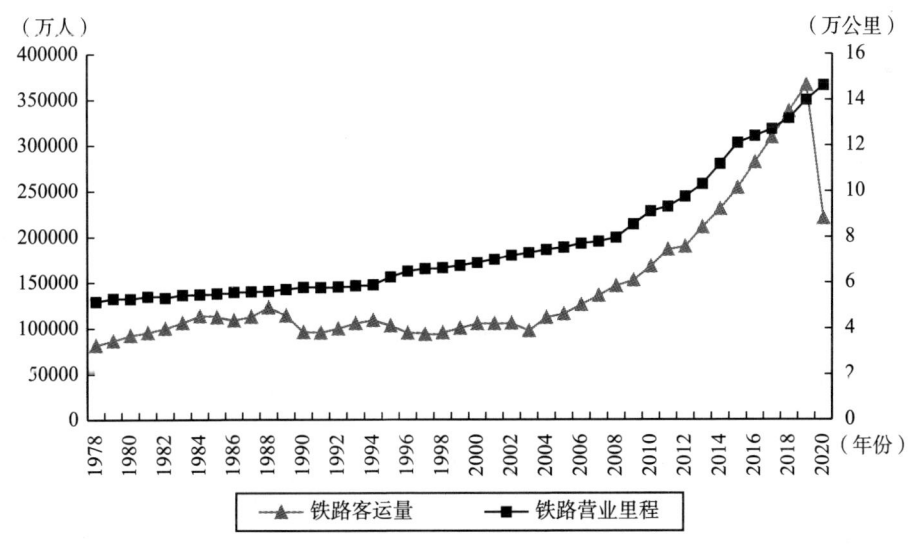

图3-7 1978~2020年中国铁路发展情况

资料来源：根据历年《中国统计年鉴》整理而得。

特别是自 2008 年第一条时速达到 350 公里的京津城际铁路开通以来，我国高速铁路建设实现快速发展，营运里程由 2008 年的 672 公里快速提升至 2019 年的 3.5 万公里，年均增速达到惊人的 55.65%，占世界高铁营运总里程的 60% 以上，居世界第一位，客运量由 734 万人快速提升至 2019 年的 235833 万人，占到铁路客运总量的 64.4%（见表 3-21），旅客周转量占比超过一半，中国迅速发展为世界头号高铁大国，乘坐高铁已成为中国居民中远途出行的首选方式。根据国务院批准实施的《中长期铁路网规划（2008 修编）》，到 2025 年，全国铁路网规模将达到 17.5 万公里左右，其中高速铁路 3.8 万公里左右，到 2030 年基本实现全国范围内区际多路畅通、省会高铁连通、地市快速通达、县域基本覆盖，形成"八横八纵"的高速铁路网和"互联互通"的普速铁路网。

表 3-21　　　　　　　　2008 年以来中国高速铁路发展情况

年份	营业里程（公里）	占铁路营业里程比重（%）	客运量（万人）	占铁路客运量比重（%）	旅客周转量（亿人公里）	占铁路客运周转量比重（%）
2008	672	0.8	734	0.5	15.6	0.2
2009	2699	3.2	4651	3.1	162.2	2.1
2010	5133	5.6	13323	8.0	463.2	5.3
2011	6601	7.1	28552	15.8	1058.4	11.0
2012	9356	9.6	38815	20.5	1446.1	14.7
2013	11028	10.7	52962	25.1	2141.1	20.2
2014	16456	14.7	70378	30.5	2825.0	25.1
2015	19838	16.4	96139	37.9	3863.6	32.3
2016	22980	18.5	122128	43.4	4641.0	36.9
2017	25164	19.8	175216	56.8	5875.6	43.7
2018	29904	22.7	205430	60.9	6871.9	48.6
2019	35388	25.3	235833	64.4	7746.7	52.7

资料来源：根据历年《中国统计年鉴》相关数据整理而得。

中国铁路特别是高速铁路的快速发展，深刻改变了中国的经济形态，加速了信息、资源和人才在区域间的互通和配置，加强了偏远地区和乡村社会与现代城市文明和工业文明的联系，疏通了劳动力的流动迁徙通道，降低了劳动力的流动迁徙成本，提升了劳动力的流动迁徙效率，极大地推动了劳动力转移进程。

(二) 公路

改革开放以来，我国公路交通实现了跨越式发展，设施规模快速增长，等级结构逐渐优化，服务水平持续改善，成为我国经济社会持续快速发展的有力支撑。1978年至2020年，我国公路总里程由89.02万公里增长至519.81万公里，40年间增长了5倍多，年均增速达到4.78%。总客运量由1978年的149229万人增长至2019年的1301172.91万人（2020年受新冠肺炎疫情冲击，全国各地实施不同程度的限制出行政策，公路客运量非正常下降至689425万人），41年间增长了近10倍，年均增速达到6.29%（见图3-8）。

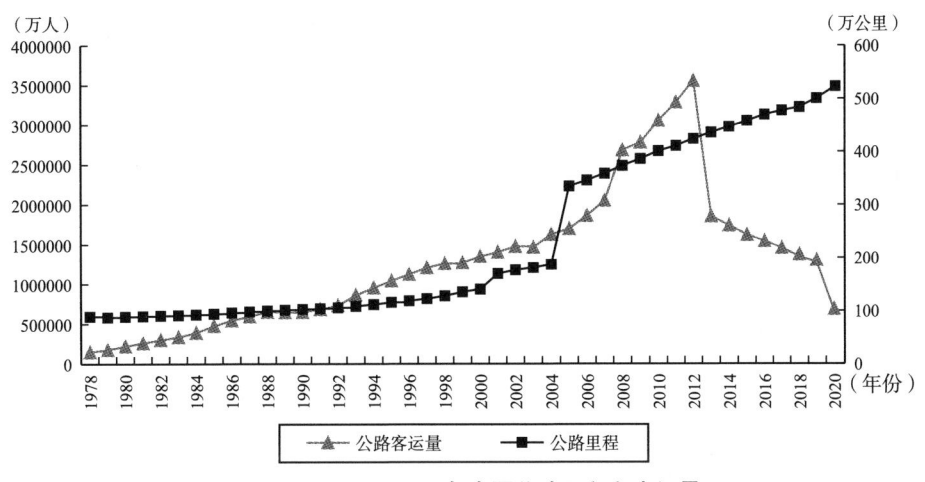

图3-8 1978~2020年全国公路里程和客运量

资料来源：根据历年《中国统计年鉴》相关数据整理而得。

另外，全国公路运输的通达深度和路网结构显著提升，二级以上公路已覆盖96.7%的县级区域，全国90%以上二级道路客运站实现省级区域联网售票，"溜索改桥""百项交通扶贫骨干通道工程""百万公里农村公路"等战略项目以及城乡交通运输基本公共服务快速推进，约99.2%的乡镇和98.3%的建制村实现了沥青和水泥路通联，建制乡镇和村通客车率分别达到99.1%和96.5%以上，城乡运输一体化水平达到80%，基本形成以国省道为主干，以县乡公路为支线脉络，有效连接全部城市和重点乡镇的公路交通网络。同时，高等级快速公路建设快速发展，总里程由1988年的0.01万公里快速提升至2020年的16.1万公里，基本形成以国家高速公路为骨架、地方高速公路为补充的高速公路网，覆盖97%以上的20万人口城市和地市级行政中心，人流和物流运输效率均大为提高（见图3-9）。

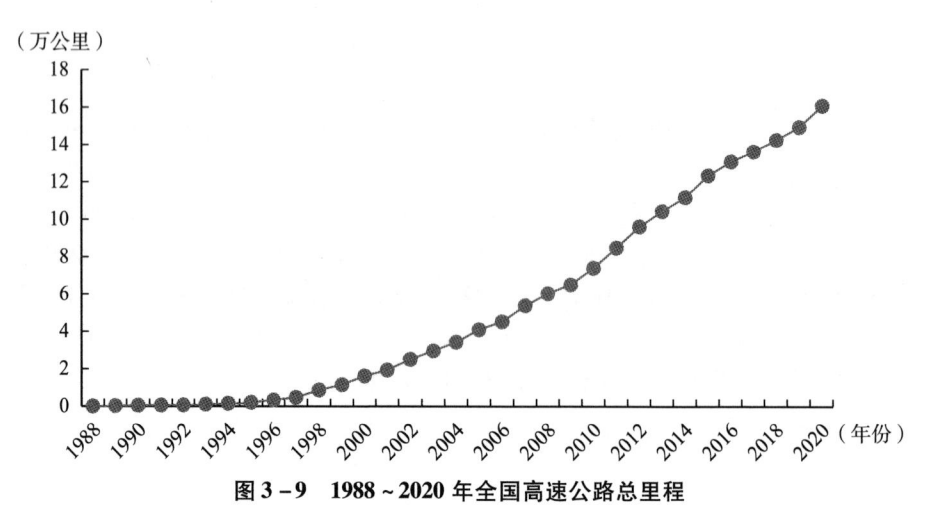

图 3-9　1988~2020 年全国高速公路总里程

资料来源：根据历年《中国统计年鉴》相关数据整理而得。

我国公路交通路网的规模扩大与结构优化显著增强了公路交通运输能力，目前，全社会的90%左右的客运量是由公路运输完成，特别是乡村公路通达深度和通行能力的快速提升，将偏远地区和乡村接入现代交通运输体系，构成了全国现代立体交通网络的支线与末梢，打通了农村劳动力外出从事非农务工经营的"第一公里"和"最后一公里"，疏通了迁移通道，提升了流动效率，成为农民工在城乡间往返迁徙流动的关键通道和环节。

第三节　农民工群体的现状与基本特征

农村剩余劳动力向城镇转移是国民经济发展到一定阶段的必然结果，但是由于受到我国城乡二元经济社会体制的影响，我国的农村剩余劳动力转移呈现与其他国家截然不同的现象。从发达国家的历史经验来看，农村剩余劳动力在其城乡转移过程中，非农化和市民化是同时完成的，即在实现由务农向务工这一职业转换的同时，也实现了农民向市民的身份转换。在我国的经济社会发展历程中，由于城乡分割的二元制度体系，农村剩余劳动力的转移无法做到一次性完成，而是需要经过两个阶段。第一个阶段是职业的转换，表现为农民以农民工的身份进入非农部门务工经营，甚至长期居留在城镇生活，但是没有取得市民身份，在就业、住房、医疗、教育等诸多方面难以获得与城镇户籍居民相同的可行能力；第二个阶段是身份的转换，即农民工能够获得与城镇户籍居民相同的各类权益，逐步具备各方面的可行能力，实现农民工身份向市民身份的转变。在这种特殊的农村剩余劳动力城乡迁移两阶段转换过程中出现的农民工群体，面对着不同于任何一个群体的现实境况，具有自身独特的显著特点。

一、农民工的整体规模

从农民工群体的整体状况来看,2008~2019年规模总量一直呈增长状态,2020年受新冠肺炎疫情的冲击,农民工整体规模出现非正常的急剧下滑。农民工人口总量由2008年的22542万人增长至2019年的29077万人,年均增长约594万人,平均增速为2.35%;外出农民工由2008年的14041万人增长至2019年的17425万人,年均增长约308万人,平均增速为1.99%;本地农民工由2008年的8501万人增长至2019年的11652万人,年均增长约286万人,平均增速为2.93%(见图3-10)。

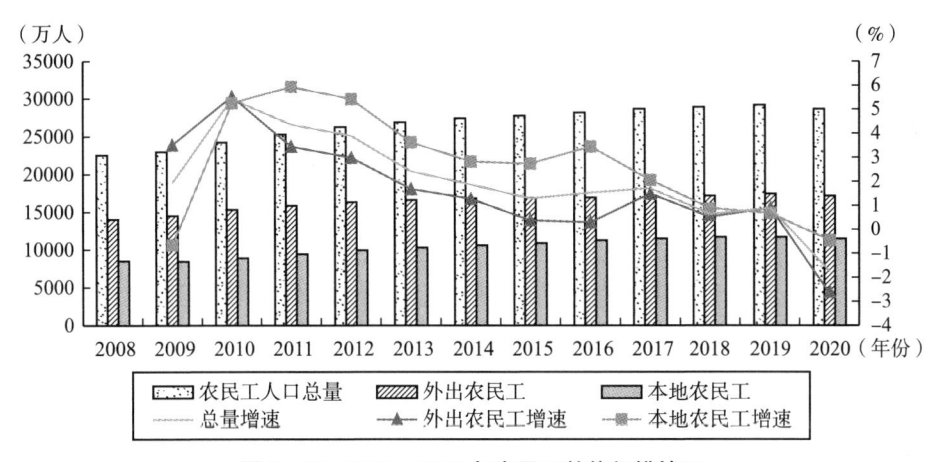

图 3-10 2008~2020年农民工整体规模情况

资料来源:根据历年《中国农民工调查监测报告》相关数据整理而得。

通过对比2008至2020年的农民工总量数据、外出农民工数据和本地农民工数据,我们可以发现,从2010年开始,虽然农民工规模总量一直呈增长状态,但其增速在逐年下降,且外出农民工的增速低于本地农民工的增速。这一方面是由于人口老龄化使我国的人口结构发生了变化,新成长劳动力逐年减少,农民工整体数量趋于下降(蔡昉,2016),无论是农民工群体的整体规模增速还是外出农民工或者本地农民工的增速均明显下降,30岁以下的农村劳动力供给明显偏紧(韩俊,2009)[1];另一方面是由于我国经济进入新常态,特别在当前全球经济低增长、低通胀和高负债的大背景下,我国经济由于去产能、去杠杆、去库存的任务艰巨,处于增速换挡期、结构调整期和前期刺激政策消化期,部分企业经

---

[1] 韩俊.中国农民工战略问题研究[M].上海:上海远东出版社,2009.

营困难、效益下滑、就业机会减少，加上市民化进程受到现行二元体制刚性的阻滞，户籍改革短期难以实现实质性突破，农民工在城镇区域的务工生活环境、劳动权益保障以及随迁子女教育等福利待遇方面改善缓慢，因此农民外出务工的积极性受挫，大批农民工以亦工亦农的方式转向就近务工，引发我国经济发展中"民工荒""招工难"，进而导致"用工成本趋高"的问题，长江商学院发布的企业用工成本前瞻指数持续处于高位（见图3-11），说明这不仅对我国经济的长期稳定增长构成了挑战，而且拖缓了我国的城镇化进程。

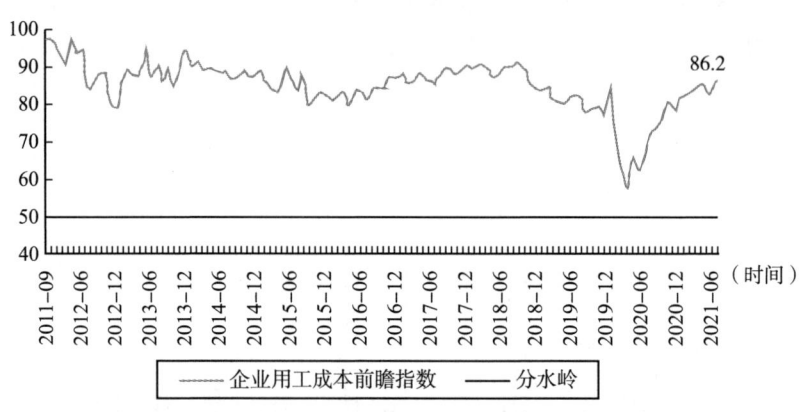

图 3-11　2011 年 9 月～2021 年 6 月企业用工成本前瞻指数

注：前瞻指数与采购经理指数（PMI）相同，指数以 50 作为分界点。2011 年 9 月～2021 年 6 月的数据远远高于 50 的分界点，这说明企业用工成本不断上涨。

资料来源：长江商学院。

二、农民工的年龄结构

从农民工的年龄结构来看，以 2020 年的情况为例，整体上以 21 岁至 50 岁的青壮年劳动力为主，数量占比为 72%，其中 31～40 岁的农民工数量占比最高，为 26.7%。但是，根据 2008～2020 年 13 年农民工群体的年龄变动情况，农民工群体的整体平均年龄呈不断增长的态势，已由 2008 年的 34 岁快速上升为 2020 年的 41.4 岁（见表 3-22）。

表 3-22　　　　　　　　农民工的年龄结构及变动趋势　　　　　　　　单位：%

年份	16～20 岁	21～30 岁	31～40 岁	41～50 岁	50 岁以上
2008	10.7	35.3	24.0	18.6	11.4
2009	8.5	35.8	23.6	19.9	12.2
2010	6.5	35.9	23.5	21.2	12.9
2011	6.3	32.7	22.7	24.0	14.3

续表

年份	16~20岁	21~30岁	31~40岁	41~50岁	50岁以上
2012	4.9	31.9	22.5	25.6	15.1
2013	4.7	30.8	22.9	26.4	15.2
2014	3.5	30.2	22.8	26.4	17.1
2015	3.7	29.2	22.3	26.9	17.9
2016	3.3	28.6	22.0	27.0	19.2
2017	2.6	27.3	22.5	26.3	21.3
2018	2.4	25.2	24.5	25.5	22.4
2019	2.0	23.1	25.5	24.8	24.6
2020	1.6	21.1	26.7	24.2	26.4
平均值	4.67	29.78	23.50	24.37	17.69

资料来源：根据历年《全国农民工调查监测报告》相关数据整理而得。

从农民工的年龄结构变动趋势来看，16~20岁、21~30岁以及31~40岁年龄段的农民工数量均呈显著下降的趋势，其中下降速度最快的是16~20岁年龄段的农民工数量，2008~2020年的平均减少幅度为14.14%，2009年、2010年、2012年、2014年、2017年和2020年的减少幅度均达到20%以上；其次是21~30岁年龄段的农民工数量，2008~2020年的平均减少幅度为4.14%。41~50岁和50岁以上年龄段的农民工数量一直处于增长状态，其中50岁以上年龄段的农民工数量增长最快，2008~2020年年均增速为7.30%，2011年、2014年和2017年的增幅超过了10%；其次是41~50岁年龄段的农民工数量，2008~2020年年均增幅为2.33%；再次是31~40岁年龄段的农民工数量，2008~2020年年均增幅为0.95%（见表3-23）。

表3-23　　　　　农民工的各年龄段人口数量增长情况　　　　　单位：%

年份	16~20岁	21~30岁	31~40岁	41~50岁	50岁以上
2009	-20.56	1.42	-1.67	6.99	7.02
2010	-23.53	0.28	-0.42	6.53	5.74
2011	-3.08	-8.91	-3.40	13.21	10.85
2012	-22.22	-2.45	-0.88	6.67	5.59
2013	-4.08	-3.45	1.78	3.12	0.66
2014	-25.53	-1.95	-0.44	0.00	12.50

续表

年份	16~20岁	21~30岁	31~40岁	41~50岁	50岁以上
2015	5.71	-3.31	-2.19	1.89	4.68
2016	-10.81	-2.05	-1.35	0.37	7.26
2017	-21.21	-4.55	2.27	-2.59	10.94
2018	-7.69	-7.69	8.89	-3.04	5.16
2019	-16.67	-7.94	4.08	-2.75	9.82
2020	-20.00	-9.05	4.71	-2.42	7.32
平均增速	-14.14	-4.14	0.95	2.33	7.30

资料来源：根据历年《全国农民工调查监测报告》相关数据整理而得。

根据图3-12中2008~2020年农民工整体的年龄结构变动情况，可以看出农民工整体的老龄化趋势较为明显，30岁以下的新生劳动力显著减少，这一方面说明农民工整体的劳动能力正在随着老龄化的到来逐渐下降，健康风险在不断积累，子女抚养和赡养老人的负担加重，整个群体的医疗和养老压力在不断增大；另一方面预示着我国农村转移劳动力无限供给的情况在迅速发生变化，将对中国经济长期增长的潜力产生影响。通过改善农民工社会保障维度下的现实境况，推动其可行能力发展，提升劳动参与率，能够挖掘人口老龄化背景下的潜在人口红利，这对于为经济发展提供新的动力是十分必要的。

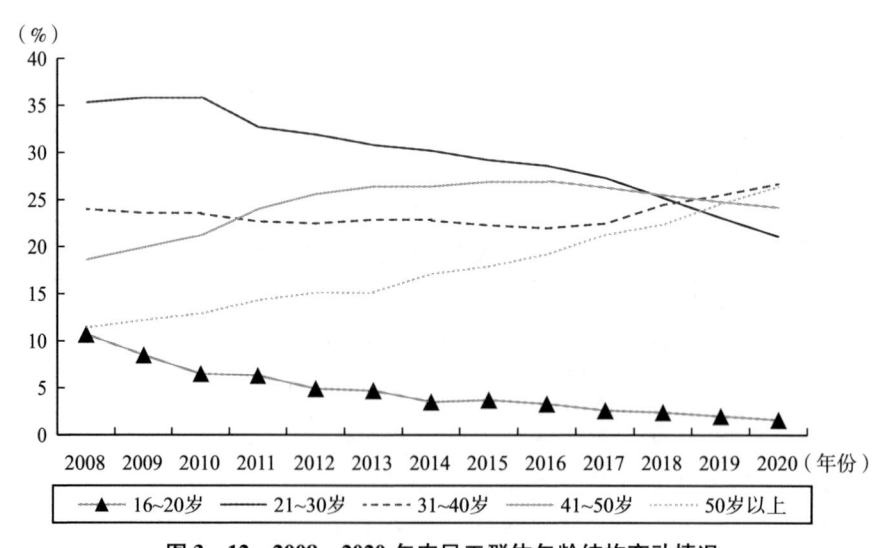

图3-12 2008~2020年农民工群体年龄结构变动情况

资料来源：根据历年《全国农民工调查监测报告》相关数据整理而得。

三、农民工的区域分布

从农民工的输出区域来看,中部和西部地区农民工绝对数量和占比增长较快,东部地区农民工数量在2012年之前增长较快,2012年之后增速回落,占比也趋于下降,但是来自东部地区农民工的绝对数量和占比依然占据首位。其中,来自中部地区的农民工数量及占比由2008年的7082.56万人和31.42%增长至2020年的9447万人和33.08%,绝对数量和占比的年均增速分别为2.78%和0.44%;来自西部地区的农民工数量及占比由2008年的5746万人和25.49%增长至2020年的8034万人和28.13%,绝对数量和占比的年均增速分别为3.32%和0.86%;来自东部地区的农民工数量由2008年的9716万人增长至2020年的11191万人,占比由2008年的43.10%下降至2020年的35.45%(见表3-24、图3-13)。

表3-24　　　　　农民工的输出区域分布占比情况　　　　　单位:%

年份	东部地区	中部地区	西部地区	东北地区
2008	43.10	31.42	25.49	—
2009	43.59	31.10	25.31	—
2010	43.21	31.45	25.34	—
2011	42.69	31.42	25.90	—
2012	42.61	31.44	25.95	—
2013	38.87	34.71	26.42	—
2014	38.93	34.48	26.59	—
2015	37.12	33.06	26.59	3.23
2016	36.92	32.94	26.85	3.30
2017	36.40	32.98	27.27	3.34
2018	36.10	33.08	27.46	3.36
2019	35.82	33.08	27.69	3.41
2020	35.45	33.08	28.13	3.34

资料来源:根据国家统计局历年《全国农民工监测调查报告》相关数据整理而得。

(万人)

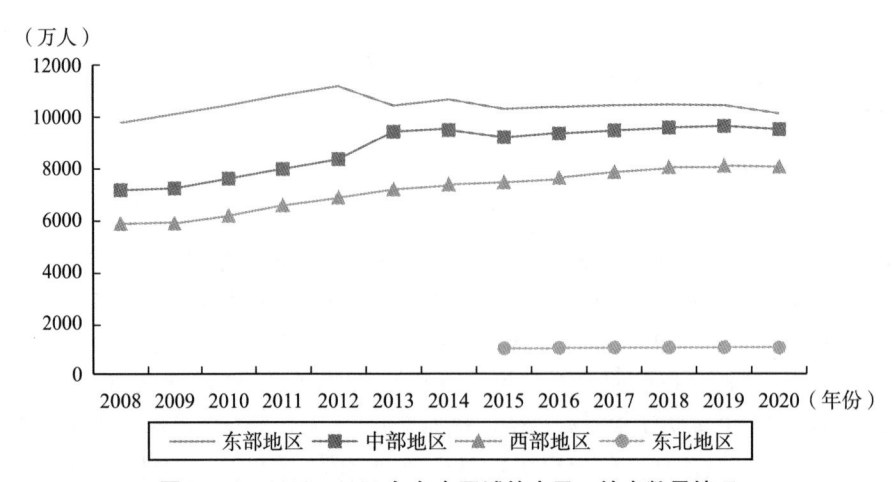

图 3-13　2008~2020 年各个区域的农民工输出数量情况

资料来源：根据国家统计局历年《全国农民工监测调查报告》相关数据整理而得。

从农民工的流入区域来看，受改革开放以来东部地区率先发展的影响，东中西部地区之间存在区域经济发展不平衡。东部地区以 9.6% 的土地面积创造了超过 50% 的全国经济总量，大量劳动密集型产业积聚在东南沿海，京津冀、长三角和珠三角三大经济区域的经济社会发展速度与质量长期领跑全国，非农就业机会较多且务工经营环境较为优越。因此，东部地区始终是农民工的主要流入地，主要分布在广东、江苏、浙江、山东、河北、北京、上海等地（见图 3-14），多

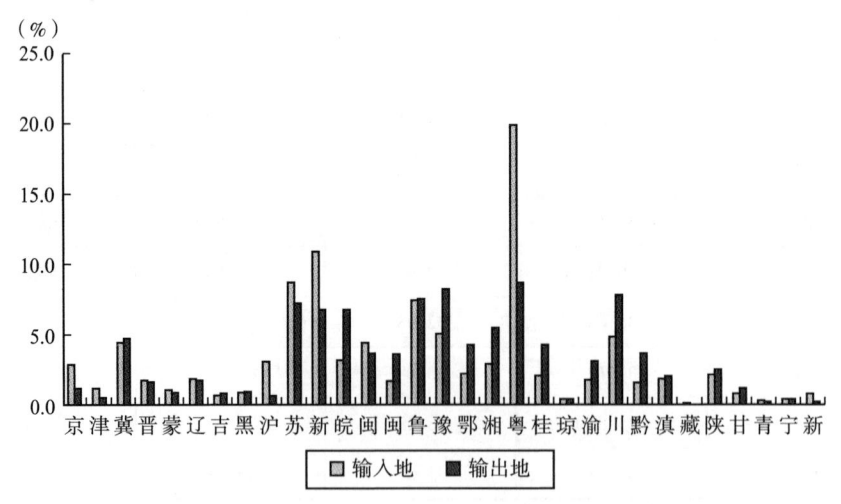

图 3-14　2012 年各个省份农民工输出和输入情况

资料来源：国家统计局 2012 年全国农民工调查监测报告。

年以来流入东部地区的农民工占比始终超过群体总量的50%。但是，随着中部崛起、西部大开发和东北振兴等一系列国家战略的实施，中西部地区的经济发展开始提速，逐步向东部地区靠拢，创造出了大量的就业机会，吸引了农民工的流入。统计数据显示，流入中部地区的农民工数量占比由1997年的9%快速提升至2020年的21.80%，绝对数量由2010年的4104万人提升至2020年的6227万人；流入西部地区的农民工数量占比由1997年的9%快速提升至2020年的21.99%，绝对数量由2010年的3845万人提升至2020年的6279万人。流入东北地区和国（境）外的农民工数量，受限于数据可得性方面的原因，仅有2015～2020年6年的数据，测算结果显示流向东北地区和国（境）外的农民工数量占比较为稳定，总体数量较少。随着流向中西部地区农民工数量的增加，流入东部地区的农民工绝对数量及其占比呈下降趋势，绝对数量由2010年的16213万人下降至2020年的15132万人，数量占比由1997年的82%下降至2020年的52.98%（见表3-25）。

表3-25　　　　　　　　农民工的流入区域分布占比情况　　　　　　　　单位：%

分布地区	1997年	2000年	2010年	2012年	2015年	2016年	2017年	2018年	2019年	2020年
东部	82	82	67.10	64.90	57.69	56.62	55.82	54.82	53.99	52.98
中部	9	10	16.99	17.99	20.18	20.45	20.63	20.98	21.40	21.80
西部	9	8	15.91	17.12	18.77	19.45	20.08	20.78	21.23	21.99
东北	—	—	—	—	3.10	3.21	3.19	3.14	3.08	2.99
国（境）外					0.26	0.27	0.28	0.27	0.30	0.24

资料来源：1997年和2000年数据来自蔡昉：《2002：中国人口与劳动问题报告——城乡就业问题与对策》，社会科学文献出版社，2002年，62页；2010～2020年数据来自国家统计局历年《全国农民工监测调查报告》。

在农民工流入的城镇等级分布方面，在改革开放后的20世纪80～90年代，由于乡镇企业的蓬勃发展，以及大中城市以国有企业为主的就业用工限制，同时由于我国现代交通运输体系尚未构建导致的交通不便和远距离迁移成本较高等因素的影响，农民工主要流向居住地周边的县级及以下小城镇。统计数据显示，1997年流入地级及以上大中城市的农民工数量占比为41.5%，流入县级及以下小城镇的农民工数量占比为58.5%（见表3-26）。1998～1999年，受国有企业改制及国际金融危机的影响，国企下岗职工客观上在就业方面对进入城市的农民工形成挤出效应，地级及以上大中城市的就业岗位骤减，国家为了维护大中城市经济社会的稳定，加强了流动人口管制，流入大中城市的农民工数量占比下降至 36.2% 和 37.2%，流入县级及以下小城镇的农民工数量占比上升至 63.8% 和 62.8%。

表 3-26　　　　　　农民工在各个等级城镇中的分布比重　　　　　　单位：%

年份	直辖市	省会城市	地级市	县级市	建制镇	其他地区
1997	21.2		20.3	18.2	40.3	
1998	17.7		18.5	17.8	46.0	
1999	18.8		18.4	16.7	46.1	
2000	19.8		20.1	18.0	42.1	
2009	9.1	19.8	34.4	18.5	13.8	4.4
2011	10.3	20.5	33.9	35.3		
2012	10.0	20.1	34.9	23.6	11.4	
2013	8.5	22.0	33.4	35.7		0.4
2014	8.1	22.4	34.2	34.9		0.4
2015	8.6	22.6	35.1	33.3		0.4

资料来源：1997~2000 年数据根据三农信息网、国家统计局农调司：2005 年末全国已转移农村劳动力约 1.8 亿人，《调研世界》（2006 年第 4 期）中相关数据整理而得；2009~2015 年数据根据国家统计局公布的历年《全国农民工监测调查报告》相关数据整理而得。

进入 2000 年以后，特别是加入 WTO 以后，随着各类产业向区位优势更加突出的大中城市聚集，大中城市经济规模迅速扩大且发展迅速，用工需求量大，适合农民工从事的制造业和服务业等劳动密集型就业机会多，工资水平相对较高，基础设施建设较为完善，整体上各类资源较为富集。城中村等大量经济社会夹心地带的存在为农民工的长期工作和生活提供了空间，加上交通基础设施的发展完善为农民工远距离迁移创造了条件，因此，以地级市、省会城市和直辖市为代表的大中城市成为农民工的主要流入地。根据国家统计局公布的数据，2015 年流入地级及以上大中城市的农民工数量占比已达 66.30%（见图 3-15），其中流向直辖市的占 8.6%，进入省会城市的占 22.6%，进入地级市的占 35.1%，跨省流动农民工 80% 流入地级以上大中城市，省内流动农民工 54.6% 流入地级以上大中城市。县级及以下的小城镇，由于用工需求量减小，就业机会较少，且工资水平不高，流向县级及以下小城镇的农民工数量占比不高，且处于下降趋势。

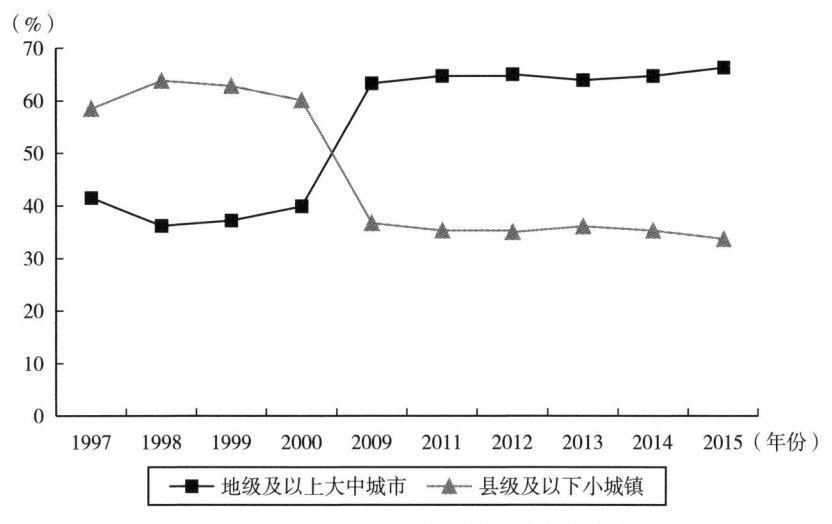

图 3-15 农民工在各个等级城镇中的分布变动

资料来源：1997~2000 年数据根据三农信息网、国家统计局农调司：2005 年末全国已转移农村劳动力约 1.8 亿人，《调研世界》（2006 年第 4 期）中相关数据整理而得。2009~2015 年数据根据国家统计局公布的历年《全国农民工监测调查报告》相关数据整理而得。

四、农民工的流动方式

由于在城镇经济社会中的边缘性和脆弱性，现实压力、原生环境和自身禀赋的差异使农民工群体的流动方式呈现单独流动、夫妻流动、夫妻+部分子女流动、夫妻+全部子女流动、夫妻+子女+老人等多种方式。根据原国家卫计委流动人口司的调查统计数据，城镇地区农村户籍流动人口，即农民工的平均家庭户规模为 2.61 人，约 20% 为 1 人，约 30% 为 2 人，约 30% 为 3 人，约 20% 为 4 人及以上（见图 3-16）。

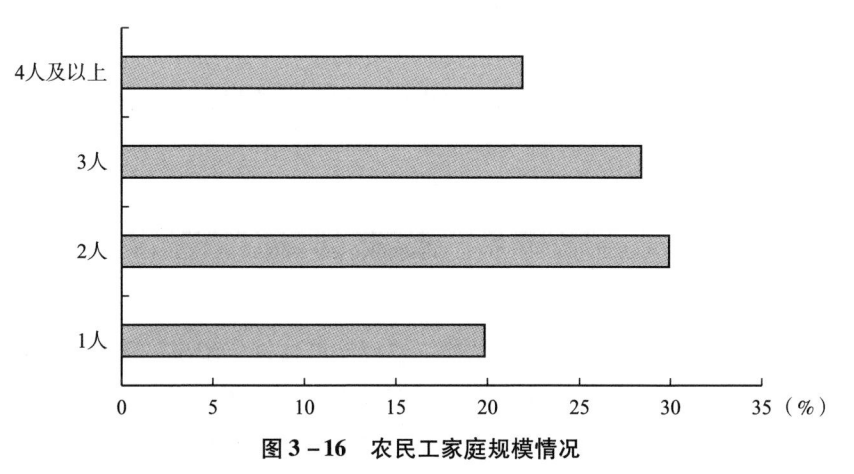

图 3-16 农民工家庭规模情况

资料来源：根据《中国流动人口发展报告（2017）》相关数据整理而得。

2 人家庭户以夫妻组合为主，占比为 84.3%，户主和子女组合占比为 10.74%；3 人家庭户以"夫妻 + 子女"模式为主，其中 3 人家庭户包含配偶的占比为 92.17%，有子女随迁（部分随迁或全部随迁）的占比为 94.34%；4 人家庭户以"夫妻 + 子女"和"夫妻 + 子女 + 父母"为主，其中有父母随迁的家庭户比例为 37.85%（见表 3 - 27）。农民工在城镇区域的流动时间越长，长期居留意愿会更强烈，长期居留能力也更强，家庭成员的分批次流动过程更有可能逐步完成，因而家庭规模会随着流动时间的变长而变大。

表 3 - 27　　　　　　　　　农民工家庭构成情况　　　　　　　　　单位：%

家庭规模	夫妻同住	子女同住	父母同住	孙辈同住	兄弟姐妹同住
1 人	0	0	0	0	0
2 人	84.30	10.74	2.27	0.41	1.45
3 人	92.17	94.34	4.14	2.61	1.09
4 人及以上	92.37	96.33	37.85	5.37	3.39
合计	71.57	51.05	10.14	2.04	1.48

资料来源：根据《中国流动人口发展报告（2017）》相关数据整理而得。

农民工家庭规模和成员构成的差异，说明农民工呈现按先后顺序分批次流动的特点，一般由家庭中有流动意愿和较强劳动能力的家庭成员首先流动到城镇地区，在就业、居住等基本生活方面做好准备后，其他家庭成员再选择分批迁移。数据显示，一般由家庭男性成员或夫妻首先流动，继而在条件成熟后实现夫妻团聚、子女随迁和父母随迁。其中，学龄前儿童的随迁比例较高，0～2 岁随迁子女的占比为 13%，3～6 岁随迁子女的占比为 18%，但是 13～18 岁随迁子女的占比非常低，原因在于这个年龄段的农民工子女处于接受初中和高中教育阶段，由于很多城镇地区对非本地户籍青少年接受中考和高考的户籍、学籍限制，因而使农民工不得不将子女送回原户籍地接受初中和高中教育，难以实现随迁。

第四节　本章小结

本章主要研究了二元经济社会结构下农民工群体现实境况的历史变迁、乡城迁移的动因与群体基本特征，完整勾勒了农民工群体的演进路径与时代画像，初步解决了"是什么"的问题，为后续开展具体的可行能力测度、分解与影响因素分析奠定了基础。

第一，本书以我国不同历史阶段的二元结构特点为基准，将农村劳动力的乡城迁移过程分为5个阶段，分别是1949~1977年的从全面自由走向全面管制阶段、1978~1988年的初步放松阶段、1989~1991年的重新收紧阶段、1992~2002年的逐步放松阶段以及2003年至今的稳步发展阶段，并结合二元反差指数和二元对比系数的测算分析对各个阶段农村劳动力在乡城转移过程中面临的现实问题和群体状况进行了系统阐释，研究结果表明农村劳动力的乡城迁移及其面临的现实境况与一定时期的中国经济社会状况紧密相关，随着国家相关政策和制度建设的变化，农村劳动力面临的现实境况呈现阶段性特征和波动，其特殊性难以套用国外的一般规律来解释，必须联系中国的现实国情与制度安排才能阐释清楚。

第二，本书从"推力"和"拉力"两个方面，对即使面临极其不公平的经济社会环境情况下依然促使农村劳动力以农民工形式进行乡城迁移的动因进行了分析，研究结果显示农业现代化对农村劳动力的替代和挤出效应、工业化和城镇化的拉动效应、城乡收入的显著差距以及现代交通运输体系的有力支撑是促使农村劳动力流向城镇区域和非农部门的主要动力，而且这些动力在未来一段时间内将长期存在，将持续推动农村劳动力由农村地区向城镇地区、由农业部门向非农部门的转移。

第三，本书从农民工群体的整体规模、年龄结构、区域分布和流动方式四个方面出发，归纳分析了农民工群体的基本特征，结果显示农民工规模总量一直呈增长状态，但其增速在逐年下降，且外出农民工的增速低于本地农民工的增速，我国经济发展中"民工荒""招工难"和"用工成本趋高"等问题将在未来一段时间内持续存在；农民工群体的整体平均年龄呈不断增长的态势，老龄化趋势较为明显，整体的劳动能力正在随着老龄化的到来逐渐下降，健康风险不断积累，整个群体的医疗和养老压力持续增大，同时预示着我国农村转移劳动力无限供给的情况在迅速发生变化，将对中国经济长期增长的潜力产生影响；从农民工的流入区域来看，东部地区始终是农民工的主要流入地，但是随着中部崛起和西部大开发等一系列国家战略的实施，中部和西部地区农民工绝对数量和占比增长较快，流向东北地区和国（境）外的农民工数量占比较为稳定，总体数量较少；从农民工的输出区域来看，中部和西部地区农民工绝对数量和占比增长较快，东部地区农民工数量在2012年之前增长较快，2012年之后增速回落，占比也趋于下降，但是来自东部地区农民工的绝对数量和占比依然占据首位；在不同等级城镇的分布方面，农民工以流向地级及以上大中城市为主，县级及以下的小城镇由于用工需求量减小，就业机会较少，且工资水平不高，流向县级及以下小城镇的农民工数量占比不高，且处于下降趋势。

第四，农民工的迁徙流动存在单独流动、夫妻流动、"夫妻+部分子女"流动、"夫妻+全部子女"流动、"夫妻+子女+老人"等多种方式，呈现按先后顺序、分批次流动的特点，在城镇区域的流动时间越长，长期居留意愿会更强烈，长期居留能力也更强，家庭成员的分批次流动过程更有可能逐步完成，因而家庭规模会随着流动时间的变长而变大，因此，推动农民工群体的可行能力发展应当结合农民工分批次的流动特点，更加注重对农民工个体可行能力状况的关注，通过改善家庭主要劳动力个体的现实境况与发展能力，从而实现家庭成员的逐步、分批次迁徙和现实境况的改善，最终实现农民工家庭整体可行能力的发展提升和共同富裕最终目标的达成。

第四章 农民工可行能力研究框架与测度指标体系的构建

本书关于农民工群体可行能力多维发展的研究以实证分析为基础，其中选取和加工数据资料并构建针对性的指标体系是实证分析中的基础性问题。目前，关于中国农民工群体可行能力多维发展的研究成果还不够丰富，其很大程度上是由于农民工流动性、边缘性和封闭性等特点导致的统计困难与数据缺乏。本章基于现有研究资料和数据，充分利用国家卫健委发布的全国流动人口动态监测数据，参照可行发展能力理论（Sen，1976），澄清一系列概念、数据和技术等方面的基础问题，构建适用于中国农民工群体的可行能力多维测度框架，为全面探究中国农民工群体的可行能力状况做好实证分析准备。

第一节 可行能力测度的分析框架与基本步骤

一、从多维视角辨识和测度可行能力的优势与必要性

多维视角下的可行能力分析框架在识别方法和效果上均超越了传统的人的发展分析框架。传统的人的发展分析集中关注人们所掌握的资源，常见的资源测度方法是以收入水平为代表的货币指标，这种对收入——这一单一维度的高度关注是建立在一个隐含的假设，即货币能够充分解决目标个体的发展需求基础上，然而越来越多的研究指出了货币发展需求与非货币发展需求之间存在错配。如从人口发展的减贫角度来看，卡兹曼（Kaztman，1989）发现，在乌拉圭的蒙特维第亚有13%的家庭属于收入贫穷但并没有遭受基本需求不足，而7.5%的家庭正相反。鲁杰里（Ruggeri，1997）通过智利的数据得出"如果要提供一个全面的贫困状况图景，收入本身并不能……传达所有信息"。斯图尔特、赛斯和哈里斯—怀特（Stewart，Saith & Harris - White，2007）在研究中发现，印度53%患有营养不良的儿童并没有生活在收入贫困家庭，而53%生活在收入贫困家庭中的儿

童并没有营养不良。布拉德肖和芬奇（Bradshaw & Finch，2003）发现，尽管有17%~20%人遭受收入维度上的可行能力剥夺，但只有很少比例的人在多个维度下的可行能力发展受到阻碍，因此依靠单一维度进行测度得出的结论是不可靠的。萨比娜·阿尔及尔等（Sabina Alkire et al，2014）研究了一系列达到联合国千年发展计划目标（Millennium Development Goals，MDGs）的国家，如图4-1所示，虽然许多国家已经达到了以1.25美元/天衡量的既定发展目标，但在许多非收入指标上，这些国家在很大程度上未能达到目标，研究认为货币收入目标的实现并不能保证减少非货币收入指标下的可行能力不足。这些以及其他许多实证研究都表明，在许多情况下，收入和其他指标下的发展之间存在巨大的不匹配：收入不能准确地体现非收入维度下的可行能力状况。

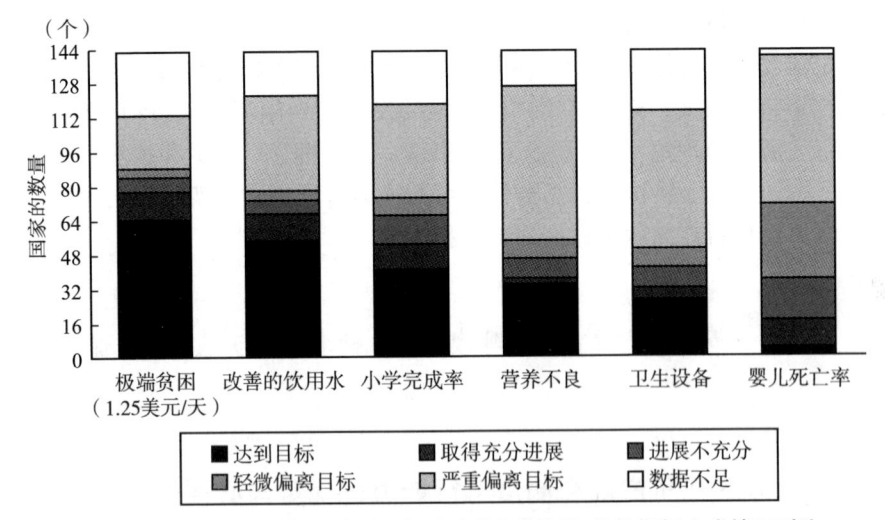

图4-1 联合国千年发展计划目标国家收入指标和其他指标完成情况对比

资料来源：《全球监测报告2013》（世界银行，2013）。数据下载自 http://data.worldbank.org/mdgs/progress-status-across-groups-number-of-countries。

随着理论界和各国政府对发展问题的研究与实践探索，人们对人的发展内涵与外延的认识逐渐深刻，并逐渐由单一收入维度向多维度转变，从最初对于发展过程中人的基本需求的关注，逐渐发展为重点从健康、教育、医疗等方面改善目标群体的可行能力状况，赋予和增强目标群体可持续发展的能力。从多维角度辨识和推动可行能力发展的思想得到了越来越多学者的认可，对各国政府和非政府组织谋求发展的实践产生了重要的影响。

基于可行能力理论，诸多学者从不同的视角探索构建可行能力的多维测度方法，目前最为常用的方法Alkire-Foster（AF）计算法是在1984年Foster-Greer-Thorbecke（FGT）方法上所做的多维扩展，该方法能够满足可行能力测量所必需的一系列公理性质，提供了从多个维度针对目标群体贫困状况进行识别、测度和分解的总体框架，维度、权重和临界值等均可以根据实际考察的需要进行灵活调整，能够精确瞄准重点关注维度和指标，可同时适用于定性数据和定量数据，也可同时适用于基数数据和序数数据，对样本数据形式要求宽泛。在维度加总中采用了"双界限"的测度方法，在可行能力测度和评价方面有着较高的准确性，成为从多维角度出发测度目标群体可行能力发展状况的主要方法。

二、可行能力多维测度的基本公理性质

可行能力多维测度指标体系与方法应该满足一定的规范性准则，能够反映社会和公众所期望的基本道德准则和实际发展需要。反映在其数理特性上，应当遵循那些"无须证明而被接受为正确的表述"（Sen，1976），部分为人们均持有一致意见的公理性质，而且这些公理性质必须被视为对具体测度方法的限制，如对识别和加总方法的限制等（张建华、陈立中，2006；Alkire & Foster，2009；Alkireet et al.，2015；丁建军，2014；高明、唐丽霞，2018）。根据现有研究，基本公理性质可以划分为四种类别：不变属性（invariance properties）、占优属性（dominance properties）、子群属性（subgroup properties）和技术属性（technical properties）。

（一）不变属性

对称性公理（symmetry axiom）：对称性公理要求社会中的每个人都是匿名的，从而只知道存在可行能力的不足，而不清楚存在可行能力不足的具体目标群体。因此，这个属性也常常被称为匿名性。只要整个社会的情况保持不变，跨人群的福利向量交换不应该改变整体的可行能力状况。

复制不变性公理（replication invariance axiom）：复制不变性公理要求社会中的人口如果被复制或克隆一个有限的次数且福利向量不变，那么可行能力状况应当不变。[①] 也就是说，复制不变性要求社会中的可行能力发展水平能够依照人口规模标准化，使得拥有不同人口规模的社会之间是可比的。

规模不变性公理（scale invariance axiom）：规模不变性公理要求可行能力的测度不应受到指标单位和尺度变化的影响，即维度的单位和尺度发生变化，可行能力发展水平的相对状况不发生变化。

焦点性公理（focus axiom）：焦点性公理要求可行能力测度集中关注底层群体的现实状况，即不在关注范围内的上层群体可行能力的变化，不应对可行能力

[①] 该原则最早是由道尔顿（Dalton，1920）在测量不平等的背景下提出。

的测度结果产生影响。焦点性公理可以从相辅相成的两个方面来看待：一是可行能力整体不足焦点性（poverty focus），这个性质要求非可行能力不足的群体福利增加时，可行能力测度结果应该保持不变；二是可行能力具体维度剥夺焦点性（deprivation focus），这个性质要求非剥夺维度状况改善时，无论该维度属于可行能力不足人群还是可行能力达标人群，目标群体整体的可行能力状况不受影响。

序数性（ordinality）：序数性要求如果（X', z'）能够通过（X, z）的等价变换得到，那么 $P(X', z') = P(X, z)$，这个性质要求在测度的指标尺度发生可行变换后，最终的测度结果不变。

（二）占优属性

单调性公理（monotonicity axiom）：单调性公理要求如果一个目标个体在某一被剥夺维度上的可行能力增加，而其他维度的可行能力保持不变时，整体的可行能力会出现改善。也就是说，单调性要求目标群体被剥夺维度上的可行能力增加应该能够体现为整体可行能力状况的改善。

转移性公理（transfer axiom）：转移性公理涉及人群之间的不平等，这个性质要求在群体平均福利保持不变的情况下，人群之间的不平等如果减小，那么可行能力状况会出现改善。即，如果福利矩阵 X' 从另一个福利矩阵 X 中得到，满足 $X' = BX$，其中 B 是一个双随机矩阵，并且 $B_{ii}=1$，$i \notin Z$，那么 $P(X'; z) < P(X; z)$。

重排性公理（rearrangement axiom）：重排性公理要求当维度之间是替代的关系，可行能力不足在重排情况下不应增加；当维度之间是互补的，可行能力不足不应该在上述的转移下减少。①

（三）子群属性

子群一致性（subgroup consistency）：子群一致性要求测度得出的总体可行能力状况应当反映子群的可行能力状况，总体可行能力状况与子群可行能力状况的变化应当是一致的。② 假设整个社会被分成两组人口，其中一组的可行能力状况保持不变，而另一组的可行能力状况恶化，那么总体可行能力状况将会恶化。

子群可分解性（subgroup consistency）：总体可行能力状况等于各子群可行能

---

① 在多维测度文献中，指标间的替代和互补关系是相关指标关于两个维度的偏导数为正或负定义的。这明显要求维度是基数的并且指标是二阶可微的。实际来说，给定两个维度 j 和 j'，替代性意味着在 j'维度上的可行能力水平越高的人，当在 j 维上有一个可行能力增加时（Bourguignon & Chakravarty, 2003: 35），其可行能力状况改善得越少。相反地，互补性意味着在 j'维度上的可行能力水平越高的人，当在 j 维上有一个可行能力增加时，其可行能力状况改善得越多。如果维度是独立的，二阶偏导数为零，并且可行能力状况在上述的变换下不变。

② 子群一致性概念由福斯特和夏洛克（Foster & Shorrocks, 1991）提出。

力状况的加权平均和，权重为各个子群的可行能力不足的个体数量，即 $P(X;z) = \sum_{l=1}^{m}(n^l/n)P(X^l;z)$，其中 $\sum_{l=1}^{m}n^l = n$。人口子群可分解性这一性质最有利于开展政策分析的性质，因为它对于瞄准和监测不同子群的可行能力状态和关键影响因素非常有用。值得注意的是，满足子群分解性的指标的前提是满足子群一致性。然而，逆命题是不成立的。这意味着如果满足子群可分解性，那么一定能够满足子群的一致性；反之则不一定成立。

维度可分解性（demensional breakdown）：维度可分解性要求总体可行能力状况等于各个维度可行能力剥夺的加权平均和，即对于 $n \times d$ 维福利矩阵 X，$P(X;z) = \sum_{j=1}^{d}w_j P_j(x_j;z)$，其中 w_j 是赋予维度 j 的权重，而 $P_j(x_j;z)$ 是维度 j 的剥夺情况。

（四）技术属性

连续性公理（continuity axiom）：连续性公理要求在目标群体可行能力的边际水平发生变化时，可行能力的测度具有连续性，测度结果是稳健的，不会发生突然和悬殊的变化。

标准化公理（normalization axiom）：标准化公理要求可行能力的测度值应当介于［0，1］区间，当可行能力发展水平完全达标时，取最小值 0；可行能力不足的状况达到最大程度时，取最大值 1。

非简单性公理（non-triviality）：非简单性公理要求多维贫困测度体系的构成指标存在至少存在两个不同的备选项。

三、AF 测度方法的统计特性与基本步骤

阿玛蒂亚·森（Amartya Sen，1979）提出的可行能力理论从崭新的视角对人的发展内涵进行了重新阐释，指出人的发展受限产生的根源在于多维度下可行能力的不足，这些能力包括获得基本的教育、健康、医疗和住房保障等。如果个人或家庭缺少其中的某一项或多项可行能力，则意味着该方面的可行能力存在不足，从而使个人或家庭的发展陷入困境。2008 年，阿尔基尔和福斯特（Alkire & Foster）基于阿玛蒂亚·森的可行能力理论提出了 Alkire – Foster 计数方法（简称 AF 方法），该方法在识别上采用包括维度临界值和综合临界值的双临界值法（dual-cutoff approach），考察了不同维度和子群存在可行能力不足的联合分布，避免了维度之间的替代性或互补性，加总后可以得到反映可行能力的综合指数，指数越大，反映了人们在越多维度下的可行能力不足，反之亦然。因此，

AF 方法得出的关于可行能力的综合指数反映了目标人群没有可行能力实现相应功能或获得相应福利的规模。开展 AF 测度的具体步骤如下。

（一）维度设定

$M^{n,d}$ 为一个 $n \times d$ 维矩阵，且 $x_{ij} \in M^{n,d}$ $i = 1, 2, \cdots, n$ $j = 1, 2, \cdots, d$。x_{ij} 代表第 i 个目标个体在维度 j（例如：健康维度或者教育维度）上的取值，即行向量表示第 i 个目标个体在所有维度上的取值，而列向量表示在第 j 维度上目标个体的取值。

（二）单维识别

对每一个维度 j，设定 $Z_j(Z_j > 0)$，作为第 j 个维度的剥夺临界值。同时，定义一个矩阵 $G^0(g_{ij}^0 \in G^0)$，且当 $x_{ij} < z_j$ 时，赋值 $g_{ij}^0 = 1$，当 $x_{ij} \geq z_j$ 时，赋值 $g_{ij}^0 = 0$。例如，定义教育维度的临界值 Z_j 是"是否接受 9 年义务教育"，若目标个体 A 接受了 9 年义务教育，则 $g_{ij}^0 = 0$，若目标个体未接受 9 年义务教育，则 $g_{ij}^0 = 1$。

（三）多维识别

令 W_j 为权重（$\sum_{j=1}^{d} w_j = 1$），获得加权一维识别结果矩阵 $\tilde{G}^0$。

$$\tilde{G}^0 = \begin{bmatrix} w_1 g_{11}^0 & w_2 g_{12}^0 & \cdots & w_d g_{1d}^0 \\ w_1 g_{21}^0 & w_2 g_{22}^0 & \cdots & w_d g_{2d}^0 \\ \vdots & \vdots & \ddots & \vdots \\ w_1 g_{n1}^0 & w_2 g_{n2}^0 & \cdots & w_d g_{nd}^0 \end{bmatrix} = \begin{bmatrix} \tilde{g}_{11}^0 & \tilde{g}_{12}^0 & \cdots & \tilde{g}_{1d}^0 \\ \tilde{g}_{21}^0 & \tilde{g}_{22}^0 & \cdots & \tilde{g}_{2d}^0 \\ \vdots & \vdots & \ddots & \vdots \\ \tilde{g}_{n1}^0 & \tilde{g}_{n2}^0 & \cdots & \tilde{g}_{nd}^0 \end{bmatrix}$$

定义多维识别结果矩阵 C^0，设定临界维度数为 k。若 $\sum_{j=1}^{d} \tilde{g}_{ij}^0 \geq k$，表示目标个体至少在 k 维上低于临界值，此时，$c_{ik}^0(k) = \sum_{j=1}^{d} \tilde{g}_{ij}^0$。反之，目标个体低于临界值的维度数少于 k，则 $c_{ik}^0(k) = 0$。也就是说，通过计算目标个体在所有指标上的剥夺结果加权得分，如果得分超过临界值，则可以确定为可行能力不足。

进一步对可行能力不足的目标个体数量进行识别，将可行能力不足的目标个体数量矩阵表示为 Q^0，令 $c_{ik}^0(k) > 0$ 时 $q_{ik}^0(k) = 1$；$c_{ik}^0(k) \leq 0$ 时 $q_{ik}^0(k) = 0$。

$$Q^0 = \begin{bmatrix} q_{11}^0(1) & q_{12}^0(2) & \cdots & q_{1d}^0(d) \\ q_{21}^0(1) & q_{22}^0(2) & \cdots & q_{2d}^0(d) \\ \vdots & \vdots & \ddots & \vdots \\ q_{n1}^0(1) & q_{n2}^0(2) & \cdots & q_{nd}^0(d) \end{bmatrix} \quad q_{ik}^0(k) = \begin{cases} 1, & c_{ik}^0(k) > 0 \\ 0, & c_{ik}^0(k) \leq 0 \end{cases}$$

（四）多维加总

在识别了每个目标个体在各个维度上的情况后，通过加总低于临界值的维度，可以得到指数 M^0。在现有研究中，指数 M^0 一般定义为多维贫困指数，但其本质上反映的是目标群体多维贫困表象下的多维可行能力不足。因此，根据 Alkire-Foster 计数方法的运算规则和内在含义，结合本书的具体研究目标，将指数 M^0 定义为可行能力多维发展指数，目标群体的可行能力发展与指数数值呈反向变动，即随指数的升高而减弱，随指数的降低而增强。

$$M^0 = H^0 \times A^0$$

其中，H^0 表示多维可行能力不足的发生率，A^0 表示多维可行能力不足的强度。若将剥夺临界值设定为 k，那么多维可行能力不足的发生率 H^0、多维可行能力不足的强度 A^0 和可行能力多维发展指数 M^0 的计算公式可以表示为：

$$H^0(k) = \frac{\sum_{i=1}^{n} q_{ik}^0(k)}{n}$$

$$A^0(k) = \frac{\sum_{i=1}^{n} c_{ik}^0(k)}{\left[\sum_{i=1}^{n} q_{ik}^0(k) * d\right]}$$

$$M^0(k) = H^0(k) * A^0(k)$$

（五）指数分解

可行能力多维发展指数 M^0 具备可分解性，既能按照时间、区域、省份等分类方式进行分解，又能按照维度或指标进行分解。

1. 按区域分解

若目标个体所在区域可分为 R 个不同的子区域，每个子区域的目标个体数量为 n_r，则 M^0 可以按区域进行分解：

$$M^0(k) = H^0(k) * A^0(k) = \frac{\sum_{i=1}^{n} c_{ik}^0(k)}{nd}$$

$$= \frac{n_1}{n} M_1^0(k) + \frac{n_2}{n} M_2^0(k) + \cdots + \frac{n_r}{n} M_R^0(k)$$

因此，可以将 M^0 分解为各个子区域指数的加权平均，权重为各个子区域的目标个体数量在整个区域目标个体总数中所占的比重。我们进一步可以得到各个子区域的可行能力状况对总体指数的贡献率：

$$P_r = \frac{\frac{n_r}{n}M_R^0(k)}{M^0(k)}$$

2. 按维度分解

$$M^0(k) = \frac{\sum_{i=1}^{n} c_{ij}^0(k)}{nd} = \frac{\sum_{i=1}^{n}\sum_{j=1}^{d} \tilde{g}_{ij}^0}{nd} = \sum_{j=1}^{d} \frac{\sum_{i=1}^{n} \tilde{g}_{ij}^0}{nd}, \; i \in \{i \mid \sum_{j=1}^{d} \tilde{g}_{ij} \geq K\}$$

其中，$\dfrac{\sum_{i=1}^{n}\tilde{g}_{ij}^0}{nd}$ 表示目标个体在维度 j 上的指数，那么，维度 j 对 M^0 的贡献率可以表示为：

$$P_j = \frac{\dfrac{\sum_{i=1}^{n}\tilde{g}_{ij}}{(n \times d)}}{\dfrac{\sum_{i=1}^{n}\sum_{j=1}^{d}\tilde{g}_{ij}}{(n \times d)}} = \frac{\sum_{i=1}^{n}\tilde{g}_{ij}}{\sum_{i=1}^{n}\sum_{j=1}^{d}\tilde{g}_{ij}}$$

第二节　数据来源与可行能力多维测度指标体系的构建

一、数据来源

本章使用的数据来自国家卫生与计划生育委员会（现国家卫生健康委员会）2016 年中国流动人口动态监测调查数据 CMDS，该数据由国家卫生与计划生育委员会（现国家卫生健康委员会）负责组织管理，中国人口与发展研究中心和中国健康教育中心具体执行。自 2009 年开始，按照随机原则在全国范围内抽样调查，包括经济活动、个人发展、身心健康、社会认知等诸多研究主题，重点关注流动人口在教育、就业、社会保障、收入水平、卫生健康等方面的实际情况，力图全面反映中国当前流动人口生存与发展的整体状况，旨在及时掌握流动人口信息，满足政府部门和研究机构进行决策研究的需要，是时效性较强的官方数据，也是目前关于流动人口的权威官方数据。2016 年全国流动人口动态监测调查数据覆盖全国 31 个省份（不含香港、澳门、台湾地区），采取分层、多阶段、与规模成比例的 PPS 方法开展抽样调查，并在保持对全国和各省份具有代表性的基础上，增强对主要城市群的代表性，省级样本量分为 2000 人、4000 人、5000 人、6000

人、7000人、8000人和10000人，总样本量达到16.9万人，对全国流动人口的实际情况具有显著的代表性。

本书根据可行能力多维发展研究的需要，并按照指标无缺失值的标准，在剔除非农民工样本，以及信息不全和明显错误的样本后，对2016年全国流动人口动态监测调查数据保留了87793个样本。在保留下的农民工样本中，从流动范围来看，主要包括跨省、省内跨市、市内跨县和跨境四种情况，其中样本个体跨省流动的45071人，占比为51.38%，省内跨市流动的29002人，占比33.06%，市内跨县流动的13644人，占比15.54%，跨境流动的2人，占比0.01%（见表4-1）。区域类型方面，分布在东部地区的样本个体数量最多，占样本总量46.90%，西部地区次之，样本个体数量占样本总量29.39%，中部地区排名第三，样本个体数量占样本总量16.23%，东北地区最少，样本个体数量占样本总量7.48%，总体符合农民工的区域分布特征。性别方面，男性和女性占比分别为57.12%和42.88%，符合农民工群体男多女少的现实特点。教育水平方面，具有初中及以下学历的样本个体占65.37%，具有高中或中专学历的样本个体占22.48%，具有大专及以上学历的样本个体占12.15%，与国家统计局公布的外出农民工文化程度构成基本一致。

表4-1　　2016年中国流动人口动态监测调查数据的统计性描述

指标	类别	样本量	占比（%）	指标	类别	样本量	占比（%）
流动范围	跨省	45071	51.38	年龄	(16, 20]	3926	4.47
	省内跨市	29002	33.06		[21, 30]	32023	36.48
	市内跨县	13644	15.54		[31, 40]	27312	31.11
	跨境	2	0.01		[41, 50]	19213	21.88
区域类型	东部地区	41174	46.90		50以上	5319	6.06
	中部地区	14248	16.23	教育水平	未上过学	1254	1.43
	西部地区	25800	29.39		小学	11198	12.76
	东北地区	6571	7.48		初中	44936	51.18
性别	男	50146	57.12		高中/中专	19732	22.48
	女	37647	42.88		大学专科	7490	8.53
就业部门	城镇正规部门	26230	29.88		大学本科	3068	3.49
	城镇非正规部门	61563	70.12		研究生	115	0.13

资料来源：根据2016年中国流动人口动态监测调查数据整理而得。

二、可行能力多维测度指标体系的构建

本书对维度和指标的选取主要基于阿玛蒂亚·森的可行能力理论和 AF 方法的理论框架，参考国际上通用的多维贫困指数（MPI）对维度、指标、权重等方面的界定（Alkire & Santos，2010；UNDP，2010），结合本书的研究目的和现有对农民工问题的研究成果，根据国家卫健委（原国家卫计委）流动人口动态监测调查在 2016 年的样本数据约束，主要从城乡二元制度造成的权能差异出发，选取因市民化身份导致的农民工可行能力发展受制约最为显著的教育、社会保障、就业、住房、健康和社会融入 6 个维度，同时纳入收入维度，构建了收入、教育、社会保障、就业、住房、健康、社会融入 7 个维度，共包括年度收入总额、劳动力文化水平、养老保险、医疗保险、失业保险、工伤保险、生育保险、工作可持续程度、就业单位性质、长期居住意愿、户口迁入意愿等 21 个指标，并设定相应的临界值。在上述指标下，如果目标群体的可行能力发展达到一定水平，处于相应的临界值标准及以上，那么就可以认为其可行能力水平达到了实现自身发展所需要的标准，即可行能力达标；反之，如果目标群体的可行能力水平处于相应的临界标准以下，那么可以认为其可行能力未达到实现自身发展所需要的标准，即可行能力不足（见表 4-2）。

表 4-2　　　　　　　　全国层面农民工多维贫困测度指标体系

测量维度	具体指标	临界值
收入	年度收入总额	低于贫困线，赋值 1
教育	劳动力文化水平	未接受九年义务教育以上层次的教育，赋值 1
社会保障	养老保险	没有参加任何养老保险，赋值 1
	医疗保险	没有参加任何城镇医疗保险，赋值 1
	失业保险	没有失业保险，赋值 1
	工伤保险	没有工伤保险，赋值 1
	生育保险	没有生育保险，赋值 1
住房	住房情况	没有购买住房且无租住房屋保障，赋值 1
	住房公积金	没有住房公积金，赋值 1
就业	工作可持续程度	未签订劳动合同，赋值 1
	就业性质	在非正规部门就业，赋值 1
	周工作时长	周工作时长超过 44 小时，赋值 1

续表

测量维度	具体指标	临界值
健康	健康关注	未在务工地建立居民健康档案，赋值1
	职业病防治	未接受职业病防治，赋值1
	艾滋病防治	未接受艾滋病防治，赋值1
	结核病防治	未接受结核病防治，赋值1
	慢性病防治	未接受慢性病防治，赋值1
	精神疾病防治	未接受精神疾病防治，赋值1
	优生优育	未接受优生优育服务，赋值1
社会融入	长期居住意愿	没有长期居住意愿，赋值1
	户口迁入意愿	没有户口迁入意愿，赋值1

资料来源：作者根据2016年中国流动人口动态监测调查数据设计而得。

收入维度以年度收入总额指标代表。由于贫困线代表了在既有的经济社会发展条件下，人在一定的时间和空间范围内维持自身基本生存和实现基本社会功能所必须获取的最低实物和服务对收入水平的要求。因此，收入维度以"贫困线"作为可行能力的达标临界值。其中，可行能力测度结果低于临界值，视为可行能力水平不足，赋值1；高于临界值则视为可行能力达标赋值0。在具体贫困线的选择上，本书从我国农民工兼有农村和城镇两个区域特征的特点出发，同时选取农村贫困标准和城镇贫困标准作为贫困线，以全面考察农民工群体的收入贫困状况。首先，根据国家统计局公布的2010年农村贫困标准（2300元/人·年）进行不变价年度调整，得到2016年的农村贫困标准约为3000元/人·年。但是，农民工虽然户籍和家庭所在地位于农村，但是工作和生活主要在城镇，其实现个人发展的各类活动也主要在城镇进行。因此，按照农村贫困标准衡量主要工作生活在城镇区域的农民工群体在收入维度的可行能力情况，标准显然偏低。为解决现行农村贫困标准过低的问题，我们通过设定城镇贫困标准对农民工在收入维度的可行能力情况开展测度。改革开放以来，我国官方多次调整和确定统一的农村贫困标准，但从未确定过全国统一的城市贫困标准。根据现有研究，通常是按照一定的逻辑设定合理的城镇贫困线。根据国务院发布的《城市居民最低生活保障条例》有关内容，城市居民最低生活保障标准是按照维持城市居民基本生活所必需的衣、食、住费用，并适当考虑水电燃煤（燃气）等生活能源支出以及家庭未成年人义务教育等方面的费用情况下统筹确定的，能够全面反映满足城市居民日常生活需要的必要费用情况，符合作为城市贫困线设定参考标准的要求。因此，我们选用2016年国家民政部公布的全国城市低保平均标准（5935.2元/人·年）作为参照标准,在此基础上设定新的城镇贫困线对农民工在收入维度的可行能力状况进行测度。另外,由于受城乡二元体制的制约,农民进城务工存在个人单独迁徙、部分家庭成员共同迁徙和举家迁徙等多种形式,同时受到样本数据中缺少个人实际供养的家庭人口数量的限制,因此,本书根据国家卫计委于2015年发布的《中国家庭发展报告》中显示的中国农村家庭平均规模为3.56人以及流动人口平均户规模为2.59人的现实情况(见表4-3),以及《中国流动人口发展报告(2017)》中显示的2015年和2016年夫妻共同流动(夫妻双方均外出务工)的占比分别为90%和85.5%的现实情况,① 本书在收入维度贫临界值的设定上,采取假定家庭规模平均为3~4人,其中平均每个家户中有2名成员能够赚取收入的条件下(即每人平均供养人口为1.5~2人),阶梯式提升收入维度临界值至2016年农村贫困标准和全国城市低保平均标准的1.5倍和2倍的方法,来测算农民工不同标准条件下的可行能力情况,同时尝试进一步提升至3倍的农村和城市贫困标准,以考察更高收入标准和供养人口较多情况下的可行能力情况。

表4-3 中国家庭规模情况

家庭类型	家庭平均规模	家庭户平均规模	户平均规模
农村	3.56	3.14	2.79
城镇	3.07	2.84	2.63
流动人口	—	—	2.59
全国	3.35	3.02	2.72

注:家庭规模包括父母、子女和其他共同生活的全部亲属;家庭户规模包括亲属或依托亲属关系而共同居住的人,彼此之间关系较为密切。户则包括调查时在一起共同居住的全部家庭成员②。

资料来源:根据国家卫计委《中国家庭发展报告(2015)》相关数据整理而得。

教育维度以劳动力文化水平指标代表,劳动力文化水平指个人接受的最高学历教育水平。教育水平作为重要的人力资本,不仅影响当期的可行能力状况,而且会影响未来的可行能力发展以及可行能力的代际传递,在以往研究中常以是否完成小学教育或九年义务教育作为临界值,但是由于中国特殊的城乡二元体制,农民工子女在享受城镇教育资源方面存在非常大的限制,而且教育资源在城乡之间分配严重不均,这导致同一个体在农村完成义务教育和在城镇完成义务教育所达到的教育质量存在显著差异。若仅选用"是否完成小学教育"或"是否完成九年义务教育"作为临界值,只能是就时间上是否经过"小学教育阶段"或

---

① 详情请参考《中国流动人口发展报告(2017)》。
② 详情请参考《中国家庭发展报告(2015)》。

"义务教育阶段"进行一个判定,无法体现所接受义务教育的质量水平。而且,农民工群体面对的是同维度下城镇户籍居民的竞争,仅以"是否完成小学教育"或"是否完成九年义务教育"作为临界值,标准显然偏低。现阶段在我国绝大部分地区参加义务教育阶段以上的高中或者中专教育均需通过考试选拔,能够接受高中或者中专教育可以认为是义务教育质量达到一定水平的体现,而且对于在城镇区域从事非农生产或经营的劳动力,仅有义务教育阶段的知识储备,其学习新的知识技能或者在产业升级中进行职业转换的能力是比较差的(Scott Douglas Rozelle,2017),难以应对城镇区域生存与发展竞争的需要。本书以"是否接受九年义务教育以上层次的教育"(即接受高中、中专、大专等法定义务阶段以上层次的教育)作为临界值,可以真实体现不同群体所接受的义务教育质量,以及未来的可行发展能力。以"是否接受九年义务教育以上层次的教育"作为临界值,低于临界值,即未接受法定义务阶段以上层次的教育视为在该维度上可行能力不足,赋值1;高于临界值,即接受法定义务阶段以上层次的教育视为在该维度上可行能力达标,赋值0。

社会保障维度包括养老保险、医疗保险、失业保险、工伤保险和生育保险5个指标,其中养老保险指标包括城镇职工养老保险、城镇居民社会养老保险、新型农村社会养老保险和离退休养老金等,以"是否至少拥有一项养老保险"为临界值,低于临界值,即没有任何养老保险视为在该指标上存在可行能力不足,赋值1;高于临界值,即至少拥有一项养老保险则视为该指标上的可行能力达标,赋值0。医疗保险方面,由于当前新型农村合作医疗在资金统筹、缴费比例、报销比例、报销目录等方面存在地区差异,对于外出务工特别是跨省和跨市务工的农民工,若仅具有新农合医疗保险,一旦产生就医需求特别是大病就医需求,异地就医在转移、报销方面存在困难,报销比例低,对于农村外出务工人员在务工地的生存、就业和发展保障作用微弱。因此,本书对医疗保险维度下的指标选择为是否拥有城镇医疗保险,具体包括城乡居民合作医疗保险、城镇居民医疗保险、城镇职工医疗保险和公费医疗等内容,以"是否至少拥有一项城镇医疗保险"作为临界值,低于临界值,即没有参加任何城镇医疗保险视为在该指标上陷入贫困,赋值1;高于临界值,即至少参加一项城镇医疗保险视为未在该指标上陷入贫困,赋值0。工伤保险指标以"是否拥有工伤保险"为临界值,低于临界值,即没有工伤保险视为在该指标上存在可行能力不足,赋值1;高于临界值,即具有工伤保险视为在该指标上可行能力达标,赋值0。生育保险指标以"是否拥有生育保险"为临界值,低于临界值,即没有生育保险视为在该指标上陷入贫困,赋值1;高于临界值,即具有生育保险视为在该指标上陷入贫困,赋值0。失业保险指标以"是否拥有失业保险"为临界值,低于临界值,即没有失业保险视为在该指标上存在可行能力不足,赋值1;高于临界值,即具有失业保险视为在该指标上可行能力达标，赋值0。

住房维度包括住房情况和住房公积金两个指标。基本的住房保障是农民工在城镇务工经营和生存发展的首要物质条件，也是劳动力再生产的基本条件，更是实现市民化的必备条件。因此，住房情况指标是以"是否购买住房或者具有租住房屋保障"作为临界值，低于临界值，即没有购买住房或不具有租住房屋保障视为在该指标上存在可行能力不足，赋值1；高于临界值，即购买住房或拥有租住房屋保障视为在该指标上可行能力达标，赋值0。住房公积金是我国在住房方面的一项基本金融保障制度，是住房保障体系的重要组成部分，可以有效缓解居民在购买或者租住房屋方面的经济压力，因此住房公积金指标是以"是否拥有住房公积金"作为临界值，低于临界值，即没有住房公积金视为在该指标上陷入贫困，赋值1；高于临界值，即拥有住房公积金视为未在该指标上陷入贫困，赋值0。

就业维度包括工作可持续程度、就业性质和周工作时长3个指标，其中工作可持续程度是以农民工签订劳动合同的情况进行衡量，具体包括固定期限劳动合同、无固定期限劳动合同（拥有雇主身份的农民工视为签订无固定期限劳动合同）、一次性工作任务、试用期和未签订劳动合同5种情形，签订劳动合同的农民工在务工就业的过程中显然能够比未签订劳动合同的农民工得到更多的权益保障，工作的连续性和持续性也相对更好。因此，工作可持续程度指标以"是否签订劳动合同"作为临界值，低于临界值，即一次性工作任务、试用期和未签订劳动合同视为在该指标上存在可行能力不足，赋值1；高于临界值，即签订固定期限劳动合同和无固定期限劳动合同视为在该指标上可行能力达标，赋值0。就业性质指标是以"是否在正规部门就业"作为临界值，"非正规部门"（informal sector）的概念最初由美国经济学家哈特（Hart，1972）提出，国际劳工组织（ILO）对这一概念进行了引用，并将其规范化为："存在于发展中国家城市地区的那些收入与员工报酬均较低、组织性较差、结构单一、生产规模较小的生产或服务单位"。目前，我国对非正规部门尚无统一标准，注册登记和统计观测等方面的实际情况也与其他国家和地区有所不同。本书基于2008版SNA的定义，以及国内现有研究成果（胡鞍钢和杨韵新，2001；吴洞生和左颖，2001；黄乾，2003；蒋萍，2005；彭志龙，2011；徐蔼婷和李金昌，2012），将非正规部门定义为投资规模较小、生产技术水平和劳动生产率较低，以私营和个体经营为基础和表征的企业单位。在这一指标下，若低于临界值，即在非正规部门就业，主要为私人企业、个体工商户和无单位等，视为在该指标上存在可行能力不足，赋值1；高于临界值，即在正规部门，主要是机关事业单位、国有及国有控股企业、中外合资、外商独资、集体经济等，视为在该指标上可行能力达标，赋值0。周工作时长指标是以"每周工作时长是否超过44个小时"作为临界值。根据《中华人民共和国劳动法》第 36 条以及原劳动部于 1994 年颁发的《关于〈中华人民共和国劳动法〉若干条文的说明》中相关规定，劳动者最长的周工作时长为 44 小时，因此，周工作时长指标若高于临界值，即周工作时长超过 44 个小时，视为在该指标上存在可行能力不足，赋值 1；低于临界值，即周工作时长少于等于 44 个小时，视为在该指标上可行能力达标，赋值 0。

健康维度包括健康关注、职业病防治、艾滋病防治、结核病防治、慢性病防治、精神疾病防治和优生优育 7 个指标。健康是重要的人力资本之一，良好的健康状况和完善的疾病防控能够降低患病风险，从而减低疾病对个人发展的冲击，对个人和家庭可行能力的发展以及劳动者劳动生产率的提升具有重要作用。其中，健康关注指标以"是否在务工地建立居民健康档案"作为临界值，低于临界值，即未在务工地建立居民健康档案视为在该指标上存在可行能力不足，赋值 1；高于临界值，即在务工地建立了居民健康档案，视为在该指标上可行能力达标，赋值 0。各类疾病防治指标均以"是否接受疾病防治"作为临界值，低于临界值，即未接受相应疾病的防治，视为在该指标上存在可行能力不足，赋值 1；高于临界值，即接受相应疾病的防治，视为在该指标上可行能力达标，赋值 0。优生优育指标是以"是否接受优生优育服务"作为临界值，低于临界值，未接受优生优育服务视为在该指标上存在可行能力不足，赋值 1；高于临界值，接受优生优育服务视为在该指标上可行能力达标，赋值 0。

社会融入维度是衡量样本个体主观心理感受的维度[①]目前有许多针对居民福利的研究在关注客观指标的同时纳入主观感受指标，有些研究认为主客观指标间存在正向关联（Helliwell，2002；Graham & Felton，2006），也有研究显示主客观指标之间并不存在相关性（Easterlin，1974），但研究的共识是同时纳入主客观指标能够更加清楚地获得对研究目标个体现实状况的全面认识（白描，2015）。本书的社会融入维度包括长期居住意愿和户口迁入意愿两个指标，长期居留意愿指标是以"是否愿意在本地长期居住"作为临界值，如果愿意在本地长期居住，说明样本个体对在务工地的工作生活和社会交往在心理层面呈现接纳态度，在主观上有融入当地的意愿；反之，如果不愿意在本地长期居住，则说明对在务工地的工作生活和社会交往在心理上存在抵触和排斥，缺乏融入当地的主观意愿。因此，低于临界值，即没有长期居留意愿视为在该指标上存在可行能力不足，赋值 1；高于临界值，即具有长期居留意愿视为在该指标上可行能力达标，赋值 0。户口迁入意愿指标是以"是否愿意将户口迁入本地"作为临界值，如果愿意将户口迁入本地，说明样本个体对于在务工地的个人发展和生活改善存在较高的期望

---

① 白描. 微观视角下的农民福祉现状分析——基于主客观福祉的研究［J］. 农业经济问题，2015（12）：25-31.

和较强的信心，愿意舍弃自身在原户籍地的既有利益，谋求全面融入务工地社会的主观意愿较为强烈；反之，如果不愿意将户口迁入本地，说明样本个体对务工地缺乏较为强烈的认同，其在务工地实现的个人发展和生活改善不足以令其舍弃原户籍地的既有利益，全面融入务工地社会的主观意愿不强。因此低于临界值，即没有户口迁入意愿视为在该指标上存在可行能力不足，赋值1；高于临界值，即具有户口迁入意愿视为在该指标上可行能力达标，赋值0。

在对可行能力多维测度指标体系中各个维度和指标的权重选取方面，由于各个维度之间的重要性因每个个体的需要不同而迥异，因而难以存在统一的评判标准来判定不同维度之间的重要性程度。如在人们谋求自身发展的过程中，有的人会更关注健康维度，可以为了身体健康而舍弃高收入的工作；而另一些人则更关注收入维度，愿意为了高收入的工作而牺牲健康等。因而，迄今为止的各类研究中，均未对多维测度指标体系中的维度和指标权重取得一致看法（Chowdhury & Squire，2006；Decancq & Lugo，2008），因此，目前绝大多数研究成果均采取等权重方法，这种权重设置可能会影响具体构成维度和指标的相对重要性，但对总体可行能力状况的测度结果没有影响，而且不影响最终测度以及分解结果的可比性（郭熙保和周强，2016）。本书在综合借鉴以往研究成果的基础上，在可行能力多维识别和加总过程中对各个维度指标采用等权重的设置方法。

第三节　可行能力多维测度指标体系的瞄准性检验

一直以来，各个国家均将收入水平作为衡量发展成效的主要标准。使用收入标准虽然能够非常简洁直观地体现人的发展情况，但是却无法对发展背后的成因和瓶颈进行深入分析，难以获知推动或阻碍发展的现实根源。随着对人的发展内涵研究的日益深入，对农民工群体发展的认识也愈发深刻。

目前，我国针对农民工群体的政策制定和制度建设，已逐步从单纯关注"增加外出务工收入"[①]向"加快农业转移人口市民化"、[②] "促进有能力在城镇稳定就业和生活的农业转移人口举家进城落户"[③] 等可行能力建设方向发展。在具体的农民工群体发展实践中，单一的收入标准难以识别其他维度存在的发展短板，特别是对于农民工这一城乡二元体制发展过程中形成的特殊群体，其面临的问题是极其复杂和多维的，影响到城镇相对贫困、群体收入差距以及城镇化质量和非

[①] 详情参见《关于促进农民增加收入若干政策的意见》（2004年"中央一号"文件）。
[②] 详情参见《习近平在中国共产党第十九次全国代表大会上的讲话》。
[③] 详情参阅《国务院办公厅关于印发推动1亿非户籍人口在城市落户方案的通知》。

农产业劳动生产率的提升等一系列问题。因此，针对农民工群体在城镇务工经营和生活过程中因非市民身份使其可行能力受限的特点，进一步辨析单维的收入标准和多维标准对农民工可行能力实际状况的瞄准效果，以精确探寻阻碍农民工群体可行能力发展的关键因素和短板，从而真正提高农民工群体的自我发展能力，对实现该群体的长期可持续发展和助力共同富裕目标具有较强的现实意义。

一、单维收入标准下农民工群体的可行能力状况

长期以来，收入——一直都是衡量个人和家庭发展水平的主要标准。本书基于2016年流动人口动态监测数据87793个有效样本数据，对农民工的收入维度的可行能力情况进行了测度。首先，根据国家统计局公布的2010年农村贫困标准（2300元/人·年），按照鲜祖德（2016）的方法进行不变价年度调整，得到2016年的农村贫困标准约为3000元/人·年。在此标准上对样本数据进行收入维度下农民工可行能力状况的测度，结果显示处于农村贫困标准、2倍农村贫困标准和3倍农村贫困标准以下的样本个体分别为563个、721个和1458个，可行能力不足的样本比率分别仅有0.64%、0.82%和1.66%（见表4-4），说明农民工通过在城镇的务工经营能够很大程度上摆脱以现行标准衡量的收入维度下的可行能力不足。但是，按照农村贫困标准衡量主要工作生活在城镇区域的农民工群体在收入维度的可行能力情况，标准显然偏低。

表4-4　　　各个标准下的农民工群体在收入维度的可行能力情况　　　单位：%

临界值	可行能力不足的样本比率	临界值	可行能力不足的样本比率
农村收入贫困标准（3000元）	0.64	全国城镇低保平均标准（5935.2元）	0.82
2倍农村收入贫困标准（6000元）	0.82	2倍全国城镇低保平均标准（11870.4元）	2.17
3倍农村收入贫困标准（9000元）	1.66	3倍全国城镇低保平均标准（17805.6元）	6.24

资料来源：作者计算得到。

因此，我们选用2016年国家民政部公布的全国城市低保平均标准（5935.2元/人·年）作为参照标准，在此基础上设定新的临界值对农民工的收入维度下的可行能力状况进行测度。首先，以2016年全国城市低保平均标准5935.2元作为城市贫困线进行测度，测度结果显示处于5935.2元临界值以下的样本量为721个，可行能力不足的农民工样本比率为0.82%，相对于3000元的农村贫困标准，可行能力不足的农民工样本比率并未出现显著增长。本书进一步按照2016年全

国城市低保平均水平的1.5倍标准（8902.8元/人·年）、2倍标准（11870.4元/人·年）和3倍标准（17805.6元/人·年）对农民工的收入维度下的可行能力状况进行测算，结果显示处于8902.8元临界值以下的样本个体增加为1458个，可行能力不足的农民工样本比率为1.66%；处于11870.4元临界值以下的样本个体增加为1907个，可行能力不足的农民工样本比率为2.17%。相对于农村贫困标准，按照城市贫困标准作为临界值衡量的可行能力不足的农民工样本比率出现了一定程度的增长，但是绝对水平不高。因此，农民以农民工的身份进城务工，能够很大程度上摆脱收入维度下可行能力发展的束缚，极大地改善自身收入状况。

从农民工的收入分布来看，根据核密度函数的测算情况（见图4-2），可以看出农民工的收入呈左偏峰、右拖尾分布，峰值出现在3万~5万元的范围内，拖尾呈平缓、延长和密度水平较低的特点，这说明农民工的年度收入总额基本处于10万元以下的基本收入区间内，以3万~5万元的收入水平为主。整体来看存在能够获取较高收入的农民工群体，但是数量不大，且收入水平的分布较为分散，分布散落于10万~20万元、20万~30万元以及30万元以上等各个区间内，10万~15万元范围内有一个较为明显凸起的峰值，说明在10万元以上的相对高收入农民工群体主要分布在10万~15万元范围内。从各个峰值出现的位置来看，均处于2倍和3倍城市平均低保标准的右侧，再一次验证了农民以农民工的身份进城务工经营，能够实现收入方面的极大改善。

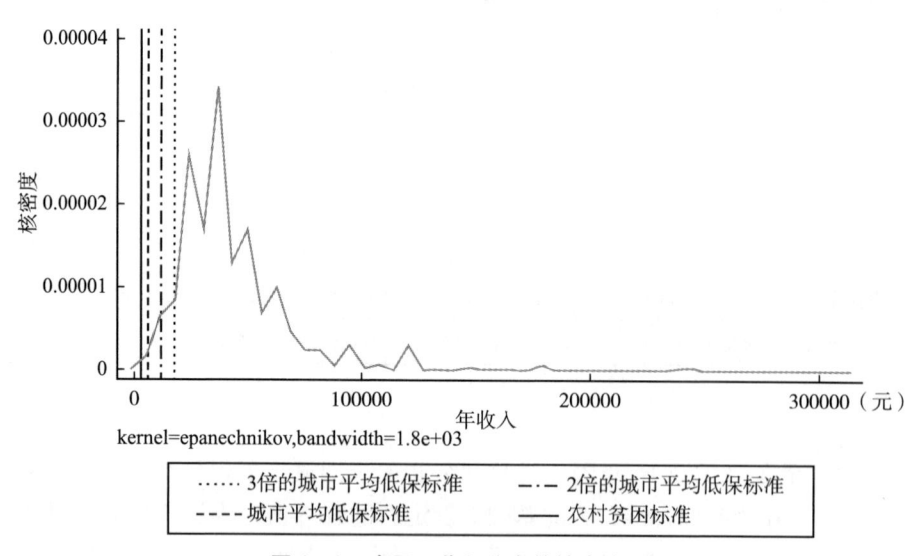

图4-2 农民工收入分布的核密度图

资料来源：根据2016年中国流动人口动态监测调查数据整理而得。

二、除收入外其他单维标准下农民工的可行能力状况

本书进一步对农民工其他维度和指标下的单维贫困情况进行测度并得到各个维度指标下的可行能力不足的样本比率（见表4-5）。

表4-5　农民工除收入维度外其他单个维度指标下的可行能力情况　　单位：%

考察维度	测量指标	各个指标下可行能力不足的样本比率	各个维度下可行能力不足的样本比率
教育	学历水平	65.37	65.37
社会保障	养老保险	57.38	73.70
	医疗保险	77.92	
	失业保险	78.32	
	工伤保险	73.85	
	生育保险	81.02	
住房	住房情况	79.48	84.92
	住房公积金	90.35	
就业	工作可持续程度	56.47	66.44
	就业单位性质	70.12	
	周工作时长	72.73	
健康	健康关注	63.42	62.60
	职业病防治	61.90	
	艾滋病性病防治	50.25	
	优生优育	36.73	
	结核病防治	73.32	
	精神疾病防治	86.02	
	慢性病防治	66.59	

续表

考察维度	测量指标	各个指标下可行能力不足的样本比率	各个维度下可行能力不足的样本比率
社会融入意愿	长期居住	42.90	55.91
	户口迁入意愿	68.91	

资料来源：根据2016年中国流动人口动态监测调查数据整理而得。

从农民工在收入维度以外的单个维度和指标下可行能力不足的样本比率来看，住房维度最高，达到了84.92%，说明农民工在城镇的住房问题非常严峻，普遍面临较为窘迫的状况；按照可行能力不足的农民工样本比率由高到低排序，居于第二位的是社会保障维度，可行能力不足的农民工样本比率达到70%以上，说明针对农民工的社会保障依然不够完善，大多数农民工未被纳入社会保障体系，农民工在应对各类风险冲击方面的可行能力依然较为脆弱；居于第三和第四位的分别是就业维度和教育维度，可行能力不足的农民工样本比率极为接近，分别为66.44%和65.37%，这说明农民工就业形势和就业部门依然以非正规就业和非正规部门为主，就业稳定性差，合同签订率低，失业风险较大，在劳动权益保障及就自身利益同企业的谈判博弈方面依然处于绝对弱势位置，且整体文化知识与劳动技能水平不高，群体自身发展能力受到极大限制。排名第五位的是健康维度，可行能力不足的农民工样本比率为62.60%，说明国家一直持续关注和解决的农民工疾病防控免疫工作取得了一定成效，使得健康问题相对于住房、社会保障和教育等其他维度相对较轻微，但其可行能力不足的农民工样本比率绝对水平依然较高，这意味着农民工整个群体的健康依然不容乐观，存在较大的健康风险。社会融入意愿维度的可行能力不足的农民工样本比率最低，说明农民工具有融入城镇社会的主观意愿，但是长期游走于城镇经济社会边缘地带的工作和生活经历明显影响了这一主观意愿，或者说在现行体制下农民工融入当地社会的努力受到较大程度的阻滞，从而消弭着主观融入意愿，社会融入维度的可行能力不足的农民工样本比率也达到了55.91%（见图4-3）。相对于各个层次收入标准下0.64%~2.17%的可行能力不足样本比率，农民工在社会保障、教育、就业和健康等其他维度下可行能力不足的样本比率是非常高的，而单维的收入维度的变化显然无法反映这些情况。

通过比较收入维度和其他维度下可行能力不足的农民工样本比率，我们可以得出，农民以农民工的身份进入城镇务工，能够有效实现收入维度的可行能力状况改善，但收入方面的改善却难以体现在实际生活中，农民工在除收入以外的其他维度下均面临较为严重的可行能力不足的状况。因此，仅以单维的收入标准对农民工这一常年处于城乡夹缝和边缘地带的特殊群体进行可行能力衡量存在很大局限，难以实现对可行能力发展短板的精确瞄准和识别。

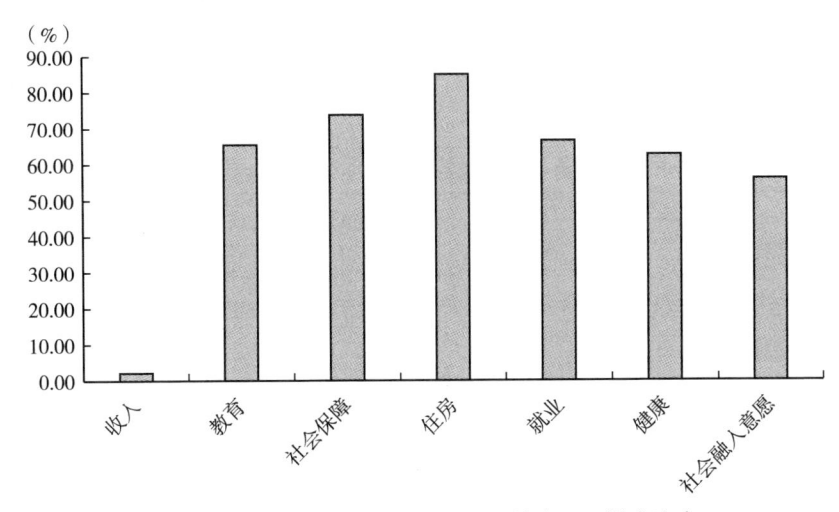

图 4-3　各个维度下可行能力不足的农民工样本比率

资料来源：根据 2016 年中国流动人口动态监测调查数据计算而得。

三、未纳入收入维度时可行能力多维测度的瞄准性分析

首先，按照除收入维度以外的其他维度组成的农民工群体可行能力多维识别矩阵进行测算，得到 30% 和 40% 水平下可行能力不足的农民工样本覆盖率和漏出率；其次，测算得出各个收入标准下收入维度可行能力不足的农民工样本覆盖率和漏出率。通过对两种测度体系下收入维度可行能力不足的农民工样本覆盖率和漏出率进行联立交叉比较，我们可以看出两者在瞄准性方面存在的差异情况。

30% 水平下的可行能力多维测度，在按照各个层次的收入标准进行可行能力测度时，两种测度体系能够同时识别覆盖的样本个体分别为 0.63%、0.80%、1.61%、0.80%、2.12% 和 6.05%，能够识别为收入维度下可行能力不足但未识别为多维可行能力不足的分别为 0.02%、0.02%、0.05%、0.02%、0.05% 和 0.18%，识别为多维可行能力不足但未识别为收入维度下可行能力不足的样本个体分别为 90.46%、90.29%、89.48%、90.29%、88.97% 和 85.04%，既未识别为收入维度下可行能力不足也未识别为多维可行能力不足的样本个体分别为 8.89%、8.89%、8.86%、8.89%、8.86% 和 8.73%。在 40% 的水平下，在按照各个层次的收入标准进行可行能力测度时，实现收入维度和多维可行能力不足同时识别覆盖的样本个体分别为 0.61%、0.78%、1.58%、0.78%、2.08% 和 5.95%，识别为收入维度下可行能力不足但未识别为多维可行能力不足的分别为 0.03%、0.04%、0.08%、0.04%、0.09% 和 0.29%，识别为多维可行能力不足但未识别为收入维度下可行能力不足的样本个体分别为 85.46%、85.29%、84.49%、85.29%、83.99% 和 80.12%，既未识别为收入维度下可行能力不足也

未识别为多维可行能力不足的样本个体分别为 13.90%、13.89%、13.85%、13.89%、13.84% 和 13.64%（见表 4-6）。

表 4-6　可行能力多维标准与单维收入标准的覆盖率比较　　　　单位：%

收入维度标准	类型	30%水平多维可行能力不足	30%水平多维可行能力达标	40%水平多维可行能力不足	40%水平多维可行能力达标
农村贫困标准	收入维度可行能力不足	0.63	0.02	0.61	0.03
	收入维度可行能力达标	90.46	8.89	85.46	13.90
2倍农村贫困标准	收入维度可行能力不足	0.80	0.02	0.78	0.04
	收入维度可行能力达标	90.29	8.89	85.29	13.89
3倍农村贫困标准	收入维度可行能力不足	1.61	0.05	1.58	0.08
	收入维度可行能力达标	89.48	8.86	84.49	13.85
全国城市低保平均标准	收入维度可行能力不足	0.80	0.02	0.78	0.04
	收入维度可行能力达标	90.29	8.89	85.29	13.89
2倍全国城市低保平均标准	收入维度可行能力不足	2.12	0.05	2.08	0.09
	收入维度可行能力达标	88.97	8.86	83.99	13.84
3倍全国城市低保平均标准	收入维度可行能力不足	6.05	0.18	5.95	0.29
	收入维度可行能力达标	85.04	8.73	80.12	13.64

资料来源：根据 2016 年中国流动人口动态监测调查数据计算而得。

根据上述数据，首先以 2 倍的农村贫困标准下收入维度可行能力不足和 30% 水平下多维可行能力不足的人群识别为例来看，单维收入测度和可行能力多维测度的识别重合率仅有 9.52%；其次从 2 倍的全国城市低保平均标准下收入维度可行能力不足和 30% 水平下多维可行能力不足的人群识别结果来看，可行能力多维测度与单维收入测度的识别重合率有所提高，但是也仅有 15.92%。

而且，从各个层次的收入标准和各个水平下的可行能力多维测度结果来看，这种较低的识别重合率具有较强的稳健性。因此，对于农民工群体而言，单维收入标准下的可行能力测度与多维标准（未纳入收入标准）下的可行能力测度对可行能力不足人群的识别结果存在显著的不一致。

在上述测度结果的基础上，进一步测算收入维度可行能力不足农民工样本的识别情况。根据测算结果，在按照各个层次的收入标准辨识为可行能力不足的人群中，30% 水平下多维可行能力不足的识别率分别为 97.51%、97.47%、97.05%、99.33% 和 97.10%，40% 水平下多维可行能力不足的识别率分别为

95.38%、95.42%、95.06%、95.86%和95.38%；在没有辨识为收入维度可行能力不足的人群中，30%水平下多维可行能力不足的识别比率分别为91.05%、91.04%、90.99%、90.64%和90.69%，40%水平下识别为多维可行能力不足的比率分别为86.01%、85.99%、85.92%、85.85%和85.45%（见表4-7）。因此，可行能力多维测度指标体系（未纳入收入维度）不仅能够识别95%以上收入维度可行能力不足的人群，而且能够识别85%以上的收入维度可行能力达标但多维可行能力不足的人群。

表4-7 可行能力多维测度与单维收入测度覆盖率的联立交叉比较（1） 单位：%

收入维度标准	类型	30%水平多维测度能够识别	30%水平多维测度不能识别	40%水平多维测度能够识别	40%水平多维测度不能识别
农村贫困标准	收入维度可行能力不足	97.51	2.49	95.38	4.62
	收入维度可行能力达标	91.05	8.95	86.01	13.99
2倍农村贫困标准	收入维度可行能力不足	97.47	2.53	95.42	4.58
	收入维度可行能力达标	91.04	8.96	85.99	14.01
3倍农村贫困标准	收入维度可行能力不足	97.05	2.95	95.06	4.94
	收入维度可行能力达标	90.99	9.01	85.92	14.08
2倍全国城市低保平均标准	收入维度可行能力不足	97.59	2.41	95.86	4.14
	收入维度可行能力达标	90.64	9.06	85.85	14.15
3倍全国城市低保平均标准	收入维度可行能力不足	97.10	2.90	95.38	4.62
	收入维度可行能力达标	90.69	9.31	85.45	14.55

资料来源：根据2016年中国流动人口动态监测调查数据计算而得。

下面，进一步测算多维可行能力不足人群在各个标准下识别为收入维度可行能力不足的情况。在30%水平下识别为多维可行能力不足的人群中，各个收入标准下收入维度可行能力不足的识别率分别为0.69%、0.88%、1.77%、2.33%和2.13%，在40%水平下识别为多维可行能力不足的人群中，各个收入标准下的收入维度可行能力不足识别率分别为0.71%、0.91%、1.83%、2.42%和6.91%；在30%水平下未被识别为多维可行能力不足的人群中，各个收入标准下的收入维度可行能力不足识别率分别为0.18%、0.23%、0.55%、0.59%和2.03%，在40%水平下未被识别为多维可行能力不足的人群中，各个收入标准下的收入维度可行能力不足识别率分别为0.21%、0.27%、0.59%、0.65%和2.07%（见表4-8）。

表 4-8　可行能力多维测度与单维收入测度覆盖率的联立交叉比较（2）　　　单位：%

收入维度标准	类型	30%水平多维可行能力不足	30%水平多维可行能力达标	40%水平多维可行能力不足	40%水平多维可行能力达标
农村贫困标准	收入维度能够识别	0.69	0.18	0.71	0.21
	收入维度不能识别	99.31	99.82	99.29	99.79
2倍农村贫困标准	收入维度能够识别	0.88	0.23	0.91	0.27
	收入维度不能识别	99.12	99.77	99.09	99.73
3倍农村贫困标准	收入维度能够识别	1.77	0.55	1.83	0.59
	收入维度不能识别	98.23	99.45	98.17	99.41
2倍全国城市低保平均标准	收入维度能够识别	2.33	0.59	2.42	0.65
	收入维度不能识别	97.67	99.41	97.58	99.35
3倍全国城市低保平均标准	收入维度能够识别	2.13	2.03	6.91	2.07
	收入维度不能识别	97.87	97.97	93.09	97.93

资料来源：根据2016年中国流动人口动态监测调查数据计算而得。

通过比较两种测度体系下对可行能力不足人群的识别情况，我们可以看出，多维可行能力测度（未纳入收入维度）识别的可行能力不足人群能够基本覆盖收入维度可行能力不足人群，而且还能够识别出收入维度下可行能力达标人群中的多维可行能力不足群体，但是单维的收入识别却难以做到这一点。但是，多维可行能力测度（未纳入收入维度）识别对收入维度可行能力不足人群没有实现全面覆盖，30%水平多维可行能力测度（未纳入收入维度）识别在各个收入标准下识别为收入维度可行能力不足人群中的漏出率分别为2.49%、2.53%、2.95%、0.67%和2.90%；40%水平多维可行能力测度（未纳入收入维度）识别在各个收入标准下识别为收入维度可行能力不足人群中的漏出率分别为4.62%、4.58%、4.94%、4.14%和4.62%。

四、纳入收入维度时可行能力多维测度的瞄准性分析

在可行能力多维测度识别矩阵中加入收入维度，在此基础上测度包含收入维度情况下可行能力多维测度识别对收入维度可行能力不足人群的覆盖率和漏出率情况（见表4-9）。根据测算结果，30%水平下，纳入收入维度的可行能力多维测度识别矩阵对各个收入标准下收入维度可行能力不足人群的覆盖率分别提升了1.78%、1.50%、2.26%和1.74%，漏出率也相应下降了1.78%、1.50%、2.26%和1.74%；40%水平

下，纳入收入维度的可行能力多维测度识别矩阵对各个收入标准下收入维度可行能力不足人群的覆盖率分别提升了2.13%、1.63%、2.44%和1.73%。

表4-9 多维测度（含收入维度）对收入维度可行能力不足人群的覆盖和漏出率

单位：%

收入维度标准	30%水平多维可行能力不足	30%水平多维可行能力达标	40%水平多维可行能力不足	40%水平多维可行能力达标
农村贫困标准	99.29	0.71	97.51	2.49
3倍农村贫困标准	98.97	1.03	97.05	2.95
全国城市低保平均标准	99.31	0.69	97.50	2.50
2倍全国城市低保平均标准	99.33	0.67	97.59	2.41
3倍全国城市低保平均标准	98.85	1.15	97.10	2.90

资料来源：根据2016年中国流动人口动态监测调查数据计算而得。

因此，加入收入维度后，可行能力多维测度识别矩阵对收入维度可行能力不足人群的覆盖率提升，漏出率下降，其中2倍全国城市低保平均标准下可行能力多维测度识别矩阵对收入维度可行能力不足人群的覆盖率最高，为99.33%，漏出率仅为0.67%，可行能力多维测度识别能够基本覆盖所有的收入维度可行能力不足个体。

本书进一步通过计算可行能力多维发展指数，得到全部指标的多维可行能力不足发生率。根据AF测度方法的数理运算逻辑，各个指标的可行能力不足发生率不应大于单独考察该指标时的可行能力不足发生率，这是因为单个指标的可行能力不足的群体不一定都是多维可行能力不足的群体，并且随着30%到40%水平的提升，单个指标的可行能力不足发生率与单独考察该指标时的可行能力不足发生率之间的差距应该增大，这是因为随着30%到40%水平的提升，进入多维可行能力不足的样本个体将会减少，从而使二者之间的差距进一步增大（见表4-10）。

表4-10 单维与多维条件下相应维度可行能力不足发生率的比较

单位：%

具体指标	单维可行能力不足发生率（11870.4元贫困标准）	多维条件下单维可行能力不足发生率		单维可行能力不足发生率（6000元贫困标准）	多维条件下单维可行能力不足发生率	
		30%水平	40%水平		30%水平	40%水平
年度收入总额	2.17	2.15	2.12	0.82	0.82	0.80
学历水平	65.37	64.14	61.29	65.37	64.13	61.27

续表

具体指标	单维可行能力不足发生率（11870.4元贫困标准）	多维条件下单维可行能力不足发生率		单维可行能力不足发生率（6000元贫困标准）	多维条件下单维可行能力不足发生率	
		30%水平	40%水平		30%水平	40%水平
养老保险	57.38	57.21	56.61	57.38	57.21	56.59
医疗保险	77.92	76.01	73.83	77.92	76.00	73.81
失业保险	78.32	77.99	76.60	78.32	77.99	76.58
工伤保险	73.85	73.61	72.37	73.85	73.61	72.36
生育保险	81.02	80.04	77.86	81.02	80.04	77.84
住房情况	79.48	78.85	77.13	79.48	78.85	77.12
住房公积金	90.35	86.01	81.21	90.35	85.99	81.18
工作可持续程度	56.47	56.31	55.95	56.47	56.31	55.94
就业单位性质	70.12	65.46	61.73	70.12	65.45	61.71
周工作时长	72.73	68.57	64.92	72.73	68.55	64.89
健康关注	63.42	57.61	54.03	63.42	57.59	54.01
职业病防治	61.90	56.64	53.54	61.90	56.62	53.52
艾滋病性病防治	50.25	45.68	42.93	50.25	45.66	42.92
优生优育	36.73	33.81	31.88	36.73	33.80	31.87
结核病防治	73.32	65.88	61.60	73.32	65.86	61.58
精神疾病防治	86.02	77.23	72.02	86.02	77.21	71.99
慢性病防治	66.59	60.24	56.44	66.59	60.23	56.42
长期居住意愿	42.90	41.29	39.38	42.90	41.29	39.37
户口迁入意愿	68.91	64.49	60.92	68.91	64.48	60.90

资料来源：根据2016年中国流动人口动态监测调查数据计算而得。

将30%水平和40%水平多维条件下各个指标的可行能力不足样本比率与单维条件下各个指标的可行能力不足样本比率进行比较，我们可以发现，各个水平多维条件下单个指标的可行能力不足样本比率均小于单独考察该指标时的可行能力不足样本比率，并且随着由30%水平增加到40%水平，二者之间的可行能力不足样本比率差距在增大，这说明本书设计的可行能力多维测度识别矩阵符合数理运算逻辑，而且在测算方面是稳健的，可行能力测度对可行能力不足样本的识别结果是可信的。

另外，多维条件下各个指标的可行能力不足样本比率与单独考察该指标时的可行能力不足样本比率差距越小，说明计算多维可行能力不足时该指标下的单维可行能力不足群体漏出得越少。通过对比可以发现，纳入收入维度后，多维条件下的年收入指标可行能力不足样本比率与单独考察收入维度时的可行能力不足样本比率基本一致，最小的差距为 0，最大的差距仅有 0.05%，其他指标下的差距也基本保持在 10% 以下，最小的为工作可持续指标，差距为 0.16%，仅有结核病防治、精神疾病防治和慢性病防治三个指标的差距超过 10%（见图 4-4）。

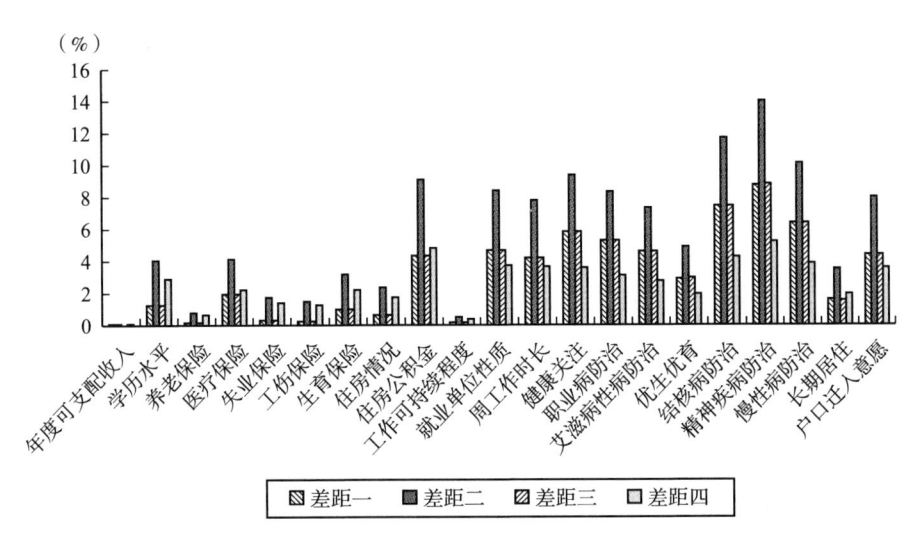

图 4-4 多维与单维测度条件下各指标的可行能力不足样本比率差距

资料来源：根据 2016 年中国流动人口动态监测调查数据计算而得。

第四节 本章小结

本章首先结合国内现有研究成果，对开展可行能力多维发展研究的必要性以及可行能力多维测度方法的优势进行了论述，并系统阐释了可行能力多维测度方法的理论框架及其应当具备的公理性质。在此基础上，进一步讨论了针对可行能力的 AF 多维测度方法，对 AF 方法的统计特性与基本步骤进行了系统梳理。

其次，在可行能力多维发展研究的理论框架内，结合国外国内研究成果与经验，选择目前最为权威也是代表性最为广泛的国家卫生与计划生育委员会（现国家卫生健康委员会）2016 年流动人口动态监测调查数据作为本书的主要研究样本数据，并结合 AF 测度方法的理论框架，参考国际上通用的人类发展指数（MPI）对维度指标、权重设定、临界值的界定（Alkire & Santos, 2010；UNDP，

2010），结合本书的研究目的和现有对农民工问题的研究成果，基于流动人口动态监测调查在 2016 年的样本数据约束，主要从城乡二元制度造成的可行能力差异出发，选取因市民化身份导致的农民工可行能力不足最为显著的教育、社会保障、住房、就业、健康和社会融入 6 个维度，同时纳入收入维度，构建了收入、教育、社会保障、住房、就业、健康、社会融入 7 个维度，共包括年度收入总额、劳动力文化水平、养老保险、医疗保险、失业保险、工伤保险、生育保险、工作可持续程度、就业单位性质、长期居住意愿、户口迁入意愿等 21 个指标，并设定相应的临界值，建立可行能力多维识别矩阵。

再次，基于本章构建的农民工可行能力多维识别矩阵，通过从多个角度与不同收入标准下农民工群体的可行能力状况进行比较，对可行能力多维测度的瞄准性进行全面检验。研究结果显示：第一，单维测度和多维测度在可行能力不足人群的瞄准性方面存在显著差异。当以不同层次的收入标准来瞄准可行能力不足人口时，识别为收入维度可行能力不足的群体中同时存在多维可行能力不足和多维可行能力达标群体，识别为收入维度可行能力达标的群体中也同时存在多维可行能力不足和多维可行能力达标群体；当按照未纳入收入维度的可行能力多维测度指标体系来瞄准可行能力不足的人口时，识别为多维可行能力不足的群体中同时存在收入维度下可行能力不足和可行能力达标的群体，识别为多维可行能力达标群体中也同时存在收入维度下可行能力不足和可行能力达标的群体。这说明收入标准和多维标准对农民工可行能力状态的识别存在显著差异，当前以收入水平作为主要衡量标准的可行能力识别无法具备多维测度的识别功能。第二，单维收入标准的瞄准性存在局限，难以全面真实地反映目标人群可行能力状况的全貌和内涵。通过测度对比单维条件下可行能力不足的样本比率和其他维度可行能力不足的样本比率，可以发现其他维度可行能力不足的样本比率远高于收入维度可行能力不足的样本比率，这说明农民以农民工的身份进入城镇务工，能够有效实现收入增加，改善收入维度的可行能力状况，但这种收入维度的改善却难以体现在实际生活中，农民工在其他各个方面依然面临较为明显的困扰，在多个维度指标下面临较为严重的可行能力不足。仅以单维的收入标准对农民工群体的可行能力状况进行衡量存在很大的局限，难以实现对可行能力不足群体及其内在维度短板的精确瞄准和识别。第三，多维可行能力测度能够弥补单维的收入可行能力测度瞄准性不强的短板。通过联立交叉对比单维收入条件下和多维条件下的识别覆盖率，我们可以发现，多维可行能力测度识别的覆盖率要远远高于单维收入测度识别的覆盖率，多维可行能力测度基本能够识别瞄准所有收入维度下可行能力不足的群体，但是单维的收入维度下可行能力测度却难以做到这一点。这说明绝大多数多维可行能力不足的群体基本都是收入维度下可行能力不足的群体，但是收入维度下可行能力不足的群体却不一定是多维可行能力不足群体，非收入因素对农民工可行能力状态的影响更大。因此，在对农民工可行能力状态的识别方面，单维的收入测度识别难以全面反映可行能力的整体状态和不同维度的可行能力不足程度，多维可行能力测度可以弥补这一短板。第四，将收入维度纳入多维可行能力识别矩阵能够提升多维可行能力识别的覆盖率并降低对收入维度可行能力不足样本的漏出率。因此，在新时代的农民工群体发展治理实践中，扎实推进共同富裕的目标要求我们充分运用可行能力多维识别与测度方法，以精确瞄准农民工群体发展短板，提高治理效率，实现高质量发展。在构成维度和指标的选择上，收入维度应当作为必要选项，非收入指标的设定也应当从中国不同群体的实际情况出发，构建具有针对性的可行能力多维测度指标体系。尤其是针对农民工这一长期处于城乡夹心地带的特殊群体，可行能力多维测度指标体系的构建更应体现其基本特点，增强对农民工可行能力不足维度识别的瞄准性，有的放矢地解决农民工的现实困境，助推农民通过勤奋劳动实现可行能力发展、迈入中等收入群体并最终迈向共同富裕，增强低收入人群依靠辛勤劳动致富的内生动力，夯实已脱贫人口稳定、长期、可持续发展的基础，为巩固拓展脱贫攻坚胜利成果以及推进乡村振兴、缩小贫富差距和实现共同富裕远景目标奠定良好基础。

第五章　农民工群体可行能力状况的测度与比较分析

从宏观角度来看，农村劳动力以农民工的形式向城镇和非农部门转移是经济社会在发展过程中实现资源优化配置的客观需要，成为推进工业化和城镇化发展的重要动力；从微观角度来看，农村劳动力以农民工的形式向城镇和非农部门转移有效改善了个体和家庭的现实境况，成为农村居民增收致富的重要方式。长期以来，农民工群体作为我国劳动力总量中不可或缺的重要组成部分，为经济社会发展做出了巨大贡献，但是该群体又是跨越地理和社会维度最大的群体，由于城乡二元结构的限制，在资源获取、公平待遇和个人发展方面均普遍面临困境，成为城镇边缘和弱势群体的重要组成部分。深入研究和治理农民工群体可行能力发展问题，既是改善收入分配和实现共同富裕的关键，也是推动中国经济社会高质量发展的必然要求。本章在第四章构建的农民工可行能力多维测度指标体系的基础上，对我国农民工的可行能力状况进行测度和区域分解，并将其同属城镇常住人口的城镇户籍流动人口和城镇户籍人口进行比较，以全面探究我国农民工群体可行能力多维发展的现实状况、区域差异与基本特征。

第一节　农民工的可行能力多维测度与区域分解

一、农民工整体可行能力状况的测度与分析

在可行能力多维测度指标体系构建的基础上，本书对经过筛选后得到的87793个有效样本数据，在不断调整收入标准的情况下进行多维可行能力测度，以得到阶梯式收入维度临界值标准提升条件下的农民工可行能力情况，以考察不同收入维度临界值水平下的可行能力情况。现有关于 AF 测度的研究成果中，普

遍将1/3水平设定为总体临界值的界定标准（Alkire & Foster，2007；王小林 & Sabina Alkire，2009；冯贺霞、王小林和夏庆杰，2015），因此本书按照这一设定标准，主要围绕1/3的衡量标准开展讨论，即主要研究30%和40%水平下的可行能力测度情况。首先，本书将3000元的2016年农村贫困标准作为收入维度的临界值，对农民工的可行能力情况进行测度（见表5-1），结果显示在30%的水平下，农民工多维可行能力不足发生率达到89.21%，多维可行能力不足强度为63.20%，可行能力多维发展指数为0.5638；在40%的水平下，农民工多维可行能力不足发生率依然达到82.93%，多维可行能力不足强度为65.32%，可行能力多维发展指数为0.5417。

表5-1　农民工可行能力测度结果（3000元收入维度标准）

临界值水平	多维可行能力不足的样本量	多维可行能力不足发生率（H^0）	多维可行能力不足强度（A^0）	可行能力多维发展指数（M^0）
10%水平	86807	98.88%	59.10%	0.5844
20%水平	83453	95.06%	60.86%	0.5785
30%水平	78323	89.21%	63.20%	0.5638
40%水平	72809	82.93%	65.32%	0.5417
50%水平	64459	73.42%	67.91%	0.4986
60%水平	49548	56.44%	71.67%	0.4045
70%水平	27408	31.22%	76.78%	0.2397
80%水平	6420	7.31%	83.15%	0.0608
90%水平	119	0.14%	94.17%	0.0013
100%水平	10	0.01%	100.00%	0.0001

资料来源：根据2016年中国流动人口动态监测调查数据计算而得。

进一步按照5935.2元的收入维度标准（2016年全国城市低保平均标准）对农民工的可行能力情况进行测度（见表5-2），结果显示在30%的水平下，农民工的多维可行能力不足发生率略微上升0.01%，达到89.22%，多维可行能力不足强度略微上升至63.23%，可行能力多维发展指数略微上升至0.5641；在40%的水平下，农民工多维可行能力不足发生率与3000元收入维度标准下的多维可行能力不足发生率相比也略微上升至82.94%，多维可行能力不足强度略微上升至65.34%，可行能力多维发展指数略微上升至0.5420。

表 5-2　　　农民工可行能力测度结果（5935.2 元收入维度标准）

临界值水平	多维可行能力不足的样本量	多维可行能力不足发生率（H^0）	多维可行能力不足强度（A^0）	可行能力多维发展指数（M^0）
10%水平	86807	98.88%	59.13%	0.5847
20%水平	83454	95.06%	60.89%	0.5788
30%水平	78327	89.22%	63.23%	0.5641
40%水平	72816	82.94%	65.34%	0.5420
50%水平	64470	73.43%	67.94%	0.4989
60%水平	49582	56.48%	71.70%	0.4049
70%水平	27474	31.29%	76.82%	0.2404
80%水平	6492	7.39%	83.22%	0.0615
90%水平	149	0.17%	94.32%	0.0016
100%水平	14	0.02%	100.00%	0.0002

资料来源：根据 2016 年中国流动人口动态监测调查数据计算而得。

继续阶梯式将收入维度标准提升至 11870.4 元（2 倍的 2016 年全国城市低保平均标准）和 17805.6 元（3 倍的 2016 年全国城市低保平均标准），以考察更高收入标准和人均供养人口较多情况下的可行能力情况。测度结果显示，尽管收入维度标准大幅提升，但是农民工可行能力不足的状况较为稳定，发生率、强度和指数始终维持在较高水平。

在 11870.4 元（2 倍的 2016 年全国城市低保平均标准）的收入维度标准下，30% 水平的多维可行能力不足发生率仅比 5935.2 元收入维度标准（2016 年全国城市低保平均标准）下的多维可行能力不足发生率略微上升 0.03%，为 89.25%，多维可行能力不足强度略微上升至 63.43%，可行能力多维发展指数略微上升至 0.5661；在 40% 的水平下，农民工多维可行能力不足发生率仅比 5935.2 元收入贫困标准（2016 年全国城市低保平均标准）下的多维可行能力不足发生率上升 0.04%，为 82.98%，多维可行能力不足强度微上升至 65.56%，可行能力多维发展指数略微上升至 0.5440（见表 5-3）。

表 5-3　　　农民工可行能力多维测度结果（11870.4 元收入维度标准）

临界值水平	多维可行能力不足的样本量	多维可行能力不足发生率（H^0）	多维可行能力不足强度（A^0）	可行能力多维发展指数（M^0）
10%水平	86812	98.88%	59.32%	0.5866
20%水平	83466	95.07%	61.08%	0.5807

续表

临界值水平	多维可行能力不足的样本量	多维可行能力不足发生率（H^0）	多维可行能力不足强度（A^0）	可行能力多维发展指数（M^0）
30%水平	78353	89.25%	63.43%	0.5661
40%水平	72853	82.98%	65.56%	0.5440
50%水平	64563	73.54%	68.15%	0.5012
60%水平	49870	56.80%	71.91%	0.4085
70%水平	27979	31.87%	77.05%	0.2456
80%水平	6995	7.97%	83.66%	0.0667
90%水平	363	0.41%	94.32%	0.0039
100%水平	36	0.04%	100.00%	0.0004

资料来源：根据2016年中国流动人口动态监测调查数据计算而得。

当收入维度标准继续提升至17805.6元（3倍的2016年全国城市低保平均标准）时，30%水平的多维可行能力不足发生率依然变化不大，仅比11870.4元收入维度标准（2倍的2016年全国城市低保平均标准）下的多维可行能力不足发生率略微上升0.1%，为89.35%，多维可行能力不足强度略微上升0.6%，为64.03%，可行能力多维发展指数略微上升0.006，为0.5721；在40%的水平下，农民工多维可行能力不足发生率仅比11870.4元收入维度标准（2倍的2016年全国城市低保平均标准）下的多维可行能力不足发生率上升0.18%，为83.16%，多维可行能力不足强度略微上至66.17%，可行能力多维发展指数略微上升至0.5503（见表5-4）。

表5-4　农民工可行能力多维测度结果（17805.6元收入维度标准）

临界值水平	多维可行能力不足的样本量	多维可行能力不足发生率（H^0）	多维可行能力不足强度（A^0）	可行能力多维发展指数（M^0）
10%水平	86831	98.90%	59.90%	0.5924
20%水平	83520	95.13%	61.66%	0.5866
30%水平	78444	89.35%	64.03%	0.5721
40%水平	73007	83.16%	66.17%	0.5503
50%水平	64902	73.93%	68.77%	0.5084

续表

临界值水平	多维可行能力不足的样本量	多维可行能力不足发生率（H^0）	多维可行能力不足强度（A^0）	可行能力多维发展指数（M^0）
60%水平	50639	57.68%	72.54%	0.4184
70%水平	29388	33.47%	77.75%	0.2603
80%水平	8535	9.72%	84.76%	0.0824
90%水平	1073	1.22%	94.24%	0.0115
100%水平	97	0.11%	100.00%	0.0011

资料来源：根据2016年中国流动人口动态监测调查数据计算而得。

根据上述可行能力多维测度结果，我们可以得到，一是在各个收入维度临界值条件下，农民工在各个水平下的多维可行能力不足发生率、多维可行能力不足强度和可行能力多维发展指数均基本一致，即收入维度标准的变动没有对可行能力多维测度结果产生显著影响；二是农民工在30%和40%的水平下均面临十分严重的可行能力不足状况，多维可行能力不足的发生率远远高于收入维度可行能力不足的发生率。因此，可行能力多维测度结果进一步说明农民工的可行能力不足是多维条件下的可行能力不足，开展农民工可行能力发展研究主要应当从多维角度入手，而不仅仅关注于收入方面。

由于在各个收入维度临界值下，农民工的可行能力多维测度结果均基本一致，下面主要以收入维度临界值较为适中的2倍全国城市低保平均标准下的农民工可行能力多维测度结果为对象开展区域分解与比较研究。

二、基于不同经济社会发展区域的农民工可行能力分解

在对农民工可行能力多维测度的基础上，进一步按照不同的区域进行分解，以得到农民工在不同区域的可行能力情况，并就区域差异进行对比分析。

根据国家统计局对于全国经济发展区域的划分，按照东、中、西和东北四个区域①，分别在30%和40%的水平下，以11870.4元收入标准（2倍的2016年全国城市低保平均标准）下得到的多维可行能力不足发生率、多维可行能力不足强度和可行能力多维发展指数为对象进行分解和比较，区域分解结果见表5-5。

---

① 东部地区包括：北京、上海、天津、江苏、浙江、福建、山东、河北、广东和海南。中部地区包括：河南、山西、湖北、湖南、安徽、江西。西部地区包括：重庆、四川、内蒙古、广西、西藏、陕西、贵州、云南、青海、宁夏、甘肃和新疆。东北包括：黑龙江、吉林、辽宁。

表 5-5　　　　　　　　　农民工可行能力的区域分解情况

临界值水平	具体指标	东部地区	中部地区	西部地区	东北地区
30%水平	多维可行能力不足发生率（H^0）	85.52%	92.86%	92.02%	93.87%
	多维可行能力不足强度（A^0）	62.68%	63.89%	63.67%	65.76%
	可行能力多维发展指数（M^0）	0.5361	0.5933	0.5859	0.6173
40%水平	多维可行能力不足发生率（H^0）	77.33%	88.18%	87.29%	90.18%
	多维可行能力不足强度（A^0）	65.59%	65.41%	65.21%	67.01%
	可行能力多维发展指数（M^0）	0.5072	0.5768	0.5693	0.6043

资料来源：根据2016年中国流动人口动态监测调查数据计算而得。

在30%的水平下，从多维可行能力不足发生率（H^0）来看，东部地区最低，为85.52%；东北地区最高，为93.87%；西部地区和中部地区相差不大，位次居中，西部地区略低于中部地区，分别为92.02%和92.86%。从多维可行能力不足强度（A^0）来看，东部地区最低，为62.68%；东北地区最高，为65.76%；西部地区和中部地区同样相差不大，位次依然居中，分别为63.67%和63.89%。从可行能力多维发展指数（M^0）来看，综合多维可行能力不足发生率（H^0）和多维可行能力不足强度（A^0）的影响，东部地区最低，为0.5361；东北地区最高，为0.6173；西部地区和中部地区依然十分接近，位次居中，西部地区略低于中部地区，分别为0.5859和0.5933。在40%的水平下，多维可行能力不足发生率（H^0）、多维可行能力不足强度（A^0）和可行能力多维发展指数（M^0）的区域分布与对比情况与30%水平下的情况一致，仅由于水平的提升，各项指标的绝对值水平略有变化。

综合30%和40%水平下农民工的可行能力区域分解与空间分布情况可以看出，农民工的可行能力在各个区域普遍呈现较为严重的状况，30%和40%水平下各个区域的多维可行能力不足发生率分别平均高达91.07%和85.75%，这意味着绝大多数的农民工均存在可行能力发展困境；多维可行能力不足强度分别平均高达64%和65.8%，这意味着处于可行能力发展困境中的农民工的可行能力不足维度数目占到总维度数目的60%以上，面临着较为恶劣的现实境况。多维可行能力不足强度在各个区域间相差不大，基本保持在65%上下，多维可行能力不足发生率和可行能力多维发展指数相差较为明显（见图5-1）。其中，东部地区情况稍好，多维可行能力不足发生率分别为85.52%和77.33%，可行能力多维发展指数在30%水平和40%水平下为均处于0.55以下，分别为0.5361和0.5072，中西部地区和东北地区虽有所差别，但十分相近，整体呈现更为严重的可行能力不足状况，30%水平下的多维可行能力不足发生率均在90%以上，40%

水平下的多维可行能力不足发生率均在 85% 以上，明显高于各个区域的平均水平，可行能力多维发展指数均在 0.55 以上，东北地区甚至达到 0.6 以上。

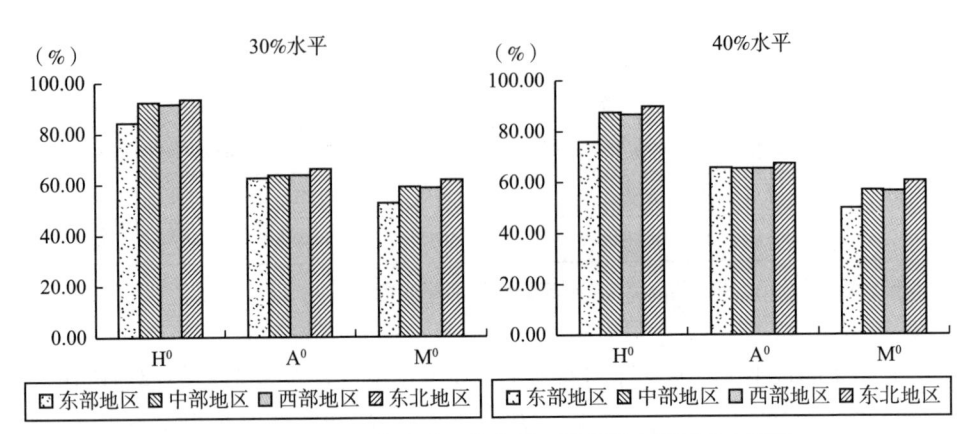

图 5-1　东中西和东北地区的农民工可行能力区域分布情况

资料来源：根据 2016 年中国流动人口动态监测调查数据计算而得。

三、基于区域分解的农民工可行能力对比分析

改革开放以来，虽然随着经济社会改革的推进和深入，农民工对于推动经济社会发展的积极作用得到越来越多的认同，中央从国家整体利益出发逐步放松了对城乡劳动力流动的管制，但是从各个区域地方政府的视角来审视农民工问题却存在着较大的矛盾和分歧。地方政府一方面从推动区域经济增长的角度出发，欢迎大量的农村劳动力进入本地，为地方经济发展提供充沛和优质的劳动力资源，并通过常住人口数量的增长扩张本地市场需求，增强地方经济发展活力；另一方面地方政府又从属地管理和维护本地户籍居民利益的角度出发，认为大量农村劳动力的流入会带来诸多社会管理问题，分占本地居民在就业、教育、医疗等方面的经济社会资源，加剧社会矛盾，增加社会管理压力。因此，基于上述矛盾性执政思维，地方政府既想利用农民工的廉价劳动力服务地方经济发展，又从维护地方利益的原则出发将农民工在城镇的可行能力与实际权利限制在一定范围内，以减少社会管理压力和对本地资源的占用，实际上形成了"经济接纳、社会排斥"的现实状况，突出表现为地方政府在具体政策制定和实施方面，允许农民工自由择业，但不提供就业保障；承认其居住权利，但不提供居住保障；承认其自由劳动权利，但不提供劳动保护；承认其教育培训权利，但限制性提供教育培训资源。因而，在现实的经济社会发展过程中，地方政府利用城乡二元的户籍制度和属地管理权限，在充分使用农民工提供的劳动力资源同时，却不同程度地将其排斥在本地的就业、医疗、教育、养老、住房等基本公共服务体系之外，使其难以

获得市民身份，更难以真正分享城镇公共服务资源和经济发展成果，使农民工面临多方面的现实困境，从而使该群体呈现普遍和严重的可行能力不足状况。

根据可行能力多维测度与区域分解结果，虽然东部、中部、西部和东北等各个地区的农民工多维可行能力不足发生率、多维可行能力不足强度和可行能力多维发展指数均处于高位，但是分不同区域来看，东部地区状况明显好于其他三个地区，西部地区略好于中部地区，中部地区略好于东北地区，东北地区农民工群体面临的可行能力发展困境最为严重。下面，本书从不同地区的实际情况出发，对农民工在各个地区的分布情况以及背后的经济社会影响因素进行比较和分析。

（一）东部地区

东部地区由于地处沿海，是我国改革开放以后率先发展的地区，是我国的经济重心所在地。根据各省份统计年鉴中的相关数据计算，2016 年地区 GDP 总量为 410186.44 亿元，占全国 GDP 总量的 55.12%，地区拥有作为中国经济增长极的长三角、珠三角和京津冀三大城市群，经济社会的人口承载力较强，能够负担大量的人口流入。东部地区的城镇化发展迅速，2016 年区域常住人口城镇化率达到 65.94%，超过全国平均水平 8.59 个百分点，城镇居民人均可支配收入达到 39651 元，高于全国平均的 33616 元，更远高于中部地区的 28879.3 元、西部地区的 28609.7 元和东北地区的 29045.1 元，较高的收入水平对农民工形成较大的吸引力。同时，东部地区是外商投资的重点区域和我国劳动密集型产业的集中区域，对劳动力的需求量较大，适于农民工的就业岗位较多，能够满足农民工在非农部门和城镇区域务工经营与成长发展的需要。较高的经济发展和经济规模水平使地方政府财力较为充沛，加之中央在政策和资金上的大力支持，区域基础设施建设和基本公共服务水平领先全国，集中了全国最为优质的基础设施和公共服务资源。根据 2017 年《中国教育统计年鉴》和《中国卫生健康统计年鉴》相关数据，东部地区双一流大学 22 所，占全国双一流大学总量的 52.38%，人均教育经费 2714.72 元，超出全国平均水平 101.79 元，超出中部地区和西部地区 785.41 元和 303.99 元，每千人口医疗卫生人员数量为 6.81 人，高于 6.12 人的全国平均水平，更高于中部地区的 5.62 人和西部地区的 6.07 人，在这种情况下，政府有余力推动惠及农民工群体的基本公共服务均等化改革，相比其他区域能够更多地覆盖处于城镇户籍体系之外的农民工。因此，一方面，东部地区庞大的经济体量为农民工提供了充足的就业岗位，城镇区域较高的人均收入水平也吸引了大量的农民工，东部地区成为农民工的主要流入地；另一方面，东部地区较为完善的基础设施和较高的公共服务水平也为从事务工经营的农民工提供了更为良好的生存与发展条件，因而，东部地区的农民工可行能力状况相对其他区域而言明显较好。

（二）东北地区

整体来看，东北地区农民工可行能力不足的状况最为严重，这一方面是由于东北地区作为"共和国长子"，是典型的老工业基地，由于受市场化改革启动较晚、国企占比大且改革滞后、改革责任与成本承担较多、优势传统产业持续衰退、长期产业结构失调等因素的影响，区域经济发展陷入困境，自2011年经历短暂高速增长后重新陷入持续低速增长。根据国家统计局公布的数据，2016年辽宁、吉林、黑龙江的GDP增速分别为-2.5%、6.9%和6.1%，排名全国垫底。2017年东北地区经济增速虽然有所提振，但是仅有黑龙江完成了经济增长目标。在经济增长低迷的情况下，企业经营普遍较为困难，国有企业发展缓慢，民营经济活力不足，非农部门对农业转移劳动力的就业吸纳能力下降，工资薪酬水平难以提升，更无力改善其他方面的福利待遇，政府财力有限，在基础设施建设、民生条件改善、社会保障支持等方面面临较大瓶颈。另一方面受经济增长长期持续低迷以及就业创业环境不佳等因素的影响，东北地区人口持续外流，根据国家统计局公布的数据，东北地区人口占全国人口比重已经从1978年的9.01%下降至2016年的7.89%。同时，由于长期以来国有经济在东北地区占据绝对优势，计划生育与国企职工的工作岗位紧密相关，因而计划生育政策在东北地区得到相对其他区域而言更为彻底的贯彻。根据历年《中国统计年鉴》和《中国人口和就业统计年鉴》相关数据计算，2016年辽宁、吉林和黑龙江的人口出生率分别为6.6%、5.55%、6.12%，显著低于全国12.95%的平均水平，这两种因素的同时叠加加速了东北地区的老龄化进程，辽宁、吉林、黑龙江三省的老年抚养比由2004年的12.24%、9.48%、8.64%上升至2016年的17.37%、14.19%、15.30%，分别上升5.3%、4.71%、6.66%，而同期全国老年抚养比由11.87%上升至14.96%，仅上升3.09%。可见，东北地区的老龄化进程显著快于全国水平，人口结构的老龄化使地区养老和医疗支出快速增长，加重了社会保障体系运行的财政负担，社会保险收支平衡问题突出，教育、住房等基本公共服务在人口数量不足的情况下难以实现优化配置，政府难有余力推进针对农民工的社会保障改革和基本公共服务以及社会福利等方面的完善。因此，受经济增长乏力和人口老龄化等多方面因素的影响，东北地区经济社会发展面对多重压力，就业、养老、医疗、教育、住房等方面的基本公共服务难有改善，更无力覆盖处于城镇户籍体系之外的农民工，因而导致东北地区的农民工存在较为严重的可行能力发展困境。

（三）中部地区

中部地区和西部地区农民工的可行能力状况略好于东北地区，其中中部地区和西部地区相比，中部地区又略逊于西部地区。改革开放以来，相比东部率先发展战略、西部大开发战略和东北振兴战略，中部崛起战略推出的时间最晚，在东部率先发展的大背景下，受国家非均衡发展战略以及区位因素的影响，中部地区在市场化发展方面远不及东部地区，国家支持力度方面不如西部地区，因而在几大区域发展进程中受到东西部的双重挤压，经济社会发展水平一直处于相对缓慢的状态，经济地位持续下降，1980 年中部地区的人均 GDP 为全国平均水平的 88%，1990 年下降至 83%，2003 年更进一步下降至 75%，出现显著的"中部塌陷"现象（冯子标，2005）[①]，因此，在后续发展方面，中部地区存在先天不足。

中部崛起战略实施以来，中部地区的经济社会实现了快速发展。根据国家统计局公布的数据，中部地区 GDP 总量占比从 2004 年的 3.21 万亿增长至 2016 年的 16.06 万亿，三次产业结构由 2004 年的 19∶46∶35 变为 2016 年的 10∶45∶44，产业结构初步实现优化升级。城镇化发展较快，中原城市群、武汉都市圈和长株潭城市群等城市群建设初具规模，郑州、武汉、长沙等中心城市建设水平不断加速，区域平均城镇人均可支配收入由 2004 年的 8338 元增长至 2016 年的 28879.3 元，多方面的数据显示中部地区的经济增长逐步走出"中部塌陷"的困境，已经基本追上同为后发区域的西部地区。但是，受历史问题积累和自身区位、禀赋等因素的制约，中部地区的经济社会发展仍然在多个方面存在不足。在经济发展与就业空间方面，中部地区由于在空间距离上比邻东部地区，因而各类要素在东部率先发展与快速崛起的过程中向东部地区流出的程度相对西部更大。同时，由于空间距离因素以及人口密度因素，来自率先发展的东部地区的产品更多占据的是中部地区市场，而不是空间距离更远且人口分布稀疏的西部地区。而且，中部六省多为农业大省和传统产业大省，第一产业和以重工业、军工产业为主的第二产业占比较高，适于农民工的就业机会相对不足。特别在城镇化方面，2016 年，中部地区城镇化率为 52.77%，低于 57.35% 的全国平均水平，中部地区城市群还处于初步形成阶段，在发展上未形成有效的整体，除湖北武汉外，其他省会城市对周边地区的辐射和带动能力都不强，区域内部"合理分工、相互协作"体系建设滞后，相比长三角、珠三角和京津冀等传统优势区域，积聚效应和市场化水平不高，城镇化质量有待提升，城镇就业岗位、发展空间、基础设施和基本公共服务等方面对农民工的吸引力不强，大批中部地区的农民工仍然偏向于流向东部地区。在基本公共服务方面，由于地方政府财力不足、中央支持力度有限、区域人口规模较大等方面的原因，与经济增长方面已逐步走出中部塌陷的情况不同，中部地区的基本公共服务在多个方面依然未走出"中部塌陷"的境况。根据国家统计局公布的数据，2016 年中部六省人口密度约为 357 人/平方千米，不仅远高

[①] 冯子标. 中部塌陷原因及崛起途径探析 [J]. 管理世界，2005 (12)：150 – 151.

于 144 人/平方千米的全国平均水平，也远高于西部地区的 54 人/平方千米，但是中部地区人均教育经费仅为 1929.31 元，不仅远低于 2612.93 元的全国平均水平，而且也远低于西部地区的 2410.73 元；人均医院数量为 0.1854 所，不仅低于 0.2107 所的全国平均水平，而且也低于西部地区的 0.2518 所；每千人口医疗卫生人员数量为 5.62 人，不仅低于 6.2 人的全国平均水平，而且也低于西部地区的 6.07 人；在地方财政支出超出地方财政收入差额最大的前四个省份中，中部地区占据了三席，依次分别为河南、湖南和湖北，其他中部地区省份的排名情况依次为：安徽第 11 名，江西 16 名，山西 20 名。地方财力的不足对区域基本公共服务和基础设施建设水平的提升起到十分明显的遏制作用，尤其是在人口承载压力相对较大的情况下，地方政府更难以推进目前以城乡二元户籍制度为基础的各类基本公共服务供给体系与制度改革，无暇更多地顾及农民工在就业、住房、社会保障等方面的待遇改善情况。因此，农民工在中部地区的可行能力状况虽然略好于东北地区，但是却差于同为后发区域的西部地区，更明显逊于东部地区。

（四）西部地区

西部地区由于历史、区位、禀赋等方面的原因，一直属于经济社会发展的落后地区。为平衡区域发展差距、维护社会稳定和巩固国防，国家自 2000 年开始实施西部大开发战略，在政策和资金方面给予西部地区大力扶持，西部地区的经济社会实现了快速发展。2017 年，西部地区经济实现了高速增长，多个省份经济增速排名位居全国前列。根据国家统计局公布的数据，贵州、云南、重庆、四川、陕西经济增速分别为 10.2%、9.5%、9.3%、8.1%、8.0%，分别高出全国经济增速 3.3 个、2.6 个、2.4 个、1.2 个和 1.1 个百分点，贵州的经济增速更是自 2011 年以来连续 7 年位居全国前三。但是，西部地区省份普遍属于传统的欠发达地区，经济基础依然薄弱，经济规模体量有限，地方财政收入相对偏低，长期以来依赖于中央财政转移支付的支持，有限的财政收入更多地投入于地区经济发展中，基本公共服务支出十分有限，区域整体经济社会发展和基本公共服务水平依然不高，难以有效覆盖和惠及城镇户籍体系以外的农民工。根据 2017 年《中国统计年鉴》《中国教育统计年鉴》和《中国卫生健康统计年鉴》等相关数据，2016 年西部地区人均教育经费 2410.73 元，低于全国平均的 2612.93 元，也低于东部地区的 2714.72 元；初中、高中、中等职业学校和普通高校的师生比均高于全国平均水平，也高于东部地区水平，意味着单位数量的教师将面对更多数量的学生；每千人口医疗卫生人员数量为 6.07 人，低于全国平均的 6.12 人，也低于东部地区的 6.81 人。同时，由于西部地区地广人稀的特点，城镇化发展较为滞后，西部大开发战略实施初期西部地区城镇化率仅为 28.70%，远远滞后于东部地区和全国水平。经过十多年的发展，西部地区的城镇化实现了快速发展，

2016年常住人口城镇化率为50.19%，但依然落后于东部地区65.94%和全国57.35%的城镇化水平，这导致经济积聚作用不强，就业岗位有限，并且在城镇人口规模不足的情况下，难以有效提升基本公共服务效率，从而使农民工在西部地区的务工经营和日常生活条件很难得到实质性的改善。因此，西部地区的农民工同样面临着就业、住房、医疗、教育等多个方面的现实困境，但是，得益于中央对于西部地区在资金和政策上的大力扶持，加上西部地区的多数省份人口承载压力较小，并且由于在空间距离上同快速发展的东部地区相隔较远，东部地区在要素吸纳和产品市场占领等方面对西部地区的影响较小，西部地区在经济社会发展、就业岗位创造、基本公共服务提供等方面对农民工的惠及相对中部地区略有优势，因而农民工在西部地区的可行能力状况要略好于中部地区，但是二者相差不大，农民工群体均呈现较为严重的可行能力不足状况。

显然，如果农民工所在区域的基本公共服务较为完善充足，那么就能够较多分享到基本公共服务，进而其在就业、住房、教育、医疗等方面现实困境就会得到缓解，可行能力状况相应就会有所改善；反之，如果农民工所在区域基本公共服务较差，作为本身就被排斥于城镇户籍体系之外的农民工，更难以分享到所在区域的基本公共服务，其可行能力状况相应地就会恶化。因此，农民工的可行能力状况显然与所在区域的基本公共服务水平密切相关。根据中国社会科学院马克思主义研究院经济与社会建设研究室同华图政信公共管理研究院联合开展的中国城市基本公共服务力评价研究的相关成果[①]可以看出，2016~2017年，我国东部地区的基本公共服务水平明显高于中部地区和西部地区，西部地区略高于中部地区（见表5-6），这与本书对各个区域农民工可行能力状况的多维测度结果是对应和一致的，侧面说明了本书可行能力多维测度结果的客观性和合理性。

表5-6　2016~2017年东中西部主要城市基本公共服务力评价得分情况

评价指标	2016年			2017年		
	东部地区	中部地区	西部地区	东部地区	中部地区	西部地区
公共交通	58.71	55.54	58.75	62.74	59.80	60.24
公共安全	67.00	65.09	65.79	69.09	67.16	67.13

① 中国社会科学院马克思主义研究院经济与社会建设研究室同华图政信公共管理研究院中国城市基本公共服务力评价课题组构建了基本公共服务力评价指标体系，针对直辖市、计划单列市和各个省会城市开展大样本问卷调查，发放问卷26000份，回收有效问卷24643份，调查样本对象既包括本地户籍人口，也包括非本地户籍外来务工人员，利用满意度上升指数、发展指数等评价工具，从公共交通、公共安全、公共住房、基础教育、社保就业、医疗卫生、城市环境、文化体育、公职服务等10个方面，47个二级指标，53个三级指标，对全国主要城市的基本公共服务情况进行调查和分析研究，得到各个地区的基本公共服务满意度指数，是目前较为权威的关于我国各区域基本公共服务水平的客观评价。

续表

评价指标	2016 年			2017 年		
	东部地区	中部地区	西部地区	东部地区	中部地区	西部地区
公共住房	56.15	52.86	56.99	58.40	57.00	58.66
基础教育	63.86	60.55	62.27	63.32	60.55	62.01
社保就业	64.26	60.89	63.82	66.11	63.78	63.84
医疗卫生	63.74	61.92	62.75	65.76	63.93	63.58
城市环境	63.83	57.24	64.09	66.32	60.74	63.48
文化体育	63.41	59.71	63.01	65.93	62.62	62.84
公职服务	63.15	59.72	61.45	66.49	62.91	62.93
总体满意度指数	62.21	59.14	61.97	64.53	61.87	62.64

注：《中国城市基本公共服务力评价》在区域划分上将中国划分为东部、中部和西部三大区域，未将东北区域单设，而是将辽宁、吉林、黑龙江三省划入中部地区。
资料来源：中国社会科学院马克思主义研究院经济与社会建设研究室同华图政信公共管理研究院中国城市基本公共服务力评价课题组《2017年中国城市基本公共服务力评价》。

四、基于省级区域的农民工可行能力多维测度与分解

进一步按照省、自治区和直辖市等省级区域对农民工的可行能力状况进行测度和分解，得到各个省份的多维可行能力不足发生率、多维可行能力不足强度和可行能力多维发展指数，以考察农民工在不同省份的可行能力分布情况。根据30%和40%水平下的测度结果，各个省级行政区域之间农民工的多维可行能力不足强度差异不大，分化程度较轻，而多维可行能力不足发生率和可行能力多维发展指数分化较为显著。因此，本节重点分析差异较为显著的各个省级行政区域农民工多维可行能力不足发生率和可行能力多维发展指数情况，多维可行能力不足强度的测算与分析结果请参见附录A。

（一）可行能力省级区域分布的整体状况

按照省级区域对农民工的多维可行能力不足发生率和可行能力多维发展指数在30%和40%水平下进行测度，并根据多维可行能力不足发生率和可行能力多维发展指数的高低进行排序。结果显示，30%和40%水平下各个省级区域农民工的多维可行能力不足发生率和可行能力多维发展指数排名基本一致，并且随着水平的提升，各个省级区域农民工的多维可行能力不足发生率和可行能力多维发展指数均趋于下降（见表5-7），这说明本书对于农民工可行能力发展情况的省级区域测度结果是稳健有效的。

表 5-7　　农民工多维可行能力不足发生率省级区域分布情况　　单位：%

省份	所属区域	30%水平多维可行能力不足发生率	省份	所属区域	40%水平多维可行能力不足发生率	排序
北京	东部	73.69	北京	东部	62.26	1
上海	东部	77.94	上海	东部	66.14	2
山东	东部	78.46	重庆	西部	68.42	3
重庆	西部	79.62	山东	东部	69.95	4
广东	东部	82.53	广东	东部	71.14	5
江苏	东部	82.95	江苏	东部	74.00	6
安徽	中部	85.03	海南	东部	77.30	7
海南	东部	85.59	安徽	中部	77.90	8
天津	东部	87.80	福建	东部	80.18	9
广西	西部	87.87	天津	东部	80.74	10
福建	东部	88.15	广西	西部	81.42	11
四川	西部	89.74	四川	西部	83.28	12
辽宁	东北	90.24	辽宁	东北	85.43	13
新疆兵团	西部	90.43	湖北	中部	85.48	14
湖北	中部	91.33	宁夏	西部	85.73	15
内蒙古	西部	91.69	新疆兵团	西部	85.89	16
宁夏	西部	91.72	新疆	西部	87.82	17
新疆	西部	92.30	湖南	中部	88.57	18
湖南	中部	93.72	内蒙古	西部	88.84	19
贵州	西部	93.90	贵州	西部	89.73	20
青海	西部	94.25	陕西	西部	90.42	21
陕西	西部	94.59	浙江	东部	91.12	22
河南	中部	95.08	山西	中部	91.12	23
浙江	东部	95.25	青海	西部	91.78	24
吉林	东北	95.43	吉林	东北	92.51	25
山西	中部	96.03	河南	中部	92.71	26
河北	东部	96.75	河北	东部	93.68	27
江西	中部	96.88	江西	中部	93.92	28
甘肃	西部	97.20	云南	西部	94.65	29

续表

省份	所属区域	30%水平多维可行能力不足发生率	省份	所属区域	40%水平多维可行能力不足发生率	排序
云南	西部	97.51	黑龙江	东北	94.83	30
黑龙江	东北	97.63	甘肃	西部	95.22	31
西藏	西部	99.58	西藏	西部	98.00	32
均值	—	90.34	均值	—	84.69	—

注：新疆生产建设兵团简写为新疆兵团。
资料来源：根据2016年中国流动人口动态监测调查数据计算而得。

首先，从多维可行能力不足发生率的测度结果来看，在30%的水平下，全国省级区域平均的多维可行能力不足发生率为90.34%，最低的为北京，多维可行能力不足发生率为73.69%，最高的为西藏，多维可行能力不足发生率为99.58%；在40%的水平下，全国省级区域平均的多维可行能力不足发生率为84.69%，最低的依然为北京，多维可行能力不足发生率为62.26%，最高的依然为西藏，多维可行能力不足发生率为98%。其次，从可行能力多维发展指数的测度结果来看，在30%的水平下，全国省级区域平均的可行能力多维发展指数为0.5731，最低的为北京，可行能力多维发展指数为0.4212，最高的为甘肃，可行能力多维发展指数为0.6711；在40%的水平下，全国省级区域平均的可行能力多维发展指数为0.5531，最低的依然为北京，可行能力多维发展指数为0.3809，最高的依然为甘肃，可行能力多维发展指数为0.6641（见表5-8）。因此，从整体来看，农民工在各个省级行政区域的多维可行能力不足发生率和可行能力多维发展指数普遍处于高位，即使情况最好的北京，在30%和40%的水平下，多维可行能力不足发生率依然分别高达60%以上，可行能力多维发展指数分别达到0.4左右，排名居于末尾的西藏、云南、甘肃等，多维可行能力不足发生率均在95%以上，这意味着几乎所有的农民工都存在多个维度下的可行能力不足，可行能力多维发展指数也均在0.65以上，意味着可行能力不足的农民工面对的发展束缚情况是十分严重的。

表5-8　农民工可行能力多维发展指数省级区域分布情况

省份	所属区域	30%水平可行能力多维发展指数	省份	所属区域	40%水平可行能力多维发展指数	排序
北京	东部	0.4212	北京	东部	0.3809	1
上海	东部	0.4459	上海	东部	0.4041	2

续表

省份	所属区域	30%水平可行能力多维发展指数	省份	所属区域	40%水平可行能力多维发展指数	排序
重庆	西部	0.4527	重庆	西部	0.4135	3
山东	东部	0.4697	山东	东部	0.4396	4
广东	东部	0.4897	广东	东部	0.4495	5
江苏	东部	0.5144	江苏	东部	0.4829	6
海南	东部	0.5245	海南	东部	0.4953	7
安徽	中部	0.5332	安徽	中部	0.5082	8
广西	西部	0.5338	广西	西部	0.5115	9
新疆兵团	西部	0.5473	福建	东部	0.5255	10
宁夏	东部	0.5520	天津	东部	0.5292	11
福建	东部	0.5534	宁夏	西部	0.5307	12
天津	西部	0.5540	新疆兵团	西部	0.5310	13
湖北	西部	0.5567	湖北	中部	0.5357	14
四川	中部	0.5600	四川	西部	0.5371	15
内蒙古	中部	0.5909	湖南	中部	0.5756	16
湖南	西部	0.5936	内蒙古	西部	0.5808	17
辽宁	西部	0.6003	辽宁	东北	0.5836	18
新疆	东北	0.6011	新疆	西部	0.5851	19
陕西	西部	0.6066	陕西	西部	0.5916	20
贵州	西部	0.6070	贵州	西部	0.5923	21
青海	西部	0.6088	山西	西部	0.5966	22
山西	中部	0.6139	青海	西部	0.6001	23
黑龙江	中部	0.6222	黑龙江	东北	0.6120	24
江西	东北	0.6298	江西	中部	0.6194	25
河南	中部	0.6339	河南	中部	0.6255	26
吉林	东北	0.6368	吉林	东北	0.6264	27
西藏	东部	0.6412	西藏	西部	0.6358	28
河北	东部	0.6551	浙江	东部	0.6414	29
浙江	西部	0.6560	河北	东部	0.6443	30

续表

省份	所属区域	30%水平可行能力多维发展指数	省份	所属区域	40%水平可行能力多维发展指数	排序
云南	西部	0.6608	云南	西部	0.6508	31
甘肃	西部	0.6711	甘肃	西部	0.6641	32
均值	—	0.5731	均值	—	0.5531	—

注：新疆生产建设兵团简写为新疆兵团。
资料来源：根据2016年中国流动人口动态监测调查数据计算而得。

（二）可行能力省级区域分布状况的对比分析

根据多维可行能力不足发生率和可行能力多维发展指数的测度结果，我们可以得到农民工可行能力省际分布的区域差异情况。首先，从多维可行能力不足发生率的区域差异来看，30%水平和40%水平下，多维可行能力不足发生率最高值与最低值之间分别相差25.90%和35.73%，总体分布的标准差分别为6.53%和9.35%。其次，从可行能力多维发展指数的区域差异来看，30%水平和40%水平下，可行能力多维发展指数最高值与最低值之间分别相差0.25和0.2832，总体分布的标准差分别为0.0659和0.0757。

根据测度结果的空间分布来看，农民工的可行能力状况不仅按照东、中、西和东北四大发展区域的分化较为明显，各大区域内部按省份划分的区域分布之间也存在一定的分化。东部地区农民工的可行能力状况虽然相对其他区域较好，但是河北和浙江的多维可行能力不足发生率明显较高；中西部的可行能力状况虽然整体相对东部地区要差，但是重庆和四川的多维可行能力不足发生率明显较低，如果按照全国各省级行政区域农民工多维可行能力不足发生率由低到高排序，重庆甚至可以排到前三或前四名。因此，不同省级行政区域之间农民工的多维可行能力不足发生率和可行能力多维发展指数依然存在分化，存在相当程度的省份区域差异。

首先，从多维可行能力不足发生率来看，随着30%水平提高到至40%水平，各个省级行政区域的多维可行能力不足发生率及其排序存在变化，但是整体来看变动程度较小。具体地，在30%的水平下，北京、上海、山东、重庆、广东、江苏、安徽、海南、天津、广西、福建、四川和辽宁的多维可行能力不足发生率低于全国90.34%的平均水平，分别为73.69%、77.94%、78.46%、79.62%、82.53%、82.95%、85.03%、85.59%、87.80%、87.87%、88.15%、89.74%和90.24%，多维可行能力不足发生率由低到高排序分列第1至第13位；新疆生产建设兵团、湖北、内蒙古、宁夏、新疆、湖南、贵州、青海、陕西、河南、浙江、吉林、山西、河北、江西、甘肃、云南、黑龙江和西藏的多维可行能力不足发生率高于全国平均水平，分别为 90.43%、91.33%、91.69%、91.72%、92.30%、93.72%、93.90%、94.25%、94.59%、95.08%、95.25%、95.43%、96.03%、96.75%、96.88%、97.20%、97.51%、97.63% 和 99.58%，多维可行能力不足发生率由低到高排序分列第 14 至 32 位。在 40% 的水平下，多维可行能力不足发生率低于全国平均水平的省份基本一致，仅有辽宁一省由低于变为高于全国平均水平，其他省份依然是北京、上海、重庆、山东、广东、江苏、海南、安徽、福建、天津、广西和四川 12 个省市，多维可行能力不足发生率分别为 62.26%、66.14%、68.42%、69.95%、71.14%、74.00%、77.30%、77.90%、80.18%、80.74%、81.42% 和 83.28%，只是各个省市之间多维可行能力不足发生率水平的相对排序发生了部分细微变动，其中，山东和重庆交换了位置，山东由第 3 位下降到第 4 位，重庆由第 4 位上升至第 3 位，海南和安徽交换了位置，海南由第 8 位上升至第 7 位，安徽由第 7 位下降至第 8 位，天津和广西均下降一个名次，天津由第 9 位下降至第 10 位，广西由第 10 位下降至第 11 位，福建由第 11 位上升至第 9 位；多维可行能力不足发生率低于全国平均水平的省份新加入了辽宁，其余各个省份保持不变，也仅仅是相互之间的排名次序发生了一些变化，依次为辽宁、湖北、宁夏、新疆生产建设兵团、新疆、湖南、内蒙古、贵州、陕西、浙江、山西、青海、吉林、河南、河北、江西、云南、黑龙江、甘肃和西藏，多维可行能力不足发生率依次为 85.43%、85.48%、85.73%、85.89%、87.82%、88.57%、88.84%、89.73%、90.42%、91.12%、91.12%、91.78%、92.51%、92.71%、93.68%、93.92%、94.65%、94.83%、95.22% 和 98.00%。

其次，从可行能力多维发展指数来看，在 30% 的水平下，北京、上海、重庆、山东、广东、江苏、海南、安徽、广西、新疆生产建设兵团、宁夏、福建、天津、湖北和四川的可行能力多维发展指数低于全国平均水平，分别为 0.4212、0.4459、0.4527、0.4697、0.4897、0.5144、0.5245、0.5332、0.5338、0.5473、0.552、0.5534、0.554、0.5567 和 0.56，可行能力多维发展指数由低到高排序分列第 1 至第 15 位；内蒙古、湖南、辽宁、新疆、陕西、贵州、青海、山西、黑龙江、江西、河南、吉林、西藏、河北、浙江、云南、甘肃的可行能力多维发展指数高于全国平均水平，分别为 0.5909、0.5936、0.6003、0.6011、0.6066、0.607、0.6088、0.6139、0.6222、0.6298、0.6339、0.6368、0.6412、0.6551、0.656、0.6088、0.6711，可行能力多维发展指数由低到高排序分列第 16 至 32 位。在 40% 的水平下，可行能力多维发展指数低于全国平均水平的省份没有发生变化，依然是北京、上海、重庆、山东、广东、江苏、海南、安徽、广西、福建、天津、宁夏、新疆生产建设兵团、湖北和四川 15 个省市，可行能力多维发展指数分别为 0.3809、0.4041、0.4135、0.4396、0.4495、0.4829、0.4953、

0.5082、0.5115、0.5255、0.5292、0.5307、0.531、0.5357 和 0.5371，同样只是各个省市之间可行能力多维发展指数水平的高低排序发生了细微改变，其中，新疆生产建设兵团由第 10 位下降至第 13 位，宁夏由第 11 位下降至第 12 位，福建由第 12 位上升至第 10 位，天津由第 13 位上升至第 11 位，可行能力多维发展指数低于全国平均水平的省份也没有发生变化，同多维可行能力不足发生率一样，也仅是各个省份之间的排名次序发生了一些变化，在此不再赘述，详情请参见表 5-8。

根据上述数据分析结果，一方面，我们可以得到，在多维可行能力不足发生率和可行能力多维发展指数低于全国平均水平的省级行政区域中，东部地区均占据 8 席，占东部地区全部省级行政区域数量的 80%；西部地区分别占据 3 席和 5 席，分别占西部地区全部省级行政区域数量的 23.08% 和 38.46%；中部地区分别仅有 1 席和 2 席，分别仅为中部地区全部省级行政区域数量的 16.67% 和 33.33%；东北地区仅有辽宁 1 省在 30% 水平下的多维可行能力不足发生率低于全国平均水平，其他均为高于全国平均水平。从另一方面来看，在多维可行能力不足发生率和可行能力多维发展指数高于全国平均水平的省级行政区域中，东部地区均仅占据 2 席，占东部地区全部省级行政区域数量的 20%；西部地区分别占据 10 席和 8 席，分别占到西部地区全部省级行政区域数量的 76.92% 和 61.54%；中部地区分别占据 5 席和 4 席，占到中部地区全部省级行政区域数量的 83.33% 和 66.67%；东北地区在两项指标下除 30% 水平下的多维可行能力不足发生率以外全部在列，基本占到东北地区全部省级行政区域数量的 100%。因此，上述分析再一次说明，农民工的可行能力在东部地区的情况显著好于中西部和东北地区，西部地区略好于中部地区，东北地区的状况相比最不容乐观，这与前述按照东中西和东北地区对农民工可行能力多维发展指数进行的分解结果是契合和一致的。

从东部地区来看，在多维可行能力不足发生率和可行能力多维发展指数低于全国平均水平的 8 个东部省级区域中，全国发展领先的 3 个直辖市全部在列，其余 5 个均为东部沿海的经济规模较大或者制造业、服务业发展较好的省份。这一方面是由于直辖市和部分东部沿海省份充分利用自身区位、资源优势以及国家实施东部率先发展战略的支持，在改革开放以后实现了快速发展，经济规模较大，产业门类齐全，能够为农民工提供充足和合适的就业机会；城镇化水平较高，各类基础设施较为完善，能够承载和吸纳较多的农民工；地方政府财力较为雄厚，有能力改善各类基本公共服务水平，并从自身经济建设和社会发展的角度，有意愿且有能力推进城镇资源的分配改革，使更多的基本公共服务惠及在本区域务工经营的农民工。另一方面是由于直辖市和部分东部沿海发达省份较高的城镇户籍门槛、激烈的就业竞争和较高的物价房价水平等，对劳动力的知识能力、工作技能、身体素质、收入等方面提出了更高的要求，从而客观上对在该区域从事务工经营的农民工形成了一种"正向选择"和"挤出效应",使得那些在知识能力、工作技能、身体素质和收入等方面均达到一定水平的农民工才能够在工作压力和生活压力较大的直辖市和东部经济发达区域成功实现就业与长期生活居留。

从中西部和东北地区来看,虽然有重庆、四川、安徽和以党政军企合一为特点的新疆生产建设兵团等少数几个中西部省级行政区域显现出相对较好的可行能力状况,但是来自中西部和东北地区的省级行政区域显然构成了多维可行能力不足发生率和可行能力多维发展指数高于全国平均水平省级行政区域的绝大部分。一方面,这说明在西部大开发战略、东北振兴战略和中部崛起战略的推动下,中西部和东北地区的经济正在实现快速追赶,社会公共服务水平正在逐步改善,但是其经济社会发展成果却难以在我国刚性的城乡二元结构条件下短时间内体现在针对农民工的基本公共服务水平的提升方面;另一方面,中西部和东北地区的各个省份也由于自身在自然条件、资源禀赋、产业结构等方面的问题,难以在经济社会尚未发展至一定水平的情况下,集中力量改善处于城镇户籍体系之外的农民工群体的现实境况,如排名靠后的几个代表性省份,西藏的农民工可行能力状况最为严重明显是由于西藏高原、缺氧等恶劣的自然生存条件以及历史和现实原因导致的落后的经济社会发展条件;黑龙江的农民工可行能力发展受阻严重主要在于东北地区作为老工业基地正在艰难实现发展转型,一系列长期积累的经济社会问题受制于产业结构和地方政府财力等方面的制约,难以快速实现有效的解决,更无力顾及农民工群体现实境况的改善;甘肃的农民工可行能力发展受阻严重是由于以干旱为特征的不良自然条件、偏远的地理区域等因素导致的经济社会发展长期滞后,产业结构单一,人均收入水平较低,区域基础设施建设和基本公共服务水平均不高,从而导致农民工普遍面临较为恶劣的多维困境。

第二节 农民工与城镇户籍流动人口的可行能力比较分析

现有针对农民工群体发展的研究多仅限于该群体自身,普遍缺少与同维度条件下其他群体的比较分析,难以真正反映长期处于城镇社会边缘的农民工的可行能力状况。当前,在城镇区域的非本地户籍外来流动人口中,一部分是来自乡城迁移的农民工,另一部分是来自城城迁移的城镇户籍流动人口。农民工和城镇户籍流动人口同为城镇区域的外来流动人员,二者选择流动的目的均是为了追求更好的生活改善和个人发展,其在流动过程中面临的很多问题较为相似。近年来,在城镇新增的劳动年龄流动人口中,具有城镇户籍的比例呈快速上升趋势,根据国家卫计委的流动人口动态监测数据,2013 年新增劳动年龄流动人口中城镇户籍的占比为 9.5%,2014 年和 2015 年分别升至 10.1% 和 10.8%,2016 年更是快速上升至 15.04%，已经成为城镇流动人口的重要组成部分。本章基于国家卫计委 2016 年流动人口动态监测数据，将全部流动人口样本按照户籍性质划分为农民工和城镇户籍流动人口两个群体，通过对二者的可行能力状况进行测度和比较，有助于我们更加深层次地辨识和探讨农民工的可行能力多维发展问题。

一、各个单维指标下的可行能力比较

根据非参数核密度估计方法绘制农民工与城镇户籍流动人口的年收入核密度图，从而考察农民工和城镇户籍流动人口的整体收入水平及其分布情况。如图 5-2 结果显示，农民工与城镇户籍流动人口的年收入总额分布基本一致，均呈左偏峰、右拖尾分布，峰值均为单峰分布，农民工年收入总额分布的峰值要高于城镇户籍流动人口，二者峰值均出现在 5 万~10 万元范围内，但是城镇户籍流动人口的峰值相对农民工要靠右。随着年收入水平的上升，二者年收入总额的分布曲线向右趋于下降，逐渐趋于平缓，但是城镇户籍流动人口的年收入总额分布曲线在右拖尾的过程中向上凸起的部分明显多于农民工。

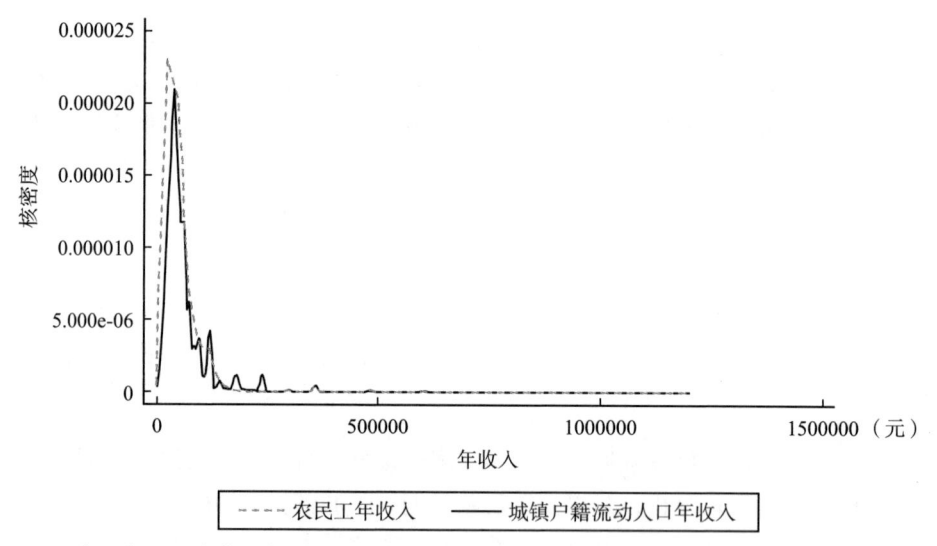

图 5-2　农民工与城镇户籍流动人口的年收入核密度图

资料来源：根据 2016 年中国流动人口动态监测调查数据计算而得。

以上分析说明，农民工和城镇户籍流动人口的年收入总额的整体分布较为相似，均以 5 万~10 万元为主，能够获得高收入的个体较少，但是整体来看，城镇户籍流动人口的年收入水平要略高于农民工，特别是在超过 20 万元的较高收入水平上，城镇户籍流动人口较农民工而言的分布比率略高。

本书进一步对农民工和城镇户籍流动人口在除收入外的其他单个维度和指标下的可行能力情况进行测度并得到单个指标的多维可行能力不足发生率（见表5-9）。

表5-9 除收入外其他维度下农民工与城镇户籍流动人口的可行能力比较

维度	指标	农民工可行能力不足发生率（%）	城镇户籍流动人口可行能力不足发生率（%）	发生率之差	发生率之比
教育	学历水平	65.37	19.51	45.86	3.35
社会保障	养老保险	57.38	29.36	28.02	1.95
	医疗保险	77.92	30.39	47.53	2.56
	失业保险	78.32	42.20	36.12	1.86
	工伤保险	73.85	41.12	32.73	1.80
	生育保险	81.02	46.69	34.33	1.74
住房	住房情况	79.48	44.95	34.53	1.77
	住房公积金	90.35	59.26	31.09	1.52
就业	工作可持续程度	56.47	26.33	30.14	2.14
	就业单位性质	70.12	57.57	12.55	1.22
	周工作时长	72.73	45.07	27.66	1.61
健康	健康关注	63.42	60.03	3.39	1.06
	职业病防治	61.90	60.31	1.59	1.03
	艾滋病性病防治	50.25	48.89	1.36	1.03
	优生优育	36.73	33.56	3.17	1.09
	结核病防治	73.32	70.82	2.5	1.04
	精神疾病防治	86.02	83.18	2.84	1.03
	慢性病防治	66.59	61.81	4.78	1.08
社会融入	长期居住意愿	42.90	25.71	17.19	1.67
	户口迁入意愿	68.91	43.09	25.82	1.60

资料来源：根据2016年中国流动人口动态监测调查数据计算而得。

将农民工与城镇户籍流动人口在各个指标下的可行能力不足发生率对比可以发现，农民工在各个维度指标下的可行能力不足发生率均高于城镇户籍流动人口，二者之差平均为21.16%，即农民工的单维可行能力不足发生率平均高出城镇户籍流动人口 21.16 个百分点，二者之比平均为 1.61，即农民工的单维可行能力不足发生率平均为城镇户籍流动人口的 1.61 倍。

按照农民工与城镇户籍流动人口之间的单维可行能力不足发生率之差由大到小进行排序（见图 5-3），各个指标依次为医疗保险、学历水平、失业保险、住房情况、生育保险、工伤保险、住房公积金、工作可持续程度、养老保险、周工作时长、户口迁入意愿、长期居住意愿、就业单位性质、慢性病防治、健康关注、优生优育、精神疾病防治、结核病防治、职业病防治和艾滋病性病防治。除健康维度下的各个指标外，其他维度下的各个指标可行能力不足发生率均较为显著，排名较为靠前的医疗保险和学历水平指标，差距均在 45% 以上，住房维度下的住房情况和住房公积金指标、就业维度下的工作可持续性指标以及社会保障维度下的失业保险、生育保险和工伤保险指标的可行能力不足发生率差距也均在 30% 以上。

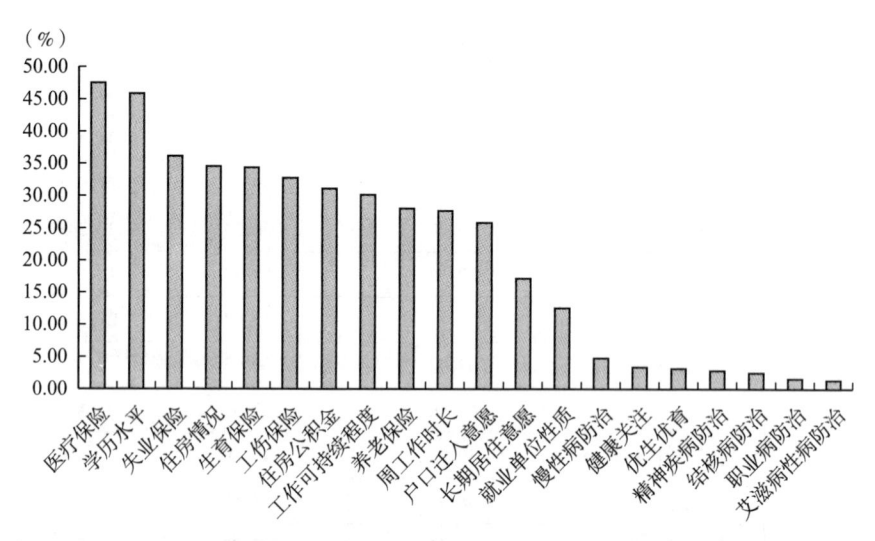

图 5-3　农民工与城镇户籍流动人口各个指标下的可行能力不足发生率之差

资料来源：根据 2016 年中国流动人口动态监测调查数据计算而得。

按照农民工与城镇户籍流动人口之间的单维可行能力不足发生率之比由大到小进行排序（见图 5-4），各个指标依次为学历水平、医疗保险、工作可持续程度、养老保险、失业保险、工伤保险、住房情况、生育保险、长期居住意愿、户口迁入意愿、周工作时长、住房公积金、就业单位性质、优生优育、慢性病防治、健康关注、结核病防治、精神疾病防治、艾滋病性病防治和职业病防治。其中，在排名首位教育维度下的学历水平指标下，农民工的可行能力不足发生率达到城镇户籍流动人口的 3.35 倍；在排名第二位至第四位的医疗保险、工作可持续程度和养老保险指标下,农民工的可行能力不足发生率也分别达到城镇户籍流动人口的 2.56 倍、2.14 倍和 1.95 倍;其他除健康维度下的各项指标外,其他指标下农民工的可行能力不足发生率也均达到城镇户籍流动人口的 1.5 倍以上。

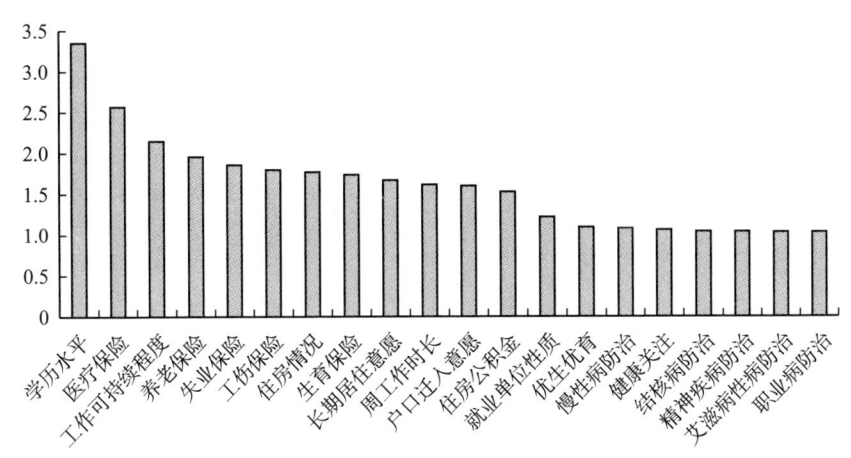

图 5-4　农民工与城镇户籍流动人口各个指标下的可行能力不足发生率之比

资料来源:根据 2016 年中国流动人口动态监测调查数据计算而得。

通过对农民工和城镇户籍流动人口单维可行能力不足测度结果的比较,我们可以得到农民工在各个维度和指标下的可行能力不足发生率均高于城镇户籍流动人口。进一步考察农民工和城镇户籍流动人口在各个维度和指标下的可行能力不足发生率差距,结果显示二者在住房、社会保障、教育、就业和社会融入方面的可行能力不足发生率差距十分显著,但是在收入维度和健康维度的可行能力不足发生率较为接近,都表现为较低的收入维度可行能力不足发生率和较高的健康维度可行能力不足发生率。这是由于农民工和城镇户籍人口虽然同为外来流动人口,但是户籍身份的不同使二者在当前的城乡二元制度体系下处于两个不同的社会福利与保障体系下,城镇户籍流动人口相比农民工拥有更为优越的原生基础和发展条件,如更丰富的教育资源、更多的受教育机会、城镇户籍引致的更优质的就业机会、更高的社会保障水平以及更有力的原生家庭支持等,因而在各个维度和指标下城镇户籍流动人口的可行能力不足发生率都要低于农民工。值得注意的是,农民工与城镇户籍流动人口在健康维度和收入维度下的可行能力不足发生率十分接近。在健康维度下,农民工与城镇户籍流动人口不仅十分接近,而且均呈现较高的可行能力不足发生率,这是由于二者共同具有的较强的人口流动性和不稳定性,难以被疾病防控部门和社区服务组织持续和稳定的覆盖,从而在疾病防控方面存在短板,导致较高的可行能力不足发生率,因此,在中国经济快速发展与人口乡城迁移与城市之间迁移规模快速增长的背景下,进一步完善针对流动人口特点的疾病防控体系,降低健康风险,提高农民工与城镇户籍流动人口的健康水平是十分必要的。在收入维度下,农民工与城镇户籍流动人口均呈现较低的可行能力不足发生率,农民工的收入可行能力不足发生率仅略高于城镇户籍流动人口,二者整体收入分布也基本一致,说明农民工在城镇和非农部门的务工经营虽然相对城镇户籍流动人口而言面临更多的困难和不公正待遇,但是却依然能够实现同城镇户籍流动人口基本相近的收入水平。因此,如果能够通过有效推进农民工市民化和基本公共服务均等化,给予农民工更多的社会保障和福利,逐步消除现行经济社会制度各个维度下对该群体的不平等待遇,改善其面临的可行能力不足状况,那么不仅将进一步提升农民工的收入水平,也有利于促进社会稳定与公平正义的实现,有效解决人民日益增长的美好生活需要和不平衡不充分的发展之间的矛盾。

二、农民工与城镇户籍流动人口可行能力的比较分析

在对农民工与城镇户籍流动人口各个维度下的单维可行能力不足进行测度的基础上,进一步对二者的多维可行能力不足发生率、多维可行能力不足强度和可行能力多维发展指数进行测度,并开展比较分析。

可行能力多维测度结果显示,随着临界值水平的上升,农民工与城镇户籍流动人口的多维可行能力不足发生率均趋于下降、多维可行能力不足强度均趋于上升、可行能力多维发展指数均趋于下降,这表明二者的测度结果均是稳健有效的。在各个临界值水平上,农民工的多维可行能力不足发生率、多维可行能力不足强度和可行能力多维发展指数均高于城镇户籍流动人口。在30%的水平下,农民工的多维可行能力不足发生率约为城镇户籍流动人口的1.74倍,二者相差37.92个百分点,多维可行能力不足强度约为城镇户籍流动人口的1.19倍,二者相差10.35个百分点,可行能力多维发展指数约为城镇户籍流动人口的2.31倍,二者相差0.2937;在40%的水平下,农民工的多维可行能力不足发生率约为城镇户籍流动人口的2.04倍,二者差距进一步扩大至42.24个百分点,多维可行能力不足强度约为城镇户籍流动人口的1.13倍,二者相差7.75个百分点,可行能力多维发展指数依然是城镇户籍流动人口的2.31倍,二者相差0.3084。

从上述数据分析可知,农民工与城镇户籍流动人口所面临的可行能力状况差距是十分显著的,农民工明显面临着更为严重的可行能力多维发展束缚。

表 5-10　　农民工与城镇户籍流动人口的可行能力多维测度与比较

临界值水平	农民工			城镇户籍流动人口		
	多维可行能力不足发生率	多维可行能力不足强度	可行能力多维发展指数	多维可行能力不足发生率	多维可行能力不足强度	可行能力多维发展指数
10%水平	98.88%	59.32%	0.5866	91.55%	38.12%	0.3490
20%水平	95.07%	61.08%	0.5807	68.54%	45.94%	0.3149
30%水平	89.25%	63.43%	0.5661	51.33%	53.08%	0.2724
40%水平	82.98%	65.56%	0.5440	40.74%	57.81%	0.2356
50%水平	73.54%	68.15%	0.5012	29.10%	62.90%	0.1830
60%水平	56.80%	71.91%	0.4085	16.65%	68.91%	0.1148
70%水平	31.87%	77.05%	0.2456	6.15%	76.08%	0.0468
80%水平	7.97%	83.66%	0.0667	1.24%	83.51%	0.0103
90%水平	0.41%	94.32%	0.0039	0.05%	94.54%	0.0005
100%水平	0.04%	100.00%	0.0004	0.01%	100.00%	0.0001

资料来源：根据 2016 年中国流动人口动态监测调查数据计算而得。

根据图 5-5 所示，随着临界值水平的上升，农民工与城镇户籍流动人口之间的多维可行能力不足发生率差距和可行能力多维发展指数差距呈现先上升后下

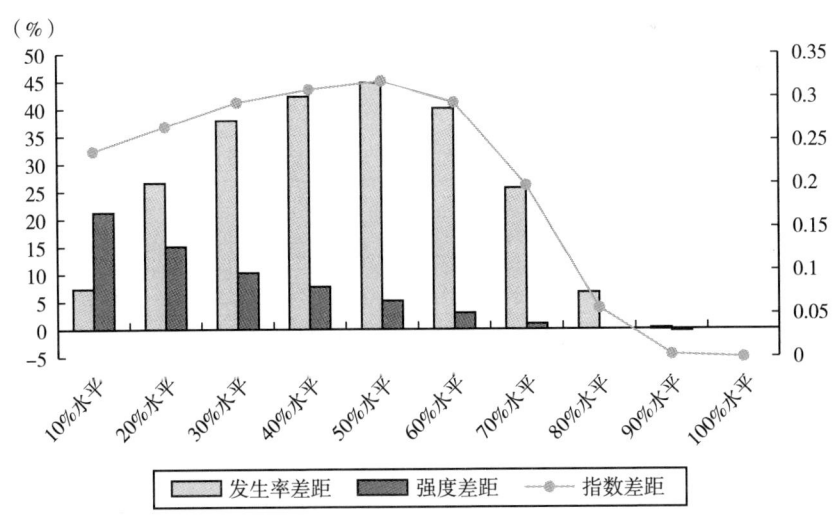

图 5-5　不同水平下农民工与城镇户籍流动人口可行能力差距变动

注：发生率差距和强度差距由左轴表示，指数差距由右轴表示。
资料来源：根据笔者计算而得。

降的变化趋势，最大的差距出现在 50% 水平，此时农民工的多维可行能力不足发生率是城镇户籍流动人口的 2.53 倍，相差 44.44 个百分点，可行能力多维发展指数是城镇户籍流动人口的 2.74 倍，相差 0.3182。农民工与城镇户籍流动人口之间的多维可行能力不足强度差距则随着临界值水平的上升呈现顺次递减的变化趋势，最大差距出现在 10% 水平，此时农民工的多维可行能力不足强度是城镇户籍流动人口的 1.56 倍，二者相差 20.20 个百分点。

三、农民工与城镇户籍流动人口可行能力区域分解与比较

进一步按照国家统计局对于全国经济发展区域的划分，按照东、中、西和东北四个区域[①]，分别在 30% 和 40% 的水平下对农民工和城镇户籍流动人口的多维可行能力不足发生率、多维可行能力不足强度和可行能力多维发展指数进行分解，进而对农民工与城镇户籍流动人口可行能力多维发展的区域分布情况开展对比分析。通过以城镇户籍流动人口在各个区域的可行能力情况作为参照系，从而力求更加全面和准确地探究农民工可行能力多维发展的区域分布特点。

根据表 5 - 11 中所示的可行能力区域分解结果，从农民工与城镇户籍流动人口可行能力区域分布的相似点来看，二者区域整体的多维可行能力不足发生率、多维可行能力不足强度和可行能力多维发展指数方面均呈现东部地区好于西部地区、西部地区好于中部地区、中部地区好于东北地区的特点，说明不同区域独特的经济发展水平、基础公共设施建设、基本公共服务能力以及地理区位等因素对共同处于迁徙和流动过程中的农民工和城镇户籍流动人口有着相似的影响。

表 5-11 农民工与城镇户籍流动人口分区域的可行能力多维测度与比较

临界值水平	具体指标	农民工				城镇户籍流动人口			
		东部地区	中部地区	西部地区	东北地区	东部地区	中部地区	西部地区	东北地区
30%水平	H^0	85.52%	92.86%	92.02%	93.87%	39.16%	62.18%	56.95%	73.38%
	A^0	62.68%	63.89%	63.67%	65.76%	51.10%	53.06%	52.58%	57.97%
	M^0	0.5361	0.5933	0.5859	0.6173	0.2001	0.3299	0.2994	0.4254

---

① 东部地区包括：北京、上海、天津、江苏、浙江、福建、山东、河北、广东和海南。中部地区包括：河南、山西、湖北、湖南、安徽、江西。西部地区包括：重庆、四川、内蒙古、广西、西藏、陕西、贵州、云南、青海、宁夏、甘肃和新疆。东北包括：黑龙江、吉林、辽宁。

续表

临界值水平	具体指标	农民工				城镇户籍流动人口			
		东部地区	中部地区	西部地区	东北地区	东部地区	中部地区	西部地区	东北地区
40%水平	H^0	77.33%	88.18%	87.29%	90.18%	28.61%	50.83%	45.11%	66.30%
	A^0	65.59%	65.41%	65.21%	67.01%	57.18%	57.10%	57.23%	60.36%
	M^0	0.5072	0.5768	0.5693	0.6043	0.1636	0.2903	0.2582	0.4001

资料来源：根据2016年中国流动人口动态监测调查数据计算而得。

另外，从农民工与城镇户籍流动人口可行能力区域分布的不同点来看，在30%和40%水平下，农民工在各个区域的多维可行能力不足发生率最高值与最低值之间分别仅相差8.35和12.85个百分点，而城镇户籍流动人口的相应差距则达到34.22和37.69个百分点，农民工多维可行能力不足强度最高值与最低值之间分别仅相差3.08和1.42个百分点，而城镇户籍流动人口的相应差距则达到6.87和3.18个百分点，农民工可行能力多维发展指数最高值与最低值之间分别仅相差0.0776和0.0971，而城镇户籍流动人口的相应差距则达到0.2253和0.2365。因此，通过对比可以看出，农民工在各个区域的多维可行能力不足发生率、多维可行能力不足强度以及可行能力多维发展指数均处于高位，且区域之间差距不大，呈现较为严峻且均衡的可行能力区域分布特点，而城镇户籍人口在各个区域之间的可行能力状况分化显著，尤其是东部地区同中西部以及东北地区之间的可行能力差距十分明显，相对农民工而言呈现不均衡的可行能力区域分布特点。

从图5-6所示农民工与城镇户籍流动人口之间可行能力差距的区域分布情况来看，农民工在各个区域的多维可行能力不足发生率、多维可行能力不足强度和可行能力多维发展指数均显著高于城镇户籍流动人口，但是各测度指标下的差距在区域与区域之间也存在显著的不均衡。其中，二者的差距在东部地区最大，西部地区次之，中部地区第三，东北地区的差距最小，二者在多维可行能力不足发生率和可行能力多维发展指数方面的差距表现尤为明显，多维可行能力不足强度的差距较为微弱。

进一步以省级行政区域为单位对农民工与城镇户籍人口的可行能力差距进行区域分解，分解结果显示，同按照东中西和东北这四个大的区域分解结果一致，各个省级行政区域之间多维可行能力不足发生率和可行能力多维发展指数差距的区域分布分化较为明显，多维可行能力不足强度差距的省级区域分化较为微弱，而可行能力多维发展指数是由多维可行能力不足发生率和多维可行能力不足强度共同决定。因此，本章主要就农民工与城镇户籍流动人口之间的多维可行能力不足发生率和可行能力多维发展指数差距绘制全国省级区域分布地图并开展相关分析。

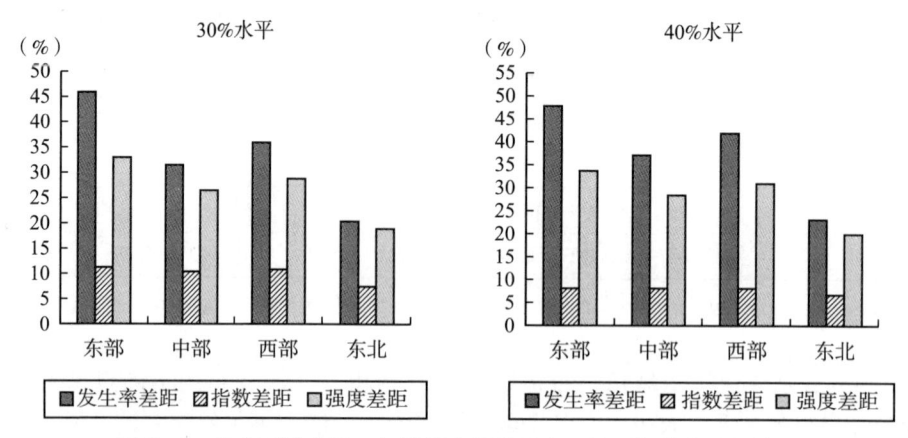

图 5-6　各个区域农民工与城镇户籍流动人口的可行能力差距情况

注：1. 发生率差距 = 农民工多维可行能力不足发生率 − 城镇户籍流动人口多维可行能力不足发生率；2. 强度差距 = 农民工多维可行能力不足强度 − 城镇户籍流动人口多维可行能力不足强度；3. 指数差距 = 农民工可行能力多维发展指数 − 城镇户籍流动人口可行能力多维发展指数。

根据省级区域分解结果（见表5-12），在30%和40%水平下农民工与城镇户籍流动人口之间的多维可行能力不足发生率差距在40%以上的省级行政区域为北京、上海、天津、山西和青海，该5个省份的可行能力多维发展指数差距也均在0.3以上，说明该5个省市的农民工的可行能力发展与城镇户籍流动人口相比而言差距十分显著，值得注意的是来自东部地区的省市最多，且是经济社会发展最快的三个直辖市，中部地区为山西省，西部地区为青海省，这与按照东中西和东北地区的分解测算结果是一致的。另外，如果对各个省、自治区和直辖市按照城镇户籍流动人口的多维可行能力不足发生率由高到低进行排序，上海、北京、天津依次位于1~3名，即东部三个直辖市城镇户籍流动人口的多维可行能力不足发生率最低的，且远远低于其他省级行政区域；如果对各个省、自治区和直辖市按照农民工的多维可行能力不足发生率由低到高进行排序，北京、上海和天津分列第1名、第2名和第9名，即东部三个直辖市农民工的多维可行能力不足发生率相对其他省级行政区域而言也比较低，但是总体而言仍然比较高，与城镇户籍流动人口的情况不同，东部三个直辖市农民工的多维可行能力不足发生率并未同其他省份拉开非常大的距离。因此，在经济社会发展快速领先的区域，农民工与城镇户籍流动人口的可行能力状况在各自群体内部均是最好的，但是就两个群体的对比而言，农民工却是落后于城镇户籍流动人口最多的。上述分析对比在一定程度上说明，在经济社会率先发展的东部地区的农民工，相较其他地区的农民工而言能够分享到更多的经济社会发展成果，多维可行能力不足发生率和可行能力多维发展指数均较低，可行能力发展受到各类制约的程度较轻，但是，与城镇户籍流动人口可行能力的对比结果显示，在农民工可行能力状况相对最好的区域，其与城镇户籍流动人口之间的差距却是最大的，绝对差距甚至达到 50 个百分点以上。这说明，在经济发达地区的农民工相对其他地区的农民工而言虽然能够获得稍多的经济社会发展成果分享，但是在现行城乡二元经济社会制度下，相对于处在城镇户籍体系与相关福利覆盖范围之内的城镇户籍流动人口而言，虽然同为流动人口，但是农民工的分享明显是不足的，无法更多从经济社会发展中获得相应的收益，从而呈现较为严重的可行能力发展受阻状况，与城镇户籍流动人口之间存在着普遍且显著的差距。

表 5 - 12　农民工与城镇户籍流动人口 30% 和 40% 水平下的可行能力差距

省份	30% 水平			40% 水平		
	多维可行能力不足发生率（%）	多维可行能力不足强度（%）	可行能力多维发展指数	多维可行能力不足发生率（%）	多维可行能力不足强度（%）	可行能力多维发展指数
北京	51.54	9.95	0.3166	48.13	6.69	0.3039
天津	48.28	12.53	0.3542	52.10	8.85	0.3668
河北	22.51	11.77	0.2398	28.75	9.72	0.2608
山西	46.20	13.94	0.3648	54.73	9.83	0.3941
内蒙古	36.40	10.22	0.2911	43.58	6.99	0.3166
辽宁	27.71	8.72	0.2388	29.69	7.72	0.2459
吉林	14.19	7.49	0.1556	17.64	6.51	0.1682
黑龙江	15.58	6.83	0.1553	21.04	5.33	0.1751
上海	55.64	9.49	0.3395	51.56	6.66	0.3247
江苏	37.92	9.89	0.2797	39.49	7.76	0.2844
浙江	33.31	13.18	0.3110	41.61	9.37	0.3394
安徽	28.93	8.41	0.2286	32.84	6.02	0.2414
福建	31.97	8.91	0.2508	37.95	5.48	0.2719
江西	17.26	9.45	0.1875	24.49	7.45	0.2133
山东	26.29	8.52	0.2019	30.77	6.11	0.2173
河南	18.15	10.94	0.2052	21.08	10.25	0.2157
湖北	30.12	9.63	0.2425	36.82	7.27	0.2662
湖南	27.68	9.87	0.2405	33.74	7.71	0.2615
广东	33.59	9.72	0.2469	37.46	6.75	0.2594
广西	33.94	8.74	0.2533	36.54	7.37	0.2626
海南	34.96	10.87	0.2692	41.23	7.28	0.2905

续表

省份	30%水平			40%水平		
	多维可行能力不足发生率（%）	多维可行能力不足强度（%）	可行能力多维发展指数	多维可行能力不足发生率（%）	多维可行能力不足强度（%）	可行能力多维发展指数
重庆	33.63	8.32	0.2295	37.50	4.91	0.2418
四川	30.87	9.03	0.2458	37.36	6.00	0.2685
贵州	35.83	9.17	0.2849	41.63	6.39	0.3055
云南	21.72	12.56	0.2424	32.87	8.86	0.2807
西藏	3.29	8.62	0.1041	12.81	6.32	0.1370
陕西	30.82	13.76	0.2854	40.42	10.87	0.3188
甘肃	27.62	13.79	0.2866	32.98	12.07	0.3052
青海	43.75	13.94	0.3530	51.78	10.73	0.3815
宁夏	39.25	11.23	0.2951	49.62	6.37	0.3302
新疆	37.69	12.01	0.3110	45.20	8.28	0.3365
兵团	35.78	9.53	0.2686	43.66	6.24	0.2963

注：本书中新疆生产建设兵团简写为兵团。
资料来源：根据2016年中国流动人口动态监测调查数据计算而得。

第三节 农民工与城镇户籍居民可行能力的跨期比较静态分析

根据现有对群体发展问题的研究，可行能力发展不仅具有静态的一面，而且具有动态性和持续性。以多维动态的视角审视与研究人的可行能力发展，能够更加全面地认识人的发展内涵与具体短板，并且能够更加深刻地探究发展问题的深层次构成与本质。

由于农民工具有流动性、边缘性和不稳定性等特点，对于该群体开展系统的数据调查存在较大困难。目前国内关于农民工的数据，特别是跨时期和微观层面的数据十分稀缺，这对我国农民工可行能力发展的动态研究构成了较大瓶颈。通过综合对比多个微观数据，本书选择使用中国家庭收入调查数据（简称CHIP数据）来考察农民工可行能力状况的动态变化情况。CHIP数据由北京师范大学中国收入分配研究院与国家统计局以及国内外众多机构学者共同组织完成，分别收集了1988年、1995年、2002年、2007年和2013年的家户和个人信息，是国内开展经济发展与收入分配研究的权威微观数据之一。鉴于劳动力由农村向城镇迁移的重要现实意义,以及最初调查的城镇和农村住户子样本并不能完全覆盖全部流动人口,因此,CHIP数据调查于2002年开始增加了针对流动人口的专项调查,2002年、2007年和2013年的CHIP数据均包括了城镇住户调查、农村住户调查和流动人口调查,能够反映中国近20年时间里的城乡分割和农民工群体情况。但是,由于CHIP数据不是追踪调查数据,因而在可行能力多维测度中无法实现对个体样本的跨期追踪,也难以通过构造跨期面板数据来支持完全意义上的动态可行能力变化过程分析,因而在可行能力的动态研究中使用该数据也存在着一定的局限,只能通过构建跨期测度指标体系进行比较静态分析。

根据CHIP数据的上述特征,本书通过运用该微观数据,一方面对农民工群体在2002~2013年的可行能力状况动态变化开展跨期比较静态分析,另一方面结合CHIP数据中的城镇住户数据,将其同城镇户籍人口的可行能力状况进行比较分析,从而更加清晰地刻画和探究农民工可行能力发展的内涵、短板与趋势。

一、跨期测度指标体系的构建

在本书的第四章,已经基于AF测量的理论框架,参考国际上通用的人类发展指数(HDI),并在流动人口动态监测调查样本数据的约束框架内构建了针对农民工开展可行能力多维测度的指标体系。在本章,由于中国家庭收入调查数据在调查问卷设计、样本选择和样本范围等方面与国家卫计委(现国家卫健委)流动人口动态监测调查数据存在显著差异。因此,本章需要在既有可行能力多维测度指标体系的基础上,重新在CHIP数据特征的约束框架内,并结合同城镇户籍居民开展比较分析的需要,构建新的农民工可行能力多维测度指标体系。根据本书的研究目的,新的测度指标体系一方面需满足农民工可行能力多维发展状况跨时期比较的需要,另一方面需兼顾农民工与城镇户籍人口开展比较分析的需要,而CHIP数据在各个时期开展的调查问卷不一致,比如在2002年和2007年的CHIP数据中有关于样本住房信息的调查,但是2013年的CHIP数据中则没有此项调查,等等。因此,在新测度指标体系设计中,为满足跨期比较和不同群体间比较的研究需要,只得一定程度上牺牲维度指标的丰富性,选取的是各个年度的调查数据中农民工和城镇户籍居民都具有的指标。经过筛选,新构建的可行能力多维测度指标体系如表5-13所示。

结合本书的研究目的,主要从城乡二元户籍制度造成的可行能力差异出发,选取因市民化身份导致的农民工与城镇户籍居民两个群体间差异最为显著的就业、教育、社会保障和主观感受4个维度,同时兼顾群体间的收入比较,构建了收入、教育、社会保障、就业、主观感受5个维度,共包括年度收入总额、劳动力文化程度、养老保险、劳保福利、医疗保险、工作可持续程度、幸福感等 7 个指标，并设定相应的临界值，构建基于 CHIP 数据的跨期可行能力多维识别矩阵。

表 5-13 可行能力多维测度指标与临界值的确定

考察维度	测量指标	临界值与赋值
收入	年度收入总额	低于贫困线，赋值 1
教育	劳动力文化程度	未接受法定义务阶段以上层次的教育，赋值 1
社会保障	养老保险	没有参加任何养老保险，赋值 1
	劳保福利	没有或只有一项劳保福利，赋值 1
	医疗保险	没有参加任何医疗保险，赋值 1
就业	工作可持续程度	短期、临时或者没有合同，赋值 1
主观感受	幸福感	感到不幸福，赋值 1

收入维度以年度收入总额指标代表，在临界值的选择上，本书从我国农民工主要在城镇区域工作和生活的特点出发，兼顾与城镇户籍居民的比较，以城镇贫困线作为临界值，低于临界值则赋值 1，高于临界值则赋值 0。由于我国官方未确定过统一的城镇贫困线，在估算城镇贫困时，现有的研究通常是依照一定的合理性设定贫困线，本章保持与前文城镇贫困线选择上的一致性，充分考虑家庭规模和个人平均供养人口的影响，确定以国家统计局公布的各年度全国城市低保平均标准的 2 倍作为城镇贫困线，其中，2002 年为 3552 元/年，2007 年 4378 元/年，2013 年为 8960 元/年。

教育维度以劳动力文化程度指标代表，劳动力文化程度指个人所达到的最高学历水平，在临界值的设定上，本书沿用前文"是否接受法定义务阶段以上层次的教育"作为临界值，可以真实体现不同群体所接受的义务教育质量，便于农民工与城镇户籍居民之间的比较。低于临界值，即未接受法定义务阶段以上层次的教育视为在该维度上可行能力不足，赋值 1；高于临界值，即接受法定义务阶段以上层次的教育视为在该维度上可行能力达标，赋值 0。

社会保障维度以养老保险、劳保福利、医疗保险三个指标代表，其中养老保险指标以"是否至少参加一项城镇养老保险"为临界值，低于临界值，即没有参加任何城镇养老保险视为在该指标上可行能力不足，赋值 1；高于临界值，即至少参加一项城镇养老保险则视为在该指标上可行能力达标，赋值 0。劳保福利指标包括工伤保险、生育保险、失业保险和住房公积金四项内容，以"是否至少具有两项劳保福利"为临界值，低于临界值，即没有任何劳保福利视为在该指标上可行能力不足，赋值 1；高于临界值，即至少具有两项劳保福利视为未在该指标上可行能力达标，赋值0。医疗保险指标以"是否至少参加一项城镇医疗保险"作为临界值，低于临界值，即没有参加任何城镇医疗保险视为在该指标上可行能力不足，赋值1；高于临界值，即至少参加一项城镇医疗保险视为在该指标上可行能力达标，赋值0。

主观感受维度以幸福感指标代表，以"是否感觉幸福"作为临界值，低于临界值，即感觉不幸福视为在该维度上可行能力不足，赋值1；高于临界值，即感觉幸福视为在该维度上可行能力达标，赋值0。

二、农民工与城镇户籍人口单维可行能力的跨期比较

根据构建的可行能力多维测度指标体系，基于CHIP2002、CHIP2007和CHIP2013微观调查数据，对农民工和城镇户籍人口在各个指标下的单维可行能力状况进行测度和比较，主要目标是从单维视角下同城镇户籍人口的对比过程中考察农民工可行能力的跨期变动特征。

单维可行能力测度结果显示（见表5-14），2002~2007年，农民工在各个指标下的单维可行能力不足发生率均呈现明显的下降，其中年度收入总额指标的可行能力不足发生率由13.74%下降至5.23%，劳动力文化程度指标的可行能力不足发生率由80.13%下降至70.10%，养老保险指标的可行能力不足发生率由95.21%下降至81.29%，劳保福利指标的可行能力不足发生率由90.60%下降至81.23%，医疗保险指标的可行能力不足发生率由97.10%下降至87.42%，工作可持续程度指标的可行能力不足发生率由94.72%下降至61.90%，幸福感指标的可行能力不足发生率由11.42%下降至10.57%，这说明从2002~2007年，农民工不仅在收入方面，而且在就业、社会保障等各个方面的生活境况均实现了改善。2007~2013年，农民工在多个指标下出现了可行能力不足发生率的上升，包括年度收入总额、劳保福利和工作可持续程度3项指标，分别从2007年的5.23%、81.23%和61.90%上升至2013年的5.57%、83.30%和82.99%，其余指标下的可行能力不足发生率延续了下降趋势。这说明2007~2013年，农民工现实境况区别于2002~2007年的全面改善，在收入、劳保福利和工作可持续程度方面的改善遇到阻碍，导致了可行能力不足发生率的上升，其中工作可持续程度指标下的可行能力不足发生率上升幅度最大，达到21.09%。

表 5-14　农民工与城镇户籍人口各指标下单维可行能力不足的跨期变动　　　　单位：%

项目		2002年可行能力不足发生率	2007年可行能力不足发生率	2013年可行能力不足发生率
农民工	年度收入总额	13.74	5.23	5.57
	劳动力文化程度	80.13	70.10	64.74
	养老保险	95.21	81.29	71.96
	劳保福利	90.60	81.23	83.30
	医疗保险	97.10	87.42	71.96
	工作可持续程度	94.72	61.90	82.99
	幸福感	11.42	10.57	6.91
城镇户籍人口	年度收入总额	13.06	1.84	5.85
	劳动力文化程度	28.25	22.40	25.61
	养老保险	17.14	19.04	15.09
	劳保福利	22.92	30.76	52.52
	医疗保险	28.58	16.65	8.44
	工作可持续程度	29.49	24.29	40.16
	幸福感	15.42	6.79	4.81

资料来源：根据笔者计算而得。

另外，城镇户籍人口在各个指标下的单维可行能力不足发生率在 2002~2007 年以及 2007~2013 年的变化均存在一定程度的分化。其中，2002~2007 年，城镇户籍人口在年度收入总额、劳动力文化程度、医疗保险、工作可持续程度和幸福感指标下的可行能力不足发生率均下降，分别由 13.06% 下降至 1.84%、28.25% 下降至 22.40%、28.58% 下降至 16.65%、29.49% 下降至 24.29%、15.42% 下降至 6.79%，而养老保险和劳保福利指标下的可行能力不足发生率则出现上升，分别由 17.14% 上升至 19.04%、22.92% 上升至 30.76%；2007 至 2013 年，城镇户籍人口可行能力不足发生率下降的指标减少，仅在养老保险、医疗保险和幸福感指标下的可行能力不足发生率均下降，分别由 19.04% 下降至 15.09%、30.76% 下降至 52.52%、6.79% 下降至 4.81%，而其余指标则均呈现不同程度的上升。

综合上述分析，2002~2013 年，农民工与城镇户籍居民在单维可行能力不足发生率变动上呈现基本一致的变动趋势，即 2007~2013 年的改善明显弱于 2002~2007 年，这也许是受到 2008 年全球金融危机以及我国国内宏观经济波动等因素的影响。但整体上来看，2002~2013 年农民工和城镇户籍居民在各个单维指标下的可行能力不足发生率均整体呈现波动中趋于改善的特征,同时我们注意到,农民工与城镇户籍居民在各个单维指标下的可行能力不足发生率始终存在着较大差距,农民工的可行能力状况显然要比城镇户籍居民要严重。下面,我们进一步从多维角度对农民工和城镇户籍居民在 2002~2013 年的可行能力状况进行测度和比较,以进一步探究农民工多维可行能力的动态变化及其与城镇户籍居民的差距情况。

三、农民工与城镇户籍人口多维可行能力的跨期比较

依照 AF 测度中普遍将 1/3 的临界值水平设定为界定标准的研究惯例 (Alkire & Foster, 2007;王小林 & Sabina Alkire, 2009;冯贺霞、王小林和夏庆杰,2015),因此本章遵循同前文一致的标准,主要围绕 1/3 的水平开展讨论,即主要研究 30% 和 40% 水平下的可行能力多维测度情况。

30% 和 40% 水平下的可行能力多维测度结果显示(见表 5-15),2002~2007 年,农民工和城镇户籍人口的多维可行能力不足发生率呈现显著下降。在 30% 水平下,农民工和城镇户籍人口的多维可行能力不足发生率分别从 2002 年的 96.83% 和 31.82% 下降至 2007 年的 78.32% 和 20.48%;在 40% 水平下,农民工和城镇户籍人口的多维可行能力不足发生率分别从 2002 年的 94.11% 和 25.83% 下降至 2007 年的 74.92% 和 16.65%。而 2007~2013 年,农民工和城镇户籍人口的多维可行能力不足发生率则均出现略微上升,在 30% 水平下,农民工和城镇户籍人口的多维可行能力不足发生率分别从 2007 年的 78.32% 和 20.48% 上升至 2013 年的 80.52% 和 26.55%;在 40% 水平下,农民工和城镇户籍人口的多维可行能力不足发生率分别从 2007 年的 74.92% 和 16.65% 上升至 2013 年的 76.60% 和 22.82%。

表 5-15 农民工与城镇户籍人口多维可行能力不足发生率的跨期变动   单位:%

项目		2002 年多维可行能力不足发生率	2007 年多维可行能力不足发生率	2013 年多维可行能力不足发生率
农民工	10% 水平	99.24	94.01	92.27
	20% 水平	98.90	92.04	91.75
	30% 水平	96.83	78.32	80.52
	40% 水平	94.11	74.92	76.60
	50% 水平	81.23	48.56	55.46

续表

项目		2002年多维可行能力不足发生率	2007年多维可行能力不足发生率	2013年多维可行能力不足发生率
城镇户籍人口	10%水平	57.12	45.45	54.72
	20%水平	54.73	42.41	52.39
	30%水平	31.82	20.48	26.55
	40%水平	25.83	16.65	22.82
	50%水平	14.54	6.89	9.73

资料来源：根据笔者计算而得。

从2002~2013年的整体时间段来看，农民工和城镇户籍人口的多维可行能力不足发生率在不断降低，30%和40%水平下，农民工的多维可行能力不足发生率分别从2002年的96.83%和94.11%减小至2013年的80.52%和76.60%，城镇户籍人口的多维可行能力不足发生率分别从2002年的31.82%和25.83%减小至2013年的26.55%和22.82%。

从多维可行能力不足强度的测度结果来看（见表5-16），农民工面临的多维可行能力不足强度变化趋势与多维可行能力不足发生率是一致的，均经历了2002年至2007年的显著下降，以及2007年至2013年的略微上升。在30%水平下，农民工多维可行能力不足强度由2002年的60.24%下降至2007年的54.53%，继而又上升至2013年的55.22%；在40%水平下，农民工多维可行能力不足强度由2002年的61.02%下降至2007年的55.50%，继而又上升至2013年的56.34%。城镇户籍人口的多维可行能力不足强度也呈现相同的变化趋势，30%水平下的多维可行能力不足强度由2002年的49.88%下降至2007年的47.24%，继而又上升至2013年的49.29%；在40%水平下的多维可行能力不足强度由2002年的53.72%下降至2007年的50.44%，继而又上升至2013年的51.89%。但是，从整体来看，农民工和城镇户籍人口面临的多维可行能力不足强度是减小的，30%和40%水平下，农民工的多维可行能力不足强度分别从2002年的60.24%和61.02%减小至2013年的55.22%和56.34%，城镇户籍人口的多维可行能力不足强度分别从2002年的49.88%和53.72%减小至2013年的49.29%和51.89%。

表 5-16　农民工与城镇户籍人口多维可行能力不足强度的跨期变动　　单位:%

项目		2002年多维可行能力不足强度	2007年多维可行能力不足强度	2013年多维可行能力不足强度
农民工	10%水平	59.29	48.92	50.98
	20%水平	59.45	49.68	51.19
	30%水平	60.24	54.53	55.22
	40%水平	61.02	55.50	56.34
	50%水平	64.30	63.69	62.22
城镇户籍人口	10%水平	37.05	32.73	35.46
	20%水平	38.09	34.12	36.44
	30%水平	49.88	47.24	49.29
	40%水平	53.72	50.44	51.89
	50%水平	63.55	62.33	61.89

资料来源：根据笔者计算而得。

由于可行能力多维发展指数是根据多维可行能力不足发生率和多维可行能力不足强度而得，在多维可行能力不足发生率和多维可行能力不足强度变动趋势基本一致的情况下，可行能力多维发展指数也必然保持相同的变动趋势，即在2002~2007年出现显著下降，在2007~2013年又出现略微上升（见表5-17）。但是，可行能力多维发展指数的变动更为综合，反映的是多维可行能力不足发生率和多维可行能力不足强度的综合变动情况。在30%水平下，农民工可行能力多维发展指数由2002年的0.5833下降至2007年的0.4271，继而又上升至2013年的0.4446；在40%水平下，农民工可行能力多维发展指数由2002年的0.5743下降至2007年的0.4158，继而又上升至2013年的0.4315。城镇户籍人口的可行能力多维发展指数也呈现相同的变化趋势，但是变动显然更加剧烈，30%水平下的可行能力多维发展指数由2002年的0.1587下降至2007年的0.0968，继而又上升至2013年的0.1309；在40%水平下的可行能力多维发展指数由2002年的0.1387下降至2007年的0.0840，继而又上升至2013年的0.1184。但是，从整体来看，两个群体的可行能力多维发展指数是在不断减小的，30%和40%水平下，农民工的可行能力多维发展指数分别从2002年的0.5833和0.5743减小至2013年的0.4446和0.4315，城镇户籍人口的可行能力多维发展指数分别从2002年的0.1587和0.1387减小至2013年的0.1309和0.1184。

表 5-17　农民工与城镇户籍人口可行能力多维发展指数的跨期变动

项目		2002 年可行能力多维发展指数	2007 年可行能力多维发展指数	2013 年可行能力多维发展指数
农民工	10% 水平	0.5884	0.4599	0.4704
	20% 水平	0.5880	0.4573	0.4697
	30% 水平	0.5833	0.4271	0.4446
	40% 水平	0.5743	0.4158	0.4315
	50% 水平	0.5223	0.3093	0.3451
城镇户籍人口	10% 水平	0.2117	0.1487	0.1940
	20% 水平	0.2085	0.1447	0.1909
	30% 水平	0.1587	0.0968	0.1309
	40% 水平	0.1387	0.0840	0.1184
	50% 水平	0.0924	0.0430	0.0602

资料来源：根据笔者计算而得。

根据上述分析，农民工与城镇户籍人口的多维可行能力不足发生率在 2002~2013 年之间的变动趋势与在该可行能力多维测度指标体系下的单维可行能力测度结果是一致的，AF 可行能力多维测度结果能够真实和综合地反映目标群体在多个维度和指标下的可行能力状况。下面，我们分别对农民工和城镇户籍居民可行能力多维发展状况呈现上述变动趋势的背后因素进行分析。

从农民工的可行能力多维发展状况变动来看，2002~2007 年可行能力状况显著改善的主要原因一方面是由于我国在 2001 年 12 月正式加入世贸组织（WTO），打破了对外贸易壁垒，外国投资快速增加，中国充分融入世界经济贸易与分工协作体系，中国经济飞速增长，城镇化和工业化快速推进，劳动密集型产业的发展为农民工创造了大量就业岗位和发展机会；另一方面更加重要的应该在于从 2003 年开始国家开始全面改善农村劳动力城乡流动和外出务工的环境，放宽了相关的政策限制，如 2004 年中共中央和国务院联合发布《关于促进农民增加收入若干政策的意见》的（2004 年"中央一号"）文件，明确提出要"改善农民进城就业环境，增加外出务工收入"，"保障进城就业农民的合法权益"，并明确肯定了农民工群体在我国经济社会发展中做出的重大贡献。2006 年，国务院发布《关于解决农民工问题的若干意见》政策文件，进一步明确了要充分做好农民工工作的整体指导思想，指出"解决农民工问题是建设中国特色社会主义的战略任务"，要求解决农民工工资偏低和拖欠问题，保护农民工劳动权益，从而政策上以及整个社会环境方面为农民工各方面境况的改善和各指标下单维可行能力不足发生率的降低创造了有利条件。

2007~2013年农民工可行能力状况的改善显然遇到了阻滞,并出现了一定程度的恶化,反映为多维可行能力不足发生率、多维可行能力不足强度的上升进而引起可行能力多维发展指数的上升。这是由于受2008年全球金融危机的影响,持续的世界经济衰退使中国的出口贸易环境迅速恶化,大量中小企业经营困难甚至破产倒闭,对中国经济增长形成强烈冲击,城镇常住居民2008~2010年实际可支配收入出现大幅下降(见图5-7),各类宏观和微观因素导致城镇贫困人口收入在2008年、2009年和2010年三个年份分别下降了0.474%、0.569%和0.284%(陈志刚、夏苏荣和陈德荣,2014)[①]。时至今日,2008年国际金融危机对我国经济发展的影响依然没有完全消除。受此次金融危机的冲击,农民工就业机会大幅减少,就业质量快速下降,务工经营和增收困难,在经营普遍困难的情况下,企业更无力改善在本企业就业的农民工的劳保福利待遇,因而出现了收入、劳保福利和工作可持续程度三个指标下可行能力不足发生率的上升。

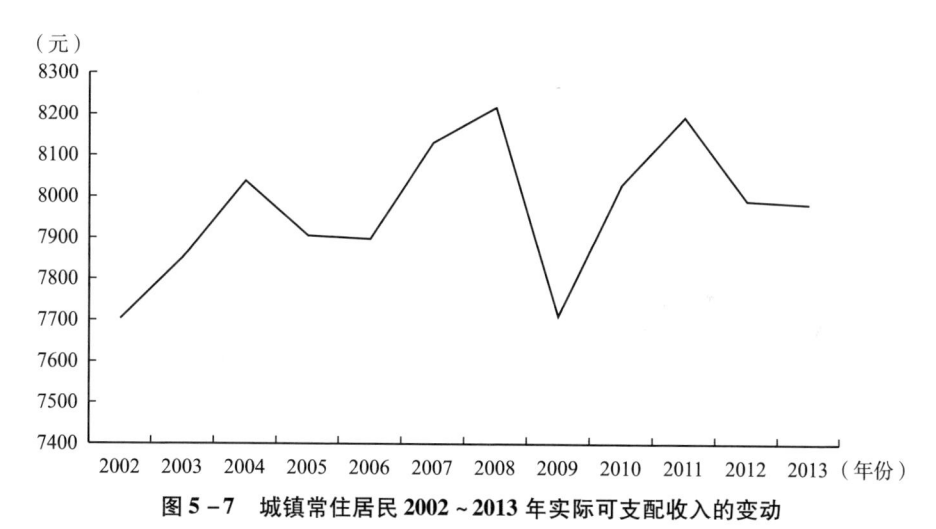

图5-7 城镇常住居民2002~2013年实际可支配收入的变动

注:利用以2002年为基期的CPI消除通胀对名义收入的影响。
资料来源:根据历年《中国统计年鉴》相关数据计算而得。

从城镇户籍人口的可行能力多维发展状况变动来看,2002~2007年城镇户籍人口可行能力状况的改善明显弱于农民工,这一是由于农民工在各方面长期遭受不公平待遇,实现可行能力状况改善的起点较低,随着国家有利政策的出台和务工经营环境的改善,农民工的可行能力状况能够实现快速改善,而城镇户籍人口

---

① 陈志刚,夏苏荣,陈德荣. 国际金融危机对中国贫困的影响——基于经济增长渠道的实证估计[J]. 世界经济研究,2014(8):8-14.

在城乡二元制度体系中一直居于有利和优势位置，可行能力状况改善的起点较高，因而可行能力状况改善的幅度相对农民工而言较弱；二是由于受到1998～2002年国有企业改制的影响，随着许多国有企业破产兼并和国企职工下岗分流，大量城镇户籍居民失去了国有企业职工的身份和完善的保障，从而在养老保险和劳保福利方面受到较大影响，导致了多维可行能力不足发生率和多维可行能力不足强度的上升；三是由于国家对农村劳动力城乡流动限制的放松和我国城镇化的加速，大量的农民工通过自身努力取得城镇户籍，成为城镇户籍居民，作为新市民，其在社会保障方面相对于原生的城镇户籍居民而言依然存在着先天缺陷和后天积累不足，从而在整体上抬高了城镇户籍居民在养老保险和劳保福利指标下的可行能力不足发生率。2007～2013年，城镇户籍人口出现可行能力不足发生率上升的指标明显更多，在年收入总额、劳动力文化程度、劳保福利和工作可持续程度等指标下均出现了可行能力不足发生率的显著升高，这归因于2008年国际金融危机主要冲击的是第二和第三产业，显然对于基本从事第二和第三产业生产的城镇户籍居民影响更为明显。

从农民工与城镇户籍人口单维可行能力不足发生率的差距来看，除工作可持续程度指标以外，二者在各个指标下的可行能力不足发生率差距在2002～2013年期间均呈不断缩小的趋势，其中年度收入总额指标下的可行能力不足发生率，农民工仅低于城镇户籍人口0.28个百分点（见表5-18）。

表5-18　农民工与城镇户籍人口各个指标下单维可行能力不足发生率差距的变动

单位：%

项目	2002年可行能力不足发生率差距	2007年可行能力不足发生率差距	2013年可行能力不足发生率差距
年收入总额	0.68	3.39	-0.28
劳动力文化程度	51.88	47.70	39.13
养老保险	78.07	62.25	56.87
劳保福利	67.68	50.47	30.78
医疗保险	68.52	70.77	63.52
工作可持续程度	65.23	37.61	42.83
幸福感	-4.00	3.78	2.10

资料来源：根据笔者计算而得。

从农民工与城镇户籍人口可行能力的差距来看，2002年至2013年，在各个可行能力临界值水平下，农民工与城镇户籍人口的可行能力差距均不断缩小，二者可行能力多维发展指数在30%和40%临界值水平下的差距在2002年为0.4246

和 0.4355，2007 年分别下降为 0.3304 和 0.3318，2013 年进一步下降为 0.3137 和 0.3131，2002～2013 年二者差距的平均变动比率分别为 -13.61% 和 -14.72%。进一步分析多维可行能力不足发生率差距和多维可行能力不足强度差距的变动，可以看出农民工与城镇户籍人口之间多维可行能力不足强度差距缩小的比率要明显大于多维可行能力不足发生率差距缩小的比率，因而农民工与城镇户籍人口之间可行能力差距的缩小主要来源于多维可行能力不足强度差距的缩小，即对于处在可行能力发展困境的人口而言，随着时间的推移和各方面环境的优化，其面临的可行能力状况在不断改善。农民工与城镇户籍人口之间可行能力差距的减小，主要原因在于相比 20 世纪 90 年代和 21 世纪初，中国城镇劳动力市场的供求关系和供需结构发生了很大变化，随着中国经济的快速增长，劳动力市场对于低学历、低技能但主要承担累、脏、苦、险类型工作的农民工来说，已经由过去的供大于求转为供不应求，即，主要由农民工构成的基层劳动者在推动筑牢工业化发展基础和提高城镇化发展水平方面发挥着越来越重要的作用，农民工工资水平呈持续上升的趋势（李实和邢春冰，2016）。根据国家统计局发布的数据，2010 年、2011 年和 2013 年全国农民工平均工资涨幅超过 15%。在各种有利于改善农民工现实境况的政策作用下，农民工在劳动力市场中受歧视程度明显下降，特别是在 2008 年新劳动合同法出台后，农民工的社会保障程度也不断提升，从而使农民工与城镇户籍人口之间的可行能力差距呈不断缩小的趋势（见表 5-19）。

表 5-19　农民工与城镇户籍人口之间可行能力差距的跨期变动　　单位：%

项目	临界值水平	2002 年	2007 年	2013 年	平均变动比率
多维可行能力不足发生率差距	10% 水平	42.11	48.56	37.55	-3.68
	20% 水平	44.17	49.63	39.36	-4.16
	30% 水平	65.00	57.84	53.97	-8.86
	40% 水平	68.28	58.27	53.77	-11.19
	50% 水平	66.69	41.66	45.73	-13.88
多维可行能力不足强度差距	10% 水平	22.24	16.19	15.52	-15.68
	20% 水平	21.36	15.56	14.75	-16.19
	30% 水平	10.37	7.29	5.93	-24.17
	40% 水平	7.30	5.05	4.44	-21.42
	50% 水平	0.75	1.36	0.33	3.18

续表

项目	临界值水平	2002 年	2007 年	2013 年	平均变动比率
可行能力多维发展指数差距	10% 水平	0.3767	0.3112	0.2763	-14.30
	20% 水平	0.3795	0.3126	0.2788	-14.22
	30% 水平	0.4246	0.3304	0.3137	-13.61
	40% 水平	0.4355	0.3318	0.3131	-14.72
	50% 水平	0.4299	0.2663	0.2848	-15.55

资料来源：根据笔者计算而得。

虽然农民工与城镇户籍人口之间的可行能力差距在不断缩小，但是从农民工可行能力的绝对水平来看，农民工依然面临着十分严重的可行能力发展困境，说明其现实境况虽然在改善，但是这种改善依然不足。根据可行能力的多维测度结果，2013 年，农民工在 30% 和 40% 临界值水平下的多维可行能力不足发生率均在 70% 以上，分别达到 80.52% 和 76.60%，即有 8 成左右的农民工存在多维可行能力不足，可见农民工的多维可行能力不足发生率处于非常高的水平，其与城镇户籍人口多维可行能力不足发生率的绝对差距在 2013 年依然达到惊人的 50% 以上，分别为 53.97% 和 53.77%；农民工 30% 和 40% 临界值水平下的多维可行能力不足强度也均在 50% 以上，分别达到 55.22% 和 56.34%，即存在多维可行能力不足的农民工在超过一半的维度下都处于可行能力不足状态，反映其面临的可行能力发展困境是十分严重的。农民工高企的多维可行能力不足发生率和多维可行能力不足强度反映在可行能力多维发展指数上，自然也导致较高的可行能力多维发展指数，在 30% 和 40% 临界值水平下的 2013 年农民工可行能力多维发展指数分别达到 0.4446 和 0.4315，与城镇户籍人口的绝对差距分别为 0.3137 和 0.3131，对于最大值为 1 的可行能力多维发展指数来说，这一差距反映出农民工要比城镇户籍人口面临更加严重的可行能力多维发展困境，农民工在各方面的现实境况都远比城镇户籍人口严峻。

第四节　本章小结

本章基于国家卫计委（现国家卫健委）中国流动人口动态监测数据，利用本书构建的农民工可行能力多维测度指标体系，从全国层面对农民工的可行能力多维发展状况进行了测度，并按照经济发展区域和省份进行了可行能力多维发展指数的区域分解和对比分析。在此基础上，进一步将农民工群体的可行能力发展状况同城镇户籍流动人口、城镇户籍居民进行比较，以更加全面和深入地探究中国农民工的可行能力状况。研究结果显示：

第一，农民工在各个临界值水平下均面临十分严重的可行能力发展困境，收入维度临界值的变动对农民工多维可行能力不足发生率、多维可行能力不足强度和可行能力多维发展指数的影响微弱，即收入维度标准的变动没有对可行能力多维测度结果产生显著影响，多维可行能力不足的发生率远远高于收入维度的可行能力不足发生率。因此，可行能力多维测度结果进一步说明农民工的可行能力不是单维收入标准下的，而是多维条件下的，开展农民工的可行能力发展研究主要应当从多维角度入手。

第二，通过对农民工的可行能力多维发展指数按照国家统计局划定的大类经济区域以及省级行政区域进行区域分解，可以看出农民工群体面临严重的可行能力发展困境并不是某个区域或省份的特殊现象，而是各个区域和省份的普遍现象，各个区域的农民工群体多维可行能力不足发生率、多维可行能力不足强度和可行能力多维发展指数均处于高位，说明农民工群体的现实境况在东部、中部、西部和东北等各个区域及其省份普遍呈现较为严峻的状况。

第三，从区域对比的角度来看，虽然农民工群体的可行能力状况普遍较为严重，但是在不同经济区域和省份之间依然存在分化。总体来看，农民工的多维可行能力不足在东部地区的情况显著好于中西部和东北地区，西部地区略好于中部地区，东北地区的状况相比最不容乐观。通过简要分析这种区域分化背后的经济社会因素，可以看出，东部地区农民工群体的可行能力状况相对较好。同时，中西部和东北地区农民工群体的可行能力不足状况相对更为严重的原因在于其经济发展与社会公共服务水平正在逐步提升，但是其经济社会发展成果却难以在我国刚性的城乡二元结构条件下短时间内体现在针对农民工的基本公共服务水平的提升方面。另外也由于中西部和东北地区在自然条件、资源禀赋、产业结构等方面的问题，难以在经济社会尚未发展至一定水平的情况下，集中力量改善处于城镇户籍体系之外的农民工群体的现实境况，区域基础设施建设和基本公共服务水平均不高，从而导致农民工普遍面临较为严峻的多维困境。

第四，从农民工与城镇户籍流动人口可行能力状况对比的情况来看，除90%水平下的多维可行能力不足强度之外，农民工的多维可行能力不足发生率、多维可行能力不足强度和可行能力多维发展指数在各个水平上均高于城镇户籍流动人口。特别是在30%～50%的有效水平上，农民工的多维可行能力不足发生率、多维可行能力不足强度和可行能力多维发展指数均十分显著地高于城镇户籍流动人口。农民工在各个区域的多维可行能力不足发生率、多维可行能力不足强度和可行能力多维发展指数均显著高于城镇户籍流动人口，但是各测度指标下的差距在区域与区域之间也存在显著的不均衡。其中，二者的差距在东部地区最大，西部地区次之，中部地区第三，东北地区的差距最小，二者在多维可行能力不足发生率和可行能力多维发展指数方面的差距表现尤为明显，多维可行能力不足强度的差距较为微弱。通过上述分析可以得出，在现行城乡二元经济社会制度下，相对于处在城镇户籍与相关福利体系覆盖范围之内的城镇户籍流动人口而言，虽然同为流动人口，但是农民工明显处于更为劣势和边缘的位置，无法更多从经济社会发展中获得收益，从而呈现较为严重的多维发展困境，无论从整体测度还是各个区域分解的情况来看，均与城镇户籍流动人口之间存在着普遍且显著的差距。

第五，从农民工与城镇户籍人口可行能力状况对比的情况来看，农民工与城镇户籍人口的多维可行能力不足发生率在 2002~2013 年的变动趋势与在该可行能力多维测度指标体系下的单维可行能力测度结果是一致的，AF 可行能力多维测度结果能够真实和综合地反映目标群体在多个维度和指标下的可行能力状况。2002~2007 年，农民工和城镇户籍人口的可行能力状况均在改善，但是城镇户籍人口可行能力状况的改善明显弱于农民工；2007~2013 年农民工可行能力状况的改善明显趋缓，并出现了一定程度的恶化，反映为多维可行能力不足发生率、多维可行能力不足强度的上升进而引起可行能力多维发展指数的上升，城镇户籍人口可行能力状况的改善也受到了一定程度的阻滞。从农民工与城镇户籍人口可行能力的差距来看，2002~2013 年，在各个临界值水平下，农民工与城镇户籍人口的可行能力差距均不断缩小，这种差距的缩小主要来源于多维可行能力不足强度差距的缩小，即对于陷于可行能力多维发展困境的人口而言，随着时间的推移和各方面环境的优化，其面临的可行能力状况在不断改善。但是，尽管农民工与城镇户籍人口之间的可行能力差距在不断缩小，然而从二者可行能力多维发展状况的绝对水平来看，农民工依然面临着十分严重的多维可行能力不足，与城镇户籍人口相比仍然存在显著差距，说明农民工群体的现实境况虽然在改善，但是这种改善依然不足，要比城镇户籍人口面临更加严重的发展困境，农民工在各方面的现实境况都远比城镇户籍人口严峻。

第六章 基于经济增长的农民工可行能力多维发展研究

劳动力从农业部门向非农部门的流动可以实现劳动生产率提升,是推动经济实现快速增长的重要机制(Lewis,1954)。改革开放以来,中国农村劳动力以农民工的形式向城镇和非农产业转移,在实现自身生活境况改善和家庭脱贫致富的同时,也推动了中国的城镇化与工业化进程,为非农产业发展提供了丰富的劳动力资源,成为中国经济高速增长的重要驱动力。然而,在中国现行的城乡二元制度条件下,农民工面临的可行能力状况极大影响着该群体的劳动生产率,从而极大地制约着该群体推动经济增长的能力。本章将针对农民工与城镇户籍劳动力的劳动生产率差距,并从分析农民工对经济增长贡献的角度出发,探究农民工群体推动经济增长的内在机制,进而从挖掘"新人口红利"与培育新经济动能的视角进一步阐释实现农民工可行能力多维发展的必要性。

第一节 部门劳动生产率差距的实证分析

国外很多研究结果表明,劳动力数量和劳动生产率的增长是推动经济增长的主要动力。布卢姆、坎宁和塞维利亚(Bloom,Canning & Sevilla,2003)研究发现实际劳动人口的增加和负担比减少能够带来经济增长,并且可以解释20世纪90年代亚洲新兴经济体经济增长的30%。莱恩斯(Lains,2003)通过对历史数据的研究,得出人口变化以及对人力资本投资带来的劳动生产率的提升是1910~1990年葡萄牙实现经济增长的重要原因。马达洛尼、穆索和罗瑟(Maddaloni,Musso & Rother,2006)以索罗模型为基础对实际GDP的增长进行了分解,研究发现劳动力数量、劳动生产率等人口要素对经济增长的推动作用在欧洲和美国之间存在差异,其对欧洲经济增长的贡献呈下降趋势,而美国受移民政策的影响,人口要素对经济增长的贡献则基本保持稳定。罗伊和阿加瓦尔(Roy & Aggarwal,2009)通过考察美国、日本、英国、法国、韩国和土耳其的历史数据发现,劳动力数量和劳动生产率的变化是这些国家实现经济增长的主要动力。

国内关于农民工群体与经济增长关系的研究主要集中两个方面：一是对中国农民工群体经济贡献的测算分析，严于龙、李小云（2007）和沈汉溪、林坚（2007）基于经济增长理论构建生产函数模型，通过计量方法测算农民工对经济增长的贡献；许召元和李善同（2008）在新经济地理学两区域经济增长模型的基础上研究农村劳动力转移的经济贡献；贾伟和辛贤（2010）根据一般均衡理论框架下的 CGE 模型分析了农民工的经济贡献；贾伟（2012）通过投入产出表分析了农民工的经济贡献；胡永泰（1998）、潘文卿（1999）、张广婷等（2010）、郝大明（2012）和伍山林（2016）从劳动配置效应的角度，运用全要素生产率分解法、赛尔奎因法（Syrquin）等方法测算了农村劳动力转移对劳动生产率和国民经济增长的贡献。二是对中国农民工与其经济贡献之间关系的研究，主要关注点在于劳动力变动对经济增长的影响，如刘秀梅和田维明（2005）通过对不同部门边际生产力的研究，指出农村劳动力向城镇转移是促进经济增长的重要动力之一，农村转移劳动力群体整体素质的提升是构建经济增长长期驱动力的关键一环；蔡昉（2010）指出在后金融危机时期，中国已进入新的经济发展阶段，农业部门已不能消化农村剩余劳动力，农民进城务工具有不可逆转性，以农民工市民化为特征的城市化将成为经济增长的新引擎，现阶段的经济增长迫切需要通过公共服务均等化推进深度城市化，以应对经济可持续增长面临的新挑战；王金营和杨磊（2010）通过研究发现人口结构变动具有推动经济增长的红利，指出应通过提升教育和人力资本投资水平，实施积极的人口政策，使劳动力的变动继续成为我国经济强劲增长的持续动能；吴琦、肖皓和赖明勇（2015）通过动态 CGE 的模拟分析，通过市民化赋予农民工同等的权利能够改善劳动力供给质量，促进城市非熟练劳动力向熟练劳动力的转变，并带动不同行业的资本存量积累，推进产业结构升级，促进长期消费增长，指出将农民工转化为新市民将是中国经济增长的长期红利。

因此，从多维视角下推动农民工可行能力发展，通过赋权增能等方式推进该群体可行能力的建设，改善该群体的现实境况，增强该群体的自我发展能力，将有效挖掘该群体所潜藏的新人口红利和新经济动能，全面提升其对中国经济增长的推动能力。本节将首先对农业部门和非农部门的劳动生产率差距进行实证分析，其次进一步将非农部门划分为城镇非正规部门和城镇正规部门，对城镇正规部门和城镇非正规部门之间的劳动生产率差距进行实证分析。

一、农业部门与非农部门的比较劳动生产率测度

首先，本节将整个国民经济划分为农业部门和非农部门，并对两部门的劳动

生产率及其差距进行实证分析,从而初步探究农村劳动力以农民工形式由农业部门向非农部门的转移能够带来的劳动生产率提升。在这里,本书主要运用比较劳动生产率的测度方法。

比较劳动生产率是部门产值或收入比重与部门劳动力比重之间的比率,表示的是1%的劳动力所创造的产值或收入比重,反映了一定条件下某部门的劳动生产率。具体计算公式为:

$$B_i = \frac{G_i/G}{L_i/L} \tag{6.1}$$

其中,B_i 表示 i 部门的比较劳动生产率,G_i 表示 i 部门的产值或总收入,L_i 表示 i 部门的劳动力,G 和 L 分别表示总产值和劳动力总数,$\sum_{i}^{n} G_i = G$,$\sum_{i}^{n} L_i = L$。

若某部门的比较劳动生产率小于1,那么意味着该部门的单位劳动力产出低于整体平均水平。农业部门的比较劳动生产率通常低于1,非农部门的比较劳动生产率通常高于1。如果农业和非农部门的比较劳动生产率差别越大,表明该经济系统的二元性就越强,劳动力由生产率较低的部门转移至生产率较高的部门所实现的劳动生产率提升就越显著;反之,则表明该经济系统的二元性越弱,即经济系统的一元性越强,劳动力部门由生产率较低部门向较高部门转移所带来的劳动生产率提升就越有限。经济二元性由强向弱的转变表现在比较劳动生产率上,通常是农业部门的比较劳动生产率由低于1的初始位置向1靠近,非农部门的比较劳动生产率由高于1的初始位置向1靠近,当农业部门和非农部门的比较劳动生产率均等于1时,经济由二元转变为完全意义的一元。根据西蒙·库兹涅茨(1966)对40多个国家和地区的研究,发展中国家农业部门与非农部门的比较劳动生产率差距与发达国家相比要大,意味着发展中国家普遍存在较为明显的二元经济结构,因此,发展中国家的劳动力由劳动生产率较低的农业部门转移至劳动生产率较高的非农部门能够为经济增长带来较强的动力(见表6-1)。

表6-1　　　　　　农业部门和非农部门比较劳动生产率的国际比较

人均国民收入分组 (由高到低)	国家地区数目	比较劳动生产率		劳动生产率比值
		农业部门	非农部门	
第1组	7	0.86	1.03	1.16
第2组	6	0.6	1.19	1.92
第3组	6	0.69	1.15	1.61

续表

人均国民收入分组（由高到低）	国家地区数目	比较劳动生产率 农业部门	比较劳动生产率 非农部门	劳动生产率比值
第4组	5	0.48	2.02	3.70
第5组	5	0.61	1.48	2.38
第6组	7	0.69	1.72	2.22
第7组	4	0.69	2.74	3.23

资料来源：(1) 西蒙·库兹涅茨. 现代经济增长 [M]. 戴睿等译, 北京经济学院出版社, 1989. (2); 王建军, 陈跃华. 河南三次产业比较劳动生产率的实证研究 [J]. 山西财经大学学报, 2012 (s3): 89-90.

本书根据历年《中国统计年鉴》对中国1978年以来农业部门和非农部门的比较劳动生产率进行了计算，通过结果可以清晰看到改革开放以来中国农业部门和非农部门比较劳动生产率的变动情况（见表6-2）。

表6-2　　　　1978~2017年中国农业部门和非农部门的比较劳动生产率

年份	B_A	B_{NA}	$B_{NA}-B_A$	B_{NA}/B_A	年份	B_A	B_{NA}	$B_{NA}-B_A$	B_{NA}/B_A
1978	0.39	2.45	2.06	6.28	1994	0.36	1.76	1.40	4.89
1979	0.44	2.29	1.85	5.20	1995	0.38	1.68	1.31	4.42
1980	0.43	2.25	1.82	5.23	1996	0.38	1.63	1.25	4.29
1981	0.46	2.15	1.69	4.67	1997	0.36	1.64	1.28	4.56
1982	0.48	2.11	1.63	4.40	1998	0.34	1.65	1.31	4.85
1983	0.49	2.05	1.56	4.18	1999	0.32	1.68	1.36	5.25
1984	0.49	1.90	1.41	3.88	2000	0.29	1.71	1.41	5.90
1985	0.45	1.92	1.47	4.27	2001	0.28	1.72	1.44	6.14
1986	0.44	1.88	1.44	4.27	2002	0.27	1.73	1.47	6.41
1987	0.44	1.84	1.40	4.18	2003	0.25	1.72	1.47	6.88
1988	0.43	1.84	1.41	4.28	2004	0.28	1.64	1.36	5.86
1989	0.41	1.89	1.48	4.61	2005	0.26	1.60	1.34	6.15
1990	0.44	1.84	1.40	4.18	2006	0.25	1.56	1.31	6.24
1991	0.40	1.89	1.48	4.73	2007	0.25	1.52	1.26	6.08
1992	0.36	1.90	1.53	5.28	2008	0.26	1.49	1.23	5.73
1993	0.34	1.85	1.51	5.44	2009	0.26	1.46	1.20	5.62

续表

年份	B_A	B_{NA}	$B_{NA}-B_A$	B_{NA}/B_A	年份	B_A	B_{NA}	$B_{NA}-B_A$	B_{NA}/B_A
2010	0.26	1.43	1.17	5.50	2014	0.31	1.29	0.98	4.16
2011	0.27	1.39	1.12	5.15	2015	0.31	1.27	0.96	4.10
2012	0.28	1.36	1.08	4.86	2016	0.31	1.26	0.96	4.06
2013	0.30	1.32	1.03	4.40	2017	0.29	1.26	0.97	4.34

注：B_A 代表农业部门比较劳动生产率；B_{NA} 代表非农部门比较劳动生产率；$B_{NA}-B_A$ 代表两部门比较劳动生产率之差；B_{NA}/B_A 代表两部门比较劳动生产率之比。

资料来源：根据历年《中国统计年鉴》相关数据整理而得。

（1）农业部门和非农部门的比较劳动生产率差距在波动中趋于收窄，说明我国的经济二元性在趋于弱化，但是收窄的幅度十分有限，意味着我国的经济二元刚性依然较强，对于二元结构进行实质性突破的任务依然十分艰巨。如果以改革开放为节点，1978～2017 年中国农业部门和非农部门比较劳动生产率比率的平均值约为 1∶5.02，两者之差的平均值约为 1.37；如果从本书的研究目的出发，以允许农村劳动力大规模向城镇非农部门流动为节点，1985～2017 年中国农业部门和非农部门比较劳动生产率比率的平均值约为 1∶5.06，农业部门和非农部门比较劳动生产率之差的平均值约为 1.30。截至 2017 年，农业部门比较劳动生产率仅为 0.29，非农部门比较劳动生产率为 1.26，两者之差仍然达到 0.97，两者之比仍为 4.34，差距十分显著（见图 6-1）。

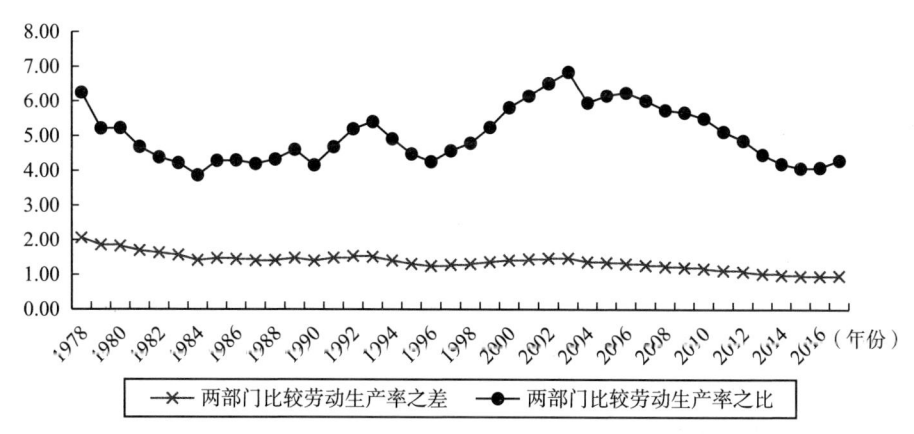

图 6-1 1978～2017 年农业部门和非农部门比较劳动生产率差距的变动

资料来源：根据历年《中国统计年鉴》相关数据整理而得。

(2) 非农部门的比较劳动生产率与农业部门相比整体水平较高，部分年份的比较劳动生产率在2以上，意味着非农部门1%劳动力带来的产值或收入要显著高于整体平均水平，说明我国非农部门劳动生产率水平较高。在变动趋势方面，非农部门的比较劳动生产率在波动中趋于下降。这一方面是由于随着我国逐步由中高速增长转入高质量发展阶段，更加注重经济发展质量而非速度，非农部门的绝对增速趋缓；另一方面是由于改革开放以来，随着城乡人口流动管理体制的松动，大量的农村劳动力转移至第二和第三产业从事务工经营，非农部门劳动力数量基数的不断增大使非农部门的比较劳动生产率水平向着经济一元化水平条件下的1不断靠近。

(3) 农业部门的比较劳动生产率整体水平较低且在波动中略微下降，各年份的农业部门比较劳动生产率不仅远低于1，甚至低于0.5，意味着农业部门1%劳动力带来的产值或收入要远远低于整体平均水平，说明我国农业部门劳动生产率水平显著偏低。这一方面是由于农村劳动力虽然能够以农民工的身份进入城镇和非农部门从事务工经营，实现"职业转换"，但是受到城乡二元经济社会体制的制约，难以实现"身份转换"，无法在就业、社会保障、子女教育、住房等方面获得与城镇居民相同的待遇，很难实现在城镇的长期居留和真正的市民化，依然保持着原居住地农村地区经济社会的联系，实际上成为农村家庭向城镇的延伸，在劳动能力耗尽或者受困于子女教育、就医养老等问题时，只能返回农村，因而导致农村剩余劳动力转移不彻底，土地、农机等农业生产要素无法实现集中和规模化使用，导致农业部门比较劳动生产率的提升受限；另一方面是由于随着农业技术进步，农业生产机械化和集约化水平大幅提升，农业生产中需要的实际劳动力投入在持续减少，那么意味着我国农村剩余劳动力的数量也在不断增加，客观上稀释了农村剩余劳动力向非农部门转移的作用，加剧了农村地区人口与资源关系紧张的局面，减少了1%劳动力带来的产值或收入，拉低了农业部门的比较劳动生产率。根据测算结果，1978～2017年的农业部门比较劳动生产率没有发生显著变化，一直在低位徘徊（见图6-2）。在不考虑农村人口自然增长以及人口向农村回流的情况下，以2017年的数据作为分析基础，如果按照发达国家农业劳动力占比10%的平均水平，中国至少还将有1.37亿的农业劳动力需要从农业部门转向非农部门。

根据上述分析，我们可以看出，中国经济系统的二元结构存在显著刚性，一方面使农村劳动力向城镇和非农部门的自由迁移以及在城镇区域的长期居留受到限制，农业部门受滞留的大量剩余劳动力制约，比较劳动生产率的提升受到严重阻滞，长期在低位徘徊，且没有显著改观，严重影响着农业部门的快速发展；另一方面，农业部门和非农部门之间存在劳动生产率的显著差距，在农业部门存在大量剩余劳动力和非农部门存在大量用工需求的情况下，劳动力由生产率较低的农业部门流向生产率较高的非农部门这一转移过程蕴含着较为强烈的经济潜能，可以带来劳动生产率的显著提升，从而有利于整体经济效率的提升，推动经济实现更快增长。

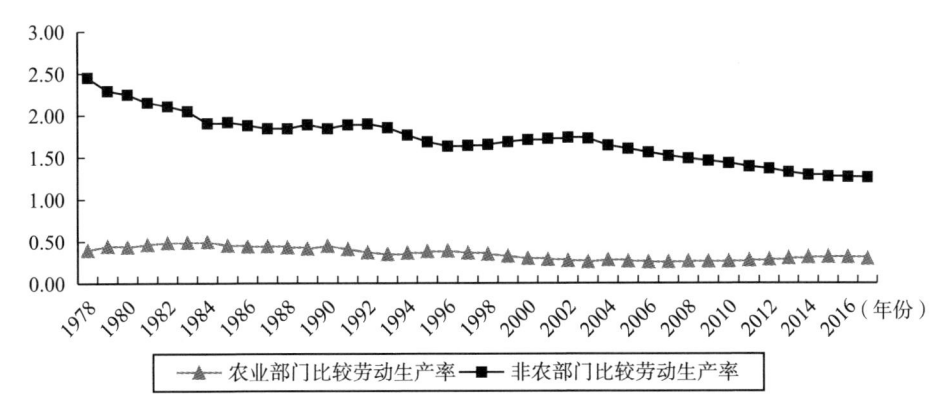

图6-2　1978~2017年农业部门和非农部门比较劳动生产率的变动

资料来源：根据历年《中国统计年鉴》相关数据整理而得。

二、非农部门内正规与非正规部门间劳动生产率差距估计

由于在中国城乡二元经济社会结构中，非农部门的劳动力是由农民工和城镇户籍劳动力两个部分组成，因此，本小节进一步将非农部门按照农民工和城镇户籍劳动力的就业特征将非农部门划分为两个部分，一个部分由农民工组成，另一个部分由城镇户籍劳动力组成。由于农民工主要在非正规部门或者正规部门的非正规岗位就业，而城镇户籍劳动力主要在正规部门就业，从本书的研究目标和方便开展研究的角度出发，借鉴已有研究成果的划分方法（杨晓军，2012），将主要由农民工构成的非正规就业部门和非正规就业岗位统称为城镇非正规部门；将主要由城镇户籍劳动力构成的就业部门称为城镇正规部门，[①] 这一划分有利于更

[①] "非正规部门"（informal sector）这一概念是由美国经济学家哈特（K. Hart, 1972）在一篇研究加纳城市就业问题的论文中提出的，国际劳工组织（ILO）于1972年在其工作报告中引用了这一概念，并将其明确界定为："存在于发展中国家城市地区的规模很小、无组织、无结构、低收入、低报酬的生产者或服务单位"。目前，我国对非正规部门这一概念尚无统一界定。结合我国的实际情况，并出于便利对本章节重点关注的农民工与城镇户籍劳动力之间劳动生产率差距开展分析的考虑，笔者将非正规部门界定为：整体投资规模小，劳动生产率和技术水平低，以私营为基础（包括家庭、个人）或以非正式形式附庸于正式部门的部门：一是主要以私营企业形式存在的小型和微型企业；二是以家庭为单位开展简单生产或服务经营活动的家庭企业；三是以个体从业形式存在的独立服务者；四是附庸于各类正规部门的生产单位，但实际上并未成为这些生产单位的实际成员，主要是大型企业、现代部门和公共组织雇用的劳务派遣工、小时工、临时工、季节工等。

好的讨论本书重点关注的农民工和城镇户籍劳动力两个群体之间的劳动生产率差距。因此，非农部门由城镇非正规部门和城镇正规部门两个部分组成，城镇非正规部门的劳动生产率即为农民工群体的劳动生产率，城镇正规部门的劳动生产率即为城镇户籍劳动力的劳动生产率。①

（一）计量模型设计

根据非农部门的特点选取有关变量，并对各个变量取对数以消除异方差的影响，建立如下计量模型：

$$\ln NAGDP = C_2 + \beta_1 \ln L_2 + \beta_2 \ln K_2 + \beta_3 \ln TECH_{NA} + \beta_i \ln Z_i + \mu \qquad (6.2)$$

其中，$NAGDP$ 为非农部门总产出，L_2 为非农部门的实际劳动力投入，K_2 为非农部门的资本投入，$TECH_{NA}$ 为农业部门的技术进步，Z_i 代表需要控制的与非农生产关系较为密切的其他因素。若用 $Migrate$ 表示进入非农部门就业的农村劳动力数量，即农民工数量，用 b_2 表示城镇劳动力与农民工之间的劳动生产率差异系数，用 $Urban$ 表示城镇劳动力数量，$Urban + b_2 Migrate$ 即为非农部门的实际劳动力投入。

（二）数据来源与描述性统计

由于国家在 2009 年之前未建立针对农民工的定期数据统计与发布制度，现有研究中涉及的农民工数量数据大多来自统计局、农业部、国家卫计委等组织的专项调查或者部分学者利用现有数据构建统计方法进行的推算，这些数据缺乏时间连续性，精确性方面也难以满足计量分析的需要。特别是根据已有研究成果，由于资本和劳动弹性系数敏感性较强，在回归估计劳动和资本的弹性系数方面存在较多的假设与争议，② 估计资本和劳动的弹性系数统计数学方法需要一个统计口径基本一致的统计数据系列，而且要保证有较长的样本期（李京文和钟学义，2007），③ 因此，现行的通过多个数据来源或者自行构建统计方法估算得到的历年农民工数量的数据难以满足上述要求。受限于相关数据的可得性，同时根据本书的研究目的，为保持农民工数量数据来源的一致性，本书主要采用历年的中国统计年鉴作为单一数据来源，在具体数据处理方面，本书用农村劳动力总数减去从事第一产业劳动力数量来表示进入非农部门就业的农村劳动力数量，$Urban + b_2 Migrate$ 即为非农部门的实际劳动力投入，由于国家统计年鉴中的农村劳动力均以常住人口口径统计，因此按照国家统计局对于农民工的分类，本书得

---

① 杨晓军．农民工对经济增长贡献与成果分享 [J]．中国人口科学，2012 (6): 66-74.
② 详见《新帕尔雷夫经济学大辞典》第 4 卷，技术进步（technical chang），第 666~670 页；全要素生产率（total factor productivity），第 713~714 页。
③ 李京文，钟学义．中国生产率分析前沿（第 2 版）[M]．社会科学文献出版社，2007.

到的进入非农部门就业的农村劳动力数量实际上为本地农民工的数量，即在所在乡镇地域以内从事非农产业的农民数量，外出农民工的数量被统计在城镇劳动力的范围内。一方面，根据已有文献的研究成果，拥有较高人力资本的农村劳动力会率先外出流入城市（周文、赵方、杨飞和李鲁，2017），同时，根据国家统计局公布的历年全国农民工监测调查报告，外出农民工大部分进入地级以上大中城市，竞争强度更大，劳动素质要求更高，且与本地农民工的月收入相比，外出农民工的月收入普遍高出约20%；另一方面，在城镇化进程中，由于受到就业、教育、医疗、住房等城乡二元因素的制约，外出农民工很难实现留城定居（白南生和李靖，2008），虽然同是在城镇区域工作生活，但是无论是"候鸟式"流动还是"拔根式"迁移，均难以享受到与城镇居民相同水平的福利和保障，与城镇原居民相比存在着多方面的待遇差别（魏后凯和苏红健，2014；世界银行，2014），农民工的人力资本存量和报酬远低于城镇劳动力，在劳动生产率方面实际上低于城市产业工人（沈汉溪和林坚，2007）。因此，根据已有研究成果，并结合实际情况判定，外出农民工的劳动生产率应高于本地农民工但是低于城镇劳动力的劳动生产率，那么本书将外出农民工放入城镇劳动力样本范围的处理方法实际上同时拉低了农民工和城镇劳动力这两个群体的整体劳动生产率水平，由于是同一群体在统计归类过程中造成的，那么这种对两个群体劳动生产率水平的拉低幅度应该是一致的。因此，如果将两个群体劳动生产率水平的比值 b_2 看作 A/B，在 A 和 B 同时被拉低相同幅度的情况下，两者比值 b_2 的估计结果不会受到影响。根据上述分析，进一步将计量模型变化为如下形式：

$$\ln NAGDP = C_2 + \beta_1 \ln(Urban + b_2 Migrate) + \beta_2 \ln K_2 + \beta_3 \ln TECH_{NA} + \beta_i \ln Z_i + \mu$$

(6.3)

其中，$NAGDP$ 为非农部门总产出，由非农部门的实际 GDP 表示；K_2 为非农部门的固定资本投入，由非农部门资本存量的折旧额来表示，非农部门资本存量及其折旧额根据徐现祥、周吉梅和舒元（2007）以及宗振利、廖直东（2014）的方法计算而得；$TECH_{NA}$ 代表非农部门的技术进步因素，由技术市场的交易总额表示；其他影响非农产业总产出的主要影响因素选取对外贸易出口总额和居民实际平均消费支出，以考察控制对外贸易和消费因素情况下对估计结果的影响。变量的具体描述性统计见表6-3。本书所使用的数据基本来自历年《中国统计年鉴》，对各部门资本存量及其折旧额的计算使用了《中国国内生产总值核算历史资料（1952~1995）》以及《中国国内生产总值核算历史资料（1996~2002）》中的相关数据，各个变量均以1978年为基期，选取相应指数进行了消胀处理。

表 6-3　　　　　　　　　　　变量的描述性统计

主要变量名称	平均值	标准差	最小值	最大值
农村劳动力（万人）	43947.76	4795.73	35178	49039.00
城镇劳动力（万人）	25803.00	9224.41	12808.00	42462.00
本地农民工（万人）	12028.50	2653.54	5935.00	15153.00
非农部门产出（亿元）	46705.47	40811.65	5547.98	137298.10
非农部门资本存量折旧（亿元）	11516.61	12376.56	814.86	38987.32
技术市场交易额（亿元）	2570.16	3667.90	53.25	13424.00
对外贸易出口额（亿元）	53049.32	54403.34	808.90	153320.6
居民人均消费支出（元）	6622.58	6689.26	437.00	22902.00

资料来源：根据《中国统计年鉴》《中国国内生产总值核算历史资料》中的相关数据计算而得。

由于从 1984～1985 年开始，国家着手对城镇经济社会体制进行改革，放松了个体经济发展限制，并在城镇商业和服务业中实施承包制改革，开始允许农民自理口粮进入城镇进行务工经营，提出要"进一步扩大城乡经济交往"，"允许农民进城开店设坊，兴办服务业，提供各种劳务，城市要在用地和服务设施方面提供便利条件"，鼓励农村劳动力向城镇的流动，标志着几十年来以城乡二元户籍制度为基础的城乡劳动力流动管理体制的首次突破，农民取得了进入集镇务工经营的权利，农民工开始逐步成为一个具备一定规模并且独立的群体。因此，本书将数据和计量研究的起点选为 1985 年，时间跨度为 1985～2017 年。

（三）实证分析

本书将核心变量 b_2 作为待定系数放入计量模型中，采用非线性多元最小二乘回归方法（NLS）对模型中的关键变量系数进行估计（见表 6-4）。

表 6-4　　　　　　　　非农部门模型的 NLS 估计结果

自变量	模型 I	模型 II	模型 III	模型 IV	模型 V	模型 VI
常数项（C_2）	-17.765*** (-28.55)	-8.941*** (-6.01)	-2.826 (-1.68)	-3.249* (-1.92)	-8.800*** (-6.16)	-6.668*** (-3.48)
非农部门实际劳动力 [$\ln(Urban + b_2 Migrate)$]	2.764*** (51.10)	1.588*** (8.17)	1.036*** (5.35)	1.042*** (5.45)	1.484*** (7.62)	1.287*** (5.12)

续表

自变量	模型Ⅰ	模型Ⅱ	模型Ⅲ	模型Ⅳ	模型Ⅴ	模型Ⅵ
农村进城务工人员（Migrate）	0.137 (1.54)	0.411** (2.60)	0.511** (2.38)	0.570** (2.45)	0.574** (2.57)	0.450** (2.26)
非农部门资本投入（$\ln K_2$）		0.310*** (6.16)		0.085 (1.35)	0.186** (2.24)	0.313*** (6.43)
技术进步（$\ln TECH_{NA}$）			0.369***	0.299*** (4.55)		
居民平均消费支出（$\ln Avecon$）					0.291* (1.84)	
对外贸易出口额（$\ln Exr$）						0.087* (1.79)
调整后的拟合优度	0.992	0.996	0.999	0.998	0.996	0.997
残差ADF检验的T统计量	-2.206	-2.975	-2.237	-2.144	-2.475	-2.877
观测值数	64	96	128	128	128	128

注：（1）*表示在10%水平上显著，**表示在5%水平上显著，***表示在1%水平上显著。
（2）ADF检验1%、5%和10%显著性水平的临界值分别为-2.650、-1.771和-1.350。

在具体估计过程中，通过膨胀因子（VIF）检验，我们发现对外贸易出口额与技术市场交易额以及居民人均消费支出等变量之间存在多重共线性，我们将它们分别引入回归方程（6.3）中进行估计，以消除共线性的影响。由于是时间序列数据结构，因此需要对每个估计方程的残差进行ADF检验，检验结果显示所有模型的残差都是平稳的，估计结果是可靠且有效的。

通过对表6-4中估计结果的分析，我们可以得到以下信息：

（1）通过对模型Ⅰ至模型Ⅵ的NLS估计，结果显示b_2的估计值在模型Ⅰ至模型Ⅵ中高度显著。b_2的估计值最大为0.574，最小为0.411，最大波动幅度为0.163。在模型Ⅱ~模型Ⅴ不断变换控制变量的情况下，b_2的估计值始终显著且维持在0.5附近，结果较为稳健，因此，可以取模型Ⅱ~模型Ⅵ对b_2估计值的算数平均值0.503作为b_2的估算结果。这说明城镇劳动力与农民工劳动生产率的估算比值约为1:0.503。

（2）模型Ⅰ至模型Ⅵ对变量$\ln(Urban + b_2 Migrate)$系数估计值均为正值且高度显著，即非农部门实际劳动力投入与非农部门产出呈同向变动，且估计系数均大于1，存在劳动的边际报酬递增，说明当前我国非农部门对劳动力存在明显需求，这与我国部分地区长期存在的"民工荒"现象以及2017~2018年出现的各个城市之间的"抢人大战"等一系列现实吻合。另外，变量Migrate与非农部门产出呈正向变化，说明农民工数量的增长有利于非农部门产出的增长，这是因为长期以来农村劳动力以农民工的形式向城镇和非农部门流动，推进了城镇化的发展，为非农产业提供了大量廉价而优质的劳动力，是改革开放以来中国经济持续快速增长的关键动力。

通过 NLS 回归估计结果，我们可以得到非农部门内部农民工与城镇户籍劳动力两个群体之间的劳动生产率比率约为 1∶0.503。因此，虽然农民工和城镇户籍劳动力均已纳入城镇劳动力的统计范畴，但是两者依然在劳动生产率方面存在着差距，而且这一差距十分显著。这种差距一方面受到农民工原户籍地各方面环境的影响，另一方面在第二代农民工已经占据农民工总量的近 50%（国家统计局，2013），甚至第三代农民工已经开始大规模进入城镇劳动力市场的情况下，现行二元经济社会结构下城镇地区产生的农民工群体多维可行能力不足状况是导致农民工群体劳动生产率显著落后于城镇户籍劳动力劳动生产率的重要原因。

三、农业部门与城镇非正规部门间劳动生产率差距估计

本小节继续采用非线性回归估计方法，对农业部门与城镇非正规部门间的劳动生产率，即农业劳动力与农民工群体之间的劳动生产率差距进行估计。

（一）计量模型与数据来源

根据农业部门的特点选取有关变量，并对各个变量取对数以消除异方差的影响，建立如下计量模型：

$$\ln AGDP = C_1 + \alpha_1 \ln L_1 + \alpha_2 \ln K_1 + \alpha_3 \ln LAND + \alpha_4 \ln TECH_A + \alpha_i \ln X_i + \varphi \quad (6.4)$$

在农业部门的计量回归方程中，$AGDP$ 为农业部门总产出，L_1 为农业部门的实际劳动力投入，K_1 为农业部门的资本投入，$LAND$ 为农业部门的土地投入，$TECH_A$ 为农业部门的技术进步，X_i 代表需要控制的与农业生产关系较为密切的其他因素。用 b_1 表示农村劳动力与农民工之间的劳动生产率差异系数，用 $Rural$ 表示农村劳动力数量，$Migrate$ 表示进入非农部门就业的农村劳动力数量，即农民工数量，那么 $Rural - b_1 Migrate$ 即为农业部门的实际劳动力投入。

为保持分析的一致性，本节使用数据与"非农部门内正规与非正规部门间劳动生产率差距估计"部分保持相同的数据来源。由于在估计农民工群体和农业劳动力边际劳动生产率水平的比值 b_1 时，只是单方面拉低了农民工群体的边际劳动生产率水平，因而会一定程度上低估农业劳动力和农民工群体劳动生产率水平的比值 b_1。

根据上述分析，进一步将计量模型变化为如下形式：

$$\ln AGDP = C_1 + \alpha_1 \ln(Rural - b_1 Migrate) + \alpha_2 \ln K_1 + \alpha_3 \ln LAND$$
$$+ \alpha_4 \ln TECH_A + \alpha_i \ln X_i + \varphi \quad (6.5)$$

其中，$AGDP$ 为农业部门总产出，用农业部门的实际 GDP 表示；K_1 为农业部门的固定资本投入，由农业部门资本存量的折旧额来表示，各部门资本存量及其折旧额根据徐现祥、周吉梅和舒元（2007）以及宗振利、廖直东（2014）的方法计算而得（具体方法请见附录 D）；$LAND$ 代表农业部门的实际土地投入，由单位农地（单位农作物播种面积）的化肥施用量表示，以同时控制农业土地投入和土地肥力增长的影响；$TECH_A$ 代表农业部门的技术进步因素，由农业机械总动力表示；其他影响农业总产出的因素选取农作物播种面积 $land$ 和农村用电量 elc，以考察忽略土地肥力增长以及控制中间投入要素情况下对估计结果的影响。变量具体的描述性统计见表 6-5。本书所使用的数据基本来自历年《中国统计年鉴》，对各部门资本存量及其折旧额的计算使用了《中国国内生产总值核算历史资料（1952~1995）》以及《中国国内生产总值核算历史资料（1996~2002）》中的相关数据，各个变量均以 1978 年为基期，选取相应指数进行了消胀处理。数据和计量研究时间的起点和终点与上一节保持一致，同样选为 1985 年和 2017 年。

表 6-5　　　　　　　　　　变量的描述性统计

主要变量名称	平均值	标准差	最小值	最大值
农村劳动力（万人）	43947.76	4795.73	35178	49039.00
城镇劳动力（万人）	25803.00	9224.41	12808.00	42462.00
本地农民工（万人）	12028.50	2653.54	5935.00	15153.00
农业部门产出（亿元）	3139.73	1166.13	1582.75	5471.38
农业资本存量折旧（亿元）	348.55	273.61	82.68	963.30
农作物播种面积（千公顷）	154540.8	6950.45	143625.90	166650.00
农地化肥施用量（万吨）	4203.69	1355.37	1775.80	6022.60
农村用电量（亿千瓦时）	3868.03	3043.23	508.90	9524.40
农业机械总动力（万千瓦）	59949.38	29691.43	20912.50	111728.10

资料来源：根据《中国统计年鉴》《中国国内生产总值核算历史资料》中的相关数据计算而得。

（二）实证分析

将核心变量 b_1 作为待定系数放入计量模型（6.5）中，采用非线性多元最小二乘回归方法（NLS）对模型中的关键变量系数进行估计。在具体估计过程中，通过膨胀因子（VIF）检验，我们发现农作物播种面积与化肥施用密度、农业部门资本存量折旧与农村用电量等变量之间存在多重共线性，我们将它们分别引入表6-6所示的模型Ⅰ～模型Ⅶ的回归过程中进行估计，以消除共线性的影响。由于是时间序列数据结构，因此需要对每个估计方程的残差进行ADF检验，检验结果显示所有模型的残差都是平稳的，估计结果是可靠且有效的。

表6-6　　　　　　　　农业部门模型的NLS估计及检验

自变量	模型Ⅰ	模型Ⅱ	模型Ⅲ	模型Ⅳ	模型Ⅴ	模型Ⅵ	模型Ⅶ
常数项（C_2）	14.215*** (3.39)	8.438*** (26.01)	5.514*** (12.14)	1.506*** (5.82)	6.757*** (10.64)	6.728*** (12.70)	5.764 (1.33)
农业部门实际劳动力数量 [$\ln(Rural-b_1 Migrate)$]	-0.631 (-1.57)	-.052** (-3.36)	-0.076*** (-7.48)	-0.036*** (-3.35)	-0.062*** (-5.46)	-0.078*** (-4.09)	0.298*** (3.79)
农民工数量 （$Migrate$）	1.798*** (4.14)	2.065*** (119.05)	2.090*** (119.05)	2.134*** (517.44)	2.092*** (85.85)	2.041*** (33.60)	-6.152 (-0.95)
农业部门资本投入 （$\ln K_2$）		0.261*** (14.88)			0.125** (2.58)		0.408** (5.19)
农地化肥施用密度 （$\ln LAND$）		0.386*** (13.14)	0.314*** (9.85)		0.338*** (11.09)	0.11*** (2.04)	
农业机械总动力 （$\ln tech_A$）			0.399*** (16.08)	0.626*** (39.43)	0.217*** (2.93)		0.009 (0.09)
农村用电量 （$\ln elc$）						0.306*** (12.76)	
农作物播种面积 （$\ln land$）							-0.305 (-0.81)
调整后的拟合优度	0.667	0.998	0.999	0.993	0.999	0.998	0.999
残差ADF检验的T统计量	-2.271	-2.247	-2.342	-1.479	-2.141	-2.127	-2.408
观测值数	64	128	128	96	96	128	160

注：（1）*表示在10%水平上显著，**表示在5%水平上显著，***在1%水平上显著（2）ADF检验1%、5%和10%显著性水平的临界值分别为-2.650、-1.771和-1.350。

（1）通过对模型Ⅰ～模型Ⅶ六个模型的NLS估计，结果显示b_1的估计值在模型Ⅰ至模型Ⅵ中高度显著。在模型Ⅶ中b_1的估计结果不显著，并且同时存在多个变量系数的估计结果不显著，这是由于虽然引入了代表"农作物播种面积"的控制变量$\ln land$，但是这仅控制了土地投入数量因素而缺少了对农业生产非常重要的土地肥力提升因素的控制，从而导致估计偏误，可见在农业生产中除了土地数量，土地质量的影响也十分关键。在模型Ⅰ中，b_1的估计结果与其他模型的估计结果偏离较大，而且变量$\ln(Rural - b_1 Migrate)$系数的估计结果不显著，这是由于在模型Ⅰ中未对其他影响农业生产的关键因素进行控制，没有引入比如土地、农业技术进步等方面的控制变量，对其他重要影响因素控制不足从而导致的估计偏误。综合上述分析结果，模型Ⅱ、模型Ⅲ、模型Ⅳ、模型Ⅴ和模型Ⅵ的估计结果整体较为稳健，b_1的估计值最大为2.134，最小为2.041，最大波动幅度为0.093，在多个变量增减变换的情况下，b_1的估计结果始终保持在2.1附近，估计结果较为稳健，因此本书取各个有效估计结果的算数平均值2.084作为b_1的取值。

（2）模型Ⅱ~模型Ⅵ对变量$\ln(Rural - b_1 Migrate)$系数估计值均为负值且高度显著，即农业部门实际劳动力与农业部门产出呈反向变化，说明当前我国农村依然存在人多地少和大量农村剩余劳动力的情况，但我们也同时可以看到变量$\ln(Rural - b_1 Migrate)$系数估计值均在-0.01以下，说明经过改革开放以来的大规模流动，农村剩余劳动力对于农业生产的负向作用趋于弱化，传统意义上的农村剩余劳动力已经大幅减少，中国劳动力无限供给的时代逐渐远去（盖庆恩、朱喜和史清华，2014）。另外，变量$Migrate$与农业部门产出呈正向变化，说明农民工数量的增长有利于农业产出的增长，这是因为农村劳动力向非农部门的转移有效减轻了农村剩余劳动力压力，缓解了我国农村人多地少的紧张关系，同时，农村劳动力通过在非农部门的务工经营加速了自身的人力资本积累和物质财富积累，并且通过持续的城乡流动对农村和农业实现了技术反哺和资金反哺，推动了农业生产机械化和集约化发展，有利于农业产出的增加。

（3）将模型Ⅰ、模型Ⅶ和其他模型对比发现，农业部门的产出增加主要来源于农业技术进步、土地投入和肥力提升以及农业生产机械化和集约化的发展。在人多地少的现实国情下，大量的农村剩余劳动力拥挤于狭小的农地，中国农业部门产出的增长无法依靠劳动力投入，而是更多地取决于农业技术进步、农业机械化水平、土地使用效率等因素，现实的农业发展路径应是劳动节约、技术提升和资本深化（李谷成，2015）。传统的劳动密集型农业生产方式和过剩的农村劳动力正在成为农业生产率提升和农业生产进一步发展的障碍，农村劳动力大规模向非农部门转移有力地削弱了这一障碍。若进一步考虑到农村剩余劳动力的减少能够带来耕地、农用机械、肥料等生产资料的集中和生产规模的扩大，那么农业生产资料使用和农业技术推广将能够实现更高的效率，农村劳动力以农民工形式向非农部门的转移对农业部门发展的推动作用将会更为显著。

通过对农业部门和非农部门的NLS回归估计，我们可以得到城镇非农部门劳动力与农民工两个群体之间的劳动生产率比率约为1∶0.503，农业部门劳动力与农民工两个群体之间劳动生产率的比率约为 1:2.084，进而可以得到上述条件下的农业部门劳动力与城镇非农部门劳动力之间劳动生产率的比率为 1:4.143，那么此时农业部门、农民工、城镇户籍劳动力三部门之间的劳动生产率比率约为 0.241:0.503:1。进一步根据农业部门和非农部门比较劳动生产率的分析，1985~2017 年中国农业部门和非农部门比较劳动生产率比率的算数平均值约为 0.2:1，与计量回归得出的劳动生产率比率 0.241:1 相比较，说明前文得出的对农业部门与城镇非正规部门劳动生产率差距存在一定程度低估的判断是正确的。通过运用 1985~2017 年中国农业部门和非农部门比较劳动生产率比率的算数平均值对低估农业部门与城镇非正规部门劳动生产率差距情况下得到的劳动生产率的比率进行调整。这种调整虽然不能完全得到精确的农业部门劳动力与农民工两个群体之间劳动生产率比率，但能够很大程度上减弱估计结果的低估程度。根据上述分析，得到调整后的三部门劳动力群体之间的劳动生产率估算比率约为 0.2:0.503:1。

第二节 异质性劳动生产率条件下农民工对经济增长贡献的测度

在早期的经济学研究中，经济学家已经发现劳动力从生产率较低的农业部门向生产率较高的非农部门转移是推动经济增长的重要动力之一（Lewis，1954）。1978 年改革开放以后，随着经济体制改革的推进，中国政府为适应经济发展的需要，不断调整和改革城乡二元制度，在城乡劳动力流动管理方面不断朝着促进农村劳动力城乡转移的方向演进，大量的农村劳动力以农民工的形式由农业部门转移到非农部门，推动了各类资源在各个部门之间的重新配置，促进了总劳动生产率的提高和总产出的增加，对中国的经济发展做出了显著贡献。本书在塞尔奎因部门结构分析方法（Syrquin，1984）和钱纳里模型（Chenery，1986）的基础上，根据 NLS 回归估计得到的农民工与城镇非农部门劳动力两个群体之间的劳动生产率比率，借鉴杨晓军（2012）的处理方法，对农民工在总产出增长和劳动生产率增长方面的贡献进行了定量分析。根据测算结果，自 1986 年至 2017 年，农民工数量对总产出增长的贡献率平均为 11.76%，对总劳动生产率提升的贡献率平均为 9.77%；农民工总劳动生产率对总产出增长的贡献率平均为 17.67%，对总劳动生产率提升的贡献率平均为 22.89%（见图 6-3）。

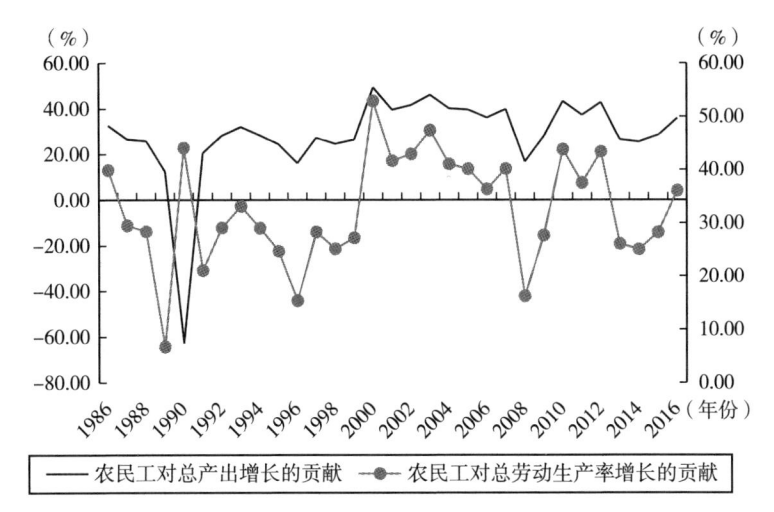

图 6-3　1986~2017 年农民工对总产出和总劳动生产率增长的贡献水平变动

资料来源：根据《中国统计年鉴 2018》《新中国农业 60 年统计资料》以及历年《全国农民工调查监测报告》相关数据计算而得。

一、农民工贡献水平剧烈波动的阶段（1986~1999 年）

（一）1986~1988 年的缓慢发展时期

自 1984 年始，国家对城镇经济社会体制进行改革，开始允许农民自理口粮进入城镇进行务工经营，中国迎来改革开放后的第一个民工潮。伴随着大量农村劳动力向非农部门的转移，生产力与之前城乡劳动力流动严格管制时期相比得到一定程度的解放，1986~1988 年农民工对总产出和总劳动生产率增长的平均贡献率均位于 1986~2017 年平均贡献水平以上，但是由于该时期对于农村劳动力向城镇和非农部门的转移依然存在诸多限制，并随着经济发展整体形势的变化逐步又重新走向收紧，农民工的整体贡献率在波动中趋于下降。

（二）1989~1991 年的急剧波动时期

从 1989 年开始，受国际政治形势以及国民经济三年治理整顿的影响，大量民营和乡镇企业关停并转，城镇失业增加。我国政府为保持整个经济社会的稳定，进一步加强对人口流动的管制，大批农民工离开城镇返回农村，农民工对总产出的贡献出现了一个断崖式下跌。1990 年农民工对总劳动生产率的贡献率攀升至高位，但是总产出增长的贡献率则降为负值，这一方面是因为国家人口普查和统计口径的变化，劳动力人数骤增 9420 万人，其中，劳动生产率较低的农业部门劳动力比重快速上升，劳动生产率较高的非农部门劳动力比重下降；另一方面受"治理整顿"影响,1990年全年经济增长率仅有3.8%。因此,上述两方面因素的交叉影响导致1990年的测算结果出现不同于其他时期的特殊情况(郝大明,2015)。1991年,为期三年的国民经济"治理整顿"进入尾声,农民工的贡献水平出现一定程度的回升。

(三) 1992~1995年的恢复提升时期

以1992年"南方讲话"和中共十四大确立建设发展社会主义市场经济的目标为标志,国民经济发展迅速恢复,各种所有制形式的企业得到快速发展,劳动力需求激增,农民工管理政策也逐渐由"控制盲目流动"调整为"鼓励、引导和实行宏观调控下的有序流动",农民工在城镇区域务工经营的工作环境、生活环境和制度环境得到较大程度改善。1991~1995年农民工群体对总产出增长的贡献率平均为26.69%,对总劳动生产率提升的贡献率平均为27.39%,整体贡献水平与1989~1990年断崖式下跌期间相比,得到了一定程度的恢复。

(四) 1996~1999年的重新下跌时期

1996~1999年受国有企业改革和减员增效的影响,大量下岗职工从体制内走向体制外,城镇失业人口激增,加上随之而来的1998年金融危机的影响,就业机会减少,很多城市为缓解就业压力,再一次收紧城乡劳动力流动管理体制,大批农民工被当作"盲流"遣返回乡。在此时期,农民工对总产出和总劳动生产率增长的贡献再一次受到遏制,对总产出和总劳动生产率增长的贡献率均存在不同程度的下跌。

二、农民工贡献水平稳步发展的阶段 (2000~2007年)

进入2000年以后,国家为适应产业结构调整和对外经济发展的需要,对农民工的流动逐步由管制转向放开,支持和推动农村劳动力向城镇转移。一方面,随着多项关于解决农民工问题重要政策措施的出台和落实[①],农民工的务工经营与个人发展环境得到了有效改善,城乡二元体制对劳动力流动的阻碍减弱,农民

---

① 2000年6月,中共中央和国务院联合发布《关于促进小城镇健康发展的若干意见》,要求进一步放宽小城镇的落户限制;2001年,全国人大九届四次会议提出要全力推进"城乡劳动力市场一体化";2004年的"中央一号"文件明确指出"进城就业的农民工已经成为产业工人的重要组成部分,为城市创造了财富、提供了税收",明确肯定了农民工群体做出的巨大贡献,并要求"改善农民进城就业环境,增加外出务工收入"和"保障进城就业农民的合法权益";2006年,国务院发布《关于解决农民工问题的若干意见》政策文件,将解决农民工问题作为建设中国特色社会主义的一项战略任务来推进,要求做好"农民工就业服务和培训,积极稳妥地解决农民工社会保障问题,切实为农民工提供相关公共服务,健全维护农民工权益的保障机制"。

工数量迅速增加，劳动生产率得到了快速提升；另一方面，2001年底，中国成功加入世界贸易组织（WTO），通过吸收外商直接投资和发展对外开放型经济，国民经济实现了高速增长，创造了大量就业机会，对劳动力的需求量逐年增大，农民工由最初的"供过于求"演变为"供不应求"，"民工荒"现象开始出现，农村转移劳动力无限供给的局面被打破，农村青壮年劳动力开始变为一种稀缺资源。劳动力的供不应求逐渐倒逼政府和企业为吸引外来务工人员，积极改善农民工群体在就业、住房、教育培训、医疗、劳动保护等方面的现实环境，因而吸引了越来越多的农村劳动力外出从事非农务工经营，工作和生活环境的改善也有效提升了劳动生产率。受上述多方面有利因素的影响，在这一时期，农民工群体在数量增加和劳动生产率提升方面获得了稳步发展，对总产出和总劳动生产率增长的贡献虽有轻微波动，但总体趋势是始终维持在一个较高水平且较为稳定。

三、农民工贡献水平在波动中增长的阶段（2008～2017年）

（一）2008～2009年的突然下滑时期

受2008年全球金融危机的影响，世界经济增长放缓，部分发达国家和地区陷入衰退，外需的骤然萎缩使高外贸依存度的中国外向型经济遭受重大打击，各类出口导向的中小企业首当其冲，出现大量工厂倒闭并带来失业人数的增加。主要在民营中小企业就业的农民工群体受到很大影响，大批农民工失业返乡，2008～2009年农民工群体对总产出和总劳动生产率增长的贡献出现一个明显下滑。

（二）2010～2012年的暂时恢复时期

为应对全球金融危机导致的经济增速快速回落、外需显著萎缩和失业大幅上升等困境，中国政府出台了以"四万亿计划"为代表的多项经济刺激政策来扩大需求，以维持经济的快速增长。在多项经济刺激政策的作用下，各类铁路、公路、水利、房屋等基础设施建设项目迅速推进，内需扩大，劳动力需求增加，失业减少，一定程度上延缓了中国经济的快速衰退，拉动中国经济重新走上快速增长轨道。这一时期受宏观经济回暖等因素的影响，农民工对总产出和总劳动生产率增长的贡献快速回升。

（三）2013～2017年的反弹回升时期

单纯的经济刺激政策并没有解决中国经济长期以来存在的结构性问题，而且各类经济刺激计划和宽松的货币政策带来流动性泛滥，且流动性主要流入国有企业，引发资产泡沫和通胀，客观上对民营经济产生挤出效应。各类经济刺激政策的短期拉动效果消失后，经济产出和需求重新走向疲软，经济增速再次回落。为应对这一局面，党的十八大以来，以习近平同志为核心的党中央将经济调控重点放在产业结构调整和经济转型上，以供给侧结构性改革为主线，减少政府刺激，发挥市场力量，鼓励科技创新，扶持中小企业，治理金融乱象，引导中国经济由高速增长阶段转向高质量发展阶段。随着经济结构的持续优化，国民经济运行逐步实现了缓中趋稳、稳中向好。因此，在这一时期，受宏观经济因素的影响，农民工群体的数量和劳动生产率的贡献出现顺应总体经济形势的快速波动，使其对总产出和总劳动生产率增长的贡献呈现先快速下降、后快速回升的正 U 型变化趋势。

第三节 农民工对经济增长贡献的分解与反事实模拟分析

一、农民工经济贡献的定量分解

改革开放以来，中国人口结构一直处于劳动人口增长快于依赖人口增长的变动趋势中，构成拉动经济快速增长的"人口红利"，保证了高储蓄率和劳动力的充足供给，中国经济因人口红利因素而获得人均 GDP 年均 26.8% 的高速增长率（Cai et al.，2005）。然而，以 2004 年第一轮"民工荒"为标志，农村转移劳动力"无限供给"的状态宣告终结，也预示着刘易斯拐点的逼近与人口红利的渐趋消失，劳动年龄人口数量的减少和老年人口数量的增加使中国经济快速增长的劳动力引擎动力减弱，需要我们在现实基础上寻找新机制来挖掘和提升农民工群体对于经济增长的驱动能力。

根据赛尔奎因部门结构分析方法（Syrquin，1984），我们可以将农民工对总产出和总劳动生产率增长的贡献分解为农民工数量的贡献和农民工劳动生产率的贡献这两个方面（见图 6-4）。

分解测算结果显示，从农民工对总产出增长和总劳动生产率增长两个方面的贡献率来看，农民工数量的贡献和农民工劳动生产率的贡献呈波动和交叉的特征，但绝大多数年份农民工劳动生产率的贡献要高于农民工数量的贡献。特别是在 2004 年首次出现"民工荒"以后，农民工数量贡献的增长明显较为疲软，农民工对总产出和总劳动生产率增长的贡献主要来自于农民工的劳动生产率。尤其是 2013 年及以后，随着中国经济进入新常态，中国政府着力推动经济增长由传统的要素投入驱动向创新驱动转变，强调以供给侧结构性改革为主线实现产业结构转型升级和经济发展方式转变，在这一大背景下，农民工的经济贡献由下降转为上升主要来自劳动生产率贡献上升的拉动，农民工数量的贡献回升不明显（见图6-5）。

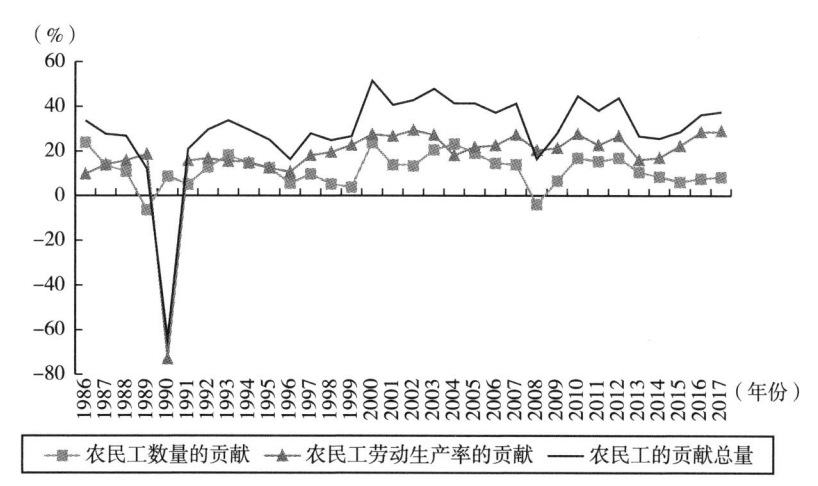

图6-4　农民工对总产出增长的贡献分解与变动趋势

资料来源：根据笔者计算得到。

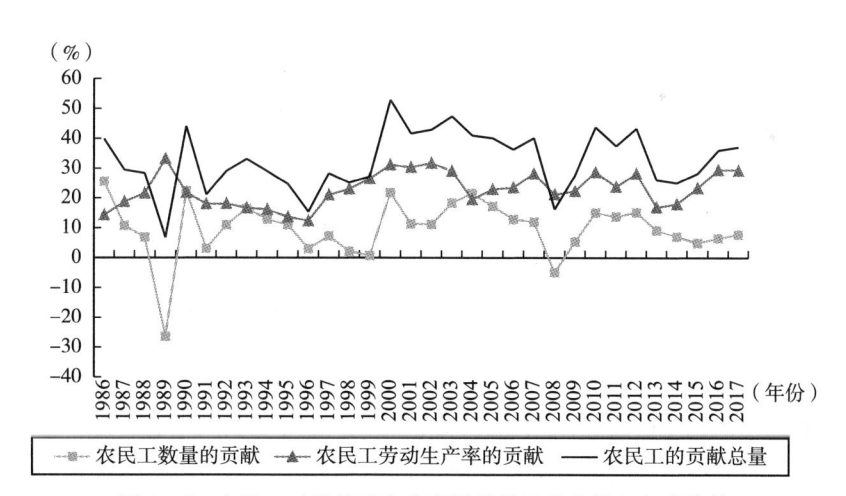

图6-5　农民工对总劳动生产率增长的贡献分解与变动趋势

资料来源：根据笔者计算得到。

在未来的经济发展中，中国经济发展中的结构性问题将会在一定时期内持续存在，经济下行压力依然较大，中国经济面临产业结构优化升级和新旧发展动能接续转换的重大挑战，迫切需要寻找和增加驱动经济平稳可持续增长的新动能。

与此同时，2012年中国15岁~59岁的劳动年龄人口第一次出现了绝对负增长，中国人口红利正在逐渐消失（蔡昉，2016），农民工群体的数量增速也在快速回落，经济发展不再具有无限供给的劳动力特征，资本边际报酬趋于下降，长期以来驱动中国经济快速增长的传统劳动力动能正在减弱，需要挖掘新的"人口红利"。

因此，要保持和提升农民工群体对经济增长的贡献，传统的农民工数量增加所带来的贡献提升将会愈发微弱，农民工的人口素质与劳动质量的提升，即劳动生产率贡献的提升将会成为关键。因而，为进一步激发农民工群体驱动经济增长的潜在动能，应当进一步从就业、医疗、养老、健康、劳动保护、教育培训、子女教育等多个角度改善农民工的现实境况，稳步推进农民工市民化，从多维角度辨识和减轻农民工群体的可行能力发展束缚，消除各类二元经济社会制度性因素对农民工劳动生产率提升的遏制和侵蚀，进一步推动农民工劳动生产率水平的提升，继续释放农民工群体对经济增长的驱动能力，充分提升农民工的经济贡献，从而挖掘新的人口红利，为中国经济的高质量发展提供新动能。

二、基于劳动生产率变动的反事实模拟分析

根据三部门条件下对农村劳动力、农民工和城镇劳动力之间劳动生产率差距的估计结果，三个劳动力群体之间的劳动生产率比率约为 $0.241:0.503:1$，由于本书对于农村劳动力与城镇劳动力之间劳动生产率之间比率的估计存在一定程度的低估，因此使用1985~2017年中国农业部门和非农部门比较劳动生产率比率的平均值（$0.2:1$）对上述结果进行调整，以减轻低估的程度。经过调整之后的三部门条件下对农村劳动力、农民工和城镇劳动力之间劳动生产率比率为 $0.2:0.503:1$。本书利用前述研究测度结果，在所有其他条件均不变的情况下，通过模拟农民工群体在不同劳动生产率水平情景条件下对经济总产出和总劳动生产率贡献的变动情况，以考察劳动生产率水平的变动对农民工经济贡献的实际影响程度。

(1) 模拟情景1：假设农民工未选择从事非农务工经营，而是继续留在农业部门从事农业生产，此时农民工实际上成为农业部门劳动力，假定仅从事农业生产的农民工的劳动生产率降低为与农业劳动力相一致，即与城镇劳动力的劳动生产率比率由 $0.503:1$ 下降至 $0.2:1$。在此基础上，本书重新测算农民工对总产出和总劳动生产率增长的贡献率，结果显示如果农村劳动力不选择以农民工的形式从事非农务工经营，那么相比作为农民工从事非农务工经营的情况，其对总产出增长的贡献将平均减少14.88%，对总劳动生产率增长的贡献将平均减少16.40%，两方面的贡献减少均是十分显著的（见图6-6）。

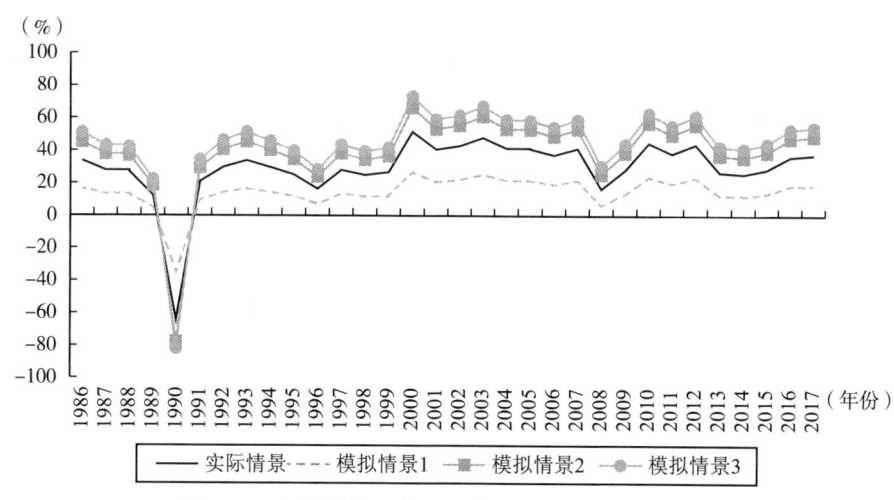

图 6-6　不同情境下农民工对总产出增长的贡献情况

资料来源：根据笔者计算得到。

（2）模拟情景 2：假设随着经济社会改革的深入与新型城镇化的推进，城乡二元制度性因素趋于弱化，农民工在城镇和非农部门从事务工经营的环境得到进一步改善，农民工的劳动生产率得到进一步提升，并逐渐缩小自身与城镇劳动力之间的差距。由于农民工群体与城镇劳动力相比存在先天不足，城乡二元体制的彻底破除在短期也存在较大压力，因此本书在模拟情景 2 中假设农民工的劳动生产率虽实现较大提升，但未能实现与城镇劳动力劳动生产率的完全一致，两者比率为 0.8∶1。根据这一比率对农民工的经济贡献进行重新测算，结果显示，如果通过推动农民工的可行能力建设，提高农民工劳动生产率，能够使其对总产出增长的平均贡献提升 10.01%，对总劳动生产率增长的平均贡献提升 10.81%（见图 6-7）。

（3）模拟情景 3：假设中国的城乡二元制度性因素完全消失，农民工能够获得与城镇户籍居民完全一致的福利和待遇，即城镇内部的二元分割性因素全部消弭，农民工群体能够获得均等的基本公共服务，其劳动生产率提升至与城镇户籍劳动力一致的水平，即两者劳动生产率之比为 1∶1。根据这一比率对农民工的经济贡献进行重新测算，结果显示，农民工劳动生产率的提升使其对总产出增长的平均贡献提升了 15.17%，对总劳动生产率增长的贡献提升了 16.29%（见图 6-6、图 6-7）。

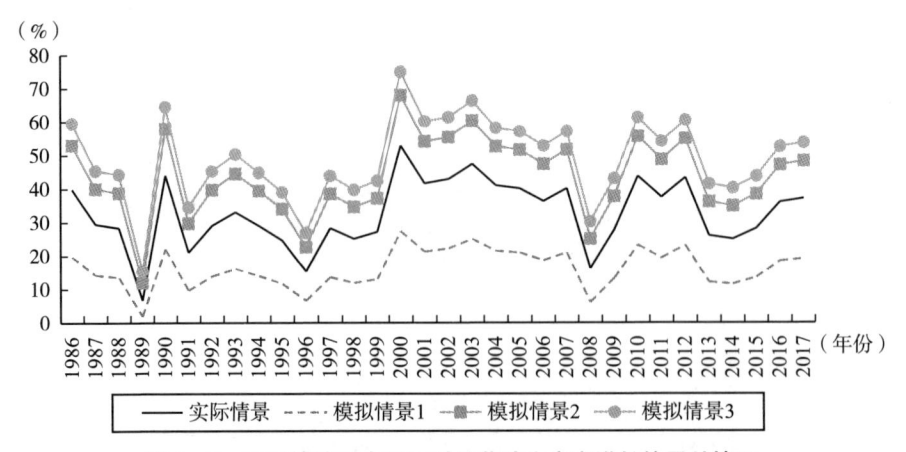

图 6-7　不同情境下农民工对总劳动生产率增长的贡献情况

资料来源：根据笔者计算得到。

情景1的反事实模拟分析结果显示，农村劳动力以农民工的形式进入城镇和非农部门务工经营能够显著提升其对经济总产出和总劳动生产率的贡献水平；反而言之，流动性和不稳定是农民工群体的显著特点，特别是由于受到城乡二元制度性因素的制约，农民工虽然在城镇工作生活，但是难以获取均等的基本公共服务，很难真正实现在城镇的居留，当受制于年龄、家庭、养老等多种因素而不得不返回农村时，受限于部门以及城乡区域间基本公共服务、资源配置以及具体就业机会和工作内容的差异，农民工转变为农村劳动力会带来劳动生产率的明显下滑，由此导致的驱动经济增长方面的动能损失是十分显著的（见图6-7）。

根据情景2和情景3的反事实模拟结果，如果农民工的劳动生产率能够在现有情况下实现提高，那么将带来其经济贡献的显著提升；反而言之，如果农民工的劳动生产率一直维持在现有水平上，那么相对于其劳动生产率提升状态下的经济贡献，实际上是存在显著的贡献损失，没有充分发挥农民工群体在推动总产出和总劳动生产率增长方面的作用。因此，如果能够从"赋予和增强可行能力"的角度，弱化城镇区域现存的城乡二元制度性因素对于农民工群体劳动生产率增长的遏制和侵蚀作用，逐步从就业、医疗、劳动保护、教育培训、住房保障等方面赋予农民工与城镇居民相同的权益和待遇，助推农民工群体的成长，提升这部分劳动者的劳动生产率，那么能够显著提升其对总产出和总劳动生产率增长的贡献，挖掘出"新人口红利"，将为新常态下中国经济的平稳快速增长提供新动能，也能够实现劳动力整体素质的提升，为中国经济结构的转型升级做好高素质劳动力供给方面的准备。

第四节 本章小结

本章首先运用计量分析方法，对不同部门间的劳动生产率差距进行了估计和实证分析；其次，通过构建理论模型对农民工在不同时期对经济增长和总劳动生产率增长的贡献进行了测度，并联系经济社会发展现实对测度结果进行了系统分析；最后，采用反事实的模拟分析方法，对不同劳动生产率水平下的农民工经济贡献进行了分解和阐释。

研究结果显示，农村劳动力以农民工的形式由劳动生产率较低的农业部门转移到劳动生产率较高的非农部门就业，不仅有利于城镇非农部门实际产出的增长，而且有利于农村农业部门实际产出的增长。而且，一方面由于受到部门间劳动生产率差距的影响，另一方面由于农村劳动力转移到城镇可以获得更多的工作机会和工作报酬，并且能够得到更多的学习机会，享受更加丰富的基本公共服务，能够更快地实现物质资本和人力资本积累，因而在这一转移过程中，农村劳动力以农民工的形式由农村农业部门转移到城镇非农部门就业可以实现劳动生产率的显著提升。但是，受城乡二元制度性因素的影响，农村劳动力的部门转移是不完全和不彻底的，农民工在向城镇和非农产业的转移过程中缺乏基本保障，诸多方面的限制性因素对农民工的劳动生产率产生严重侵蚀，多维可行能力不足的现实状况使其远达不到城镇居民的劳动生产率水平，抑制了农民工群体驱动经济增长的潜在动能。数据分析结果显示，农民工数量的贡献和农民工劳动生产率的贡献呈波动和交叉的特征，但绝大多数年份农民工劳动生产率的贡献要高于农民工数量的贡献，特别是在 2004 年首次出现"民工荒"以后，农民工数量贡献的增长明显较为疲软，农民工对总产出和总劳动生产率增长的贡献主要来自农民工的劳动生产率。尤其是 2013 年及以后，随着中国经济进入新常态，中国政府着力推动经济增长由传统的要素投入驱动向创新驱动转变，强调以供给侧结构性改革为主线实现产业结构转型升级和经济发展方式转变。在这一大背景下，农民工的经济贡献由下降转为上升主要来自劳动生产率贡献上升的拉动，农民工数量的贡献回升不明显。要保持和提升农民工群体对经济增长的贡献，传统的农民工数量增加所带来的贡献提升将会愈发微弱，农民工的人口素质与劳动质量的提升，即劳动生产率贡献的提升将会成为关键。

当前，从培育经济增长新动能和推动经济社会高质量发展角度来看，需要逐步减少或消除城乡二元制度性因素对农民工的束缚，从多维视角辨识和减轻农民工群体可行能力不足的状况。重点从提升农民工的劳动生产率入手，大力推进农民工市民化，逐步剥离附着于城乡二元户籍制度之上的各种利益成分，推动基本公共服务均等化，降低就业、教育、医疗、劳保福利等方面的城乡分割程度，扫清农村劳动力在城乡之间的流动障碍，减少城乡二元制度性因素对农民工劳动生产率的侵蚀，进一步释放其驱动国民经济增长的巨大潜力。这对于挖掘"新人口红利"并继续延续中国经济增长奇迹是十分必要的。

第七章 基于宏观层面数据的关键维度与影响因素分析

从推进农民工可行能力多维发展的角度来看,除了辨识和测度可行能力多维发展的真实状况之外,我们还必须深入探究农民工可行能力多维发展的关键影响因素,并对关键因素和可行能力状况之间的作用机制进行分析研究,在此基础之上,我们才能得到切合实际并富有价值的结论与对策建议。根据第六章的分析,我们已经能够肯定,在中国的经济发展过程中,农民工群体为国民经济的快速增长做出了巨大贡献,已经成为当前经济发展中一支不可忽视的重要力量。但是,农民工有没有在做出贡献的同时获得相应的收益并实现自身各方面现实境况的改善?究竟哪些维度下农民工的可行能力较为匮乏从而构成发展受阻的主要根源?本章首先基于宏观层面的数据,从整体和全局的视角,对农民工在各个维度下的现实境况展开分析,以期探究农民工多维可行能力不足背后的深层次原因。

第一节 基于经济贡献的农民工收入维度分析

目前,收入水平是进行可行能力辨识与判定的重要标准,也是本书可行能力多维测度指标体系构建与识别的关键维度。因此,我们首先对农民工在收入维度下的现实状况进行分析。本书借鉴现有关于农民工收益分享的研究成果(严于龙和李小云,2007;王春超和荆琛,2012;杨晓军,2012)中均以农民工收入水平作为农民工收益分享程度主要衡量标准的做法,结合农民工与城镇户籍劳动力对经济增长的贡献水平,将农民工与城镇劳动力的收入水平开展实证对比分析,并将贡献水平作为衡量收入维度下收益分享情况的参照标准,以得到现实经济社会发展中相对于经济贡献而言的农民工群体收入水平情况。

一、数据来源与描述性统计

本书采用的数据主要来自历年《全国农民工调查监测报告》《中国统计年

鉴》和《国民经济和社会发展统计公报》。根据上述数据，可以计算得到2009~2017年农民工和城镇户籍劳动力对经济总产出增长的贡献对比及在收入水平方面的对比情况，并将两者进行比较分析，以更加全面和客观地认识农民工收入状况。

2008年底，为全面、及时和准确地反映中国农民工的数量及其基本情况，国家统计局建立农民工调查监测制度，并以年度《全国农民工调查监测报告》的形式向全社会发布，是目前关于中国农民工数量和收入情况最为权威的数据来源。根据2009~2017年《全国农民工调查监测报告》显示，2009~2017年中国农民工人口总量分别为22978万人、24223万人、25278万人、26261万人、26894万人、27395万人、27747万人、28171万人和28652万人（见表7-1），在农民工和外出农民工的平均收入方面，由于国家统计局从2015年起才开始同时公布农民工和外出农民工的平均收入，2014年仅公布了农民工的平均收入，2009~2013年仅公布了外出农民工的平均收入，因此2014年外出农民工的平均收入和2009~2013年农民工的平均收入只能根据已有数据估算得到。根据对国家统计局公布的2015~2017年的农民工和外出农民工平均收入数据的分析，可以看出两者之比稳定在1∶1.09，即外出农民工平均收入稳定在农民工平均收入的1.09倍。因此，根据这一比例关系，根据已有数据推测估算得出2014年外出农民工的平均收入和2009~2013年农民工的平均收入。城镇常住居民数量、非农部门就业人员数量、城镇常住居民就业人员数量和城镇居民人均年可支配收入均可由历年《中国统计年鉴》得到。

表7-1　　　　　　　　　　主要应用数据及测算情况表

年份	农民工人均收入（元/月）	外出农民工人均收入（元/月）	农民工数量（万人）	城镇常住居民数量（万人）	非农部门就业人员数量（万人）	城镇常住居民就业人员数量（万人）	城镇居民人均年可支配收入（元/年）
2009	1300	1417	22978	64512	46938	33322	17175
2010	1550	1690	24223	66978	48174	34687	19109
2011	1880	2049	25278	69079	49826	35914	21810
2012	2101	2290	26261	71182	50931	37102	24565
2013	2394	2609	26894	73111	52806	38240	26467
2014	2864	3122	27395	74916	54463	39310	28844
2015	3072	3359	27747	77116	55532	40410	31195
2016	3275	3572	28171	79298	56107	41428	33616
2017	3485	3805	28652	81347	56696	42462	36396

资料来源：根据历年《中国统计年鉴》和《全国农民工调查监测报告》相关数据整理而得。

二、农民工与城镇劳动力对总产出增长贡献的定量分析比较

本节将城镇劳动力划分为农民工和城镇户籍劳动力,参照塞尔奎因部门结构分析方法(Syrquin,1984)和钱纳里模型(Chenery,1986)对农民工和城镇户籍劳动力对总产出增长的贡献情况进行测度,以作为评价和衡量两者在收入水平状况的参考标准。在第六章的经济增长率方程和农民工经济贡献测算的基础上,我们可以得到如下联立方程组:

$$\begin{cases} EGR\_C_M = \dfrac{[\dot{y}_{NANF} \times L_{NANF} + y_{NANF} \times \dot{L}_{NANF}]/Y}{EGR} & (7.1) \\ EGR\_C_{NA} = \dfrac{[\dot{y}_{NAF} \times L_{NAF} + y_{NAF} \times \dot{L}_{NAF}]/Y}{EGR} & (7.2) \end{cases}$$

其中,EGR_C_M 是农民工对于经济总产出增长的贡献率,EGR_C_{NA} 是城镇户籍劳动力对于经济总产出增长的贡献率;y_{NANF} 代表农民工群体的劳动生产率,y_{NAF} 代表城镇户籍劳动力群体的劳动生产率;L_{NANF} 代表农民工的数量,L_{NAF} 代表城镇户籍劳动力的数量,城镇户籍劳动力数量由第二和第三产业的就业人员数量减去农民工数量估算得到;$EGR = \dot{Y}/Y$ 代表经济总产出的增长率。

根据测算结果,自 2009~2017 年,城镇户籍劳动力数量对总产出增长的贡献率平均为 18.17%,劳动生产率对总产出增长的贡献率平均为 46.13%,城镇户籍劳动力对总产出增长的总贡献率平均为 64.30%;农民工数量对总产出增长的贡献率平均为 10.88%,劳动生产率对总产出增长的贡献率平均为 23.57%,农民工群体对总产出增长的总贡献率平均为 34.45%。城镇户籍劳动力与农民工群体对总产出的贡献之比最小值为 1.21,最大值为 2.84,平均值为 1.99,即城镇户籍劳动力对总产出增长的贡献平均为农民工群体的 1.99 倍(见表 7-2)。

表 7-2　城镇劳动力与农民工对经济总产出增长的贡献情况

年份	城镇户籍劳动力的贡献(CON_1)(%)			农民工的贡献(CON_2)(%)			总贡献之比(CON_1/CON_2)
	数量贡献	劳动生产率贡献	总贡献	数量贡献	劳动生产率贡献	总贡献	
2009	26.52	44.47	70.99	6.76	21.45	28.21	2.52
2010	-0.22	54.50	54.28	17.01	27.72	44.73	1.21
2011	17.40	43.88	61.28	15.48	22.73	38.21	1.60
2012	4.20	50.13	54.33	16.99	26.84	43.83	1.24

续表

年份	城镇户籍劳动力的贡献（CON₁）（%）			农民工的贡献（CON₂）（%）			总贡献之比（CON₁/CON₂）
	数量贡献	劳动生产率贡献	总贡献	数量贡献	劳动生产率贡献	总贡献	
2013	41.55	30.88	72.43	10.65	16.12	26.77	2.71
2014	39.58	33.56	73.14	8.63	17.09	25.72	2.84
2015	25.30	44.62	69.92	6.25	22.41	28.66	2.44
2016	5.47	56.44	61.91	7.72	28.63	36.35	1.70
2017	3.77	56.67	60.44	8.45	29.12	37.57	1.61
平均值	18.17	46.13	64.30	10.88	23.57	34.45	1.99

资料来源：根据笔者计算而得。

三、农民工与城镇劳动力收入水平的定量分析比较

本书借鉴现有关于农民工收益分享的研究成果（严于龙和李小云，2007；王春超和荆琛，2012；杨晓军，2012），对农民工在收入维度下的收益分享情况进行研究，并将其与城镇户籍劳动力在收入维度下的收益分享情况进行对比，以精确刻画农民工的收入水平实际状况。

由于现有数据中缺少城镇户籍劳动力的收入水平数据，因此需要我们根据已有数据对城镇户籍劳动力的收入水平进行估算。估算步骤如下：第二和第三产业就业人员由农民工和城镇户籍劳动力构成，城镇户籍劳动力主要从事第二和第三产业，因此用第二和第三产业的就业人员数量减去农民工数量可以估算得到城镇户籍劳动力数量；城镇常住人口的总可支配收入由城镇户籍人口和外出农民工的两部分收入构成，因此用城镇常住人口的总可支配收入减去外出农民工的总收入可以估算得到城镇户籍人口的总可支配收入；城镇常住人口的总可支配收入由城镇户籍劳动力赚取，城镇常住人口的总可支配收入即为城镇户籍劳动力的总可支配收入，城镇常住人口的总可支配收入与城镇户籍劳动力数量两者相除即可得到城镇户籍劳动力的人均年支配收入。根据上述分析，可以通过如下联立方程组测算得到城镇户籍劳动力的人均年可支配收入情况：

$$\begin{cases} L_{NAF} = L_2 + L_3 - L_M & (7.3) \\ INC_{urban\_NAF\_ALL} = INC_{AVE} \times P_{urban} - INC_M \times L_M & (7.4) \\ INC_{NAF} = INC_{urban\_NAF\_ALL} / L_{NAF} & (7.5) \end{cases}$$

其中，L_{NAF} 为城镇户籍劳动力数量，L_2 和 L_3 分别为第二产业和第三产业就业人员数量（非农部门就业人员数量），L_M 为农民工数量，INC_M 为农民工人均年

收入，INC_{AVE} 为城镇居民人均年可支配收入水平，P_{urban} 为城镇常住人口数量，$INC_{urban\_NAF\_all}$ 为城镇常住居民的年总可支配收入水平，INC_{NAF} 为城镇户籍劳动力年人均可支配收入水平。

根据上述变量和公式对城镇户籍劳动力数量、城镇常住人口总可支配收入、外出农民工总可支配收入、城镇户籍人口年总可支配收入、城镇户籍劳动力人均年可支配收入等进行测算，具体测算结果见表7-3所示。将计算得到的城镇户籍劳动力的人均年可支配收入与农民工的人均年收入进行对比，能够估算获得两者收入水平之比，见表7-4所示。

表7-3   相关指标的测算结果

年份	城镇户籍劳动力数量（万人）	城镇常住人口总可支配收入（亿元）	外出农民工总可支配收入（亿元）	城镇户籍人口年总可支配收入（亿元）	城镇户籍劳动力人均年可支配收入（元/人·年）
2009	23960	110797	24711	86086	32859
2010	23951	127991	31099	96892	35930
2011	24548	150660	39004	111656	40453
2012	24670	174856	44891	129965	45485
2013	25912	193503	52003	141500	52681
2014	27068	216087	63013	153074	54608
2015	27785	240562	68056	172506	56552
2016	27936	266570	72586	193984	62086
2017	28044	296071	78467	217604	69439

资料来源：根据笔者计算而得。

表7-4   城镇户籍劳动力与农民工的收入对比情况

年份	城镇户籍劳动力人均年可支配收入（元/人·年）（INC_{NAF}）	农民工人均年收入（元/人·年）（INC_M）	两者之比（INC_{NAF}/INC_M）
2009	32859	15600	2.30
2010	35930	18606	2.17
2011	40453	22558	2.02
2012	45485	25211	2.09
2013	52681	28723	1.90

续表

年份	城镇户籍劳动力人均年可支配收入（元/人·年）(INC_{NAF})	农民工人均年收入（元/人·年）(INC_M)	两者之比（INC_{NAF}/INC_M）
2014	54608	34368	1.65
2015	56552	36864	1.68
2016	62086	39300	1.77
2017	69439	41820	1.86

资料来源：根据笔者计算而得。

将表7-2中城镇户籍劳动力与农民工的总贡献之比与表7-4中两者的收入水平之比进行比较，结果显示，2009~2017年城镇户籍劳动力与农民工的总贡献之比平均为1.99，收入水平之比为1.94，总贡献之比略高于收入水平之比。但是，对于农民工的收入情况，我们注意到历年《全国农民工调查监测报告》中公布的仅是农民工的人均收入情况，根据国家统计局对作者就农民工收入统计口径的咨询答复结果，① 国家统计局公布的农民工收入是总收入，而不是扣减养老、医疗、生育等方面社保支出后的可支配收入，因此，1.94的收入水平之比存在一定程度的低估。

考虑到上述情况后，城镇户籍劳动力与农民工的总贡献之比与两者的收入水平之比的平均值是基本一致的，也就是说，相对于农民工群体的贡献以及城镇户籍劳动力的可支配收入水平而言，农民工在收入维度下得到了其应当得到的收益，即农民工群体的收入水平是正常和合理的。同时，我们注意到，2009~2017年城镇户籍劳动力与农民工的收入之比呈现明显下降趋势（见表7-5），即农民工的收入相对于城镇户籍劳动力的可支配收入而言在一直上升，这与我国当前"刘易斯拐点"到来、人口红利趋于消失、"民工荒"问题频繁出现、劳动密集型制造业和服务业快速发展、企业用工成本趋高以及由上述多方面原因带来的农民工工资水平持续上升情况是吻合的。

根据上述分析，农民工在收入维度下获得了相对而言较为合理的收益，即农民工群体在收入维度下没有呈现收入不足或者过低的现象，这与第四章和第五章中对农民工可行能力进行测度和分解过程中得到的农民工收入维度可行能力达标的结论是一致的，说明了农民以农民工的身份进入城镇务工，能够有效实现收入增加，摆脱收入维度可行能力发展的束缚。同时，这也是仅以单维的收入标准对

---

① 根据国家统计局的咨询答复，农民工监测调查报告中的收入指标包括：农民工在本地从事非农活动和外出从业实际得到的总收入，包括劳动报酬和各种实物福利。应得未得的收入，不计算在内。

农民工群体的可行能力状况进行衡量存在很大的局限,进而难以对目标群体可行能力多维发展状况实现精确瞄准和识别的原因。

表7-5　　　　　城镇户籍劳动力与农民工贡献与收入水平的比较

年份	总贡献之比（CON_1/CON_2）	收入之比（INC_{NAF}/INC_M）	差距
2009	2.52	2.30	-0.22
2010	1.21	2.17	0.96
2011	1.60	2.02	0.41
2012	1.24	2.09	0.85
2013	2.71	1.90	-0.80
2014	2.84	1.65	-1.20
2015	2.44	1.68	-0.76
2016	1.70	1.77	0.06
2017	1.61	1.86	0.25
均值	1.99	1.94	-0.05

资料来源:根据笔者计算而得。

第二节　农民工除收入外的其他维度现实状况分析

一、就业维度

在我国典型的二元经济结构和严格的城乡户籍制度基础上建立起来的劳动力市场具有明显的城乡二元分割特性,农民工受非市民身份的影响,在非农就业过程中处于明显的弱势地位,就业环境较为严峻。同时,受自身技能和知识水平的限制,农民工群体在城镇的就业主要集中在非正规部门,主要采取的是非正式就业的形式(李强和唐壮,2002;姚宇,2005;万向东,2008)。

(一)劳动权益难以保障

在就业过程中签订劳动合同是依靠法律维护劳动者权益的基本保障。根据国家统计局公布的数据,绝大多数农民工在就业过程中未签订劳动合同,而且未签订劳动合同的比率还在不断上升,各种类型劳动合同的签订率也均呈下降趋势。从一年以下的短期劳动合同、一年以上的长期劳动合同和无固定期限劳动合同的签订情况来看，一年以下短期劳动合同的签订率从 2012 年的 3.9% 下降至 2017 年的 3.3%；一年以上长期劳动合同的签订率从 2012 年的 22.2% 下降至 2017 年的 19.8%；无固定期限劳动合同的签订率从 2012 年的 17.8% 下降至 2017 年的 12%；未签订合同比率从 2012 年的 56.1% 上升至 2017 年的 64.9%（见表 7-6）。上述数据分析说明，绝大多数农民工在就业过程中无法得到劳动合同的保护，面临随时解聘、克扣薪酬、雇主不予缴纳社会保险以及在发生劳动争议时难以维权等诸多风险，致使农民工群体相对雇佣企业而言处于绝对弱势的地位，合法劳动权益难以得到有效维护。

表 7-6　　　　　2012~2017 年农民工劳动合同签订情况　　　　单位：%

	一年以下	一年以上	无固定期限	未签订
2012	3.9	22.2	17.8	56.1
2013	3.9	23.2	14.3	58.6
2014	3.1	21.2	13.7	62.0
2015	3.4	19.9	12.9	63.8
2017	3.3	19.8	12.0	64.9

资料来源：根据历年《全国农民工监测调查报告》相关数据整理而得。

（二）就业领域存在局限

受限于非市民身份以及自身综合能力方面的原因，农民工就业的行业主要分布在劳动密集型行业，承担的具体工作普遍存在劳动强度大、薪酬待遇低、工作环境艰苦、职业成长有限等特点。

根据国家统计局公布的数据，2008~2020 年农民工主要分布在制造业、建筑业、交通运输仓储和邮政业、批发零售业、住宿餐饮业、居民服务业等行业中。其中，制造业的就业比重由 2008 年的 37.2% 下滑至 2020 年的 27.3%，这与在金融危机背景下我国制造业整体不景气，以及受人力成本、环境成本影响部分国外投资厂商撤离中国有关，同时，由于制造业工作环境、工作压力和个人自由度方面的影响，工作体验感相对较差，部分农民工受新兴的外卖、快递、短视频直播等在个人自由度等方面体验感更好、薪资更高的行业吸引，出现了劳动力的行业分流；建筑业就业比重由 2008 年的 13.8% 上升至 2014 年的 22.3%，又下降至 2020 年的 18.3%，这一变化与 2008 年金融危机后我国的各项经济刺激计划以及房地产领域的调控政策紧密相关，2009 年为应对美国次贷危机引发的全球金融危机导致的经济增速快速回落、外需显著萎缩和失业大幅上升等困境，中国政府出台了以"四万亿计划"为代表的多项经济刺激政策保持经济的快速增长，在多项经济刺激政策的作用下，各类铁路、公路、水利、房屋等基础设施建设项目迅速推进，带来建筑业规模和用工人数的快速上升，2014年后，为解决产能过剩、楼市库存大、地方融资平台债务高企等问题，国家深入推进供给侧改革，实施"三去一降一补"政策，各类基础设施建设和房地产规模快速缩减，用工需求减少，因而带来2014年后农民工在建筑业就业比率的下降；批发零售业的就业比重由2008年的9%上升至2020年的12.2%，这主要由于在互联网经济发展过程中，由于能够有效填补网购所无法满足的居民日常便利消费空白地带，以便利店、小卖场等为代表"新零售"经济快速发展，加之批发零售业进入门槛不高，劳动密集型特点突出，用工需求量大，因而成为农民工就业人数快速增长的行业之一；交通运输仓储邮政业和住宿餐饮业是农民工集中就业的传统行业，就业人数占比变化较为平稳，分别由2008年的6.4%和5.5%略微上升至2020年的6.9%和6.5%；居民服务和其他服务业作为农民工集中就业的传统行业，容纳了大量以个体经营为特点的自由职业者，受宏观经济波动和个体微观因素的影响较大，就业人数比重波动较大，2014年下降至10.2%，近年来又迅速上升至2020年的12.4%（见表7-7）。

表7-7 农民工的主要就业行业

单位：%

年份	制造业	建筑业	交通运输、仓储和邮政业	批发零售业	住宿餐饮业	居民服务和其他服务业
2008	37.2	13.8	6.4	9.0	5.5	12.2
2009	36.1	15.2	6.8	10.0	6.0	12.7
2010	36.7	16.1	6.9	10.0	6.0	12.7
2011	36.0	17.7	6.6	10.1	5.3	12.2
2012	35.7	18.4	6.6	9.8	5.2	12.2
2013	31.4	22.2	6.3	11.3	5.9	10.6
2014	31.3	22.3	6.5	11.4	6.0	10.2
2015	31.1	21.1	6.4	11.9	5.8	10.6
2016	30.5	19.7	6.4	12.3	5.9	11.1
2017	29.9	18.9	6.6	12.3	6.2	11.3
2018	27.9	18.8	6.6	12.1	6.7	12.2
2019	27.4	18.7	6.9	12.0	6.9	12.3
2020	27.3	18.3	6.9	12.2	6.5	12.4

资料来源：根据历年《全国农民工调查监测报告》相关数据整理而得。

总体来看，2008~2020年农民工就业的行业分布未发生大的变动，这说明我国的劳动力市场分割现象未发生明显改变，农民工较少有机会进入电力、金融、证券、石油等高收入行业，主要从事的大多是脏、苦、累、险的低端行业，处于低水平且相对隔离的劳动力市场中。

从行业分割来看，农民工就业行业主要为：制造业、建筑业、批发和零售业、交通运输仓储和邮政业、住宿和餐饮业、居民服务和修理等，这几个行业的2019年城镇单位工资水平分别为78147元、65580元、89047元、97050元、50346元和60232元（见表7-8），普遍处于下游水平，不仅远远低于年平均工资最高的三个行业：信息传输、计算机服务和软件业161352元，金融业131405元，科学研究、技术服务和地质勘查业133459元，以及卫生、社会保障和社会福利业的108903元，而且由于农民工大都是非正式就业，在同行业中的工资收入显然还要低于行业平均水平。从单位性质分割来看，2019年全国城镇国有单位就业人员年平均工资为98899元，城镇集体单位就业人员年平均工资为62612元，城镇私营单位就业人员年平均工资为53604元，城镇私营单位就业人员年平均工资仅为城镇国有单位就业人员年平均工资的54.2%，以及城镇集体单位就业人员年平均工资的85.61%，而农民工的就业企业主要分布在私营单位。

表7-8　　　2019年不同所有制和各个行业的平均工资水平　　　　　　单位：元

行业	单位性质			城镇单位平均工资
	国有单位	集体单位	私营单位	
总计	98899	62612	53604	90501
农、林、牧、渔业	36915	25458	37760	39340
采矿业	89567	65177	49675	91068
制造业	88864	54677	52858	78147
电力、燃气及水的生产和供应业	103998	51051	49633	107733
建筑业	56617	47659	54167	65580
交通运输、仓储和邮政业	84757	47869	54006	97050
信息传输、计算机服务和软件业	106432	74246	85301	161352
批发和零售业	111296	43064	48722	89047
住宿和餐饮业	55594	49222	42424	50346
金融业	137810	116739	76107	131405
房地产业	75984	54683	54416	80157
租赁和商务服务业	69085	48448	57248	88190

续表

行业	单位性质			城镇单位平均工资
	国有单位	集体单位	私营单位	
科学研究、技术服务和地质勘查业	127665	88454	67642	133459
水利、环境和公共设施管理业	64191	55515	44444	61158
居民服务和其他服务业	76690	53167	43926	60232
教育	103270	91164	50761	97681
卫生、社会保障和社会福利业	114177	90742	57140	108903
文化、体育和娱乐业	110916	66103	49289	107708
公共管理和社会组织	94640	87631	—	94369

资料来源：根据国家统计局网站公布的2019年相关统计数据整理而得。

上述分析结果显示，农民工在就业维度所面临的现实困境较为严重，结合上一节农民工收入维度的分析，对于主要分布在工资水平处在行业中下游的农民工来说，要获取更多的收入，只能通过超时劳动的方式来实现。国家统计局公布的2016年农民工调查监测报告显示，我国农民工每日工作时间超过8小时的占64.4%，每周工作时间超过44小时的占78.4%，月均工作时间是法定工作时间的1.32倍，也就是说农民工的收入中近1/3是由超时劳动贡献的，这说明农民工的超时劳动现象十分普遍，不仅使其过度透支体能、降低免疫系统机能、提高工伤事故概率，损害农民工的身心健康，使其面临较大的健康风险，而且客观上减少了农民工进行知识更新、技术学习和城镇社会融入的机会，使其在工作技能、工作经验、社会关系、物质财富等方面积累困难且缓慢，生活条件的改善达到一定程度后会较早遭遇瓶颈，向上流动或者发展的机会不足，成为该群体长期处于社会边缘和底层的重要原因。

二、社会保障维度

健全的社会保障体系，是现代经济社会的"稳定器"，是社会和谐安定的重要基础。对于庞大而脆弱的农民工群体而言，完善的社会保障体系正是其严重缺乏的。根据前述对农民工就业维度情况的分析，农民工从事的工作大多是劳动强度大、工伤事故比较高的工种，从事的基本是简单的劳动再生产，超时劳动、严厉管制和权益损害现象普遍，且很难获得相应的权益保护，部分工作（如制假贩假、违规生产等）处于国家和地方政府的劳动监管视界之外，职业危害发生可能性较高，同时由于农民工普遍存在自我发展能力差的特点，因此，农民工群体普遍在就业过程中面临着健康风险和失业风险。而且，随着农民工群体年龄结构的老龄化趋势，养老问题也会日趋严重。

（一）社会保险参保率低

根据国家安全生产监督管理总局《农民工安全生产和职业病防控政策措施研究》课题组2011年的调研数据，全国煤矿、非煤矿山、危险化学品、烟花爆竹和建筑施工等高危行业农民工占从业人员的比例分别达到44.6%（其中乡镇煤矿76.5%）、29%、52%、82%和76%。从发生事故造成的伤亡情况来看，全国非煤矿山、建筑施工、冶金和建材等4个行业工伤死亡人数中农民工所占比例分别为75.8%、69.7%、75.6%和86.4%。从农民工新患职业病的情况来看，乡镇煤矿、烟花爆竹、建筑施工、冶金、建材、轻工和机械制造等7个行业新患职业病人数中农民工所占比例分别高达89.1%、100%、95.3%、97%、94.2%、85.1%和91.3%。因此，农民工劳动强度高、工作环境恶劣、职业安全度低，缺乏安全知识和自我防范能力，高达60%的农民工连基本的劳动合同都没有签订，相对雇主或企业处于绝对弱势地位，极易遭遇疾病、工伤或者失业的冲击。一旦遭遇这种冲击，在缺乏社会保障的情况下，对于农民工个人及其身后的整个家庭而言将是毁灭性的打击，对于其务工所得的收入而言更是严重的侵蚀，极易使多年的辛苦工作毁于一旦，对于通过非农务工经营实现脱贫的农民工群体而言，极有可能使整个家庭重新返回贫困。

按照现行政策，涉及农民工的社会保障主要包括养老保险、工伤保险、医疗保险、失业保险和生育保险。2008年以来，国家对农民工的社会保障力度不断加强，各类社会保障的参保率都在逐步上升。自2008~2017年，养老保险参保比例提高了120%，工伤保险参保率提高了12.36%，医疗保险参保率提高了65.65%，失业保险参保率调高了362%，生育保险参保率截至2014年提高了290%。

但是，由于农民工存在流动性和不稳定性等基本特点，现有各类社会保险政策区域分割较为严重，转移和接续十分困难，且针对农民工的各类社会保险收益率不高，以2016年的医疗保险为例，人社部的数据显示2016年城镇职工医保住院费用实际补偿水平为72.2%，而农民工加入的城乡居民医保为56.3%，两者之间存在较大差距，而且在外出务工的情况下，想要在务工地看病报销十分困难，导致农民工的参保意愿低。同时，由于绝大多数农民工在就业过程中没有同雇主或企业签订劳动合同，因此也就无法得到雇主或企业缴纳社会保险的人力资源服务。就各类社会保险参保率的绝对水平来看，尽管近年来增长较快，但是由于初始水平十分低下，各项保险的绝对覆盖率水平依然不高。以2017年的数据为例，养老保险、工伤保险、医疗保险、失业保险参保率分别仅为21.6%、27.2%、21.7%、17.1%，生育保险参保率截至2014年的统计数据仅为7.8%，覆盖率最高的工伤保险尚不足1/3，覆盖率最低的生育保险还不足1/10（见表7-9和图7-1）。

表7-9　　　　2008~2017年农民工社会保险参保情况　　　　单位：%

年份	养老保险	工伤保险	医疗保险	失业保险	生育保险
2008	9.8	24.1	13.1	3.7	2.0
2009	7.6	21.8	12.2	3.9	2.4
2010	9.5	24.1	14.3	4.9	2.9
2011	13.9	23.6	16.7	8.0	5.6
2012	14.3	24.0	16.9	8.4	6.1
2013	15.7	28.5	17.6	9.1	6.6
2014	16.7	26.2	17.6	10.5	7.8
2015	20.1	27.0	18.6	15.2	—
2016	21.1	26.7	17.1	16.5	—
2017	21.6	27.2	21.7	17.1	—

资料来源：根据历年《全国农民工调查监测报告》和《人力资源和社会保障事业发展公报》相关数据整理而得。

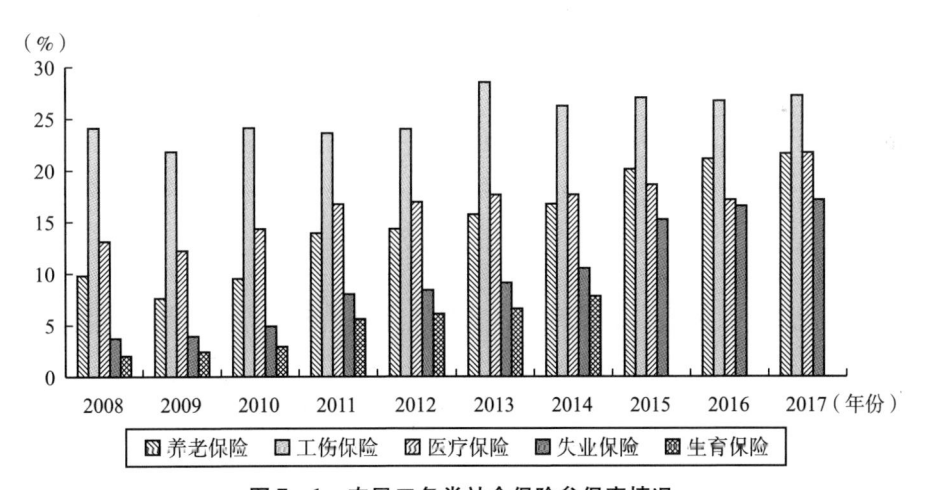

图7-1　农民工各类社会保险参保率情况

资料来源：根据历年《全国农民工调查监测报告》和《人力资源和社会保障事业发展公报》相关数据整理而得。

（二）社会救助缺失

社会救助是保障居民最低生活需要的制度，是最低层次的社会保障，是社会保障的"最后一道防线"。社会救助具有与社会保险不同的目标,社会保险主要是防范劳动风险,而社会救助则主要是缓解生活困难。

农民工由于受自身综合能力的限制,往往只能从事危险且收入不高的重体力劳动,在与雇佣企业的博弈中处于绝对的弱势地位,是社会的边缘群体和弱势群体,极易受疾病、工伤、工资拖欠、权益侵害的影响而陷入困境,在缺少社会保险保障的情况下,社会救助能够很大程度上缓解农民工群体的生存危机,而不是迫使其离开务工城市,或者走向报复社会和违法犯罪。

目前,中国城镇的社会救助体系是基于户籍制度建立和运行的,具有很强的排他性。根据四川社会治安与社会管理创新研究中心于2015年开展的一项关于农民工社会救助情况的调查结果显示,仅有11.9%的农民工知道务工所在地社会救助站的具体位置,仅有18.4%的农民工知道陷入困境时应当求助的政府部门,仅有22.4%的农民工认为社会救助的作用较大,仅有26.8%的农民工认为自己能够在城市中获得救助。在农民工获得的救助中,排名前三位的是来自亲戚、朋友和老乡的救助。当农民工陷入困境时,来自政府和相关社会组织的救助明显不足,农民工主要是从家人、朋友和同事等自发形成的社会救助网络中获得物质救援和精神慰藉,这实际上是由亲友、乡邻等血缘和地缘关系自发形成的传统农村"乡土社会"救助支持网络向城镇的延伸。这种救助对于缓解农民工的物质和精神困境发挥了非常重要的作用,但这些救助不具备稳定性和长期性,只能算是一种建立在互帮互助基础上的、临时性和补救性的"救济",救助效果十分有限。

近年来,政府在改善农民工社会救助服务水平方面快速提升,但由于社会救助事业资金投入来源单一,公益、慈善等社会组织发展滞后,救助主体单一。救助的承担者主要是地方政府,救助资金主要依靠地方财政投入。受限于地方政府财力、财权与事权不匹配等因素的制约,社会救助所需的各方面社会资源动员能力明显不足,而且相比基础设施建设投资方面的回报,地方政府对增加社会救助财政投入,尤其是增加针对本地户籍体系外的农民工社会救助财政投入的内生动力明显不足,导致农民工很难被纳入城镇社会救助的范围,在其面临现实困境时,难以得到城镇社会救助体系的支援,亟需通过改善第三次分配状况,凝聚社会力量,鼓励高收入人群和企业回馈社会,共同开展针对农民工群体的社会救助体系建设。

根据上述分析,农民工由于受当前二元经济社会体制的制约,在其务工过程中始终处于城镇的边缘和夹缝地带中,群体脆弱性较为显著,极易遭遇各类侵害和风险,但是当前的社会保障体系区域分割和城乡分割显著,无法适应农民工群体流动性强和不稳定性强的特点,无论是社会保险体系还是社会救助体系,均未能对农民工群体实现有效的保障和托底。农民工一旦遭遇伤病、失业、侵害或者其他变故带来的风险,对农民工个人及其背后的家庭都是毁灭性的。因此,尽管我国社会保障方面的建设一直在完善和发展，但是惠及农民工群体的方面还是较少，农民工在社会保障维度的现实境况较为严峻，难以抵御各类冲击和风险，多年的努力可能瞬间化为乌有，对该群体可行能力发展的制约性较强，对其人力资本和物质资本的积累构成严重的侵蚀，遏制了该群体现实境况的改善和劳动生产率的提升，是推动实现共同富裕进程中不可忽视的重要方面。

三、教育培训维度

劳动者的人力资本积累主要有两个来源：教育和干中学（Lucas，1988，2004），现有研究认为教育和技能培训是农民工增强自身劳动生产率、实现自身职业发展的关键因素（高文书，2009；胡凤霞、姚先国，2011；王超恩、符平，2013；展进涛、黄宏伟，2016），正规教育对农民工成为公司管理人员和专业技术人员发挥着重要作用。农民工人力资本存量不足，因此绝大多数只能在城市劳动力市场中从事较低端的工作（姚先国、俞玲，2006；谢勇，2009）。

当前我国经济发展由高速增长步入高质量发展阶段，作为新型城镇化背景下经济发展的主要参与者，农民工面临的挑战将越来越多地来自自身知识结构和专业技能是否能够适应经济结构转型升级的要求，但是受城乡教育资源分布差异、家庭禀赋条件等因素的影响，农民工的受教育水平普遍不高，受教育年限较少，文化程度偏低（见图7-2）。

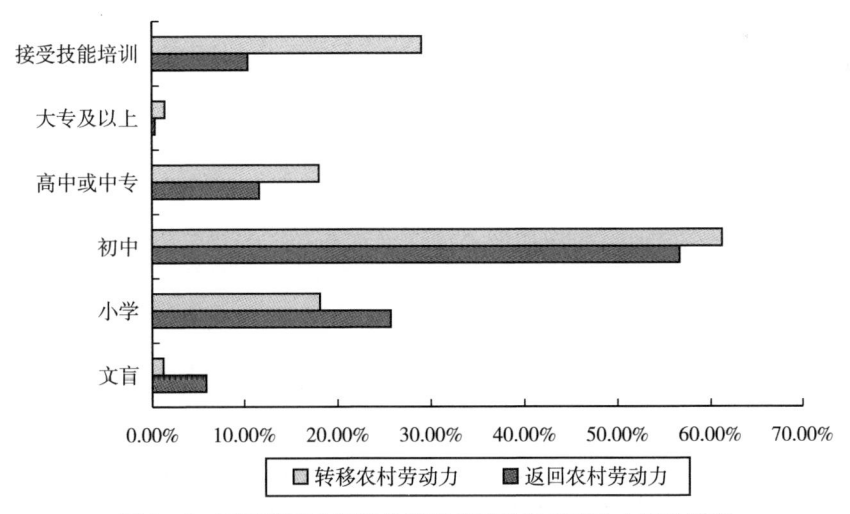

图7-2 不同教育水平和培训条件下的农村劳动力流动情况

资料来源：根据国家统计局农村社会经济调查总队相关数据整理而得。

根据国家统计局公布的数据，2011年，农民工群体80%以上仅接受过初中及以下教育，其中文盲率为1.5%，仅有小学教育水平的占14.4%，17.7%的具有高中或中专教育水平，具有大专及以上教育水平的仅占5.3%；2020年，农民工群体具有大专及以上教育水平的占比迅速上升，但绝对数量占比仍然较低，仅有12.2%；初中以下教育水平的占比略有下降，但占比依然高达71.1%，其中文盲率下降至1%，具有小学教育水平的占比下降至14.7%，具有初中教育水平的占比下降至55.4%。通过对2011~2020年农民工的教育结构进行对比可以看出（见表7-10），农民工接受学历教育情况有所改善，但改善程度有限，这反映出我国城乡二元教育结构显著刚性的现实没有发生改变，而且随着我国教育改革的推进，素质教育的要求越来越高，教育的投资效应趋于显著，教育支出不断增长，但是教育资源的均等化配置，特别是城乡配置的均等化水平存在不足，这对于来自农村家庭的农民工来说，受限于整个教育资源分配的城乡二元结构和农村家庭较低的经济承受能力，必然存在着教育方面可行能力的先天不足。农民工作为新型城镇化条件下新市民的后备军和高质量发展条件下制造业发展的主力军，其劳动力质量和劳动效率是实现中国特色社会主义建设高质量发展的关键，也是助推更多低收入农村家庭迈入中等收入群体、迈向共同富裕的关键，亟需国家和整个社会给予重点关注和扶持。

表7-10　　　　　　　农民工教育结构和接受培训情况　　　　　　　单位：%

年份	文盲	小学	初中	高中或中专	大专及以上
2011	1.5	14.4	61.1	17.7	5.3
2012	1.5	14.3	60.5	18.0	5.7
2013	1.2	15.4	60.6	16.1	6.7
2014	1.1	14.8	60.3	16.5	7.3
2015	1.1	14.0	59.7	16.9	8.3
2016	1.0	13.2	59.4	17.0	9.4
2017	1.0	13.0	58.6	17.1	10.3
2018	1.2	15.5	55.8	16.6	10.9
2019	1.0	15.3	56.0	16.6	11.1
2020	1.0	14.7	55.4	16.7	12.2

资料来源：根据历年《全国农民工调查监测报告》整理而得。

对于农民工教育水平不高这一先天短板，可以通过针对性的技能培训进行弥补，克服农民工在教育水平方面的劣势。现有研究表明，在推动农村劳动力转移、增收和拓展发展路径方面,技能培训的作用与学校教育的作用相当,甚至更为明显(谢正勤、钟甫宁,2006)。赵海(2013)通过对2010年12个省份农民工调查数据的分析,发现农民工的职业技能培训回报率可以达到21%,并且能够推动农民工的职业上升和就业稳定,明显改善农民工的底层和边缘处境(王超恩、符平,2013)。但是,我国现有针对农民工的技能培训远远不够,主要存在培训体系不完善、培训经费和资源设备匮乏、培训市场混乱、培训成本过高、培训内容单一且与实际需求脱节等问题,农民工技能培训的参与率不高。2011年参加非农技能培训的农民工占比为26.2%,2017年这一数据上升到30.6%,虽然参加非农技能培训的农民工数量在增加,但绝对水平仍然较低,尚未达到1/3的水平(见图7-3)。

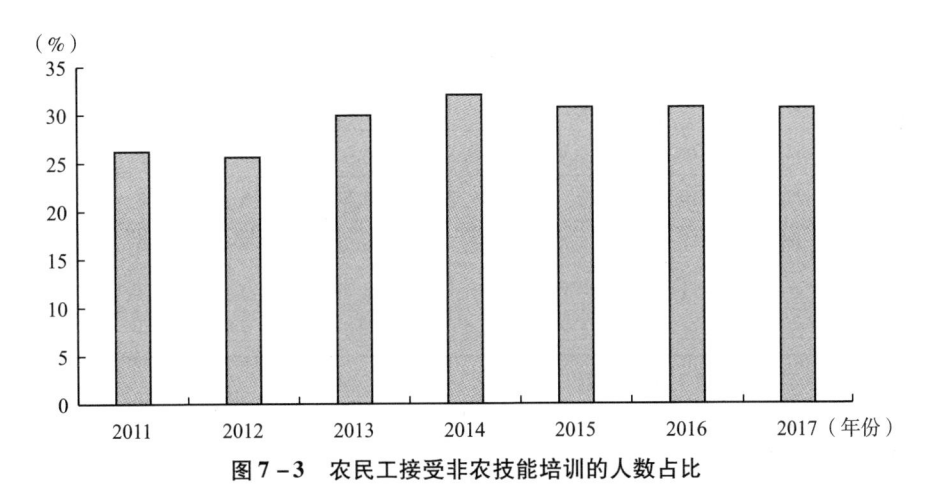

图7-3 农民工接受非农技能培训的人数占比

资料来源:根据历年《全国农民工调查监测报告》整理而得。

四、居住维度

农民工整体规模虽然增长较快,但是工作层次、收入待遇、福利保障和生活质量等方面的实际水平依然不高。为尽可能地实现收入节余,加上农村的生活习惯使其对居住条件的期望不高,农民工会尽量压缩包括住房在内的生活消费支出。有限的收入水平和受限的消费习惯,决定了农民工群体在住房条件改善方面的能力极为有限,同时,由于城镇的经济适用房和廉租房均根据户籍身份供应,农民工由于不具有务工地的城镇户籍,因此难以购买务工所在城镇的经济适用房或者租住廉租房。与此形成鲜明对照的是,国家审计署于2015年开展的保障性安居工程跟踪审计结果显示,存在19万套的已建成保障性住房"空置",多达百亿元的保障房建设资金处于闲置状态。①

根据国家统计局2008~2015年公布的全国农民工住房情况数据，农民工在城镇的居住方式主要为单位宿舍、工地工棚、生产经营场所、与他人合租、独立租住、务工地购房和回家居住这7种类型，2008年农民工居住方式的分布比例为35.1%、10%、6.8%、16.7%、18.8%、0.9%和8.5%，2015年的分布比例为28.7%、11.1%、4.8%、18.1%、18.9%、1.3%和14%（见表7-11）。

表7-11　　　　　　　2008~2015年农民工居住情况　　　　　　　单位：%

年份	单位宿舍	工地工棚	生产经营场所	与他人合租	独立租住	务工地购房	回家居住	其他
2008	35.1	10.0	6.8	16.7	18.8	0.9	8.5	3.2
2009	33.9	10.3	7.6	17.5	17.1	0.8	9.3	3.5
2010	33.8	10.7	7.5	18.0	16.0	0.9	9.6	3.5
2011	32.4	10.2	5.9	19.3	14.3	0.7	13.2	4.0
2012	32.3	10.4	6.1	19.7	13.5	0.6	13.8	3.6
2013	28.6	11.9	5.8	18.5	18.2	0.9	13.0	3.1
2014	28.3	11.7	5.5	18.4	18.5	1.0	13.3	3.3
2015	28.7	11.1	4.8	18.1	18.9	1.3	14.0	3.1

资料来源：根据历年《全国农民工监测调查报告》相关数据整理而得。

根据国家统计局公布的数据，农民工的居住方式一直以单位宿舍和租赁房屋这两种方式为主。单位宿舍这种居住方式源于各类生产性企业在集中化生产条件下对农村转移劳动力的巨大需求，为满足员工的后勤保障，通过兴建集体宿舍来解决外来务工人员的居住问题，这一定程度上既满足了企业发展的需要，又解决了农民工群体的在务工地的住房问题。但是，为了方便管理、降低成本和提高用工效率，企业集体宿舍一般都建在工厂周边的产业园区内，距离中心城区较远，企业工作时间也十分紧凑，居住在宿舍的农民工基本处于同城市社会的半隔离状态，影响农民工群体同城镇社会的融合，而且居住空间十分有限，生活配套设施匮乏，对于成家甚至育有子女的农民工来说，单位集体宿舍只能是个临时栖身之所，无法解决在城镇长期居留生活的需要。2008~2015年，通过单位宿舍解决居住问题的农民工比例一直处于平稳下降过程中，说明随着农民工群体平均年龄的增长，出于自身发展和家庭需要来改善住房的需要在不断增长。

---

① 相关数据来源于中国审计署2016年第9号公告：《2015年保障性安居工程跟踪审计结果》。

在无力兴建集体宿舍的非正规部门以及非正式就业领域，农民工的住房问题更加严峻，只能被迫在工地工棚和生产经营场所，甚至涵洞、废弃房屋中临时栖身。2008~2015年以工地工棚方式解决住房问题的农民工占比上升，以生产经营场所方式解决住房问题的农民工占比下降，但是降低幅度有限，说明农民工群体住房问题依然严峻。

采取租赁住房形式（包括与他人合租以及独立租住）解决居住问题的农民工占比在波动中逐渐上升，说明租房居住成为越来越多农民解决和改善住房条件的主要选择。对于大多数农民工，他们的主要租房对象一般都位于城中村或者城乡接合部，这些区域的建筑缺乏规划，建筑质量不高，基础设施匮乏，环境和卫生条件较差，一般是同乡的农民工聚居在一起，形成以地缘分类的城市或者城郊聚居村落，一方面是为了在异乡寻找归属感和安全感，另一方面也方便从同乡那里获得有价值的工作信息和发展机会。部分在城镇打拼取得一定成就的农民工，收入水平较高，经济负担能力较强，会选择通过正规市场租住城镇居民在市民小区的闲置住房来改善居住条件，但是真正通过购房来实现留城定居的农民工占比依然处于较低的水平，2008~2015年仅增长了0.4个百分点。

采取在务工地购房的形式解决住房问题的农民工数量占比有所增长，由2008年的0.9%增长至2015年的1.3%，但是增长幅度十分有限，绝对数量也处于较低的水平。这是由于随着我国城镇化的推进，地方政府和各市场主体在土地出让收益以及房地产暴利的激励下，城镇房地产市场快速发展，房价迅速上升。受限于市场化住房金融服务的高门槛，农民工由于自身收入水平不高，工作稳定性和可持续性差，难以获得有效的购房金融服务，无力负担高额的购房成本，又难以纳入公积金等住房金融保障体系和经济适用房等公共住房保障体系中，因而很难实现在务工地所在城镇的购房定居。统计数据显示，2015年仅有1.3%的农民工实现了在务工地购房。

采取回家居住解决住房问题的农民工占比在快速增加，从2008~2015年共增长了5.5个百分点，是各类居住方式中增长最快的，说明本地农民工的数量在迅速增长，这是在互联网经济等新经济、新业态快速发展背景下，中小城镇就业机会快速增加，很多农民工选择回乡就业创业趋势的体现。

长期以来，农民工群体未能被纳入住房保障体系，未能获得政府或者其他社会组织提供的住房保障（孙聪等，2017）。在这种情况下，除了在制造业或者建筑业工作的农民工会由雇佣企业以单位宿舍或者工地工棚的形式解决居住问题外，大部分农民工均选择聚居在以"城中村"或者城乡接合部移民村落为代表的、游离于政府管理范围之外的非正式社区中。根据2008年清华大学房地产研究所和北京市城市规划设计研究院针对北京市"城中村"开展的调研结果显示，在"城中村"和城乡接合部移民村落内居住的农民工数量占比高达83.93%。张智（2010）对北京市农民工住房情况的统计分析结果显示，农民工解决住房问题的主要途径是租住廉价个人房屋、租住地下室以及栖身生产经营场所。总体来看，能够自己解决住房问题的农民工的居住条件，优于企业或雇主集中解决居住问题的住房条件，其人均居住面积可以达到 4~5 平方米，而企业或雇主提供居住场所的则不超过 3 平方米，且有 43% 为地下空间或营业场所等，居住条件十分简陋。① 吕萍等（2012）对成都、西安和东莞三个城市农民工住房情况的调研结果显示，成都和西安的农民工主要通过自行租房解决住房问题，东莞的农民工主要由企业或雇主提供住房为主，三地农民工住房情况存在着共同特点：居住空间均十分拥挤，人均居住面积不到 8 平方米；居住设施简陋，卫生条件差；住房建设布局和结构混乱，普遍达不到国家住房建设标准，存在较大安全隐患；住所周边环境恶劣，配套设施不足，缺乏基础市政与公共服务设施；人员混杂，安全性较差，治安案件发生频率高；环境恶劣、治安条件不容乐观等。②

简陋的居住条件阻碍着农民工的人力资本和社会资本积累，阻断了农民工向城市现代文明的融入，遏制了农民工劳动生产率的提升（郑思齐等，2011）。但是，这种非正式住房作为当前二元经济社会结构条件下针对农民工群体基本住房保障缺失的有效补充，为低收入的农民工群体提供了低成本的居住空间（马万里和陈玮，2008；杨俊玲和谢嗣胜，2012；Yu & Cai，2013），基本满足了农民工群体在城市中的居住需要，缓解了城市管理和相关企业解决农民工居住问题方面的现实压力（孙聪等，2017），因而，尽管这种农民工群体聚居非正式住房社区存在诸多问题，给城市社会管理带来一定压力，但是仍然在相当长一段时期内处于被默许存在和平稳发展的状态（Song et al.，2008；赵静等，2012）。③

随着我国经济社会体制改革的深入，部分城镇和地区开始探索将农民工纳入所在地的住房保障体系，部分企业开始实行通过发放住房补贴替代集体供宿，推进农民工在务工城市的融入。2018 年国家统计局农民工监测调查报告显示，有 1.3% 的农民工租赁到公租房，有 1.6% 的农民工购买了保障性住房，居住住房中有电冰箱的占 67.0%，有洗衣机的占 68.1%，有洗澡设施的占 85.4%，有独用厕所的占 71.5%，能上网的占 94.8%，居住设施实现了持续改善。但是，由于农民工自身发展能力有限，以及现行城乡二元体制的刚性阻碍，加上租房市场与制度体系的有待完善，以及房地产市场价格的飞涨，农民工在住房方面上依然面临着十分严峻的困境，难以获得能支持其在务工城镇真正实现长期居留和工作的居住条件，更难以同城镇户籍居民一样获得经济发展过程中房产增值的收益。因

---

① 张智. 对北京市农民工住房情况的调查研究 [J]. 中国房地产金融，2010（7）：38-42.
② 吕萍. 农民工住房理论、实践与政策 [M]. 北京：中国建筑工业出版社，2012.
③ 孙聪，宋志达，郑思齐. 农民工住房需求特征与城市住房保障体系优化——基于北京市"城中村"调研的研究 [J]. 农业技术经济，2017（4）：16-27.

此，农民工群体在住房维度获得的收益分享水平显然是十分有限的。

五、代际发展维度

对农民工个体而言，通过一代或者两代人的努力，实现整个家庭在各个维度下的全面改善与发展，是该群体在各种不利条件下依然努力奋斗的重要目标之一。在这一过程中，农民工群体面临的代际发展问题主要表现在随迁子女教育和留守儿童两个方面。

随迁子女教育是实现持续人力资本投资的重要手段和途径，是农民工劳动生产率提升的重要驱动力，更是已脱贫家庭拓展巩固脱贫成果、走上共同富裕道路的关键。根据教育部和民政部公布的数据，2018 年义务教育阶段农民工随迁子女和留守儿童总数分别为 1424.04 万人和 697 万人，两者合计占全国义务教育阶段学龄儿童的比例为 14.14%，即全国义务教育阶段学龄儿童的近 15% 是农民工随迁子女和留守儿童，这部分孩子作为我国未来劳动力资源的主要组成部分，其教育与成长情况将深刻影响着我国未来的经济社会发展。但是，当前以户籍制度为依托的静态人口管理模式使处于流动状态的农民工随迁子女教育面临诸多难以逾越的障碍，导致了农民工在随迁子女教育的各个方面面临着很多困难，如随迁子女在流入地升入普通高中仍面临较大压力等。《中国农村教育发展报告 2019》相关数据显示，2017 年全国有初中阶段毕业生 1397.47 万人，普通高中招生为 800.05 万人，普通初中升普通高中的比率为 57.25%。当年共有初中随迁子女毕业生 125.07 万人，但考入普通高中的随迁子女只有 42.81 万人，随迁子女的普通高中升学率仅为 34.23%，随迁子女比当地考生升入普通高中的机会平均少 23.02 个百分点。更为严重的是，对于因现实障碍无法随迁的农民工子女进一步演化为更为严重的留守儿童问题。

根据教育部的统计数据，2009～2016 年全国农民工总量从 22978 万人增长至 28171 万人，增幅为 24.29%，义务教育阶段农民工随迁子女数量由 997.11 万人增长至 1394.77 万人，增幅为 43.39%，明显高于农民工数量的增幅，随迁率也从 2009 年的 30.95% 增长至 2015 年的 39.33%（见表 7-12），这说明随着我国关于农民工随迁子女的教育政策由"两为主"①向"两纳入"②和"两统一"③的转变，农民工随迁子女在城市的就学情况取得了很大改善。根据东北师范大学农村教育研究所课题组 2014～2015 年在 27 个省份的调研数据，农民进城务工的

---

① 两为主：以公办学校为主，以流入地政府为主。
② 两纳入：纳入城镇发展规划，纳入财政保障范围。
③ 两统一：统一以居住证为主要依据为随迁子女提供义务教育服务，统一随学生流动携带"两免一补"资金和生均公用经费基准定额资金。

首要目的是增收，排第二位的就是让子女接受更好的教育，但是调研数据也同时显示农民工在城镇工作生活的最大困难是子女教育，反映这一问题的农民工占到总样本量的近60%。国家统计局发布的《2020年农民工监测调查报告》显示，本地升学难、费用高、孩子没人照顾是农民工家长认同度最高的三个主要问题，认同率分别为29.6%、26.4%和21.5%。尽管农民工随迁子女就学问题的解决取得了一定进展，但是对于始终身处社会边缘地带的农民工群体来说，依然存在着初中升高中难度大、公立学校就学门槛高、城市教育费用支出大、学习适应难等问题。

表7-12　　2009~2016年农民工义务教育阶段随迁子女和留守儿童情况

年份	农民工总量（万人）	增速（%）	随迁子女（万人）	增速（%）	随迁率（%）	留守儿童（万人）	增速（%）	留守率（%）
2009	22978	—	997.11	—	30.95	2224.24	—	69.05
2010	24223	5.42	1167.17	17.06	33.94	2271.51	2.13	66.06
2011	25278	4.36	1260.97	8.04	36.43	2200.32	-3.13	63.57
2012	26261	3.89	1393.87	10.54	38.03	2271.07	3.22	61.97
2013	26894	2.41	1277.17	-8.37	37.52	2126.75	-6.35	62.48
2014	27395	1.86	1294.73	1.37	38.42	2075.42	-2.41	61.58
2015	27747	1.28	1367.10	5.59	39.33	2109.20	1.63	60.67
2016	28171	1.53	1394.77	2.02	—	—	—	—

资料来源：根据历年《国家教育事业发展统计公报》和《全国农民工监测调查报告》相关数据整理而得。

国家卫计委《2013年中国流动人口发展报告》的相关调查数据显示，农民工随迁子女存在不同程度的中断或停止接受义务教育的现象。对于跨省流动的农民工而言，这种现象最为严重，16~18岁年龄段的随迁子女有超过50%脱离学校教育（见表7-13）。此外，从不同年龄段的随迁子女不在学率来看，越是高年龄组随迁子女，不在学、中断教育投资的现象越普遍，说明随迁子女存在严重休学、辍学和过早进入劳动力市场就业等现象。

表7-13　　2012年农民工随迁子女不在学情况　　单位：%

随迁子女年龄段	跨省流动农民工	省内跨市农民工	市内跨县农民工
6~12岁	2.8	1.9	1.5
13~15岁	10.0	3.1	2.7
16~18岁	53.6	25.9	19.0

资料来源：根据国家计生委《2013年中国流动人口发展报告》相关数据整理而得。

统计数据显示，农民工随迁子女初中随迁率一直低于小学随迁率，这是由于在以户籍为载体的人口管理体制下，很多城市出于维护本地户籍居民对教育资源的分享权利，对农民工随迁子女在务工地参加中考和接受高中教育设置了十分严格的规定，农民工随迁子女参加和通过异地中考的难度非常大，同时又因为流出地和流入地的教学内容存在一定差异，绝大多数农民工只能选择让子女在初中阶段返回原籍入学。虽然部分小城市放宽了农民工随迁子女异地中考的限制，近几年农民工随迁子女小学随迁率和初中随迁率的差距呈现不断缩小的趋势，但是整体状况仍然不容乐观。东北师范大学农村教育研究所课题组的调研数据显示，37%和22%的农民工表示当子女无法在务工地升学或者达不到务工地公办学校的入学要求时，他们只能被迫将子女放回老家。① 城镇教育系统这种对农民工学龄阶段随迁子女的排斥，客观上同时加重了随迁子女教育问题和留守儿童问题。

2009～2015年，随迁子女随迁率呈稳步上升趋势，留守儿童留守率也一直在稳步下降（见图7-4），这说明我国针对农民工随迁子女的教育环境正在逐渐改善，农民在外出务工时能够实现子女随迁的比率在上升。但是大多数的农民工受现实条件的制约无法实现子女随迁，只能将子女放在老家，由留守的配偶或者委托老人、亲戚照料，形成规模庞大的留守儿童群体，从而引发了一系列社会问题。

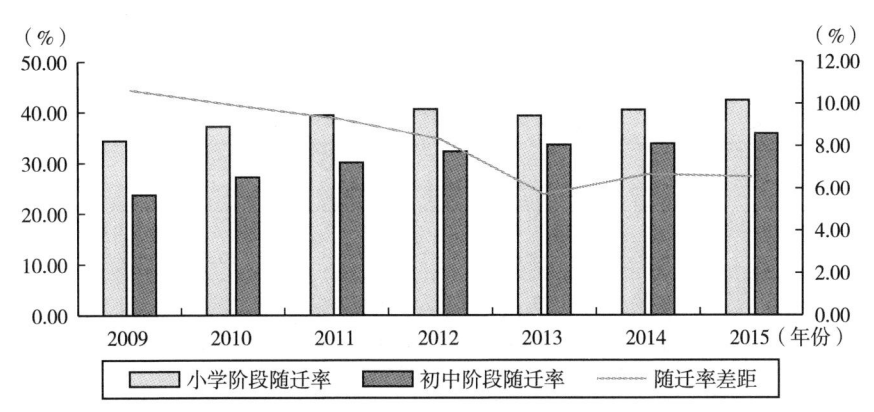

图7-4 2009～2015年农民工随迁子女小学阶段和初中阶段随迁率比较

资料来源：根据历年《国家教育事业发展统计公报》相关数据整理而得。

根据中国人口与发展研究中心于2016～2017年在全国12个省份进行的调查，90%以上的留守儿童由祖辈照料，与父母交流少，近60%的留守儿童与父母

---

① 邬志辉，李静美. 农民工随迁子女在城市接受义务教育的现实困境与政策选择 [J]. 教育研究，2016（9）：19-31.

连续分离时间在半年到一年，8.2%的留守儿童与父母分离长达一年以上，仅有40.4%的儿童能每周与父母联系一次，每天能够与父母联系的仅有8.6%。留守儿童膳食营养状况堪忧，饮用水不达标和食用膨化食品的比例较高，但患病就诊率仅有62%。尝试吸烟饮酒和发生意外伤害的留守儿童比例均远高于非留守儿童，受到校园欺凌和打架斗殴的比例也显著高于非留守儿童，情绪、品行、多动、同伴交往和反社会等心理问题较为突出，心理异常发生率接近12%，小学四年级留守儿童中有10.2%在过去半年中有故意伤害自己的行为，初中一年级的比例最高为16.8%，更高年级的比例为13.6%。

家庭关爱的不足使留守儿童普遍存在易遭受意外伤害、学习不良行为突出、处理社会关系能力弱、日常生活习惯差、负面情绪较重和违法行为较多等问题。根据中国人口与发展研究中心2016~2017年调查数据，留守儿童在情绪、品行、多动、同伴交往、亲社会行为等方面存在心理维度异常的比例普遍较高，其中3~6岁留守儿童的心理异常比例最高，情绪问题占比12.5%，品行问题占比14.37%，多动问题占比12.16%，同伴交往占比29.1%，亲社会行为占比15.68%。随着年龄的增长，在小学四年级之前各个方面的心理异常比例在逐步减少，但在进入初中阶段后，随着青春期的来临，各个方面出现心理异常的比例出现普遍升高（见表7-14）。这些问题的存在阻碍了农民工子女正常人格和社会能力的形成，严重削弱人力资本积累效果，并有可能伴随着"留守儿童"成年后进入社会，导致更为严重的社会问题。

表7-14　留守儿童各个心理维度异常比例　　单位：%

年龄段	情绪问题	品行问题	多动问题	同伴交往	亲社会行为
3~6岁	12.5	14.37	12.16	29.1	15.68
小学一年级	10.18	10.33	8.5	26.85	10.34
小学四年级	5.97	10.74	7.4	13.65	9.98
初中一年级	8.02	10.56	9.88	14.32	7.56

资料来源：根据中国人口与发展研究中心2016~2017年调查数据整理而得。

以1984年1月1日中共中央发布《关于1984年农村工作的通知》（1984年"一号文件"）开始允许农民自理口粮进入城镇进行务工经营为标志至2020年底为止，农村居民以农民工的形式由农村向城镇的迁移已经持续了近40年时间，农民工群体也在一定程度上实现了代际更替，1980年以后出生的新生代农民工已经成为农民工中规模最大的群体（王美艳，2016）①，但是农民工群体的可持续发展能力不高、脆弱性强以及成长性弱等问题却未能通过代际的发展得到有效解决。究其原因，主要在于农民工随迁子女教育和留守儿童问题长期难以得到有效解决，这些障碍加重了农民工经济负担，降低了部分农民工对子女进行持续人力资本投资的意愿，直接影响了农民工代际人力资本的积累和综合素质的提高。随迁子女和留守儿童问题导致的农民工代际发展停滞将对农民工子女就业能力的形成和人力资本收益率水平的提高产生负面影响，不仅对农民工当前的务工收入造成侵蚀，更为严重的后果是导致贫困的代际传递。因此，虽然农民工对中国经济增长做出了很大的贡献，但是在代际发展维度下却没有得到应有的收益，其努力未能充分惠及下一代的发展与成长，而且很大程度上影响到了其子女的正常接受教育和实现人格与心理的健康成长，一方面，这对于在中国经济建设中付出巨大牺牲的农民工群体而言是不公平的，严重束缚了农民工通过勤劳务工迈向共同富裕的努力，另一方面，这种情况将极大地影响中国未来经济发展所需劳动力的质量，削弱了人力资本驱动经济增长的潜在动能，甚至对整个社会稳定产生严重影响。

第三节 本章小结

本章基于宏观层面数据，从收入、就业、社会保障、教育培训、居住、代际发展等多个维度入手，对农民工多维可行能力不足的关键维度和影响因素从宏观视角下进行了系统分析，探究了农民工多维可行能力不足现象之下的深层次原因。下面具体对各个维度的分析结果进行总结：

一是收入维度方面。以对经济产出的贡献作为参照标准，将农民工的收入水平与城镇户籍劳动力的收入水平进行比较，分析结果显示农民工在收入维度下获得了相对而言较为合理的收益，即农民工群体在收入维度下没有呈现收入不足或者过低的现象，这与前述章节分析中得出的农民工收入维度可行能力达标的结论是一致的，收入维度不是当前农民工多维可行能力不足的关键引致维度，同时，这也是仅以单维的收入标准对农民工群体的可行能力发展状况进行衡量时，难以实现精确瞄准和识别的原因。

二是就业维度方面。根据对农民工就业方面相关数据的分析，结果显示农民工受非市民身份的影响，在非农就业过程中处于明显的弱势地位，劳动权益难以

---

① 王美艳. 新生代农民工的消费水平与消费结构：与上一代农民工的比较 [J]. 劳动经济研究，2017（6）：107-126.

得到保障，就业的行业主要分布在脏、苦、累、险的低端行业，承担的具体工作普遍存在劳动强度大、薪酬待遇低、工作环境艰苦、职业成长有限等特点，处于低水平且相对隔离的劳动力市场中。要获取更多的收入，只能通过超时劳动的方式来实现，整体就业环境较为严峻，且较难得到显著改善。在工作技能、工作经验、社会关系、物质财富等方面积累困难且缓慢，生存条件的改善达到一定程度后会较早遭遇瓶颈，向上流动或者发展的机会不足。这些因素成为该群体长期处于社会边缘和底层的重要原因。

三是社会保障维度方面。根据对农民工社会保险和社会救助方面相关数据的分析，结果显示，农民工由于受当前二元经济社会体制的制约，在其务工过程中始终处于城镇的边缘和夹缝地带中，而当前社会保障体系的区域分割和城乡分割情况较为显著，农民工群体因其流动性强和不稳定性强的特点，导致无论是养老、医疗、工伤、失业、生育等社会保险体系还是社会救助体系，均难以对农民工群体形成有效的保障和托底。农民工群体抗风险能力较弱，难以抵御各类冲击，一旦遭遇伤病、失业、侵害或者其他变故带来的风险，多年努力可能快速化为乌有，对其人力资本和物质资本的积累构成严重的侵蚀，因灾、因病致贫和返贫的可能性较大。因此，社会保障维度可行能力的不足，成为遏制农民工群体现实境况改善和劳动生产率提升的关键因素。

四是教育培训维度方面。根据对农民工学校教育和技能培训方面的数据分析，结果显示，一方面在我国城乡二元教育结构显著刚性的现实条件下，农民工受城乡教育资源分布差异、家庭禀赋条件等因素的影响，受教育水平普遍不高，受教育年限较少，文化程度偏低，存在着教育方面可行能力的先天不足；另一方面由于培训体系不完善、培训经费和资源设备匮乏、培训市场混乱、培训成本过高、培训内容单一且与实际需求脱节等问题，我国现有针对农民工的技能培训远远不够，农民工技能培训的参与率不高，极大制约了农民工后天成长。因此，上述两方面的原因导致农民工人力资本存量不足，成为其在城市劳动力市场长期处于弱势地位的重要原因。

五是居住维度方面。根据对农民工居住方面相关数据的分析，结果显示，农民工在居住维度的现实状况整体较为严峻，绝大多数被排斥在城镇住房保障体系之外，除了在制造业或者建筑业工作的农民工会由雇佣企业以单位宿舍或者工地工棚的形式解决居住问题外，大部分农民工均选择聚居在以"城中村"或者城乡结合部移民村落为代表的、游离于政府管理范围之外的非正式社区中，居住空间拥挤、安全隐患较大、配套设施不足、周边环境复杂、卫生条件简陋等是其共同特征，能够通过购买住房解决居住问题的农民工占比较低。虽然这种非正式住房作为当前二元经济社会结构条件下针对农民工群体基本住房保障缺失的有效补充，为农民工群体提供了低成本的居住空间，缓解了城市管理者和相关企业在解决农民工居住问题方面的现实压力，但是，简陋、偏远的居住条件阻碍着农民工的人力资本和社会资本积累，阻断了农民工向城市现代文明的融入，遏制了农民工劳动生产率的提升，难以获得能支持其在务工城镇真正实现长期居留和工作的基本条件，是导致农民工群体遭遇可行能力发展瓶颈的关键原因。

六是代际发展维度方面。根据相关数据对农民工随迁子女教育和留守儿童问题进行分析，结果显示，农民工随迁子女教育和留守儿童问题较为严重，这些障碍加重了农民工经济负担，影响了农民工的代际人力资本积累和综合素质提高，不仅对农民工群体当前的增收致富努力造成侵蚀，更为严重的是其努力未能充分惠及下一代的发展与成长，很大程度上影响到子女正常接受教育和实现人格与心理健康成长，严重束缚了农民工通过勤劳务工迈入中等收入群体、迈向共同富裕的努力，甚至导致贫困的代际传递，将极大地影响劳动力供给质量，削弱中国未来依靠人力资本驱动经济增长的潜能。

综上所述，农民工在收入维度下得到了相对较为合理的收益，而在就业、社会保障、教育培训、居住和代际发展等维度下明显面临较大困境，因此，宏观数据层面的分析显示，收入维度不是导致农民工多维可行能力不足的关键维度，农民工多维可行能力发展的关键维度和影响因素在于收入之外的就业、社会保障、教育培训、居住和代际发展等维度方面。

第八章 基于微观层面数据的关键维度与影响因素分析

在全国层面上对农民工可行能力发展状况进行测度以及宏观数据层面上对关键维度和影响因素进行分析的基础上,进一步基于微观数据层面,在本章构建的可行能力多维测度指标体系下,对可行能力的各项构成维度和指标进行分解,以考察各个维度和指标对农民工最终可行能力状况的贡献率,并以 Logit 计量模型为工具,从微观视角出发研究个人特征、家庭构成、流动方式、务工区域等各类相关因素对农民工可行能力状况的影响机制,以进一步精确识别和分析农民工可行能力多维发展问题的关键影响因素和摆脱困境、迈向共同富裕的短板。

第一节 农民工可行能力的维度分解与比较

为了兼顾收入维度标准的变动对农民工可行能力状况维度指标分解的影响,本书分别选取 11870.4 元(2 倍的 2016 年全国城市平均低保标准)和 17805.6 元(3 倍的 2016 年全国城市平均低保标准)收入维度标准,分两种情况对农民工的可行能力状况在 30% 和 40% 水平下进行维度和指标的分解。通过对两种收入维度下的维度指标分解情况进行对比分析,结果显示,除收入维度的绝对贡献值和贡献率略有变化外,其他的维度和指标,不论是绝对贡献,还是贡献率,均基本保持一致。因此,对于维度指标分解结果基本一致的两种结果,本章不再赘述,为保持与前文的分析逻辑一致,本章继续选取 11870.4 元(2 倍的 2016 年全国城市平均低保标准)收入维度标准下 30% 和 40% 水平进行维度和指标的分解,并展开具体分析。17805.6 元(3 倍的 2016 年全国城市平均低保标准)收入维度标准下农民工群体可行能力的维度和指标分解结果请参见附录 B。

根据 11870.4 元收入维度标准 30% 和 40% 水平下的可行能力多维测度结果进行分解,得到各个维度和指标对农民工可行能力多维发展的绝对贡献值和贡献率,并分别按照等权重设置的维度贡献率进行排序。根据 30% 水平下的分解情况,首先,从各个指标的绝对贡献和贡献率来看,教育维度下的劳动力文化水平指标最高，其余2个按照绝对贡献值由高到低排名居于前三位的指标分别为住房维度下的住房公积金和住房情况指标，居于最末位的是年度收入总额指标；其次，从各个维度的贡献率来看，按照贡献率由高到低依次排序，分别为住房、社会保障、教育、就业、健康、社会融入和收入，贡献率分别为20.87％、18.43％、16.27％、16.02％、14.44％、13.43％和0.54％（见表8-1）。

表8-1　　　　　　　　30％水平下各维度和指标的分解情况

维度	指标	绝对贡献	指标贡献率（％）	维度贡献率（％）	维度排名
收入	年度收入总额	0.0031	0.54	0.54	7
教育	劳动力文化水平	0.0921	16.27	16.27	3
社会保障	养老保险	0.0164	2.89	18.43	2
	医疗保险	0.0218	3.84		
	失业保险	0.0223	3.94		
	工伤保险	0.0210	3.72		
	生育保险	0.0229	4.05		
住房	住房情况	0.0564	9.96	20.87	1
	住房公积金	0.0618	10.91		
就业	工作可持续程度	0.0268	4.73	16.02	4
	就业性质	0.0312	5.52		
	周工作时长	0.0327	5.77		
健康	健康关注	0.0118	2.09	14.44	5
	职业病防治	0.0116	2.05		
	艾滋病性病防治	0.0094	1.66		
	优生优育	0.0070	1.23		
	结核病防治	0.0136	2.40		
	精神疾病防治	0.0159	2.81		
	慢性病防治	0.0124	2.19		
社会融入	长期居住意愿	0.0296	5.24	13.43	6
	户口迁入意愿	0.0464	8.19		

资料来源：根据笔者计算而得。

根据40%水平下的分解情况,首先,从各个指标的绝对贡献和贡献率来看,各个指标的绝对贡献值存在变化,但是按照绝对贡献值大小的排名与30%水平下的情况一致,教育维度下的劳动力文化水平指标绝对贡献值依然最高,其余2个居于前三位的指标依然是住房公积金和住房情况这两项指标,居于最末位的依然是年度收入总额指标;其次,从各个维度的贡献率来看,按照贡献率由高到低的排序也与30%水平下的情况一致,分别为住房、社会保障、教育、就业、健康、社会融入和收入,贡献率分别为20.92%、18.83%、16.28%、15.99%、14.12%、13.31%和0.56%(见表8-2)。

表8-2　　　　　　40%水平下各维度和指标的分解情况

维度	指标	绝对贡献	指标贡献率（%）	维度贡献率（%）	维度排名
收入	年度收入总额	0.0030	0.56	0.56	7
教育	劳动力文化水平	0.0885	16.28	16.28	3
社会保障	养老保险	0.0162	2.98	18.83	2
	医疗保险	0.0212	3.90		
	失业保险	0.0219	4.03		
	工伤保险	0.0207	3.81		
	生育保险	0.0223	4.11		
住房	住房情况	0.0553	10.16	20.92	1
	住房公积金	0.0585	10.76		
就业	工作可持续程度	0.0266	4.89	15.99	4
	就业性质	0.0295	5.42		
	周工作时长	0.0309	5.68		
健康	健康关注	0.0111	2.05	14.12	5
	职业病防治	0.0110	2.03		
	艾滋病性病防治	0.0088	1.63		
	优生优育	0.0066	1.21		
	结核病防治	0.0127	2.34		
	精神疾病防治	0.0149	2.73		
	慢性病防治	0.0116	2.14		
社会融入	长期居住意愿	0.0284	5.22	13.31	6
	户口迁入意愿	0.0440	8.09		

资料来源:根据笔者计算而得。

因此，30%水平和40%水平下各个维度和指标对农民工多维可行能力不足状况的贡献情况基本一致，其中住房、社会保障和教育维度的贡献率排名位于前三，单个维度的贡献率均在16%以上，三个维度的贡献率总和超过了50%，说明就全国层面而言，农民工在住房、社会保障和教育这三个维度面临较为严重的现实困境，对农民工的可行能力状况影响十分显著，因而这几个维度将是推进农民工可行能力多维发展的重点实施领域；就业、健康和社会融入三个维度的贡献率也均在10%以上，对农民工的可行能力状况影响也较为显著，因而也应该是今后推进农民工可行能力多维发展的关键着力点；排名位于最末位的收入维度贡献率在1%以下，因而收入维度对于农民工可行能力状况的影响较为微弱，反映出农村劳动力通过以农民工的身份从事非农务工经营能够有效地改善自己的收入状况。但是，在其他多个维度下，测度结果表明农民工群体的境况改善整体上较为艰难。

第二节　农民工可行能力的区域、维度交叉分解与比较

在第五章和本章第一节对农民工可行能力状况进行区域分解和维度分解的基础上，本节进一步按照区域和维度进行可行能力状况的交叉分解。在区域划分上，本节遵循与前文一致的逻辑，继续按照国家统计局关于全国经济发展区域的划分标准，将全国区域划分为东部地区、中部地区、西部地区和东北地区四个大的区域，对30%和40%水平下的农民工可行能力状况进行维度和区域交叉分解，得到各个维度和指标对不同区域农民工可行能力状况的影响情况（见表8-3和表8-4）。

表8-3　30%水平下各区域农民工可行能力多维发展指数的指标贡献

指标	东部地区指标贡献	中部地区指标贡献	西部地区指标贡献	东北地区指标贡献
收入	0.0018	0.0032	0.0050	0.0031
学历水平	0.0864	0.0809	0.0937	0.0979
养老保险	0.0138	0.0182	0.0176	0.0217
医疗保险	0.0190	0.0236	0.0226	0.0243
失业保险	0.0193	0.0243	0.0241	0.0251
工伤保险	0.0176	0.0234	0.0233	0.0247
生育保险	0.0198	0.0246	0.0243	0.0253
住房情况	0.0488	0.0609	0.0606	0.0629

续表

指标	东部地区指标贡献	中部地区指标贡献	西部地区指标贡献	东北地区指标贡献
住房公积金	0.0541	0.0624	0.0621	0.0639
工作可持续程度	0.0217	0.0307	0.0305	0.0331
就业单位性质	0.0281	0.0338	0.0290	0.0302
周工作时长	0.0298	0.0352	0.0301	0.0318
健康关注	0.0120	0.0088	0.0111	0.0109
职业病防治	0.0107	0.0113	0.0110	0.0124
艾滋病性病防治	0.0094	0.0100	0.0064	0.0122
优生优育	0.0067	0.0064	0.0057	0.0095
结核病防治	0.0133	0.0135	0.0108	0.0145
精神疾病防治	0.0144	0.0157	0.0147	0.0167
慢性病防治	0.0123	0.0118	0.0103	0.0122
长期居住	0.0294	0.0272	0.0287	0.0232
户口迁入意愿	0.0386	0.0510	0.0476	0.0488

资料来源：根据笔者计算而得。

表 8-4　40％水平下各区域农民工可行能力多维发展指数的指标贡献

指标	东部地区指标贡献	中部地区指标贡献	西部地区指标贡献	东北地区指标贡献
收入	0.0018	0.0032	0.0051	0.0031
学历水平	0.0917	0.0828	0.0960	0.1000
养老保险	0.0139	0.0183	0.0178	0.0219
医疗保险	0.0197	0.0241	0.0231	0.0246
失业保险	0.0195	0.0247	0.0246	0.0254
工伤保险	0.0178	0.0237	0.0237	0.0250
生育保险	0.0204	0.0252	0.0250	0.0258
住房情况	0.0498	0.0618	0.0620	0.0637
住房公积金	0.0583	0.0649	0.0646	0.0653
工作可持续程度	0.0219	0.0309	0.0308	0.0333
就业单位性质	0.0305	0.0350	0.0303	0.0312
周工作时长	0.0322	0.0365	0.0313	0.0325
健康关注	0.0131	0.0091	0.0115	0.0114

续表

指标	东部地区指标贡献	中部地区指标贡献	西部地区指标贡献	东北地区指标贡献
职业病防治	0.0116	0.0117	0.0113	0.0128
艾滋病性病防治	0.0102	0.0104	0.0067	0.0126
优生优育	0.0073	0.0066	0.0059	0.0098
结核病防治	0.0146	0.0141	0.0113	0.0150
精神疾病防治	0.0158	0.0164	0.0154	0.0173
慢性病防治	0.0134	0.0124	0.0108	0.0127
长期居住	0.0313	0.0281	0.0294	0.0236
户口迁入意愿	0.0414	0.0533	0.0495	0.0503

资料来源：根据笔者计算而得。

根据30%和40%水平下各个区域农民工可行能力多维发展指数的指标贡献与分解情况，对于各个区域农民工的可行能力状况而言，学历水平指标的绝对贡献值在30%和40%水平下相对其他指标而言均是最高的，其中东部地区分别为0.0864和0.0917，中部地区分别为0.0809和0.0828，西部地区分别为0.0937和0.0960，东北地区分别为0.0979和0.1，均远超其他指标的贡献值；其次是住房公积金和住房情况这两个指标，其中30%水平下东部地区分别为0.0541和0.0488，中部地区分别为0.0624和0.0609，西部地区分别为0.0621和0.0606，东北地区分别为0.0639和0.0629，40%水平下东部地区分别为0.0583和0.0498，中部地区分别为0.0649和0.0618，西部地区分别为0.0646和0.0620，东北地区分别为0.0653和0.0637；排名居于末尾的均是年度收入总额指标。可见，在各个指标按照绝对贡献值大小的分布方面，各个区域与全国层面的指标分解结果是一致的，说明农民工在学历教育、住房方面存在着较大短板以及收入维度的可行能力达标这两方面的事实在各个区域均是普遍现象，不存在单个区域的特殊情况。

30%和40%水平下各个区域农民工可行能力状况的维度分解结果显示（见表8-5和表8-6），各个区域之间既存在共性，也存在差异。一方面，各个区域在30%和40%水平下的维度贡献率高低分布情况是一致的，而且在维度的贡献度方面居于前两位的均是住房和社会保障这两个维度，教育维度按照贡献率高低排名除中部地区以外也基本位于前三位，就业维度的位次也普遍较为靠前，说明各个区域农民工的可行能力状况在维度影响方面存在一定的共性，且较为集中；另一方面，各个维度在不同的区域对农民工可行能力状况的影响存在一定差异，特别是具体到每一个维度依照贡献率高低的排名方面，差异较为显著。从东部地区来看，按照贡献率从高到低排名依次为住房、社会保障、教育、健康、就业、社会融入和收入；从中部地区来看，按照贡献率从高到低排名依次为住房、社会保障、就业、教育、社会融入、健康和收入；从西部地区来看，按照贡献率从高到低排名依次为住房、社会保障、教育、就业、社会融入、健康和收入；从东北地区来看，按照贡献率从高到低排名依次为住房、社会保障、教育、就业、健康、社会融入和收入。

表8-5　30％水平下各区域农民工可行能力多维发展指数的维度分解及排名情况

维度名称	东部地区		中部地区		西部地区		东北地区	
	维度贡献（%）	贡献排名	维度贡献（%）	贡献排名	维度贡献（%）	贡献排名	维度贡献（%）	贡献排名
收入	0.33	7	0.54	7	0.86	7	0.50	7
教育	17.02	3	13.95	4	16.39	3	16.19	3
社会保障	17.10	2	19.55	2	19.49	2	19.86	2
住房	20.17	1	21.35	1	21.61	1	20.91	1
就业	16.03	4	17.26	3	15.75	4	15.71	4
健康	15.78	5	13.61	6	12.44	6	14.85	5
社会融入	13.55	6	13.72	5	13.47	5	11.98	6

资料来源：根据笔者计算而得。

表8-6　40％水平下各区域农民工可行能力多维发展指数的维度分解及排名情况

维度名称	东部地区		中部地区		西部地区		东北地区	
	维度贡献（%）	贡献排名	维度贡献（%）	贡献排名	维度贡献（%）	贡献排名	维度贡献（%）	贡献排名
收入	0.35	7	0.55	7	0.88	7	0.51	7
教育	17.04	3	14.03	4	16.46	3	16.20	3
社会保障	17.64	2	19.78	2	19.66	2	20.02	2
住房	20.29	1	21.37	1	21.55	1	20.98	1
就业	15.71	4	17.28	3	15.74	4	15.74	4
健康	15.57	5	13.43	6	12.31	6	14.64	5
社会融入	13.41	6	13.56	5	13.40	5	11.92	6

资料来源：根据笔者计算而得。

根据上述数据测度与分析结果,各个区域之间导致农民工多维可行能力不足的各类维度和指标的影响程度既存在共性,也存在差异。这既是由于在我国经济发展过程中各个区域之间发展的不均衡,也是源于各个区域在地理、人口、基础设施和地域文化等方面的各自特点。因此,在识别农民工可行能力实际状况和推动农民工可行能力多维发展方面,应当结合不同区域之间的共性与差异,按照普遍性和特殊性相结合的原则,分区域设定因地制宜的农民工群体可行能力多维发展政策体系,提升政策瞄准效果与实施效率,助更多农民工迈入中等收入群体并稳定在中等收入群体。

第三节 基于 Logit 模型的农民工可行能力影响因素实证分析

一、模型选择与设定

本节将以计量分析方法为工具,从微观视角出发,研究各类相关因素对农民工群体可行能力状况的影响机制。在计量分析中,将农民工的可行能力多维发展指数作为被解释变量,该变量是离散型的二值选择变量(binary choices),设 y 代表被解释变量——农民工的可行能力状态,其包含两类事件发生的概率,取值 1 代表陷入多维可行能力不足,取值 0 代表未陷入多维可行能力不足。在这类二值变量分析中曾使用多种分布函数,最常用的是 logistic 分布(Cox, 1970),与之对应的为 Logit 模型,另一种常用的分布函数是标准正态分布,与之对应的是 Probit 模型,Logit 和 Probit 模型有很多相似之处,在大部分情况下,这两种模型都能给出相同的结论,但是 Probit 模型无法针对其系数给出概率比。因此,针对本书的数据处理特点,Logit 模型相对 Probit 模型更加具有优势,因而本书选择使用 Logit 二值选择模型对相关数据进行处理。

对于 logistic 函数,在理论上假设一个连续反应变量 y_i^*,代表事件发生的概率,其取值为 $(-\infty, +\infty)$,当该变量的取值超过某临界值 λ 时,事件便会发生。假设 $\lambda = 0$,即:

$$\begin{cases} y_i = 1, & y_i^* > 0 \\ y_i = 0, & y_i^* \leq 0 \end{cases} \tag{8.1}$$

式(8.1)中,y_i 为实际的被解释变量,$y_i = 1$ 代表样本个体陷入多维可行能力不足,$y_i = 0$ 表示样本个体未陷入多维可行能力不足。如果连续反应变量 y_i^* 与解释变量 x_i 之间存在线性关系,即 $y_i^* = \alpha + \beta x_i + \varepsilon_i$,那么:

$$P(y_i=1|x_i) = P[(\alpha+\beta x_i+\varepsilon_i)>0] = P[\varepsilon_i \leqslant (\alpha+\beta x_i)] = \frac{1}{1+e^{\varepsilon_i}} \quad (8.2)$$

将式（8.2）进一步写为：$P(y_i=1|x_i) = \dfrac{1}{1+e^{-(\alpha+\beta x_i)}}$ （8.3）

将事件发生的条件概率设为 $P(y_i=1|x_i)=p_i$，就可以得到 Logit 回归模型：

$$p_i = \frac{1}{1+e^{-(\alpha+\beta x_i)}} = \frac{e^{\alpha+\beta x_i}}{1+e^{\alpha+\beta x_i}} \quad (8.4)$$

式（8.4）中，p_i 为第 i 个样本个体陷入多维可行能力不足的概率，是由解释变量 x_i 表示的非线性函数。

进一步定义未陷入多维可行能力不足的条件概率为：

$$1-p_i = 1 - \frac{e^{\alpha+\beta x_i}}{1+e^{\alpha+\beta x_i}} = \frac{1}{1+e^{\alpha+\beta x_i}} \quad (8.5)$$

那么陷入多维可行能力不足与未陷入多维可行能力不足的概率之比为：

$$\frac{p_i}{1-p_i} = e^{\alpha+\beta x_i} \quad (8.6)$$

式（8.6）即为事件发生的概率比（the odds of experiencing an event），对其取自然对数得到：

$$\ln\left(\frac{p_i}{1-p_i}\right) = \alpha+\beta x_i \quad (8.7)$$

经过这一 Logit 转换得到 y 的 Logit，即 Logit(y)，该种形式对于其参数而言是线性的，因而解决了回归模型系数的解释问题，某个解释变量 x_i 发生作用的概率比大于 1 的话，将增加事件的发生概率；反之，则会降低事件的发生概率。

将上述模型进一步扩展至 k 个解释变量的情形：

$$p_i = \frac{e^{\alpha+\sum_{k=1}^{k}\beta x_{ki}}}{1+e^{\alpha+\sum_{k=1}^{k}\beta x_{ki}}} \quad (8.8)$$

对应的 Logit 回归模型变为：

$$\ln\left(\frac{p_i}{1-p_i}\right) = \alpha + \sum_{k=1}^{k}\beta_k x_{ki} \quad (8.9)$$

其中，$p_i = P(y_i=1|x_1, x_2, \cdots, x_{ki})$ 为给定被解释变量时事件发生的概率。根据上述模型设定，根据解释变量的具体样本观测值以及被解释变量在相应条件下的观测值，我们就可以得到各个解释变量对事件发生概率的影响和发生概率比。

二、变量选择

与单维收入维度的可行能力测度不同，由于可行能力多维测度本身概念的综合性和复杂性，其本身的构成已经涵盖了农民工的教育、健康、就业等诸多方面，这些因素在前文已经通过分解的方式分析了其对农民工可行能力多维发展的影响机制，并且显然由于内生性问题无法再纳入回归模型中进行分析，其有效解决办法之一是限制家户解释变量范围，采用非可行能力多维测度指标体系之外的变量进行计量回归分析。因此，本节重点探讨各类外生关键因素（主要为人口特征变量和社会经济特征变量）对农民工可行能力多维发展状况的影响，以经济社会、人口特征、家庭组成和流动特点等方面的11项因素作为解释变量，构建计量回归模型，以研究这些变量对农民工可行能力状况的影响机制。

结合2016年中国流动人口动态监测调查数据的特点与数据可得性，本节实证模型解释变量的选择以人口迁移和可行能力发展等相关理论为基础，并考虑农民工的群体特征与现实境况，共选取了性别、年龄、年龄的平方、婚姻家庭、务工区域、原户籍地、流动范围、流动方式、流动时间、子女抚养和务工地家庭规模11个变量（见表8-7），建立计量回归模型。

$$Capability = C + \beta_1 gender + \beta_2 age + \beta_3 age2 + \beta_4 marry + \beta_5 area + \beta_6 hometown + \beta_7 flowarea + \beta_8 flowstyle + \beta_9 flowtime + \beta_{10} children + \beta_{11} family \quad (8.10)$$

表8-7 主要解释变量的统计性描述

变量	平均值	标准差	最小值	最大值
性别	1.43	0.49	1	2
年龄	33.83	9.68	15	81
年龄的平方	1238.13	712.87	225	6561
婚姻家庭	1.90	0.66	1	6
务工区域	18.43	9.52	10	40
原户籍地	22.73	8.99	10	40
流动范围	1.65	0.74	0	3
流动方式	1.62	0.49	1	2
流动时间	3.56	1.58	1	8
子女抚养	1.39	0.74	0	5
务工地家庭规模	2.48	1.18	1	10

各解释变量具体阐释如下：

性别（gender）变量由1表示男性，2表示女性，引入该变量主要在于考察在农民工迁徙流动与务工经营过程中，性别因素对于样本个体可行能力多维发展状况的影响。

年龄（age）和年龄的平方（age2）为序数变量，均为以年计算的整数，最小值为 15，最大值为 81，该两个变量的共同引入，主要在于考察随着农民工年龄的变化，其对样本个体可行能力多维发展状况的影响及其影响的分布情况。

婚姻家庭（marry）变量分为 6 种类型，由 1 表示未婚，2 表示初婚，3 表示再婚，4 表示离婚，5 表示丧偶，6 表示同居，1~6 的由小到大排列是考虑到独身状态的情感和家庭负担最轻，因而先将未婚排在第一，然后根据情感和婚姻的正常程度进行依次排序，引入该变量是为了考察情感和婚姻状况对于农民工可行能力多维发展的影响。

务工区域（area）变量与前文分析逻辑一致，依然按照东部、中部、西部和东北地区进行分类，并按照前文分析得到的各个区域农民工多维可行能力不足状况严重程度依次排序，由 10 表示东部地区，20 表示西部地区，30 表示中部地区，40 表示东北地区，一方面对前文的区域分解分析结论进行计量实证的再验证，另一方面进一步考察区域因素对于农民工可行能力多维发展状况的影响程度。

原户籍地（hometown）变量按照东部、中部、西部和东北地区进行分类，其分类的数值表示与务工区域（area）变量一致，由 10 表示东部地区，20 表示西部地区，30 表示中部地区，40 表示东北地区，引入该变量是为了考察原户籍地所属区域对于处在流动迁徙过程中农民工的可行能力多维发展状况是否存在影响及其影响程度。

流动范围（flowarea）变量包括跨境、跨省、省内跨市、市内跨县四种类型，按照迁移范围的由远及近依次由数值表示，由 0 表示跨境，1 表示跨省，2 表示省内跨市，3 表示市内跨县，引入该变量是为了考察农民工流动范围对其可行能力多维发展状况的影响。

流动方式（flowstyle）变量包括独自流动和非独自流动两种类型，独自流动是指不与配偶、父母、子女、兄弟姐妹、岳父母或者公婆一起流动，非独自流动则相反，由 1 表示独自流动，2 表示非独自流动。引入该变量是为了考察农民工首次外出务工的迁移方式对其可行能力多维发展状况的影响。

流动时间（flowtime）变量为农民工累计的在外流动时间，包括 8 种类型，由 1 表示不到 1 年，2 表示 1~2 年，3 表示 3~4 年，4 表示 5~9 年，5 表示 10~14 年，6 表示 15~19 年，7 表示 20~29 年，8 表示 30 年及以上，引入该变量是为了考察农民工的累计在外务工时长对其可行能力多维发展状况的影响。

子女抚养（children）变量为抚养的亲生子女数量，根据样本数据情况，最小值为 0，最大值为 5，引入该变量是为了考察生育子女数量对农民工可行能力多维发展状况的影响。

务工地家庭规模（family）变量为农民工共同迁移流动至务工地并在流入地

长期共同生活的家庭成员数量，最小值为1，最大值为10，引入该变量是为了考察在务工流入地家庭规模大小对农民工可行能力多维发展状况的影响。

三、实证分析

本节将分别在30%和40%的临界值水平下开展实证分析，探究相关因素对农民工可行能力多维发展状况的影响机理。计量分析结果显示，模型回归结果显著性较强，解释变量符号基本符合预期且具有稳健性（见表8-8）。

表8-8　农民工可行能力多维发展影响因素的 Logit 模型估计结果

解释变量	30%水平		40%水平	
	回归系数及标准误	几率比	回归系数及标准误	几率比
常数项	3.922 *** (10.54)	50.514	1.937 *** (7.18)	6.940
性别 (gender)	-0.041 (-1.57)	0.959	-0.0007 (-0.03)	0.999
年龄 (age)	-0.339 *** (-15.60)	0.713	-0.220 *** (-14.53)	0.802
年龄的平方 (age2)	0.006 *** (17.31)	1.006	0.004 *** (16.73)	1.003
婚姻家庭 (marry)	0.326 *** (10.59)	1.386	0.300 *** (12.37)	1.350
务工区域 (area)	0.044 *** (21.78)	1.045	0.042 *** (26.25)	1.043
原户籍地 (hometown)	0.014 *** (7.98)	1.014	0.013 *** (9.10)	1.013
流动范围 (flowarea)	-0.156 *** (-8.33)	0.856	-0.148 *** (-9.54)	0.862
流动方式 (flowstyle)	0.793 *** (27.03)	2.210	0.730 *** (29.65)	2.075
流动时间 (flowtime)	-0.053 *** (-5.51)	0.948	-0.078 *** (-9.92)	0.925
子女抚养 (children)	0.863 *** (36.86)	2.370	0.723 *** (37.97)	2.060
务工地家庭规模 (family)	-0.184 *** (-12.65)	0.832	-0.163 *** (-13.73)	0.849

注：括号内为稳健标准误；*** 表示 $p<0.001$。

根据上述回归估计结果，对各个因素的影响机制分析如下：

第一，性别因素对农民工的可行能力状况不构成影响。计量回归结果显示，男性和女性农民工在可行能力多维发展方面得到的机会或者受到的束缚基本一致；

第二，年龄对农民工群体可行能力状况影响显著。综合"年龄"和"年龄的平方"两个变量，由于年龄的平方（age2）变量系数为负，年龄（age）变量的系数为正，可以得到年龄对农民工群体多维可行能力不足状况的影响为正 U 型分布，多维可行能力不足水平先下降后上升。即农民工随着年龄的增长，其可行能力水平先是逐步提升，但是到达一定年龄后，其可行能力水平又随着年龄的增长而逐步下降。通过计算 30% 和 40% 维度可行能力不足条件下"年龄"和"年龄的平方"两个变量的平均边际效应，可粗略估计年龄影响正 U 型分布的顶点在 30% 水平下约为 35 岁，在 40% 水平下约为 34 岁。这与我国劳动力市场"35 岁"现象的实际情况十分契合。农民工在 35 岁以前，其在就业市场中明显能够得到更多的学历教育、职业教育、在职培训等学习机会以及在各个行业的就业机会，充沛的体力和精力也能给予其发展足够的支撑，因此，农民工可行能力水平在不断发展提升。但是，在到达 35 岁的年龄拐点之后，由于年龄门槛，很多学习和就业机会的大门关闭，农民工继续发展自身可行能力的空间快速缩小，并且随着年龄的增长，农民工的健康风险不断积累，体力精力逐步下降，其可行能力水平必然走向下滑。因此，农民工的老龄化将会极大地影响其可行能力状况，使其陷入多维可行能力不足状况的概率增加。

第三，婚姻家庭对农民工可行能力状况的影响显著。计量回归结果显示，已婚农民工可行能力发展受到的束缚大于未婚农民工，这是由于未婚农民工的家庭负担较小，能够在不同区域和行业中更为自由的流动，从而获得更多的发展机会，使自己得到更好的发展。在已婚农民工群体中，婚姻状态越稳定的农民工，其可行能力发展受到的束缚越小，说明美满的婚姻和稳定的家庭对农民工的发展具有重要意义，能够为农民工的可行能力发展提供稳定的物质、精神支持，而不稳定的婚姻家庭和情感状态则会成为农民工可行能力实现多维发展的巨大障碍。

第四，务工区域对农民工可行能力状况的影响显著。对农民工在不同区域务工实现的可行能力多维发展状况进行排序，东部地区最优，西部地区次之，中部地区再次，东北地区居于最末。农民工在东部地区务工实现的可行能力发展明显要优于其他地区，这也从侧面说明了东部地区成为农民工主要流入区域的关键原因。

第五，原户籍地对农民工可行能力状况的影响显著。原户籍地对农民工可行能力多维发展的影响与务工区域的影响相同，排序方面依然是东部地区最优，西部地区次之,中部地区再次,东北地区居于最末。原户籍地不同的经济社会发展水平、教育和医疗资源的丰沛程度、交通等基础设施的建设水平等决定了农民工的原生发展环境和未来发展基础,对农民工群体的可行能力发展必然会起到至关重要的影响。但是,通过比较务工区域变量与原户籍变量的回归结果,前者的概率比显然高于后者,说明在对农民工群体可行能力状况的区域影响方面,流入地的影响要大于流出地。

第六,流动范围对农民工可行能力状况的影响显著。计量回归结果显示,农民工流动迁徙的距离越远,其可行能力发展受到的束缚就越多,多维可行能力不足的情况就越严重。这是因为我国的各种社保福利和基本公共服务均是按照城乡以及行政区域进行分割提供。这种分割会随着行政区域之间距离和范围的扩大而愈发严重,即不同省份之间的分割要显著大于同一省份内不同市域之间的分割,同一省份内不同市域之间的分割要显著大于同一市域内不同县域之间的分割。这说明,农民工的迁徙流动距离原户籍地越远,则越难以得到原户籍地社保福利和基本公共服务体系的覆盖。因此,农民工外出流动的距离越远,其得到原户籍地社会保障和公共服务体系的支持就越少,特别是对于跨市和跨省流动的农民工而言,这种情况更为突出。但是,如果我们以年收入为被解释变量,以流动范围作为解释变量,同时控制其他相关变量,对年收入和流动范围之间的关系进行计量回归,估计结果显示,流动范围(由远及近)对农民工收入的影响高度显著,系数为 -4341.257,T 统计量为 -26.24,这意味着农民工外出流动迁徙的距离越远,其获得的收入水平越高,这一回归估计结果背后的现实原因在于农民工通过扩大流动范围可以寻找到更多、更合适的就业机会,从而获得更高的收入,但与此相对应的是流动范围的扩大却使农民工群体在当前经济社会城乡二元分割和区域分割的情况下更为脱离原有基本公共服务体系的覆盖,从而更加严重地被排斥在基本公共服务体系之外,在流入地面临更加严峻的现实境况,进而使其可行能力多维发展受阻的概率增大。因此,在农民工增收与可行能力多维发展之间出现了基于流动范围的矛盾,农民工虽然能够通过迁徙流动促进自身的发展,获得更高的收入水平,但是却受制于基本公共服务的区域分割和城乡分割而极易陷入多维可行能力不足的境地。

第七,流动方式对农民工可行能力状况的影响显著。计量回归结果显示,单独外出务工的农民工能够获得更好的可行能力发展。选择单独外出务工的农民工明显比非单独外出务工的农民工的各方面负担和束缚要小,能够更加灵活地迁移流动和进行职业变更,因此可行能力发展状况相对较好。

第八,流动时间对农民工可行能力状况的影响显著。计量回归结果显示,农民工的可行能力随流动时间的增长而获得发展。这是由于随着在外务工时间的增长,其在务工和"干中学"过程中积累的物质资本、人力资本和社会资源将不断增长，有利于冲破现有城乡二元经济社会体制的束缚，有助于农民工实现多个维度下可行能力的发展，并将这种发展体现在现实境况的改善中。

第九，子女抚养对农民工可行能力状况的影响显著。计量回归结果显示，实际抚养的子女数量的增加，将使农民工出现多维可行能力不足的概率快速上升，并且每增加一个实际抚养子女，农民工多维可行能力不足严重程度会成倍增加。这是由于在生育成本不断攀升的当下，实际抚养子女数量会直接对农民工的收入、住房、医疗、教育和主观感受等多个维度产生显著的影响，特别是在子女患病或者教育发展受阻等情况出现时，其将对农民工个人及其家庭构成巨大冲击，压缩和消弭了农民工可行能力实现多维发展的空间。

第十，务工地家庭规模对农民工可行能力状况的影响显著。在给定其他变量的情况下，随着农民工在务工地家庭规模的扩大，其可行能力发展在多个维度下均得到了显著改善。这是由于务工地家庭规模的扩大将在工作搜寻、饮食起居、子女照料、精神抚慰、技能传授等方面给予农民工更多的支持，从而在一定程度上弥补务工地基本公共服务方面的缺失，助力农民工在多个维度下的可行能力发展。

四、实证分析的进一步引申

在上述关于各类因素对农民工可行能力状况影响的实证分析中，由于样本均来自农民工，在户籍性质上均属于农业户口，因而难以对户籍性质这一重要变量开展实证分析。下面，本书将城镇户籍流动人口的样本数据与农民工的样本数据进行合并，从而进一步对各类因素的影响进行比较分析，特别是对户籍性质这一代表现行城乡二元经济社会体制的重要因素展开分析。

为便于同单独考察农民工时各个变量对其可行能力状况的影响开展比较，同时兼顾对户籍因素影响的分析，在变量选取方面增加了户籍身份变量，其余变量同单独对农民工的可行能力状况开展实证分析时选取的变量一致。其中，户籍身份（$identity$）变量包括两种类型，1表示农业户口，2表示非农业户口，引入该变量是为了考察以户籍制度为代表的城乡二元经济社会制度对农民工可行能力状况的影响。各解释变量的具体情况请参见表8-9的统计性描述。在此基础上，建立计量回归模型。

$$Capability = C + \beta_1 gender + \beta_2 age + \beta_3 age2 + \beta_4 marry + \beta_5 area \\ + \beta_6 hometown + \beta_7 flowarea + \beta_8 flowstyle + \beta_9 flowtime \\ + \beta_{10} children + \beta_{11} family + \beta_{12} identity \quad (8.11)$$

表 8-9　　　　　　　　主要解释变量的统计性描述

变量	平均值	标准差	最小值	最大值
性别	1.43	0.49	1	2
年龄	33.90	9.55	15	81
年龄的平方	1240.47	706.77	225	6561
婚姻家庭	1.90	0.66	1	6
务工区域	18.54	9.68	10	40
原户籍地	22.84	9.25	10	71
流动范围	1.65	0.74	0	3
流动方式	1.60	0.49	1	2
流动时间	3.56	1.57	1	8
子女抚养	1.33	0.74	0	5
务工地家庭规模	2.44	1.17	1	10
户籍身份	1.16	0.36	1	2

在变量选取的基础上，进一步分别在30%和40%水平下开展实证分析，探究上述解释变量特别是户籍身份因素对农民工可行能力状况的影响机理。模型回归结果显著性较强，解释变量符号基本符合预期且具有稳健性。根据回归估计结果，除户籍身份变量外，其他各个解释变量对合并后样本数据的影响基本一致，说明农民工和城镇户籍流动人口同样作为某一城镇区域的外来人群，其可行能力状况受到各类因素的影响是基本一致的。但是，根据前文对两者可行能力状况的比较，无论是从整体来看，还是分区域的比较，城镇户籍流动人口的可行能力状况都显著好于农民工。

进而我们继续观察新增的，同时也是代表两者差异最大的变量——户籍身份变量，对两者可行能力状况的影响，回归估计结果高度显著，表明具有非农户口的样本个体陷入多维可行能力不足的概率显著低于具有农业户口的样本，而且这种影响远远强于其他各个解释变量的影响，30%和40%水平下的系数分别为-2.092和-2.012，概率比分别为0.123和0.134（见表8-10），城镇户籍流动人口陷入多维可行能力不足的概率远远低于农民工，这说明现行城乡二元分割的户籍制度以及附着于其上的各类福利和保障性因素极大地影响着农民工陷入多维可行能力不足的概率。农民工虽然常年在非农部门从事务工经营，长期在城镇区域居留生活，但是由于不具备城镇户籍所代表的市民身份，从而在很大程度上被排斥在城镇福利和保障制度体系之外，从而表现出显著的多维可行能力不足状况，具有远远严重于城镇户籍流动人口的可行能力发展困境。

表 8-10　农民工与城镇流动人口可行能力多维发展影响因素的 Logit 模型估计结果

解释变量	30% 水平		40% 水平	
	回归系数及标准误	概率比	回归系数及标准误	概率比
常数项	3.708*** (14.15)	40.760	2.872*** (13.55)	17.664
性别 (gender)	-0.0001 (-0.01)	1.000	0.027 (1.41)	1.027
年龄 (age)	-0.195*** (-13.26)	0.823	-0.161*** (-13.95)	0.852
年龄的平方 (age2)	0.003*** (15.94)	1.003	0.003*** (16.93)	1.003
婚姻家庭 (marry)	0.353*** (13.88)	1.424	0.327*** (15.35)	1.387
务工区域 (area)	0.043*** (21.91)	1.044	0.043*** (32.18)	1.044
原户籍地 (hometown)	0.012*** (9.16)	1.012	0.012*** (10.31)	1.012
流动范围 (flowarea)	-0.113*** (-7.06)	0.893	-0.120*** (-8.69)	0.887
流动方式 (flowstyle)	0.790*** (32.15)	2.204	0.732*** (33.72)	2.080
流动时间 (flowtime)	-0.051*** (-6.39)	0.950	-0.071*** (-10.35)	0.931
子女抚养 (children)	0.801*** (40.48)	2.228	0.713*** (41.88)	2.039
务工地家庭规模 (family)	-0.171*** (-14.32)	0.843	-0.155*** (-14.83)	0.857
户籍身份 (identity)	-2.092*** (-85.33)	0.123	-2.012*** (-86.00)	0.134

注：括号内为稳健标准误；*** 表示 $p<0.001$。

第四节　本章小结

本章从微观层面数据入手，通过对农民工可行能力多维发展指数进行维度分解以及区域维度的交叉分解，并运用 Logit 模型对农民工可行能力发展状况的各类外生影响因素的作用机制进行计量回归分析,对农民工可行能力多维发展的关键维度和影响因素从微观视角下进行了系统分析,进一步探究了影响农民工可行能力多维发展的决定因素及其传导机制。分析结果显示:

一是根据全国层面农民工微观调查数据的可行能力维度分解情况,住房、社会保障和教育这三个维度对农民工的可行能力状况的影响最为显著,因而将是推进农民工可行能力多维发展的重点所在;就业、健康和社会融入三个维度的贡献率也相对较高,因而是今后推进农民工可行能力多维发展的重点关注方面;收入维度贡献率对于农民工可行能力状况的影响较为微弱,说明收入维度对于农民工摆脱现行可行能力发展束缚来说不存在较为严重的问题。

二是根据全国层面农民工微观调查数据的可行能力发展维度和区域交叉分解情况,在各个维度和指标的绝对贡献值大小分布方面,各个区域与全国层面的指标分解结果基本一致,表明住房、社会保障、教育、就业、健康和社会融入等维度对农民工可行能力状况贡献显著以及收入维度的贡献不显著这两方面的事实在各个区域均是普遍现象,不存在单个区域的特殊情况。同时,进一步对各个区域农民工的维度分解结果进行比较,可以看出在普遍性之外,各个区域在农民工可行能力的各个维度和指标的具体影响高低排序方面也存在一定特殊性,如对东部地区农民工的可行能力状况而言,教育维度比就业维度的贡献更大,而对中部地区而言,就业维度比教育维度的贡献更大,这既是由于在我国经济社会发展过程中各个区域之间发展的不均衡,也源于各个区域在地理、人口、基础设施和地域文化等方面的各自特点。因此,在识别农民工可行能力发展短板和推动农民工可行能力多维发展方面,应当结合不同区域之间的共性与差异,按照普遍性和特殊性相结合的原则,分区域设定因地制宜的可行能力多维发展政策体系,提升具体政策和措施的瞄准效果与实施效率。

三是根据基于Logit模型的计量回归分析结果,(1)性别因素对农民工的可行能力状况影响不显著。(2)年龄因素对农民工可行能力状况的影响呈正"U"形分布,正"U"形顶点在30%水平下约为35岁,在40%水平下约为34岁,即农民工出现多维可行能力不足概率的最高点出现在34~35岁,在34~35岁之前,随着年龄的提升,农民工出现多维可行能力不足的概率逐步下降,在超过34~35岁之后,随着年龄的上升,农民工出现多维可行能力不足的概率又逐步上升,并随着年龄的增大而不断升高。(3)婚姻家庭对农民工的可行能力状态影响显著,未婚农民工的可行能力发展优于已婚农民工,对于已婚农民工,其婚姻家庭越不稳定,其出现多维可行能力不足状态的概率越高。(4)务工区域和原户籍地因素均对农民工的可行能力发展状况影响显著,二者的影响呈现相同规律,按照东、西、中、东北四个地区的顺序递进,农民工的可行能力发展受到的束缚会随之增大,说明当前中国经济社会在区域间的不平衡发展农民工群体的可行能力发展产生着深刻影响,其中,务工流入地的影响要大于原籍流出地。(5)流动范围因素对农民工的可行能力发展影响显著,农民工在外出务工过程中流动迁徙的范围越广、距离原户籍地越远,其面临多维可行能力不足的概率越大,但与此同时,根据计量回归还可以得到流动范围因素与收入之间的关系,农民工外出流动迁徙的距离越远,其获得的收入水平越高,因此,在农民工增收与可行能力多维发展之间出现了基于流动范围的矛盾,这说明农民工虽然能够通过迁徙流动获得更好的就业机会,取得更高的收入水平,但是却受制于基本公共服务的区域分割和城乡分割而实际上极易处于多维可行能力不足的境地。(6)流动方式因素对农民工的可行能力发展影响显著,首次流动采取非独自流动方式的农民工由于各方面的负担较重、灵活性较差,其可行能力发展受到阻碍的概率显著高于独自流动农民工。(7)流动时间因素对农民工的可行能力发展影响显著,随着农民工流动时间的增长,其发生多维可行能力不足的概率在逐步下降,这是由于其在务工和"干中学"过程中积累的物质资本、人力资本和社会资源随时间延长而不断增长,有助于农民工在务工地获得更好的就业机会、实现社会融入和获得基本的社会保障,从而降低其出现多维可行能力不足的概率。(8)子女抚养因素对农民工的可行能力发展影响显著,随着实际抚养子女数量的增加,农民工发生多维可行能力不足状况的概率迅速上升,可见当前高企的生育成本对农民工的可行能力多维发展有着非常大的影响。(9)务工地家庭规模因素对农民工的可行能力发展影响显著,农民工在务工地家庭规模的扩大将成为其可行能力实现多维发展的有效支持。这是由于务工地家庭规模的扩大将在工作搜寻、日常生活、子女抚育、心理宽慰、技能学习等方面给予农民工更多的家庭支持,从而在一定程度上弥补务工地城镇社会保障等基本公共服务方面的缺失,推动农民工在多个维度下的可行能力发展。(10)户籍身份因素对农民工的可行能力发展影响显著,具有非农户口的样本个体存在多维可行能力不足的概率显著低于具有农业户口的样本,而且这种影响远远强于其他各个解释变量的影响,说明现行城乡二元分割的户籍制度以及附着于其上的各类福利和保障性因素极大地影响着农民工的可行能力发展。

第九章 结论、对策与未来研究展望

第一节 主要结论

农民工,是伴随着我国工业化与城镇化发展而成长壮大起来的一支劳动力大军,既是中国经济快速增长的关键动力,也是农村居民家庭获取非农收入的主要来源。在脱贫攻坚战中,对于农村贫困家庭来说更是能基本实现"一人务工,全家脱贫",对其背后的农村家庭是否能够实现增收致富起着决定性作用。在取得消除绝对贫困的历史性成就之后,中国进入迈向共同富裕的新阶段。作为中等收入群体的重要来源,农民工群体是我国迈向共同富裕过程中不可或缺的重要一环。但是,由于我国城乡二元经济社会体制的束缚,农民工虽然在城镇工作生活,但是因缺少城镇市民身份,各方面的可行能力难以得到发展,被排斥于城镇主流社会之外,失业、疾病、意外伤害、突发事故等因素都易使其多年的努力和积累付之东流。不仅限制了该群体作为产业劳动力对经济增长的贡献,而且束缚和侵蚀着该群体靠勤奋合法劳动实现致富增收、迈向共同富裕的努力。

随着人类发展内涵和外延的不断丰富,特别是可行能力理念的提出和演进,深入刻画了人类发展的本质,有效拓展了人类发展的内涵,创造性地提供了新的评价手段和方法,一定程度上纠正了功利主义等传统经济学在预测和阐释人类发展方面的不足,建立一个更为广泛的理论框架来评价社会安排(杨兴华和张格儿,2014),为政治经济学、发展经济学等领域的研究打开了新的大门,带来了关于人类发展研究的历史性飞跃。在国内的相关研究中,很多学者运用成熟的可行能力理论和评价测度方法,对农民工群体开展了极富建设性的可行能力测度与分析研究。但是,由于农民工群体分散性、流动性和不稳定性等方面的特点,导致对于农民工的监测调查和数据收集均存在较大困难,目前关于农民工群体可行能力多维发展方面的研究成果相对较少。本书充分运用国际和国内诸多学者的优秀研究成果,把可行能力理论与测度方法的侧重点放到农民工这一特殊群体,在经济社会加速变革、共同富裕持续推进和农民工群体影响迅速提升的宏观经济背景下，重点围绕农民工的可行能力多维发展问题，系统阐述了二元经济社会制度变迁下农村劳动力在乡城迁移过程中所面临现实境况的历史演进与农民工群体的现实特征。本书以国家卫健委的中国流动人口动态监测调查数据（CMDS）和北京师范大学中国收入分配研究院的 CHIP 数据为基础，系统构建开展农民工可行能力多维发展测度、识别和分解的理论分析框架，运用 Alkire – Foster 方法对当前农民工的可行能力状况进行识别和测度，并将其同城镇户籍流动人口和城镇户籍人口的可行能力状况开展比较研究，从理论和实证两方面深入挖掘和刻画了我国农民工的可行能力多维发展现状，更进一步针对推进农民工可行能力多维发展的必要性，从提升农民工劳动生产率以挖掘新人口红利进而驱动经济增长的角度进行了分析与阐述。最后，在上述分析基础上，本书从宏观和微观两方面的数据分析了我国农民工可行能力多维发展的关键维度与主要影响因素，得出了许多有益的研究结论。

结论一：农村劳动力在乡城迁移中所面临的现实状况与中国二元经济社会制度的变迁紧密结合在一起，随着中国经济社会的发展呈现阶段性和波动性的特点，先后经历了全面自由走向全面管制（1949~1977年）、初步放松（1978~1988年）、重新收紧（1989~1991年）、逐步放松（1992~2002年）和稳步发展（2003年至今）等五个阶段，其特殊性难以简单套用一般的人口迁移规律来解释，必须联系中国的特殊国情和制度安排才能阐释清楚。整体来看，农业现代化的替代效应和挤出效应、工业化和城镇化的拉动效应、城乡收入的显著差距以及现代交通运输体系的有力支撑是促使农村劳动力流向城镇区域和非农部门的主要动力，而且这些动力在当前和未来一段时间内将长期存在，将持续推动农村劳动力由农村地区向城镇地区、由农业部门向非农部门的转移，农民工群体还将进一步壮大，其影响力也将进一步增强。然而，数据显示，虽然农民工规模总量一直呈增长状态，但其增速在逐年下降，群体老龄化趋势较为明显，整个群体的医疗和养老压力持续增大，我国经济发展中"民工荒""招工难"和"用工成本趋高"等问题将在未来一段时间内持续存在，预示着我国农村转移劳动力无限供给的情况在迅速发生变化，将对中国经济长期增长的潜力产生影响。这需要我们改变以往劳动力供给侧主要依靠增加劳动力数量投入的思路和做法，转向通过提高劳动力质量和劳动生产率来满足劳动力供给的需要。

结论二：农民工的迁徙流动呈现按先后顺序、分批次流动的特点，存在单独流动、夫妻流动"夫妻+部分子女"流动"夫妻+全部子女"流动"夫妻+子女+老人"等多种方式，具体迁移过程一般是由家庭中的优质劳动力先行迁移到城镇，站稳脚跟后，家庭成员再分批次流向城镇，逐步实现团聚。因此，区别于农村居民和城镇居民从家户角度出发开展可行能力分析的做法，推动农民工群体的可行能力多维发展和增收致富应当结合农民工分散性、不稳定性、分批次流动的特点，更加注重对农民工个体可行能力发展状况的关注，通过改善流动迁徙个体的现实境况与发展能力，从而实现家庭成员的逐步、分批次迁徙和境况改善，最终实现由个体境况改善向家庭境况改善的过渡以及家庭全员迈向共同富裕最终目标的达成。

结论三：在可行能力研究的理论框架内，结合国外国内研究成果与经验，以国家卫生与计划生育委员会（现国家卫生健康委员会）2016年流动人口动态监测调查数据为基础，主要从城乡二元制度造成的权能差异出发，选取因市民化身份导致的农民工可行能力发展受限最为显著的收入、教育、社会保障、住房、就业、健康、社会融入7个维度，包括年收入、劳动力文化水平、养老保险、医疗保险、失业保险、工伤保险、生育保险、工作可持续程度、就业单位性质、长期居住意愿、户口迁入意愿等21个指标，依照现有研究惯例采取等权重的原则构建农民工可行能力识别矩阵，并与单维收入标准的瞄准性进行比较。结果显示，农民以农民工的身份进入城镇务工，能够有效实现收入增加，摆脱收入维度的困境，但收入维度的可行能力改善却难以体现在实际生活中，农民工在其他各个方面依然面临较为严峻的现实困境，因此，单维收入标准和多维可行能力标准在瞄准性方面存在显著差异。单维收入标准的瞄准性存在局限，难以全面真实地反映目标群体可行能力发展的全貌和内涵，仅以单维收入标准对农民工群体的可行能力状况进行衡量难以实现对其现实境况的精确瞄准和识别。非收入因素对农民工可行能力发展的影响更大，因而可行能力多维识别能够弥补单维收入识别瞄准性不强的短板。同时，可行能力多维识别的覆盖率要远远高于单维收入标准识别的覆盖率，可行能力多维测度体系基本能够识别瞄准所有收入维度下可行能力不足的群体，但是单维收入识别却难以覆盖多维可行能力不足的群体。另外，将收入维度纳入多维可行能力识别矩阵能够提升多维可行能力不足人群识别的覆盖率并降低对收入维度下可行能力不足人群的漏出率。因此，在推动农民工群体可行能力多维发展的过程中，我们应充分运用可行能力多维识别与测度方法，但在构成维度和指标的选择上，收入维度应当作为必要选项，非收入指标的设定也应当从中国不同群体的实际情况出发，构建具有针对性的可行能力多维识别体系，尤其是针对农民工这一长期处于城乡夹心地带的特殊群体，可行能力多维测度指标体系的构建更应体现其基本特点，增强对农民工群体可行能力发展短板维度进行识别的瞄准性，有的放矢地解决农民工的现实困境，助推农民通过自身努力实现可行能力发展、迈入中等收入群体并最终迈向共同富裕，增强低收入人群依靠辛勤劳动致富的内生动力，夯实已脱贫人口稳定脱贫的基础，为巩固拓展脱贫攻坚胜利成果，进一步推进乡村振兴、缩小贫富差距和实现共同富裕远景目标奠定良好基础。

结论四：本书从全国层面对农民工的可行能力状况进行测度，按照经济发展区域和省份进行了可行能力多维发展指数的区域分解和对比分析，研究结果显示，首先，收入维度临界值的变动对农民工多维可行能力不足发生率、多维可行能力不足强度和可行能力多维发展指数的影响微弱，农民工在可行能力多维发展测度指标体系中的各个临界值水平下均面临十分严重的可行能力不足状况，这说明开展农民工群体可行能力研究主要应当从多维角度入手；其次，可行能力多维发展指数的区域分解结果显示，农民工群体面临严重的多维可行能力不足状况并不是某个区域或省份的特殊现象，而是各个区域和省份的普遍现象，各个区域农民工群体的多维可行能力不足发生率、多维可行能力不足强度和可行能力多维发展指数均处于高位，但是在不同经济区域和省份之间存在一定程度的分化，总体来看，农民工群体的可行能力多维发展在东部地区的情况显著好于中西部和东北地区，西部地区略好于中部地区，东北地区的状况相比最不容乐观。

结论五：通过将农民工群体的可行能力状况同城镇户籍流动人口的可行能力状况进行比较，结果显示，除90%水平下的多维可行能力不足强度之外，农民工的多维可行能力不足发生率、多维可行能力不足强度和可行能力多维发展指数在各个临界值水平和各个区域内均显著高于城镇户籍流动人口，二者的差距在东部地区最大，西部地区次之，中部地区第三，东北地区的差距最小，二者在多维可行能力不足发生率和可行能力多维发展指数方面的差距表现尤为明显，多维可行能力不足强度的差距较为微弱，因此，在现行城乡二元经济社会制度下，相对于处在城镇户籍体系与相关福利覆盖范围之内的城镇户籍流动人口而言，虽然同为流动人口，农民工明显处于边缘和劣势的地位，无法更多地从经济社会发展中获益，从而呈现较为严重的可行能力多维发展困境，无论从整体测度还是各个区域分解的情况来看，均与城镇户籍流动人口之间存在着普遍且显著的差距。

结论六：在本书构建的农民工可行能力多维识别矩阵的基础上，依照CHIP数据的口径和特点，结合农民工与城镇户籍人口可行能力多维发展状况跨期比较静态对比分析的需要进行调整，构建能够对农民工与城镇户籍人口的可行能力多维发展状况开展比较分析的识别矩阵，对二者的可行能力多维发展状况开展比较分析研究，结果显示，农民工与城镇户籍人口的多维可行能力不足发生率在2002~2013年之间的变动趋势与在该多维测度指标体系下的单维测度结果是一致的，这进一步说明AF可行能力多维测度结果能够真实和综合地反映目标群体在多个维度和指标下的可行能力状况。2002~2007年，农民工和城镇户籍人口的可行能力状况均在改善，但是城镇户籍人口可行能力状况的改善明显弱于农民工；2007~2013年农民工可行能力状况的改善明显趋缓，并出现了一定程度的恶化，反映为多维可行能力不足发生率、多维可行能力不足强度的上升进而引起可行能力多维发展指数的上升，城镇户籍人口可行能力状况的改善也受到了一定程度的阻滞。从农民工与城镇户籍人口可行能力的差距来看，2002~2013年，在各个临界值水平下,农民工与城镇户籍人口的可行能力差距均不断缩小,这种差距的缩小主要来源于多维可行能力不足强度差距的缩小,即对于陷于多维可行能力不足状况的人口而言,随着时间的推移和各方面环境的优化,多维可行能力不足的人口面临的可行能力状况是在不断改善的。但是,尽管农民工与城镇户籍人口之间的可行能力差距在不断缩小,然而从二者可行能力状况的绝对水平来看,农民工依然呈现十分严重的多维可行能力不足状态,与城镇户籍人口相比仍然存在显著差距,说明农民工群体的现实境况虽然在改善,但是这种改善依然存在较大不足,因而比城镇户籍人口面临更加严重的多维可行能力不足状况,农民工在各方面的现实境况都远比城镇户籍人口严峻。

结论七:本书运用计量分析方法,对农业部门、城镇非正规部门和城镇正规部门之间的劳动生产率差距进行了估计和实证分析,结果显示,农村劳动力以农民工的形式由劳动生产率较低的农业部门转移到劳动生产率较高的非农部门就业,不仅有利于城镇非农部门实际产出的增长,而且有利于农村农业部门实际产出的增长。而且,一方面由于受到部门间劳动生产率差距的影响,另一方面由于农村劳动力转移到城镇可以获得更多的工作机会和工作报酬,并且能够得到更多的学习机会,享受更加丰富的基本公共服务,能够更快地实现物质资本和人力资本积累,因而在这一转移过程中,农村劳动力以农民工的形式由农村农业部门转移到城镇非农部门就业可以实现劳动生产率的显著提升。但是,受城乡二元制度性因素的影响,农村劳动力的部门转移是不完全和不彻底的,农民工由于缺少市民身份,缺乏基本保障,对农民工的劳动生产率产生严重侵蚀,多维可行能力不足的现实状况使其远达不到正常情况下的劳动生产率,更难以达到城镇居民的劳动生产率水平,抑制了农民工群体驱动经济增长的潜在动能,因此,通过推动可行能力多维发展改善农民工群体的现实境况,从而释放其驱动经济增长的潜能是十分有必要的。

结论八:本书通过构建理论模型对农民工在不同时期对经济增长和总劳动生产率增长的贡献进行了测度,结果显示,农民工数量的贡献和农民工劳动生产率的贡献呈波动和交叉的特征,但绝大多数年份农民工劳动生产率的贡献要高于农民工数量的贡献。特别是在2004年首次出现"民工荒"以后,农民工数量贡献的增长明显较为疲软,农民工对总产出和总劳动生产率增长的贡献主要来自农民工的劳动生产率。尤其是2013年及以后,随着中国经济进入新常态,中国政府着力推动经济增长由传统的要素投入驱动向创新驱动转变,强调以供给侧结构性改革为主线实现产业结构转型升级和经济发展方式转变,在这一大背景下,农民工的经济贡献由下降转为上升主要来自劳动生产率贡献上升的拉动,农民工数量的贡献回升不明显。要保持和提升农民工群体对经济增长的贡献,传统的依靠农民工数量增加所带来的贡献将会愈发微弱,农民工的人口素质与劳动质量提升带来的劳动生产率提升将会成为关键。因此，在当前刘易斯拐点到来与人口红利趋于消失的宏观经济背景下，从劳动力要素的角度来看，未来驱动中国经济平稳可持续增长的动力难以再依靠农民工群体数量的快速增长，而应当将关注点放在盘活现有存量和提高劳动力质量方面。通过推动可行能力多维发展改善农民工——这一劳动大军的现实境况来提升其劳动生产率，将是其中必要且关键的一环。

结论九：本书采用反事实的模拟分析方法，对不同劳动生产率水平下的农民工经济贡献进行了分解和阐释，结果显示，如果农民工的劳动生产率能够在现有情况下实现提高，那么将带来其经济贡献的显著提升；反而言之，如果农民工的劳动生产率一直维持在现有水平上，那么相对于其劳动生产率提升状态下的经济贡献，实际上是存在显著的贡献损失，没有充分发挥农民工群体在推动总产出和总劳动生产率增长方面的作用。因此，如果能够从"赋予和增强可行能力"的角度，通过可行能力多维发展来显著弱化城镇区域现存的城乡二元制度性因素对于农民工群体劳动生产率增长的遏制和侵蚀作用，逐步从就业、医疗、劳动保护、教育培训、住房保障等方面赋予农民工与城镇居民相同的权益和待遇，助推农民工群体的可行能力发展，那么能够显著提升这部分劳动者的劳动生产率，提升其对总产出和总劳动生产率增长的贡献，挖掘出"新人口红利"，将为新常态下中国经济的平稳快速增长提供新动能，也能够实现劳动力整体素质的提升，为中国经济结构的转型升级做好高素质劳动力供给方面的准备。

结论十：本书从收入、就业、社会保障、教育培训、居住、代际发展等多个维度的宏观层面数据入手，对农民工群体可行能力多维发展的关键维度和影响因素从宏观视角下进行了系统分析，探究农民工多维可行能力不足现象之下的深层次原因，分析结果显示，通过将农民工的收入水平与城镇户籍劳动力的收入水平以二者对经济产出的贡献作为参照标准进行比较，得出农民工在收入维度下获得了相对而言较为合理的收益，即农民工群体在收入维度下没有呈现收入不足或者过低的现象，这与第四章和第五章分析中得出农民工在收入维度的可行能力受限状况不显著的结论是一致的。但是，农民工群体在就业、社会保障、教育培训、居住和代际发展等维度下明显面临较为严峻的现实困境，因此，宏观数据层面的分析显示，收入不是导致农民工多维可行能力不足的关键维度，农民工多维可行能力不足的关键维度和影响因素在于收入之外的就业、社会保障、教育培训、居住和代际发展等维度方面。

结论十一：通过从微观数据层面入手，对农民工可行能力多维发展指数进行维度分解以及区域维度的交叉分解，结果显示，住房、社会保障和教育这三个维度对农民工的可行能力状况的影响最为显著，因而将是推进农民工群体可行能力多维发展的重点所在；就业、健康和社会融入三个维度的贡献率也较高，因而是今后推进农民工群体可行能力多维发展的重点关注方面；收入维度贡献率对于农民工可行能力状况的影响较为微弱，说明从推动农民工群体可行能力多维发展的角度来看，收入维度相对趋于弱化。从区域和维度的交叉分解结果来看，各个区域与全国层面的指标分解结果基本一致，表明住房、社会保障、教育、就业、健康和社会融入等维度对农民工可行能力状况贡献显著以及收入维度的贡献不显著这两方面的事实在各个区域均是普遍现象，不存在单个区域的特殊情况。同时，进一步对各个区域农民工的维度分解结果进行比较，可以看出在普遍性之外，各个区域在农民工群体可行能力多维发展的各个维度和指标的具体影响高低排序方面也存在一定特殊性，如对东部地区农民工的可行能力状况而言，教育维度比就业维度的贡献更大，而对中部地区而言，就业维度比教育维度的贡献更大，这既是由于在我国经济社会发展过程中各个区域之间发展的不均衡，也源于各个区域在地理、人口、基础设施和地域文化等方面的各自特点。因此，在识别农民工可行能力多维发展状况和推动农民工实现可行能力多维发展、迈向共同富裕方面，应当结合不同区域之间的共性与差异，按照普遍性和特殊性相结合的原则，分区域设定因地制宜的可行能力多维发展支持政策体系，提升针对农民工群体可行能力多维发展短板的瞄准效果与实施效率。

结论十二：通过采用 Logit 模型，从微观数据层面入手开展计量回归分析，结果显示，一是性别因素对农民工的可行能力状况影响不显著；二是年龄因素对农民工多维可行能力状况的影响呈正"U"形分布，农民工陷入多维可行能力不足的概率最低点出现在 34～35 岁，这是因为在中国的就业市场，多数就业机会的年龄限定为 35 岁及以下，存在明显的"35 岁"现象，当农民工年龄超过 35 岁，就业机会出现快速下滑，并且随着年龄的上升，农民工的劳动能力特别是从事体力劳动的能力在逐步下降，健康风险和家庭负担也逐步累加，因此，农民工的老龄化将会极大地影响该群体的多维可行能力状况；三是婚姻状态对农民工的可行能力状态影响显著，未婚农民工的可行能力多维发展优于已婚农民工，对于已婚的农民工，其婚姻家庭状态越不正常，其出现多维可行能力不足的概率越高，说明家庭和情感状况的稳定是农民工提升多维可行能力的关键；四是务工区域和原户籍地因素均对农民工的可行能力状态影响显著，二者的影响呈现相同规律，按照东、西、中和东北四个区域的顺序递进，农民工陷入多维可行能力不足的概率均会随之升高，说明区域的不均衡发展对来流动迁徙中的农民工群体产生着深刻影响，但是，务工区域的影响要大于原户籍地的影响，即流入地的影响要大于流出地，这说明区域和群体之间发展的不平衡已经成为农民工群体实现自身发展的显著阻力，基本公共服务按照城乡以及行政区域进行分割提供对于以流动迁徙为常态的农民工而言是导致其多维可行能力发展受限的重要因素；五是流动范围因素对农民工的可行能力状态影响显著，农民工流动迁徙的距离越远，其陷入多维可行能力不足的概率越大，但与此同时，我们进一步对流动范围因素与收人之间的关系进行计量实证分析,结果显示农民工外出流动迁徙的距离越远,其获得的收入水平越高,因此,在农民工增收与多维可行能力不足状况之间出现了基于流动范围的矛盾,这说明农民工虽然能够通过迁徙流动找到更为合适的发展机会,获得更高的收入水平,促进自身的发展,但是却受制于基本公共服务的区域分割和城乡分割而实际上极易处于多维可行能力不足的境地;六是首次流动方式因素对农民工的可行能力状态影响显著,非独自流动(首次外出)的农民工可行能力发展弱于独自流动农民工,主要原因在于家庭负担重以及在区域和就业行业之间的进入退出困难;七是流动时间因素对农民工的可行能力状态影响显著,农民工通过流动时间的积累能够实现物质资本和人力资本的增长,在务工区域实现更好的可行能力发展,从而降低其陷入多维可行能力不足的概率;八是实际抚养子女数量因素对农民工的可行能力状态影响显著,在当前生育成本居高不下的现实条件下,实际抚养子女数量极大影响着农民工在收入、居住、医疗、教育等方面的现实境况,实际抚养子女数量的增加会显著增加农民工的各类负担,对其可行能力发展构成明显冲击,稳定的家庭状态和有力的子女抚养支持对促进农民工群体的全面发展和增收致富十分重要;九是务工地家庭规模因素对农民工的可行能力状态影响显著,随着农民工在流入地家庭规模的扩大,其面临的可行能力发展束缚将会趋于减少,这是由于较大的务工地家庭规模将给予农民工在精神抚慰、子女抚养、就业支持等方面更大的支持,从而一定程度上弥补务工所在地基本公共服务不足对农民工可行能力发展形成的阻碍;十是户籍身份因素对农民工的可行能力状态影响显著,具有非农户口的样本个体陷入多维可行能力不足的概率显著低于具有农业户口的样本,而且这种影响远远强于其他各个解释变量的影响,说明现行城乡二元分割的户籍制度以及附着于其上的各类福利和保障性因素极大地影响着农民工的可行能力发展。

第二节 对策建议

一、构建农民工大数据常态监测与统计分析体系

在可行能力的研究与提升实践方面,很多学者立足中国实际做出了极富价值与成效的探索,但是由于现实的复杂性、群体的多样性、操作的可行性等多方面的问题,目前关于可行能力多维发展的测度指标体系缺乏统一的设立和评价标准,尚存在很多未能达成共识的问题,即使较为成熟的 UNDP(联合国开发计划署)设计的 HDI 和 MPI 等体系,也没有根据不同国家和地区的现实需要设定差

异性的指标和标准，多数研究均由研究者基于自身的需要在既定领域内进行尝试和探索。因此，对于农民工——这一对中国经济社会发展有着重要影响却又游离于农村和城镇既有政策体系之外的劳动力群体，应当尽快完善符合我国国情和农民工群体特点的多维度数据监测体系。针对农民工边缘性、流动性、不稳定性导致的数据匮乏问题，从国家和政府层面开展具体指标的监测和统计工作，在现有农民工监测调查的基础上，进一步丰富调查维度，设定科学合理和动态可控的测度指标和临界值，识别农民工群体可行能力发展短板，为有效测度农民工群体可行能力状况、精确识别可行能力发展的维度短板和全面推动农民工群体迈向共同富裕奠定基础。

二、以战略思维推动"还权赋能"的农民工市民化进程

农民工作为推动我国工业化和城镇化的主要劳动力源泉，是整个经济社会发展的基础动能和战略资源。与农民工相关的管理部门应当以战略思维推进农民工市民化进程，以市民化推动农民工各个维度可行能力的完善。

一是注重从不同区域的经济社会发展实际和特点出发，构建和实施因地制宜的农民工市民化政策体系。积极推进以人的发展为核心的城镇化，以"城镇化"和"市民化"为发力点对农民工群体"赋权增能"，通过经济社会机构和发展环境的优化重构，改善农民工群体的现实境况，降低城镇生活成本和风险对农民工增收致富努力和务工成果的侵蚀，使农民工拥有公平分享城市建设、经济发展、社会进步成果的权利，消除各类不均等的排斥性机制，使其有机会依靠自身努力实现向上流动。

二是在农村地区深化产权制度改革，基于农村土地"三权分置"、宅基地"三权分置"、集体经济股份合作等现有制度框架，充分明晰农民财产权利，稳步推进农民财产收益增长，完善财产保留与退出的分类分级机制，解决农民财产权利实现问题，为农民工的迁徙流动解除后顾之忧。

三是协同融合城镇引力与农村推力在农民工市民化进程中的关键作用，解决农民工群体谋求自身发展的后顾之忧，充分释放农民工群体驱动经济增长的潜能，从促进可行能力发展方面入手形成推动农民工迈向共同富裕的长效机制与政策体系。

三、稳步推进城镇内部"新二元结构"向一元结构转化过渡

由于在现行的城乡二元经济社会体制下，农民工实际上成为农村家庭向城镇范围的延伸，因而在城镇内部形成基于户籍差异的"新二元结构"，这是农民工

在多个维度下面临困境从而呈现可行能力不足的主要根源。因此，推动农民工群体可行能力多维发展，需要破除城镇内部的"新二元结构"，逐步构建公平可持续的一元结构。需要适时调整市民化战略目标，由推动户籍市民化转向常住市民化，由促进城镇户籍人口增长转向常住人口增长，扎实推动基本公共服务和公共资源按常住人口分配，弱化以户籍为载体的城镇公共服务配置功能，真正将长期在乡城之间和不同城市之间流动的农民工群体纳入城镇社会保障与福利体系，实现农民工同城镇户籍居民在住房、社会保障和教育等维度的待遇平等。同时，要注意根据不同地区经济社会发展的不平衡特征，坚持普遍性和特殊性相结合的原则，绝不能盲目硬套，要从本地区实际出发，分阶段、有步骤地稳步实现农民工群体同城镇户籍居民在各方面权利与待遇方面的平等，提升公共服务均等化水平，助力农民工在城镇的自我发展与融入。

一是就业方面。进一步打破劳动力市场的城乡分割、区域分割、制度分割和政策分割，加快完善统一、开放、竞争、有序的就业市场。杜绝"35岁"等就业市场年龄歧视现象，通过修订《中华人民共和国劳动法》《中华人民共和国劳动合同法》等法律法规和开辟相关法律救济、行政救济渠道，加大劳动合同管理和劳动执法监察力度，消除年龄对年富力强、经验丰富的大龄农民工就业和职业发展的不良限制。完善基于农民工群体特点和发展需要的就业服务体系，解决农民工工资拖欠、无理克扣、超长劳动等现实问题，进一步消除针对农民工的行业和工种歧视，突出能力标准，弱化户籍标准，做到"同城同权""同工同酬"。探索构建以常住人口为标准、兼顾短期流动人口的就业率考核评价体系，并将其纳入地方政府的政绩考察范围，激发地方政府关注和服务农民工就业的积极性，全面改善农民工群体就业维度的现实境况。

二是住房方面。在农民工住房问题方面，"十一五"时期重点解决的是"通铺变床铺"，"十二五"时期重点解决的是"工棚变工房"，"十三五"时期将要重点筹划的是"工房变公寓"（杨志明，2017）。未来，完善针对农民工群体的住房保障体系，应按照"时间+贡献"的原则，逐步将农民工纳入廉租房、公租房、共有产权房等保障范围内。探索以立法的方式保证农民工在城镇的居住权，进一步优化保障性住房的管理分配工作，优先保障农民工群体等城镇弱势群体的住房权利。探索实施适应农民工特点的住房公积金等金融保障制度，拓宽公积金等住房支持信贷资金的使用方式和支付渠道。从纵向和横向两个角度科学合理划分各级政府在住房保障方面的财权、事权，构建完善的利益分配、激励补偿和统筹协调制度，确保和提高农民财产性收入，推进城镇建设用地制度改革，统筹规划城镇常住人口规模和建设用地面积，构建农业转移人口落户数量与城镇建设用地增量规模挂钩机制，充分调动各级政府提升农民工住房保障水平的积极性。

三是社会保障方面。构建科学完善的农民工社会保障财政投入机制，加大农民工社会保障专项资金投入，将农民工纳入人力资源和社会保障法律法规体系保障范围，完善社会保险体系。针对农民工群体收入不稳定、流动性强、工作风险大等特点，结合劳动力市场和用工企业运行实际，健全资金筹措机制，创新社会保险管理方式，优先完善农民工急需的工伤和医疗保险，逐步提高养老、医疗保险统筹层次，尽快实现基本养老保险全国统筹，建立医疗保险跨行政区域的经办网络，从根本上解决农民工各类保险转移难、接续难等问题，提升养老、医疗等基本公共服务在乡城和不同城市之间接续转移和使用的便利化程度，消除农民工在流动迁徙中实现自我发展和增收致富的制度障碍，减少区域发展不平衡对农民工依靠自身努力实现自身全面发展的不利影响。尽快将农民工纳入城镇社会救助网络，在农民工遭遇突发风险时，帮助其维持基本生活，渡过困难时期，实现社会保障体系的无缝衔接。

四是教育培训方面。随着中国产业结构的调整和经济转型发展的加快，就业市场对劳动力素质与技能的要求日益提高，尤其是对高素质、高技能农民工的需求缺口很大，但农民工群体中素质技能中低水平的供给又很富余，供求不平衡矛盾很突出（黄祖辉，2019）。一方面应积极解决农民工随迁子女教育难题，充分加大城镇教育资源供给，通过街道社区、志愿者服务等方式为农民工随迁子女在智力、身体和心理等方面的健康成长提供支持，逐步实现农民工随迁子女在城镇接受义务阶段和高中阶段教育，给予农民工群体公平的代际发展权利，使其努力能够惠及下一代的发展。同时，在当前很多城镇教育资源难以短时间容纳全部农民工随迁子女的情况下，应积极推进城乡教育一体化统筹，构建留守儿童关爱教育支持体系，补齐乡村教育短板，积极促进农民工子女在智力、身体和心理等方面的健康成长，切断可行能力代际传递在教育方面的短板；另一方面要从推动我国经济结构优化升级和高质量发展的角度重视农民工的培训工作，以优质的职业培训弥补城乡教育资源差距导致的农民工人力资本短板，注重从市场需要和农民工务工特点出发，建立完善的职业培训体系，尤其应当完善针对数字经济发展带来的新兴岗位技能培训。支持引导企业、行业协会、中高职业技术院校和市场培训机构深度开展合作，共建培训课程和实训基地，引进企业优秀技术人员担任授课教师，优化政府财政和社会资本对农民工群体培训的支持体系，推动实现产教融合。提升农民工群体对新经济、新业态、新技术条件下用工需求的适应能力，提升农民工群体作为我国经济发展劳动力大军的整体质量，解决中国劳动力供给的结构性矛盾，并为个人可行能力的全面发展注入长久动力。

五是情感婚姻方面。重视农民工的家庭和心理问题，从政府帮扶、税收减免、就业支持和技能培训等方面对务工地实现居家迁移的农民工给予帮助扶持，鼓励和支持农民工尽早实现一家团聚，增强家庭因素对农民工外出务工经营活动的物质支持和精神支持；构建农民工家庭与心理问题帮扶救助体系，助力农民工家庭稳定和睦与精神生活健康丰富，重点在于减轻农民工家庭的子女抚养负担，农民工集聚的城镇社区应前移流动人口社会治理与关注帮扶关口，不定期以讲座、宣讲、心理辅导等方式帮助农民工正确面对城镇生活中遇到的难题，疏导心理和情感障碍，帮助农民工群体树立正确婚姻家庭观念，增进情感、婚姻和家庭的稳定性，建立正确的个人生活导向，增强其对务工所在城镇的认同感和融入感，充分发挥家庭和精神因素在促进农民工群体全面发展和迈向共同富裕方面的重要作用。

四、完善农民工群体与新型城镇化的高质量融合发展机制

一是完善农民工群体组织构建与利益表达机制。充分加强人大、政协、工会等政府机构对农民工群体的关注，有效发挥行业协会、老乡会、慈善机构、公益组织等非政府组织对农民工群体的帮扶。探索建立农民工群体自我管理的社会组织，在其中建立基层党组织，补齐目前政府机构受现行制度制约导致的与农民工有关的社会治理短板，依托基层党组织起到凝聚人心、解决问题、服务人民、构建美好和谐社会关系的作用，充分增强农民工群体在社会公共事务和相关政策制定中的话语权。兼顾法律体系和道德习俗的双重约束，进一步健全城镇基层治理体系，逐步完善农民工群体作为城镇常住居民身份的参政议政权力，使优秀农民工平等参与各级党代会、人大、政协的代表、委员选举，推荐优秀农民工成为先进工作者、优秀党员等，发挥优秀农民工的示范带头作用。

二是构建农民工社会文化融入和分享机制。增加社区公共资源预算对农民工群体的覆盖，通过提高公共事务参与度和开放社区文化体育等公共资源，加强对农民工群体的心理抚慰和人文关怀，努力营造关注、爱护和尊重农民工群体的良好社会氛围，使农民工群体有充分参与社会公共活动，保障其获取制度规定内的合法权利和收益。

三是建立利益冲突协调机制。要尽快完善农民工市民化和基本公共服务均等化成本分担机制，进一步构建中央政府与地方政府、人口迁出地政府和人口迁入地政府之间的财政成本分担机制，建立农民工群体城乡和区域迁移专项基金，推进基本公共服务均等化；积极推进区域经济社会协调发展战略，通过加快欠发达地区经济社会发展来缩小区域差距，进而全面改善不同地区农民工群体的可行能力多维发展状况；畅通农民工对合法劳动权益等基本权益的维护渠道，要针对工资拖欠、工伤索赔、劳动合同纠纷等简易多发案件，考虑农民工流动性强、收入不稳定、应对能力弱等特点，加大司法救济力度，优化劳动仲裁等司法程序，构建农民工权益申诉"绿色通道"，及时公正处理农民工劳动争议；要充分发挥政府在制度顶层设计和具体实施中的统筹协调作用，坚持从解决不平衡、不充分发

展问题的角度出发，关注农民工等弱势群体，促进整体性制度设计的科学、公正和可持续，充分发挥其作为全局利益代表者的作用。

第三节　未来研究展望

在当前的农民工问题研究领域中，可行能力发展是研究热点之一，很多学者都从自身的角度出发进行了卓有成效的研究，但是在可行能力多维测度的整体框架、参数选择、分析路径等方面均有不完善的地方，而且中国也没有官方公布的可行能力判定标准。因此，本书的研究属于探索性研究，在脱贫攻坚取得全面胜利、共同富裕新征程全面开启、"人口红利"趋弱以及亟需挖掘我国经济增长新动能的背景下，以农民工群体在城乡二元经济社会结构中的现实状况为切入点，引入可行能力理论，构建可行能力多维测度分析框架，尝试探究农民工现实困境表象背后的本质、内涵和深层次根源，并结合农民工群体在驱动经济增长过程中的生产率损失，从提升群体劳动生产率和经济驱动能力的角度阐释了推动农民工群体可行能力多维发展的必要性，以期最终得出富有建设性的结论与对策建议。但是，由于微观调查数据的限制和宏观层面数据的有待完善，以及个人能力有限，本书的研究还有很多不足之处。未来关于农民工群体可行能力多维发展的研究可以从以下几方面继续深入：

第一，可行能力理论聚焦于人的全面发展，可行能力多维发展研究本质上是对人类整体福利水平和长期发展能力的关注，其内涵和外延远多于当前研究中已涉及的内容，在理论拓展和实践应用中具有广阔的发展空间。受当前微观和宏观层面数据的限制，特别是受限于农民工这一边缘性、分散性、流动性和不稳定性特殊群体数据的稀缺，本书在农民工群体可行能力多维发展研究中涉及的维度和指标方面还存在很大的局限。因此，在后续研究中，随着相关数据的进一步丰富和完善，构建更为科学合理、符合可行能力研究理念以及农民工群体发展需要的可行能力多维测度指标体系将是未来研究的重要方向。

第二，从具体的可行能力测度方法来看，目前我国尚未对符合中国国情的可行能力多维测度指标体系确定统一的分析框架，对于可行能力测度维度、指标、临界值、维度和指标权重的确定均由不同的学者和机构基于自身研究需要进行设定，关于农民工这一特殊群体的可行能力测度指标体系更是未能达成一致。因此，基于不同群体和区域实际设立和确定相应的可行能力测度与分析框架，将是未来可行能力研究的努力方向。

第三，由于农民工在迁移中呈分批次流动的特点，一般由家庭中的先行者在城镇站稳脚跟后，在各方面条件较为成熟的情况下，家庭成员再继续分批次实现迁移和团聚。因而，本书根据农民工的这一特点，同时也受限于农民工家庭数据的不完备，重点以个人为单位进行了可行能力研究。因此，随着经济社会发展、农民工的持续迁移和家庭化趋势的不断加强，同时也依赖于农民工数据质量的完备和提升，从家庭和个人两个层面对农民工的可行能力状况进行全面分析，使具体政策既瞄准个人，又关注家庭，将是未来大数据条件下农民工群体发展战略的研究方向。

第四，本书通过对多维可行能力和收入维度可行能力的对比分析，发现二者对可行能力不足群体的识别瞄准存在差异，对于农民工这一特殊群体而言，其可行能力不足是多维可行能力不足，单一的收入维度难以有效覆盖多维可行能力不足人群，如果仅以收入标准来识别，将难以体现收入之外的其他维度下的可行能力不足。因此，随着我国共同富裕战略的稳步推进，未来应努力从多维视角下辨识和瞄准可行能力不足的人口，更多从全面提升个人发展能力入手，实现更多人口稳步迈入中等收入群体并持续稳定在中等收入群体。

第五，农民工可行能力影响因素的实证分析表明，年龄、婚姻状态、流动范围、子女数量、流动时间等因素均有显著影响。因此，在今后的研究中应当进一步拓展对相关影响因素的分析，从而在向共同富裕迈进过程中制定瞄准性更强的差异化可行能力多维测度工具和治理政策，增强可行能力不足群体的内生发展能力。

第六，推动农民工群体可行能力多维发展并不仅仅是帮助社会弱势群体和实现社会公平正义，更重要的是将其转化为驱动经济增长的动力，通过减少对农民工——这一我国工业化和城镇化发展所倚重的劳动力大军可行能力发展的束缚，赋予其更多的发展权利和发展能力，从而提升其劳动生产率，提高劳动力供给质量，充分挖掘该群体驱动我国经济社会发展的潜在动力。因此，在未来的农民工群体可行能力多维发展研究中，应进一步探索构建更为完备的可行能力多维发展与经济增长协同发展的理论框架，并从实证的角度进一步探究二者之间的作用与传导机理，有效拓展可行能力研究的理论空间与现实意义。

农民工群体的迁移与发展映照出中国改革开放40多年来最生动鲜活和波澜壮阔的画面，反映了中国经济社会全面且快速的发展进步。最后，衷心希望随着我国经济社会发展与共同富裕推进，农民兄弟向城镇和非农部门转移的路途不再那么坎坷曲折，在追求美好生活的征程上可以不再受到各类不平衡不充分发展问题的制约。农民工——这一诞生于中国特定经济社会变革条件下，为中国经济腾飞做出不可磨灭贡献的特殊群体，在中国经济社会的深入变革中，在新型城镇化和乡村振兴战略引领的城乡协调发展中，逐渐走出边缘地带，融入主流社会，迈向共同富裕，慢慢消失于历史奔涌的长河中。

附　录

附录A：农民工多维可行能力不足强度的省级行政区域测度结果

表 A1　农民工多维可行能力不足强度的省级行政区域测度结果

省份	所属区域	30%水平强度（%）	省份	所属区域	40%水平强度（%）	排序
上海	东部	57.28	重庆	西部	61.10	1
重庆	西部	57.41	上海	东部	61.28	2
北京	东部	57.92	新疆兵团	西部	61.28	3
广东	东部	58.84	北京	东部	61.84	4
山东	东部	59.81	宁夏	西部	62.15	5
新疆兵团	西部	59.83	山东	东部	62.85	6
宁夏	西部	60.30	湖北	中部	62.88	7
海南	东部	61.22	广东	东部	63.25	8
湖北	中部	61.24	广西	西部	63.48	9
广西	西部	61.36	海南	东部	64.18	10
江苏	东部	62.01	黑龙江	东北	64.64	11
福建	东部	62.18	四川	西部	64.64	12
安徽	中部	62.39	湖南	中部	64.85	13
四川	西部	62.52	青海	西部	64.93	14
天津	东部	63.00	安徽	中部	64.98	15
湖南	中部	63.13	福建	东部	65.21	16
黑龙江	东北	63.71	天津	东部	65.23	17
陕西	西部	63.95	江苏	东部	65.24	18
青海	西部	64.01	内蒙古	西部	65.26	19

续表

省份	所属区域	30%水平强度（%）	省份	所属区域	40%水平强度（%）	排序
内蒙古	西部	64.20	陕西	西部	65.27	20
山西	中部	64.23	西藏	西部	65.45	21
江西	中部	64.57	山西	中部	65.54	22
新疆	西部	64.90	江西	中部	65.96	23
西藏	西部	65.00	贵州	西部	66.37	24
贵州	西部	65.18	新疆	西部	66.57	25
河南	中部	66.38	河南	中部	67.31	26
辽宁	东北	66.82	吉林	东北	67.70	27
吉林	东北	66.83	辽宁	东北	68.51	28
河北	东部	67.21	河北	东部	68.53	29
云南	西部	68.14	云南	西部	68.97	30
浙江	东部	68.25	浙江	东部	69.90	31
甘肃	西部	69.43	甘肃	西部	70.09	32
均值	—	63.23	均值	—	65.17	—
标准差	—	3.20	标准差	—	2.44	—

注：新疆生产建设兵团简写为新疆兵团。
资料来源：根据笔者计算而得。

附录B：农民工可行能力多维发展指数各维度和指标的分解情况

表B1 30%水平下农民工可行能力各维度和指标的分解情况（17805.6元临界值）

维度	指标	绝对贡献	指标贡献率（%）	维度贡献率（%）	排名
收入	年度收入总额	0.0088	1.54	1.54	7
教育	劳动力文化水平	0.0922	16.11	16.11	3
社会保障	养老保险	0.0164	2.86	18.24	2
	医疗保险	0.0218	3.81		
	失业保险	0.0223	3.90		
	工伤保险	0.0210	3.68		
	生育保险	0.0229	4.00		
住房	住房情况	0.0564	9.86	20.65	1
	住房公积金	0.0618	10.80		
就业	工作可持续程度	0.0268	4.68	15.86	4
	就业性质	0.0312	5.46		
	周工作时长	0.0327	5.71		
健康	健康关注	0.0119	2.07	14.30	5
	职业病防治	0.0116	2.04		
	艾滋病性病防治	0.0094	1.64		
	优生优育	0.0070	1.22		
	结核病防治	0.0136	2.37		
	精神疾病防治	0.0159	2.78		
	慢性病防治	0.0124	2.17		
社会融入	长期居住意愿	0.0297	5.18	13.30	6
	户口迁入意愿	0.0464	8.11		

资料来源：根据笔者计算而得。

表 B2　40％水平下农民工可行能力各维度和指标的分解情况（17805.6 元临界值）

维度	指标	绝对贡献	指标贡献率（%）	维度贡献率（%）	排名
收入	年度收入总额	0.0087	1.58	1.58	7
教育	劳动力文化水平	0.0886	16.11	16.11	3
社会保障	养老保险	0.0162	2.95	18.62	2
	医疗保险	0.0212	3.86		
	失业保险	0.0220	3.99		
	工伤保险	0.0207	3.77		
	生育保险	0.0224	4.06		
住房	住房情况	0.0553	10.05	20.70	1
	住房公积金	0.0586	10.65		
就业	工作可持续程度	0.0266	4.84	15.83	4
	就业性质	0.0295	5.36		
	周工作时长	0.0310	5.63		
健康	健康关注	0.0112	2.03	13.98	5
	职业病防治	0.0110	2.01		
	艾滋病性病防治	0.0089	1.61		
	优生优育	0.0066	1.20		
	结核病防治	0.0127	2.31		
	精神疾病防治	0.0149	2.71		
	慢性病防治	0.0117	2.12		
社会融入	长期居住意愿	0.0284	5.17	13.18	6
	户口迁入意愿	0.0441	8.01		

资料来源：根据笔者计算而得。

附录C：城镇户籍流动人口不同临界值水平下的多维可行能力情况

表C1 城镇户籍流动人口30%和40%多维临界值水平下的可行能力情况

省份	30%水平多维可行能力不足情况			40%水平多维可行能力不足情况		
	发生率（%）	强度（%）	指数	发生率（%）	强度（%）	指数
北京	22.14	47.21	0.1045	14.13	54.49	0.0770
天津	39.52	50.57	0.1999	28.64	56.70	0.1624
河北	74.24	55.93	0.4153	64.94	59.05	0.3834
山西	49.83	49.99	0.2491	36.39	55.63	0.2025
内蒙古	55.29	54.23	0.2998	45.26	58.38	0.2642
辽宁	62.53	57.81	0.3615	55.74	60.60	0.3378
吉林	81.24	59.23	0.4812	74.87	61.20	0.4582
黑龙江	82.05	56.90	0.4669	73.79	59.21	0.4369
上海	22.30	47.72	0.1064	14.58	54.43	0.0794
江苏	45.04	52.12	0.2347	34.52	57.49	0.1984
浙江	61.94	55.69	0.3450	49.50	61.02	0.3021
安徽	56.10	54.29	0.3046	45.06	59.22	0.2668
福建	56.18	53.87	0.3026	42.23	60.05	0.2536
江西	79.62	55.56	0.4424	69.43	58.50	0.4062
山东	52.16	51.34	0.2678	39.18	56.74	0.2223
河南	76.92	55.73	0.4287	71.63	57.21	0.4098
湖北	61.21	51.33	0.3142	48.65	55.41	0.2696
湖南	66.04	53.47	0.3531	54.83	57.28	0.3140
广东	48.94	49.62	0.2428	33.69	56.43	0.1901
广西	53.94	52.00	0.2805	44.88	55.44	0.2488
海南	50.64	50.41	0.2553	36.07	56.79	0.2048
重庆	46.00	48.53	0.2232	30.91	55.53	0.1717
四川	58.87	53.37	0.3142	45.92	58.50	0.2686

续表

省份	30%水平多维可行能力不足情况			40%水平多维可行能力不足情况		
	发生率（%）	强度（%）	指数	发生率（%）	强度（%）	指数
贵州	58.06	55.48	0.3222	48.09	59.62	0.2867
云南	75.80	55.21	0.4184	61.78	59.89	0.3701
西藏	96.30	55.77	0.5371	85.19	58.55	0.4988
陕西	63.77	50.37	0.3212	50.00	54.57	0.2728
甘肃	69.58	55.26	0.3845	62.24	57.67	0.3589
青海	50.50	50.66	0.2558	40.00	54.65	0.2186
宁夏	52.47	48.96	0.2569	36.11	55.54	0.2006
新疆	54.61	53.12	0.2901	42.62	58.34	0.2487
新疆兵团	54.66	50.98	0.2787	42.24	55.58	0.2347

注：新疆生产建设兵团简写为新疆兵团。
资料来源：根据笔者计算而得。

附录D：中国三次产业部门资本存量折旧的计算过程

本书对中国三次产业部门资本存量的计算采用永续盘存法（PIM），其基本公式为：

$$K_t = (1 - \delta_t)K_{t-1} + I_t$$

其中，K 为资本存量，δ 为经济折旧率，I 为当年投资。

1. 当年投资 I 的确定

借鉴张军等（2004）、白重恩等（2007）以及徐现祥等（2007）的方法，选用固定资产形成总额数据作为当年投资 I，该数据是以全社会固定资产投资额为基础计算得到的，能够较为准确地衡量我国可再生资本的动态变化情况。由于2002年之后各省、自治区和直辖市的固定资本形成总额数据不可得，本书只得退而求其次，用较为接近的固定资产投资额作为替代。其中，1978~2002年的三次产业部门固定资本形成额数据来自《中国国内生产总值核算历史资料：1952~1995》以及《中国国内生产总值核算历史资料：1996~2002》，2003年之后的三次产业部门固定投资数据来自历年《中国统计年鉴》和《中国固定资产投资统计年鉴》。

2. 投资价格指数的构建

由于固定资本形成总额缺少官方公布的价格指数，而且可用于替代的固定资产投资价格指数仅存在于1991年之后，因此需要我们自己来构建针对固定资本形成总额的投资价格指数。本书借鉴张军等（2004）的做法构造投资价格指数，通过《中国国内生产总值核算历史资料：1952~1995》以及《中国国内生产总值核算历史资料：1996~2002》提供的固定资本形成总额指数可以计算得到本书需要的投资价格指数，以1985年固定资本形成指数为例：

$$A = \frac{B/X}{C}$$

其中，X 为1985年的投资价格指数，A 为1985年固定资本形成总额指数（上一年为1），B 为1985年的固定资本形成总额（当年价格），C 为1984年的固定资本形成总额（当年价格）。

但是，《中国国内生产总值核算历史资料》没有分产业的不变价格的固定资本形成总额指数。本书借鉴已有研究，将农业生产资料价格指数作为第一产业的投资价格指数，工业品出厂价格指数作为第二产业的投资价格指数，第三产业的投资价格指数根据下式可以得到。

$$\frac{B}{X} = \frac{B_1}{X_1} + \frac{B_2}{X_2} + \frac{B_3}{X_3}$$

其中，B_1、B_2、B_3 分别为第一、第二、第三产业的固定资本形成总额，X_1、X_2、X_3 分别为第一、第二、第三产业的投资价格指数。

然而，让人感到遗憾的是《中国国内生产总值核算历史资料》并没有提供分产业的以不变价格计算的固定资本形成总额指数，即使采用上述方法，分产业的投资缩减指数仍不可得。借鉴已有研究，本书选择农业生产资料价格指数作为第一产业的投资缩减指数，工业品出厂价格指数代替第二产业的投资缩减指数。第三产业的缩减指数可利用下式计算得到。

3. 折旧率的确定

永续盘存法的使用条件中要求资本品应是按几何方式缩减的，与此相对应的是余额递减折旧法：

$$D_t = (1-\delta)^t, \quad t = 0, 1, 2, \cdots$$

由上式可知，确定折旧率 δ 关键在于资本品的相对效率 D_t 和寿命期 t，由于我国法定残值率取值通常设定为 3%~5%，本书选取其平均值 4%。寿命期设定的关键在于建筑和机器设备寿命期的设定，由于改革开放以来，随着我国经济的快速发展，资本品的更新较快，寿命期较短，本书采用单豪杰（2008）的研究成果，参考财政部《国有企业固定资产分类折旧年限表》，建筑寿命期设定为 38 年，机器设备寿命期设定为 16 年，得到统一的折旧率为 10.96%。各省份的折旧率根据 1995~2011 年固定资产投资结构数据推算得到，由于 1995 年投资结构比重数据的不可得，因而本书假定 1978 年以来各省份的投资结构未出现重大变化。

4. 基期资本存量的选择

本书采用霍尔和琼斯（Hal & Jones, 1999）的方法来计算基期资本存量，基期设为 1978 年。

$$K_{1978} = \frac{I_{1978}}{\delta + g_t}$$

其中，g_t 选择 1978~1988 年各省、自治区和直辖市三次产业固定资本形成总额实际增速的均值，I_{1978} 和 δ 直接采用前述计算得到的数据。

根据以上数据，即可计算得到各年份三次产业部门的资本存量情况，进而根据折旧率可以得到各年份三次产业部门的资本存量折旧情况。

参 考 文 献

［1］阿玛蒂亚·森. 以自由看待发展［M］. 于真、任赜译. 北京：中国人民大学出版社，2002.

［2］阿马蒂亚·森. 贫困与饥荒：论权利与剥夺［M］. 王宇，王文玉译. 北京：商务印书馆，2009.

［3］白描. 微观视角下的农民福祉现状分析——基于主客观福祉的研究［J］. 农业经济问题，2015（12）：25－31.

［4］陈宗胜，周云波. 再论改革与发展中的收入分配［M］. 北京：经济科学出版社，2002。

［5］陈宗胜，沈扬扬，周云波. 中国农村贫困状况的绝对与相对变动——兼论相对贫困线的设定［J］. 管理世界，2013（1）：67－77.

［6］周云波. 城市化、城乡差距以及全国居民总体收入差距的变动——倒U形假说的实证检验［J］. 经济学季刊，2009（4）：1239－1255。

［7］蔡昉. 改革时期农业劳动力转移与重新配置［J］. 中国农村经济，2017（10）：4－14.

［8］蔡昉. 认识中国经济减速的供给侧视角［J］. 经济学动态，2016（4）：14－22.

［9］蔡昉. 农民工市民化：立竿见影的改革红利［J］. 中国党政干部论坛，2014（6）：51－53.

［10］蔡昉. 中国经济改革效应分析——劳动力重新配置的视角［J］. 经济研究，2017（7）：6－19.

［11］蔡昉. 被世界关注的中国农民工——论中国特色的深度城市化［J］. 国际经济评论，2010（2）：40－53.

［12］蔡昉. 中国人口与劳动问题报告——城乡就业问题与对策［M］. 北京：社会科学文献出版社，2002.

［13］蔡昉. 城市化与农民工的贡献——后危机时期中国经济增长潜力的思考［J］. 中国人口科学，2010（1）：2－10.

［14］蔡昉. 理解中国经济发展的过去、现在和将来——基于一个贯通的增长理论框架［J］. 经济研究，2013（11）：4－16.

[15] 蔡昉,王德文.中国经济增长可持续性与劳动贡献[J].经济研究,1999(10):62-68.

[16] 程名望,史清华.经济增长、产业结构与农村劳动力转移——基于中国1978~2004年数据的实证分析[J].经济学家,2007(5):49-54.

[17] 陈立中.转型时期我国多维度贫困测算及其分解[J].经济评论,2008(5):5-10.

[18] 陈立中.中国转型时期城镇贫困测度研究[D].武汉:华中科技大学,2007.

[19] 陈银娥,高思.社会福利制度反贫困的新模式——基于生命周期理论的视角[J].福建论坛(人文社会科学版),2011(3):13-17.

[20] 陈钊,陆铭.从分割到融合:城乡经济增长与社会和谐的政治经济学[J].经济研究,2010(10):21-32.

[21] 边燕杰.市场转型与社会分层[M].上海:三联书店,2002.

[22] 曹洪民,王小林,陆汉文.特殊类型贫困地区多维贫困测量与干预:四川省阿坝藏族羌族自治州案例[M].北京:中国农业出版社,2011.

[23] 陈志刚,夏苏荣,陈德荣.国际金融危机对中国贫困的影响——基于经济增长渠道的实证估计[J].世界经济研究,2014(8):8-14.

[24] 程玲.新阶段中国减贫与发展的机遇、挑战与路径研究[J].学习与实践,2012(7):76-83.

[25] 陈辉,陈全红.基于多维贫困测度的贫困精准识别及精准扶贫对策——以粤北山区为例[J].广东财经大学学报,2016,31(3):64-71.

[26] 丁霄泉.农村剩余劳动力转移对我国经济增长的贡献[J].中国农村观察,2001(2):18-24.

[27] 费菊瑛,王裕华.民工人力资本、可行能力与生活满意度[J].财贸经济,2010(8):128-135.

[28] 方黎明,顾昕.突破自愿性的困局:新型农村合作医疗中参合的激励机制与可持续性发展[J].中国农村观察,2006(4):24-32.

[29] 方黎明,张秀兰.中国农村扶贫的政策效应分析——基于能力贫困理论的考察[J].财经研究,2007,33(12):47-57.

[30] 方迎风,张芬.多维贫困视角下的区域性扶贫政策选择[M].武汉:武汉大学出版社,2015.

[31] 冯贺霞,王小林,夏庆杰.收入贫困与多维贫困关系分析[J].劳动经济研究,2015,3(6):38-58.

[32] 国家统计局农村社会经济调查司.2017年中国农村贫困监测报告[M].北京:经济科学出版社,2017.

[33] 郭建宇，吴国宝．基于不同指标及权重选择的多维贫困测量——以山西省贫困县为例［J］．中国农村经济，2012（2）：12-20．

[34] 顾海英，史清华，程英等．现阶段"新二元结构"问题缓解的制度与政策——基于上海外来农民工的调研［J］．管理世界，2011（11）：55-65．

[35] 高艳云．中国城乡多维贫困的测度及比较［J］．统计研究，2012，29（11）：61-66．

[36] 高艳云，马瑜．多维框架下中国家庭贫困的动态识别［J］．统计研究，2013（12）：89-94．

[37] 盖庆恩，朱喜，史清华．劳动力市场扭曲、结构转变和中国劳动生产率［J］．经济研究，2013（5）：87-111．

[38] 高帅．社会地位、收入与多位贫困的动态演变——基于能力剥夺视角的分析［J］．上海财经大学学报，2015，17（3）：32-40．

[39] 辜胜阻，易善策，郑凌云．基于农民工特征的工业化与城镇化协调发展研究［J］．人口研究，2006，30（5）：1-8．

[40] 高帅．贫困识别、演进与精准扶贫演进［M］．北京：经济科学出版社，2016．

[41] 谷晓然．中国居民收入流动性与长期贫困［J］．财经科学，2016（2）：50-61．

[42] 郭熙保．发展经济学［M］．北京：高等教育出版社，2011．

[43] 郭熙保，周强．长期多维贫困、不平等与致贫因素［J］．经济研究，2016（6）：143-156．

[44] 郭君平，谭清香，曲颂．进城农民工家庭贫困的测量与分析——基于"收入—消费—多维"视角［J］．中国农村经济，2018（9）：94-109．

[45] 洪兴建．贫困指数理论研究述评［J］．经济评论，2005（5）：112-117．

[46] 黄锟．中国农民工市民化制度分析［M］．北京：中国人民大学出版社，2011．

[47] 韩纪江．中国农村劳动力的剩余分析［J］．中国农村经济，2003（5）：18-22．

[48] 胡焕庸，张善余．中国人口地理［M］．上海．华东师范大学山版社，1984．

[49] 侯力，于潇．东北地区突出性人口问题及其经济社会影响［J］．东北亚论坛，2015（5）：118-126．

[50] 侯为民．城镇化进程中农民工的多维贫困问题分析［J］．河北经贸大学学报，2015（3）：105-111．

[51] 何宗樾，宋旭光．中国农民工多维贫困及其户籍影响［J］．财经问题

研究, 2018 (5): 84-91.

[52] 胡永泰. 中国全要素生产率: 来自农业部门劳动力再配置的首要作用 [J]. 经济研究, 1998 (3): 31-39.

[53] 郝大明. 1978~2014年中国劳动配置效应的分离与实证 [J]. 经济研究, 2015 (7): 16-29.

[54] 侯亚景, 周云波. 收入贫困与多维贫困视角下中国农村家庭致贫机理研究 [J]. 当代经济科学, 2017 (2): 116-123.

[55] 韩俊. 关于打赢脱贫攻坚战的若干问题的分析思考 [J]. 行政管理改革, 2016, 8 (8): 4-11.

[56] 贺坤, 刘林. 农村脱贫与农民工市民化关系研究 [J]. 上海经济研究, 2017 (2): 113-119.

[57] 靳小怡, 李成华, 杜海涛, 等. 可持续生计分析框架应用的新领域: 农民工生计研究 [J]. 当代经济科学, 2011, 33 (3): 103-128.

[58] 贾伟, 辛贤. 农村劳动力转移对国民经济增长的贡献 [J]. 中国农村经济, 2010 (3): 4-11.

[59] 康晓光. 中国贫困与反贫困理论 [M]. 南宁: 广西人民出版社, 1995.

[60] 李瑞芬. 农村劳动力转移: 形势与对策 [M]. 北京: 中国农业出版社, 2006.

[61] 林毅夫, 蔡昉, 李周. 中国的奇迹 [M]. 上海: 上海人民出版社, 2014.

[62] 李实, 古斯塔夫森. 八十年代末中国贫困规模和程度的估计 [J]. 中国社会科学, 1996 (6): 29-44.

[63] 刘新平. 桂西北喀斯特山区异地科技扶贫战略探讨 [J]. 国土与自然环境资源研究, 1998 (2): 1-4.

[64] 刘冬梅. 中国政府开发式扶贫资金投放效果的实证研究 [J]. 管理世界, 2001 (6): 123-131.

[65] 林南. 建构社会资本的网络理论 [J]. 国外社会学, 2002 (2): 18-37.

[66] 刘明宇, 黄少安. 解析农民面临的"制度性贫困陷阱"——对农村经济制度的历时关联和共时关联分析 [J]. 西安电子科技大学学报 (社会科学版), 2004, 14 (3): 36-41.

[67] 李小云, 左停, 靳乐山. 环境与贫困: 中国实践与国际经验 [M]. 北京: 社会科学文献出版社, 2005.

[68] 李晓明. 贫困代际传递理论述评 [J]. 广西青年干部学院学报, 2006, 16 (2): 75-78.

[69] 刘坚. 新阶段扶贫开发的成就和挑战 [M]. 北京: 中国财政经济出版

社，2006.

[70] 李小云，董强，饶小龙，等. 农户脆弱性分析方法及其本土化应用 [J]. 中国农村经济，2007（4）：32-39.

[71] 李志平. 论发展中国家的贫困与环境循环问题 [J]. 经济评论，2007（6）：83-87.

[72] 李政. 当前东北地区经济增长问题成因与创新转型对策 [J]. 经济纵横，2015（7）：14-17.

[73] 吕萍. 农民工住房理论、实践与政策 [M]. 北京：中国建筑工业出版社，2012.

[74] 刘民权，俞建拖，王曲. 人类发展视角与可持续发展 [J]. 南京大学学报（哲学·人文科学·社会科学），2009，46（1）：20-30.

[75] 李京文，钟学义. 中国生产率分析前沿. 第2版 [M]. 北京：社会科学文献出版社，2007.

[76] 列宁. 列宁全集（第3卷）[M]. 北京：人民出版社，1984.

[77] 刘生龙，李军. 健康、劳动力参与及中国农村老年贫困 [J]. 中国农村经济，2012（1）：56-58.

[78] 陆学艺. 当代中国社会流动 [M]. 北京：社会科学文献出版社，2004：306-307.

[79] 李飞. 多维贫困测量的概念、方法和实证分析——基于我国9村调研数据的分析 [J]. 广东农业科学，2012，39（9）：203-206.

[80] 廖娟. 残疾与贫困：基于收入贫困与多维贫困测量的研究 [J]. 人口与发展，2015，21（1）：68-77.

[81] 李怀玉. 新生代农民工生存困境及其市民化路径研究 [J]. 中国名城，2014（5）：45-48.

[82] 林竹. 资本匮乏与阶层固化的循环累积——论城市农民工的贫困 [J]. 技术经济与管理研究，2016（6）：103-107.

[83] 李谷成. 资本深化、人地比例与中国农业生产率增长——一个生产函数分析框架 [J]. 中国农村经济，2015（1）：14-30.

[84] 蒋南平，郑万军. 中国农民工多维返贫测度问题 [J]. 中国农村经济，2017（6）：60-71.

[85] 马克思，恩格斯. 马克思恩格斯全集（第8卷）[M]. 北京：人民出版社，1957.

[86] 马克思，恩格斯. 马克思恩格斯全集（第2卷）[M]. 北京：人民出版社，1957.

[87] 马克思，恩格斯. 资本论（第1卷）[M]. 北京：中国社会科学出版

社，1983.

[88] 马洪，孙尚清. 中国经济结构问题研究 [M]. 北京：人民出版社，1981.

[89] 马丁·瑞沃林著. 贫困的比较 [M]. 赵俊超译，北京：北京大学出版社，2005.

[90] 马中，蓝虹. 贫困约束下对消费者征收环境税的绩效分析 [J]. 复旦学报（社会科学版），2005 (2)：53－59.

[91] 孟庆涛. 权利的制度供给与民生实践——基于农民工群体权利贫困的分析 [J]. 学术交流，2015 (7)：101－106.

[92] 马小红. 家庭生命周期、结构变动与老年人贫困研究 [D]. 武汉：中南大学，2013.

[93] 农业部政策研究中心农村工业化城市化课题组. 二元社会结构与城乡关系：工业化、城市化 [R]. 经济研究参考资料，1988 (50).

[94] 潘文卿. 中国农业剩余劳动力转移效益测评 [J]. 统计研究，1999，16 (4)：31－34.

[95] 曲玮，涂勤，牛叔文. 贫困与地理环境关系的相关研究述评 [J]. 甘肃社会科学，2010 (1)：103－106.

[96] 曲玮，涂勤，牛叔文，等. 自然地理环境的贫困效应检验——自然地理条件对农村贫困影响的实证分析 [J]. 中国农村经济，2012 (2)：21－34.

[97] 汝信，陆学艺，李培林. 2010 年中国社会形势分析与预测 [M]. 北京：社会科学文献出版社，2009.

[98] 宋建军. 中国农民储蓄的 F. Modigliani 生命周期分析 [J]. 广东财经大学学报，2002 (5)：62－66.

[99] 沈益民. 中国人口迁移 [M]. 北京：中国统计出版社，1992.

[101] 苏芳，蒲欣冬，徐中民，等. 生计资本与生计策略关系研究——以张掖市甘州区为例 [J]. 中国·人口资源与环境，2009，19 (6)：119－125.

[102] 萨比娜·阿尔基尔等著. 贫困的缺失维度 [M]. 刘民权、韩华为译，北京：科学出版社，2010.

[103] 孙咏梅. 我国农民工福利贫困测度及精准扶贫策略研究 [J]. 当代经济研究，2016 (5)：71－80.

[104] 孙聪，宋志达，郑思齐. 农民工住房需求特征与城市住房保障体系优化——基于北京市"城中村"调研的研究 [J]. 农业技术经济，2017 (4)：16－27.

[105] 宋亚萍. 儿童贫困界定和测度研究综述 [J]. 北京青年研究，2014，23 (2)：71－78.

[106] 孙璐. 扶贫项目绩效评估研究 [D]. 北京：中国农业大学，2015.

[107] 孙咏梅，傅成昱. 中国农民工多维物质贫困测度及精准扶贫策略研究 [J]. 学习与探索，2016（7）：138-143.

[108] 沈汉溪，林坚. 农民工对中国经济的贡献测算 [J]. 中国农业大学学报（社会科学版），2007，24（1）：96-102.

[109] 谭崇台. 论快速增长与"丰裕中贫困" [J]. 经济学动态，2002（11）：8-14.

[110] 汤青，徐勇，李扬. 黄土高原农户可持续生计评估及未来生计策略——基于陕西延安市和宁夏固原市1076户农户调查 [J]. 地理科学进展，2013，32（2）：161-169.

[111] 汤青. 可持续生计的研究现状及未来重点趋向 [J]. 地理科学进展，2015，30（7）：823-833.

[112] 钱文荣，黄祖辉. 转型时期的中国农民工 [M]. 北京：中国社会科学出版社，2007.

[113] 解垩. 农村家庭的资产与贫困陷阱 [J]. 中国人口科学，2014（6）：71-83.

[114] 解垩. 公共转移支付与老年人的多维贫困 [J]. 经济研究，2015（11）：32-46.

[115] 许召元，李善同. 区域间劳动力迁移对地区差距的影响 [J]. 经济学季刊，2009，26（1）：53-76.

[116] 王娅. 贫穷与环境——摆脱恶性循环 [J]. 中国人口·资源与环境，1993，3（2）：66-67.

[117] 魏众. 中国转型时期的贫困变动分析 [J]. 经济研究，1998（11）：64-68.

[118] 王美艳. 新生代农民工的消费水平与消费结构：与上一代农民工的比较 [J]. 劳动经济研究，2017（6）：107-126.

[119] 王美艳. 农民工的贫困状况与影响因素——兼与城市居民比较 [J]. 宏观经济研究，2014（9）：3-16.

[120] 王琼，叶静怡. 进城务工人员健康状况、收入与超时劳动 [J]. 中国农村经济，2016（2）：2-12.

[121] 王德文，蔡昉. 中国农村劳动力流动与消除贫困 [J]. 中国劳动经济学，2006（3）：43-45.

[122] 魏众. 健康对非农就业及其工资决定的影响 [J]. 经济研究，2004（2）：64-74.

[123] 汪三贵，李文，李芸. 我国扶贫资金投向及效果分析 [J]. 农业技术

经济, 2004 (5): 45-49.

[124] 王德文, 张凯悌. 中国老年人口的生活状况与贫困发生率估计 [J]. 中国人口科学, 2005 (1): 58-66.

[125] 王艳萍. 阿马蒂亚·森的"能力方法"在发展经济学中的应用 [J]. 经济理论与经济管理, 2006 (4): 27-32.

[126] 王琳. 中国未来老年贫困的风险研究 [J]. 人口与经济, 2006 (4): 14-19.

[127] 王萍萍, 方湖柳, 李兴平. 中国贫困标准与国际贫困标准的比较 [J]. 中国农村经济, 2006 (12): 62-68.

[128] 汪三贵. 在发展中战胜贫困——对中国 30 年大规模减贫经验的总结与评价 [J]. 管理世界, 2008 (11): 78-88.

[129] 王小林, Alkire. 中国多维贫困测量: 估计和政策含义 [J]. 中国农村经济, 2009 (12): 4-10.

[130] 王晓东. 赋权增能视角下农民工社会救助模式转型——呼和浩特市个案研究 [J]. 人口与发展, 19 (6): 52-57.

[131] 王小林. 贫困测量理论与方法 [M]. 北京: 社会科学文献出版社, 2012.

[132] 王素霞, 王小林. 中国多维贫困测量 [J]. 中国农业大学学报 (社会科学版), 2013, 30 (2): 129-136.

[133] 吴海涛, 丁士军. 贫困动态性: 理论与实证 [M]. 武汉: 武汉大学出版社, 2013.

[134] 万广华, 刘飞, 章元. 资产视角下的贫困脆弱性分解: 基于中国农户面板数据的经验分析 [J]. 中国农村经济, 2014 (4): 4-19.

[135] 王春超, 叶琴. 中国农民工多维贫困的演进——基于收入与教育维度的考察 [J]. 经济研究, 2014 (12): 159-174.

[136] 邬志辉, 李静美. 农民工随迁子女在城市接受义务教育的现实困境与政策选择 [J]. 教育研究, 2016 (9): 19-31.

[137] 王小林. 建立贫困退出机制确保贫困人口稳定脱贫 [J]. 中国财政, 2016 (12): 6-9.

[138] 王小林, 高睿. 农村妇女脱贫: 目标、挑战与政策选择 [J]. 妇女研究论丛, 2016 (6).

[139] 王小林. 消除一切形式的贫困: 内涵和政策取向 [J]. 地方财政研究, 2016 (8): 4-9.

[140] 伍山林. 农业劳动力流动对中国经济增长的贡献 [J]. 经济研究, 2016 (2): 97-110.

[141] 习近平. 扎实推动共同富裕 [J]. 求是, 2021 (20): 4-8.

[142] 徐月宾, 刘凤芹, 张秀兰. 中国农村反贫困政策的反思——从社会救助向社会保护转变 [J]. 中国社会科学, 2007 (3): 40-53.

[143] 徐伟, 章元, 万广华. 社会网络与贫困脆弱性——基于中国农村数据的实证分析 [J]. 学海, 2011 (4): 122-128.

[144] 徐丽萍, 王小林. 消除儿童贫困绕开"贫困的陷阱" [N]. 中国社会报, 2013.

[145] 叶静怡, 王琼. 进城务工人员福利水平的一个评价——基于Sen的可行能力理论 [J]. 经济学 (季刊), 2014, 13 (04): 1323-1344.

[146] 杨西. 拉美的贫困与环境保护 [J]. 拉丁美洲研究, 1993 (3): 22-25.

[147] 约翰·邦戈茨, 等著. 家庭人口学: 模型及应用 [M]. 曾毅, 郭志刚, 等译, 北京: 北京大学出版社, 1994.

[148] 姚洋. 自由可以这样来追求——阿玛蒂亚·森新著《作为自由的发展》评介 [J]. 经济学 (季刊), 2001 (1): 207-218.

[149] 袁方, 史清华, 卓建伟. 农民工福利贫困按功能性活动的变动分解: 以上海为例 [J]. 中国软科学, 2014 (7): 40-59.

[150] 杨帆, 庄天慧. 我国农民工贫困问题研究综述 [J]. 西南民族大学学报 (人文社科版), 2017 (11):

[151] 袁方, 史清华. 不平等之再检验: 可行能力和收入不平等与农民工福利 [J]. 管理世界, 2013 (10): 49-61.

[152] 叶初升, 赵锐, 孙永平. 动态贫困研究的前沿动态 [J]. 经济学动态, 2013 (4): 120-138.

[153] 尹飞霄. 人力资本与农村贫困研究: 理论与实证 [D]. 南昌: 江西财经大学, 2013.

[154] 杨龙, 汪三贵. 贫困地区农户脆弱性及其影响因素分析 [J]. 中国人口·资源与环境, 2015 (10): 150-156.

[155] 杨文健, 康红梅. 环卫业农民工的生存困境及其对策研究——以江苏省南京市为个案 [J]. 海南大学学报 (人文社会科学版), 2012, 30 (1): 119-124.

[156] 杨宜勇, 吴香雪. 中国扶贫问题的过去、现在和未来 [J]. 中国人口科学, 2016 (5): 2-12.

[157] 叶普万. 农民工贫困的演变路径与减贫战略研究 [J]. 学习与探索, 2013 (12): 111-116.

[158] 叶普万, 周明. 农民工贫困: 一个基于托达罗模型的分析框架 [J].

管理世界, 2008 (9): 174-176.

[159] 杨菊华, 张娇娇. 人力资本与流动人口的社会融入 [J]. 人口研究, 2016, 40 (4): 3-20.

[160] 严于龙, 李小云. 农民工对经济增长贡献及成果分享的定量测量 [J]. 调研世界, 2007, 24 (3): 22-26.

[161] 朱晓, 段成荣. "生存—发展—风险"视角下离土又离乡农民工贫困状况研究 [J]. 人口研究, 2016, 40 (3): 30-44.

[162] 张宽, 邓鑫, 沈倩岭, 等. 农业技术进步、农村劳动力转移与农民收入——基于农业劳动生产率的分组 PVAR 模型分析 [J]. 农业技术经济, 2017 (6): 28-41.

[163] 张雷, 雷雳, 郭伯良. 多层线性模型应用 [M]. 北京: 教育科学出版社, 2002.

[164] 张车伟. 营养、健康与效率——来自中国贫困农村的证据 [J]. 经济研究, 2003 (1): 3-12.

[165] 张建华, 陈立中. 总量贫困测度研究述评 [J]. 经济学季刊, 2006, 5 (3): 675-694.

[166] 张海波. 农村剩余劳动力转移对全要素生产率的影响研究 [J]. 统计与决策, 2016 (22): 98-101.

[167] 周纪昌. 论贫困、发展与环境的关系及其政策反应 [J]. 生产力研究, 2006 (2): 134-136.

[168] 周文文. 伦理理性自由: 阿玛蒂亚·森的发展理论 [M]. 上海: 学林出版社, 2006.

[169] 张爽, 陆铭, 章元. 社会资本的作用随市场化进程减弱还是加强?——来自中国农村贫困的实证研究 [J]. 经济学 (季刊), 2007, 6 (2): 539-560.

[170] 张兵. 贫困代际传递理论发展轨迹及其趋向 [J]. 理论学刊, 2008 (4): 46-49.

[171] 张立冬, 李岳云, 潘辉. 收入流动性与贫困的动态发展: 基于中国农村的经验分析 [J]. 农业经济问题, 2009 (6): 73-80.

[172] 张时飞, 唐钧. 中国的贫困儿童: 概念与规模 [J]. 河海大学学报 (哲学社会科学版), 2009, 11 (4): 42-46.

[173] 邹一南. 购房、城市福利与农民工落户意愿 [J]. 人口与经济, 2021 (3): 35-51.

[174] 邹薇, 方迎风. 关于中国贫困的动态多维度研究 [J]. 中国人口科学, 2011 (6): 49-59.

[175] 邹薇, 方迎风. 健康冲击、"能力"投资与贫困脆弱性: 基于中国数据的实证分析 [J]. 社会科学研究, 2013 (4): 1-7.

[176] 庄巨忠著. 亚洲的贫困、收入差距与包容性增长——度量、政策问题与国别研究 [M]. 本书翻译组译, 北京: 中国财政经济出版社, 2012.

[177] 郑昱, 王二平. 面板研究中的多层线性模型应用述评 [J]. 管理科学, 2011, 24 (3): 111-120.

[178] 章元, 万广华, 史清华. 暂时性贫困与慢性贫困的度量、分解和决定因素分析 [J]. 经济研究, 2013 (4): 119-129.

[179] 张立冬. 中国农村贫困代际传递实证研究 [J]. 中国人口·资源与环境, 2013, 23 (6): 45-49.

[180] 张全红, 周强. 多维贫困测量及述评 [J]. 经济与管理, 2014 (1): 24-31.

[181] 张智. 对北京市农民工住房情况的调查研究 [J]. 中国房地产金融, 2010 (7): 38-42.

[182] 张全红. 中国多维贫困的动态变化: 1991~2011 [J]. 财经研究, 2015, 41 (4): 31-41.

[183] 张志国. 中国农村家庭贫困动态性及其影响因素研究 [D]. 辽宁大学, 2015.

[184] 祝仲坤, 郑裕璇, 冷晨昕, 陶建平. 城市公共卫生服务与农民工的可行能力——来自中国流动人口动态监测调查的经验证据 [J]. 经济评论, 2020 (3): 54-68.

[185] 张晓颖, 冯贺霞, 王小林. 流动妇女多维贫困分析——基于北京市451名家政服务从业人员的调查 [J]. 经济评论, 2016 (3): 95-107.

[186] 张世兵, 丰凤. 贵州省农民工城市化对农村的减贫效应 [J]. 经济地理, 2016 (11).

[187] 章莉, 李实等. 中国劳动力市场就业机会的户籍歧视及其变化趋势 [J]. 财经研究, 2016 (1): 4-16。

[188] 郑长德, 单德朋. 集中连片特困地区多维贫困测度与时空演进 [J]. 南开学报 (哲学社会科学版), 2016 (3): 135-146.

[189] 张志胜, 樊成. 新生代女性农民工权利的阙如问题 [J]. 统计与决策, 2007 (5): 132-133.

[190] 周旭霞. 断层: 新生代农民工市民化的经济架构——基于杭州新生代农民工的调研 [J]. 中国青年研究, 2011 (9): 67-71.

[191] 张广婷, 江静, 陈勇. 中国劳动力转移与经济增长的实证研究 [J]. 中国工业经济, 2010 (10): 15-23.

[192] Alkire S, Apablaza M, Chakravarty S R, et al. Measuring Chronic Multidimensional Poverty: A Counting Approach [R]. OPHI Working Paper, 2014.

[193] Alkire S, Foster J E. Counting and Multidimensional Poverty Measures [R]. OPHI Working Paper, 2007, No. 7.

[194] Alkire S, Foster J E. Counting and Multidimensional Poverty Measurement [J]. Journal of Public Economics, 2011a, 95 (7-8): 476-487.

[195] Alkire S, Foster J E. Understandings and Misunderstandings of Multidimensional Poverty Measurement [J]. Journal of Economic Inequality, 2011b, 9 (2): 289-314.

[196] Alkire S, Foster J E, Seth S, et al. Multidimensional Poverty Measurement and Analysis: Chapter 4 - Counting Approaches: Definitions, Origins, and Implementations [R]. OPHI Working Paper, 2015, No. 85.

[197] Alkire S, Foster J E, Seth S, et al. Multidimensional Poverty Measurement and Analysis: Chapter 3 - Overview of Methods for Multidimensional Poverty Assessment [R]. Social Science Electronic Publishing, 2014, 19 (5): 1-21.

[198] Alkire, Foster, Seth, et al. Multidimensional Poverty Measurement and Analysis: Chapter 9 - Distribution and Dynamics [R]. OPHI Working Paper, 2015, No. 90.

[199] AlkireS, RocheJ M, SethS. The Global Multidimensional Poverty Index 2013 [R]. OPHI Policy Briefing, 2013, No. 13.

[200] Alkire S, Roche J M, Vaz A. Changes Over Time in Multidimensional Poverty: Methodology and Results for 34 Countries [R]. OPHI Working Paper, 2015, No. 76.

[201] Alkire S, SantosM E. Acute Multidimensional Poverty: A New Index for Developing Countries [R]. OPHI Working Paper, 2010, No. 38.

[202] Alkire S, Santos M E. A Multidimensional Approach: Poverty Measurement & Beyond [J]. Social Indicators Research, 2013, 112 (2): 239-257.

[203] Alkire S, Seth S. Multidimensional Poverty Reduction in India between 1999 and 2006: Where and How? [R]. OPHI Working Paper, 2013, No. 60.

[204] Alkire et al. Multidimensional Poverty Measurement and Analysis: Chapter 8 - Robustness Analysis and Statistical Inference [R]. OPHI Working Paper, 2015, No. 89.

[205] Alkire S & Foster J. Counting and Multidimensional Poverty Measurement [J]. Journal of Public Economics, 2011, 95 (7-8): 476-487.

[206] Atkinson A B. Multidimensional Deprivation: Contrasting Social Welfare and

Counting Approaches [J]. Journal of Economic Inequality, 2003, 1 (1): 51-65.

[207] Bader C, Bieri S, Wiesmann U, Heinimann A. A Different Perspective on Poverty in Lao PDR: Multidimensional Poverty in Lao PDR for the Years 2002/2003 and 2007/2008 [J]. SocialIndicators Research, 2016, 126 (2): 1-20.

[208] Basu K, Foster J E. On Measuring Literacy [J]. The Economic Journal, 1998, 108 (451): 1733-1749.

[209] Bebbington A. Capitals and Capabilities: A Framework for Analyzing Peasant Viability, Rural Livelihoods and Poverty [J]. World Development, 1999, 27 (12): 2021-2044.

[210] Becker G, Tomes N. Human Capital and the Rise and Fall of Families [J]. Journal of Labor Economics, 1986, 4 (3): 1-39.

[211] Betti G, Cheli B, Lemmi A, Verma V. The Fuzzy Set Approach to Multidimensional Poverty: the Case of Italy in the 1990s [A]. Paper Presented at the Many Dimensions of Poverty International Conference [C]. Palgrave Macmillan UK, 2008: 30-48.

[212] Blau P M, Duncan O D. The American Occupational Structure [M]. N. Y.: The Free Press, 1967.

[213] Bossert W, Ceriani L, Chakravarty S R, D'Ambrosio C. Intertemporal Material Deprivation [J]. General Information, 2012.

[214] Bossert W, Chakravarty S, D'Ambrosio C. Poverty and Time [M]. UNU-WIDER Working Paper, 2010, No. 74.

[215] Bourguignon F, Chakravarty S R. The Measurement of Multidimensional Poverty [J]. Journal of Economic Inequality, 2003, 1 (1): 25-49.

[216] Brooks N, Sethi R. The Distribution of Pollution: Community Characteristics and Exposure to Air Toxics [J]. Journal of Environmental Economics and Management, 1997, 32 (32): 233-250.

[217] Cai Fang and Dewen Wang, "China's Demographic Transition: Implications for Growth", in Garnautand Song (eds) The China Boom and Its Discontents, 2005, Canberra: Asia Pacific Press.

[218] CarterM R, et al. Poverty Traps and Natural Disasters in Ethiopia and Honduras [J]. World Development, 2007, 35 (5): 835-856.

[219] Carter M Rand Barrett C B. The Economics of Poverty Traps and Persistent Poverty: An Asset-based Approach [J]. Journal of Development Studies, 2006, 42 (2): 178-199.

[220] Chakravarty S R. Ethical Social Index Numbers [M]. New York: Springer-

Verlag, 1990.

[221] Chakravarty S R. The Variance as ASubgroup Decomposable Measure of Inequality [J]. Social Indicators Research, 2001, 53 (1): 79 - 95.

[222] Chakravarty S R, D'Ambrosio C. The Measurement of Social Exclusion [J]. Review of Income and Wealth, 2006, 52 (3): 377 - 398.

[223] Chakravarty S R, Deutsch J, Silber J. On the Watts Multidimensional Poverty Index and its Decomposition [J]. World Development, 2008, 36 (6): 1067 - 1077.

[224] Chambers R, Conway G. Sustainable Rural Livelihoods: Practical Concepts for the 21st Century [R]. Brighton, England: IDS Discussion Paper, 1992, No. 296.

[225] Chen S, Ravallion M. China is Poorer Than We Thought, but No Less Successful in the Fight Against Poverty [R]. The World Bank. Washington DC, 2008, No. 4621.

[226] Cherni J A, Hill Y. Energy and Policy Providing for Sustainable Rural Livelihoods in Remote Locations - The case of Cuba [J]. Geoforum, 2009, 40 (4): 645 - 654.

[227] Coleman J S. Foundation of Social Theory [M]. Cambridge: Belknap Press, 1990.

[228] Cook S, White G. The Changing Pattern of Poverty in China: Issues for Research and Policy [J]. IDS Working Paper, 2001, No. 67.

[229] Corcoran M, Adams T. Race, Sex and the Intergenerational Transmission of Poverty [A]. New York: Russell Sage Foundation, 1997, 461 - 517.

[230] Corcoran M. (2001). Mobility, Persistence, and the Consequences of Poverty for Children: Child and Adult Outcomes [M]. Danziger & Haveman (Eds.). Understanding Poverty. Cambridge: Harvard University Press, 2001.

[231] Cummins R A. The Domains of Life Satisfaction: An Attempt to Order Chaos [J]. Social Indicators Research, 1996, 38 (3): 303 - 328.

[232] Decancq K, Lugo M A. Setting Weights in Multidimensional Indices of Well - Being [R]. OPHI Working Paper, 2008.

[233] Dercon S. Assessing Vulnerability to Poverty [D]. Mimeo, Oxford University, Oxford, 2001.

[234] Deutsch J, Silber J. Measuring Multidimensional Poverty: An Empirical Comparison of Various Approaches [J]. Review of Income and Wealth, 2005, 51 (1): 145 - 174.

［235］DFID. Sustainable Livelihoods Guidance Sheets ［M］. London: Department for International Development, 2000.

［236］Ellis F. Rural Livelihoods and Diversity in Development Countries ［M］. NewYork: Oxford University Press, 2000.

［237］Foster J. A Class of Chronic Poverty Measures ［M］. Poverty Dynamics: Interdisciplinary Perspectives, Oxford: Oxford University Press, 2009.

［238］Foster J, Greer J, Thorbecke E. A Class of Decomposable Poverty Measures ［J］. Econometrica, 1984, 52（3）: 761 - 766.

［239］Ferro - Luzzi G, Fluckiger Y, Weber S. A Cluster Analysis of Multidimensional Poverty in Switzerland ［J］. Ssrn Electronic Journal, 2008, 261（4）: 63 - 79.

［240］GaihaR, Deolalikar A B. Persistent, Expected and Innate Poverty: Estimates for Semi-arid Rural South India ［J］. Cambridge Journal of Economics, 1993, 17（4）: 409 - 421.

［241］Gallup J, Sachs J. Location: Geography and Economic Development ［J］. Harvard International Review, 1998, 21（1）: 127 - 178.

［242］Garcia A B, Gruat J. Social Protection: A Life cycle Continuum Investment for Social Justice, Poverty Reduction and Sustainable Development ［R］. Geneva: Social Protection Sector, ILO, 2003.

［243］Goldstein H. Non-linear Multilevel Models with An Application to Discrete Response Data ［J］. Biometrika, 1995（78）: 45 - 51.

［244］Graham C, Felton A. Does Inequality Matter to Individual Welfare? An Exploration Based on Happiness Surveys from Latin America ［J］. The Journalof Economic Inequality, 2006, 4（1）: 107 - 122.

［245］Grossman G M, Krueger A B. Environmental Impacts of a North American Free Trade Agreement ［J］. Social Science Electronic Publishing, 1992, 8（2）: 223 - 250.

［246］Hagenaars A. A Class of Poverty Indices ［J］. International Economic Review, 1987, 28（3）: 583 - 607.

［247］Helliwell J F. How's Life? Combining Individual and National Variables to Explain Subjective Well - Being ［R］. NBER Working Paper, 2002, No. 9065.

［248］Hulme D, McKay A. Identifying and Measuring Chronic Poverty: Beyond Monetary Measures ［R］. Chronic Poverty Research Centre Working Paper, 2005, No. 30.

［249］Hulme D, Moore K, Shepherd A. Chronic Poverty: Meanings and Analytical Frameworks ［R］. CPRC Working Paper, 2001, No. 2.

［250］Harris, J. and M. Todaro. Migration, Unemployment and Development: A

Two Sector Analysis [J]. American Economic Review, 1970: 126 – 142.

[251] JalanJ, RavallionM. Determinants of Transient and Chronic Poverty: Evidence from Rural China [R]. Political Research OPHI Working Paper, 1998, No. 1936.

[256] Karki S T. Do Protected Areas and Aonservation Incentives Contribute to Sustainable Livelihoods? A Case Study of Bardia National Park, Nepal [J]. Journal of Environmental Management, 2013, 128 (20): 988 – 999.

[257] Kolm S C. Multidimensional Egalitarianisms [J]. Quarterly Journal of Economics, 1977, 91 (1): 1 – 13.

[258] Jenkins S P. Modelling Household Income Dynamics [J]. Journal of Population Economics, 2000, 13 (4): 529 – 567.

[259] Lewis O. Five Families: Mexican Case Studies in the Culture of Poverty [M]. New York: Basic Books, 1959.

[260] Lund C, Breen A, Flisher A J, et al. Poverty and Common Mental Disorders in Low and Middle Income Countries: A Systematic Review [J]. Social Science & Medicine, 2010, 71 (3): 517 – 528.

[261] Longford N. Random Coefficient Models [M]. Oxford: Clarendon Press, 1993.

[262] Lustig N. Multidimensional Indices of Achievements and Poverty: What do We Gain and What do We Lose? An Introduction to JOEI Forum on Multidimensional Poverty [J]. The Journal of Economic Inequality, 2011, 9 (2): 227 – 234.

[263] Lybbert T, Barrett C, Desta S, Coppoc L. Stochastic Wealth Dynamics and Risk Managenement Among a Poor Population [J]. Economic Journal, 2004, 114 (498): 750 – 777.

[264] Mcculloch N, Calandrino M. Vulnerabilityand Chronic Poverty in Rural Sichuan [J]. World Development, 2003, 31 (31): 611 – 628.

[265] Mead L. The New Politics of Poverty: The Non – Working Poor in America [M]. New York: Basic Books, 1992.

[266] Mills C, Zavaleta D, SamuelK. Shame, Humiliation and Social Isolation: Missing Dimensions of Poverty and Suffering Analysis [R]. OPHI Working Paper, 2014, No. 71.

[267] Mitra S. Towards a Multidimensional Measure of Governance [J]. Social Indicators Research, 2013, 112 (2): 477 – 496.

[268] Moller S, Huber E, Stephens J D, et al. Determinants of Relative Poverty in Advanced Capitalist Democracies [J]. American Sociological Review, 2003, 68

(1): 22-51.

[269] Moynihan D P. Maximum Feasible Misunderstanding; Community Action in the War on Poverty [J]. Free Press, Collier-Macmillan, 1969, 85 (3): 236.

[270] Narayan D. Voices of the Poor: Crying out for Change [M]. New York: Oxford University Press, 2000.

[271] Neubourg C D, Castonguay J, Roelen K. Social Safety Nets and Targeted Social Assistance: Lessons from the European Experience [J]. General Information, 2007.

[272] Nicholas A, Ray R. Duration and Persistence in Multidimensional Deprivation: Methodology and Australian Application [J]. Economic Record, 2012, 88 (280): 106-126.

[273] Nicholas A, Ray R, Sinha K. A Dynamic Multidimensional Measure of Poverty [R]. Melbourne: Monash University, Discussion Paper, 2013, 25/13.

[274] Patel V, Kleinmin A. Poverty and Common Mental Disorders in Developing Countries [J]. Bulletin of the World Health Organization, 2003, 81 (8): 609-615.

[275] Ranis G, Stewart F, Samman E. Human Development: Beyond the Human Development Index [J]. Journal of Human Development and Capabilities, 2006, 7 (3): 323-358.

[276] Roche J M. Monitoring Progress in Child Poverty Reduction: Methodological Insights and Illustration to the Case Study of Bangladesh [J]. Social Indicators Research, 2013, 112 (2): 363-390.

[277] Rodgers J R, Rodgers J L. Chronic poverty in the United States [J]. Journal of Human Resources, 1993, 28 (1): 25-54.

[278] Rowntree B S. Poverty: A Study of Town Life [M]. Macmillan, 1901.

[279] Rugeri L, SaithC R, StewartF. Does it Matter that We Do Not Agree on the Definition of Poverty? A Comparison of Four Approaches [J]. Oxford Development Studies, 2003, 31 (3): 244-74.

[280] Ravallion M, Chen S. China's (uneven) progress against poverty [J]. Journal of Development Economics, 2007, 82 (1): 1-42.

[281] Ravallion M. On Multidimensional Indices of Poverty [J]. The Journal of Economic Inequality, 2011, 9 (2): 235-248.

[282] Sachs I. From Poverty Trap to Inclusive Development in LDCs [J]. Economic & Political Weekly, 2004, 39 (18): 1802-1811.

[283] Samman E. Psychological and Subjective Well-being: A Proposal for Inter-

nationally Comparable Indicators [J]. Oxford Development Studies, 2007, 35 (4): 459-486.

[284] Santos M E. Ura K. Multidimensional Poverty in Bhutan: Estimates and Policy Implications [R]. OPHI Working Paper, 2008, No. 14.

[285] Scoones I. Sustainable Rural livelihood: A Framework for Analysis [R]. IDS Working Paper, 1998, No. 72.

[286] Sen A K. Issues in the Measurement of Poverty [J]. The Scandinavian Journal of Economics, 1979, 81 (2): 285-307.

[287] Sen. A. Poverty and Famines: An Essay on Entitlement and Deprivation [M]. New York: Oxford University Press, 1981.

[288] Sen A. Well-being, agency and freedom: The Dewey lectures 1984 [J]. The Journal of Philosophy, 1985, 82 (4): 169-221.

[289] Sen A. The Concept of Development [R]. The Handbook of Development Economics, 1988, 1 (1): 9-26.

[290] Sen A. Development as Capability Expansion [J]. Journal of Development Planning, 1989, 19: 41-58.

[291] Sen A. Inequality Re-examined [M]. Cambridge: Harvard University Press, 1992.

[292] Sen A. Development as Freedom [M]. New York: Oxford University Press, 1999.

[293] Sen A. Human Rights and Capabilities [J]. Journal of Human Development & Capabilities, 2006, 6 (2): 151-166.

[294] Seth S, Alkire S. Measuring and Decomposing Inequality among the Multi-dimensionally Poor Using Ordinal Data: A Counting Approach [R]. OPHI Working Paper, 2014, No. 68.

[295] Sharp K. Measuring Destitution: Integrating Qualitative and Quantitative Approaches in the Analysis of Survey Data [R]. IDS Working Paper, 2003.

[296] Shorrocks A F. Decomposition Procedures for Distributional Analysis: A Unified Framework Based on the Shapley Value [J]. Journal of Economic Inequality, 1999: 1-28.

[297] Singh P K, Hiremath B N. Sustainable Livelihood Security Index in A Developing Country: A Tool for Development Planning [J]. Ecological Indicators, 2010, 10 (2): 442-451.

[298] Smith J P, Kington R. Demographic and Economic Correlates of Health in Old Age [J]. Demography, 1997, 34 (1): 159-170.

［299］ Stenberg S A. Inheritance of Welfare Recipiency: An Intergenerational Study of Social Assistance Recipiency in Postwar Sweden ［J］. Journal of Marriage and Family, 2000, 62 (1): 228 – 239.

［300］ Suppa N. Towards a Multidimensional Poverty Index for Germany ［R］. OPHI Working Paper, 2015, No. 98.

［301］ Teachman J, Crowder K. Multilevel Models in Family Research: Some Conceptual and Methodological Issues ［J］. Journal of Marriage and Family, 2002, 64 (2): 280 – 294.

［302］ Todaro, M P. A Model of Labor Migration and Urban Unemployment in Less Developed Countries ［J］. American Economic Review, 1969: 138 – 148.

［303］ Townsend P. The International Analysis of Poverty ［J］. The British Journal of Sociology, 1995, 46 (1): 163 – 165.

［304］ Tsui K Y. Multidimensional Poverty Indices ［J］. Social Choice and Welfare, 2002, 19: 69 – 93.

［305］ Tuason M. Culture of Poverty: Lessons from Two Case Studies of Poverty in the Philippines; One Became Rich, the Other One Stayed Poor ［J］. Online Readings in Psychology and Culture, 2002, 8 (1).

［306］ UNDP. Human Development Report ［R］. New York: Oxford University Press, 1990.

［307］ UNDP. Human Development Report: Human Development & Poverty Alleviation ［R］. New York: Oxford University Press, 1997.

［308］ UNDP. Human Development Report: The Real Wealth of Nations: Pathways to Human Development ［R］. New York: Oxford University Press, 2010.